Carl Gottlieb Svarez

Entwurf eines allgemeinen Gesetzbuches

Band 1

Carl Gottlieb Svarez

Gesammelte Schriften

Herausgegeben von Peter Krause
in Verbindung mit der Forschungsstelle Vernunftrecht
und Preußische Rechtsreform der Universität Trier

Zweite Abteilung
Die Preußische Rechtsreform

I. Das Allgemeine Landrecht:
Die Texte

A. Entwurf eines allgemeinen Gesetzbuches
für die Preußischen Staaten

frommann-holzboog

Carl Gottlieb Svarez

Entwurf eines allgemeinen Gesetzbuches für die Preußischen Staaten

Band 1
Erster Teil, Erste Abteilung

Edition nach der Ausgabe von 1784
mit Hinweisen auf das ALR, AGB,
die eingegangenen Monita und deren Bearbeitung,
sowie mit einer
Einführung und Anmerkungen von

Peter Krause

Stuttgart - Bad Cannstatt 1996

Die Deutsche Bibliothek – CIP-Einheitsaufnahme

Svarez, Carl Gottlieb:
Gesammelte Schriften / Carl Gottlieb Svarez. Hrsg. von Peter Krause
in Verbindung mit der Forschungsstelle Vernunftrecht und Preussische
Rechtsreform der Universität Trier. -
Stuttgart-Bad Cannstatt : frommann-holzboog.
Abt. 2, Die Preussische Rechtsreform.
NE: Krause, Peter [Hrsg.]; Svarez, Carl Gottlieb: [Sammlung]

1. Das Allgemeine Landrecht : die Texte.
A. Entwurf eines allgemeinen Gesetzbuches für die
Preussischen Staaten.
Bd. 1 = Teil 1, Abtl. 1. - Neudr. der Ausg. Berlin, Leipzig,
Decker, 1784 / Edition nach der Ausgabe von 1784 mit Hinweisen auf das ALR,
AGB, die eingegangenen Monita und deren Bearbeitung, sowie mit einer
Einführung und Anmerkungen von Peter Krause. - 1996
ISBN 3-7728-1758-0

Druck: präzis-Druck, Karlsruhe
Einband: Ernst Riethmüller, Stuttgart
Gedruckt auf säurefreiem und alterungsbeständigem Papier

Inhalt

Entwurf eines allgemeinen Gesetzbuches für die Preußischen Staaten

Gesamtübersicht zu

I. Das Allgemeine Landrecht: Die Texte

A. Entwurf eines allgemeinen Gesetzbuches für die Preußischen Staaten

ERSTER TEIL

Von dem Rechte der Personen nach ihren Verhältnissen im Staat

Band 1 Erste Abteilung: Von den Rechten und Pflichten des Hausstandes
Band 2 Zweite Abteilung: Von den Rechten und Pflichten der verschiedenen Stände des Staats
Band 3 Dritte Abteilung: Von den Rechten und Pflichten des Staats gegen seine Einwohner und Bürger

ZWEITER TEIL

Band 4 Erste Abteilung vom Sachenrechte
Band 5 Zweite Abteilung des Sachenrechts
Band 6 Dritte Abteilung des Sachenrechts

B. Allgemeines Landrecht für die Preußischen Staaten

ERSTER TEIL

Band 1 Titel 1-9
Band 2 Titel 10-15
Band 3 Titel 15-23

ZWEITER TEIL

Band 4 Titel 1-8, Abschnitt 7
Band 5 Titel 8, Abschnitt 8 - Titel 12
Band 6 Titel 13-20

C. Register zum Entwurf, Allgemeinen Gesetzbuch und Landrecht

Vorrede

1784 – 1788 erschien im Verlage des Hofbuchdruckers Decker sukzessive in sechs Abteilungen der Entwurf eines allgemeinen Gesetzbuches für die preußischen Staaten (EAGB), der Gegenstand dieser Ausgabe ist. Aus ihm ging das im Herbst 1791 publizierte Allgemeine Gesetzbuch für die preußischen Staaten hervor (AGB), das ursprünglich 1792 in Kraft treten sollte, aber nach Suspension, Abänderungen und unter Umbenennung als Allgemeines Landrecht 1794 Geltung erlangte.

Bei der Veröffentlichung des Entwurfs hatte der Gesetzgebungsminister Carmer Rechtsgelehrte, Gerichte, Stände und Sachverständige aufgefordert, kritische Anmerkungen (Monita) einzusenden. Sie wurden von einer Reihe von Richtern in einem dem Entwurf folgenden Auszug zusammengefaßt (Extractus monitorum), zunächst als Grundlage für die Beratung einer Deputiertenversammlung, die für die endgültige Fertigstellung des Gesetzestextes aus Gerichten und Ständen gebildet werden sollte. Nach dem Verzicht auf deren Berufung unterzog Svarez den Extrakt und den Teil der Monita, der nicht extrahiert worden war, einer Bewertung (Revisio monitorum) und erarbeitete gleichzeitig den Text, der 1791 nach einer Reihe von internen Beratungen und Abstimmungen mit dem König und anderen hohen Staatsbehörden als „Allgemeines Gesetzbuch für die Preußischen Staaten“ gedruckt wurde und nach einer abermaligen, umfänglich geringfügigen Abänderung 1794 als Allgemeines Landrecht in Kraft trat.

Die vorliegende Edition ist teils durch ein langjährig von der Deutschen Forschungsgemeinschaft gefördertes Forschungsvorhaben über die Entstehungsgeschichte des Allgemeinen Landrechts vorbereitet, teils parallel zu ihm entstanden. Zu danken habe ich daher zunächst der Deutschen Forschungsgemeinschaft für die großzügige und freundliche Unterstützung, sodann den Mitarbeitern des Forschunsprojektes und meines Lehrstuhls. Herr Archivassessor Dr. Horst Mühleisen hat durch Erschließung der Materialien und Transkriptionen ebenso den Grund für sie gelegt wie Frau Rosa Maria Thul (geb. Coen), Frau Carmen Werkhausen (geb. Bärdges) und Herr Michael Scherhag, die in mühevoller und langwieriger Detailarbeit eine Konkordanz der Einzelparagraphen des

Entwurfs und des Allgemeinen Gesetzbuches bzw. des Allgemeinen Landrechts hergestellt haben. Das Exzerpieren der Monitaangaben des Extraktes hat Herr Martin Jurga, M.A. übernommen. Die Monentenlisten und die Einführung hat Frau Carola Barzen vorbereitet und kontrolliert. Zusätzlichen Dank schulde ich Frau Astrid Lomberg, Frau Marianne Hoffmann und Frau Christel Schmidt für die umfänglichen Schreibarbeiten und meinen Hilfskräften Philipp Rulf und Wim Kreytenberg für Korrekturen. Nicht zuletzt muß ich meiner Frau für die Geduld danken, mit der sie es getragen hat, daß ich meine Zeit am Computer verbracht habe, um die Angaben in den Entwurf und die Monentenlisten zu übertragen und den Text für den Druck einzurichten.

Trier, am 250. Geburtstag von Carl Gottlieb Svarez , dem 27. 2. 1996

Peter Krause

Technische Hinweise

Die vorliegende Edition beruht auf der Druckfassung, die zwischen 1784 und 1788 in sechs Abteilungen im Verlag des (Ober-) Hofbuchdruckers Decker – in Fraktur – erschienen ist[1]. Deren Text ist grundsätzlich beibehalten. Kursivbuchstaben ohne [eckige] Klammer im Text stehen anstelle von Lateinbuchstaben (Antiqua) in Fremdwörtern des Originals. Die Berichtigungen beschränken sich auf offensichtliche Druckfehler – vor allem durch Zahlentausch in den Paragraphenbezeichnungen. Sie sind durch Einfügung in [eckige] Klammer und/oder durch eine Fußnote eindeutig gekennzeichnet. Die schon in den ersten Besprechungen als unzureichend erkannten Kopfzeilen der ersten Abteilung des ersten Teils des Entwurfs habe ich analog den anderen Abteilungen in [eckiger] Klammer und Kursivschrift ergänzt, um das Auffinden der Titel und das Zitieren der Paragraphen zu erleichtern. Auf die Angabe der Seitenzahlen des Originaltextes konnte verzichtet werden, da der Entwurf wie ein Gesetzestext nicht nach Seiten, sondern allein nach Paragraphen zitiert wird.

Die wie im AGB/ALR an den Rand gesetzten Zwischenüberschriften, die der zusätzlichen Orientierung dienen, sind originalgetreu jeweils neben den Paragraphen gestellt, für den oder ab dem sie (diesen einschließend) gelten, freilich ohne Nachahmung der exakten Höhe, die im Original in starkem Maße schwankt, offensichtlich nur aus drucktechnischen Gründen, da sich für die Unterschiede kein Anlaß im Manuskript findet.

Der Originaltext ist ergänzt um *Hinweise*

1. auf die korrespondierenden Stellen des Allgemeinen Landrechts und — soweit abweichend — des Allgemeinen Gesetzbuches und
2. auf die exzerpierten Monita, ihren Extrakt und die Revisio monitorum.
3. Ferner hat der Herausgeber eigene Fußnoten eingefügt, die er im Unterschied zu den Anmerkungen des Originals [*) oder **)] mit Zahlen bezeichnet und, soweit sie sich auf den Entwurf selbst beziehen, stets kursiv gesetzt hat. Soweit Hinweise des Herausgebers an die Originalfußnoten angeschlossen oder in sie eingeschlossen worden sind, sind sie ebenfalls kursiv und in [eckige] Klammer gesetzt.

1. Die *Hinweise auf ALR und AGB* sind in [eckigen] Klammern und in Kursivschrift *oberhalb* der Paragraphentexte stets in einer besonderen

---

[1] Die Auflage muß so groß gewesen sein, daß Decker ein Honorar zahlen konnnte, das die Kosten des Preisausschreibens voll abdeckte und die Ablieferung von 150 Autorenexemplaren zuließ.

Zeile zum Innenrand hin notiert. Die römischen Ziffern stehen dabei für den jeweiligen Teil und Titel des ALR *und* AGB, nur soweit beide abweichen, ist das jeweils gemeinte Gesetz angegeben.

Gleichartige Hinweise *nach* einem Paragraphen deuten an, daß AGB oder ALR an dieser Stelle zusätzliche Regelungen treffen.

2. Die *Hinweise auf die Materialien* sind in kleinerer Kursivschrift jeweils in eingerückten Zeilen *unterhalb* der Paragraphen, auf die sie sich beziehen, vermerkt. Zu ganzen Textabschnitten sind sie in Fußnoten zu den Überschriften (mit lateinischen Exponenten) eingetragen. Das dabei von uns eingeschlagene Verfahren findet die folgende Erklärung. Die eingegangenen Monita-Abhandlungen wurden *vor* der Extraktion (Auswertung) in einer Liste für jede einzelne Abteilung des Entwurfs erfaßt und dabei mit einer Nummer versehen. *Bei* der Extraktion wurden dann die sachlichen Einwendungen zu jeder Bezugstelle (Paragraph oder größerer Abschnitt) noch einmal numeriert und als Monitum 1, 2, 3 etc. bezeichnet. Vor der Skizzierung der sachlichen Einwendung wurde in der Überschrift die Beziehung auf Nummer, Seite oder Blatt der entsprechenden Monita-Abhandlung hergestellt, um das Nachschlagen zu ermöglichen.

Wir haben daraus die folgende Zeile gebildet:

***M:** 1=10 p. oder f. 99*

Bei der Zahl vor dem Gleichheitszeichen (*1*) handelt es sich um die (zweite) Nummer, unter der der sachliche Einwand im Extractus monitorum dargestellt ist. Bei der Zahl nach dem Gleichheitszeichen (*10*) handelt es sich dagegen um die dort jeweils angegebene (erste) Nummer der Monentenliste mit Angabe der pagina oder des foliums, teilweise auch des Bandes[2]. Die Monentenliste ist — mit zusätzlichen Hinweisen, vor allem auf die einzelnen Stellen, zu denen das Monitum exzerpiert worden ist — dieser Edition beigefügt, sie gibt zusätzlich Aufschluß über die Herkunft und Fundstelle (innerhalb der Materialien). Sofern Monita zu einem Normenkomplex exzerpiert worden sind, der unabhängig von der Einteilung des Entwurfs ist, steht die Hinweiszeile auf die Monita für sich; der Bezug ist in Fettdruck angegeben. Unterstreichungen der Monita-Angaben verweisen auf sogenannte ständische Monenten. Eine gepunktete Linie besagt, daß das Monitum nicht klar zuzuordnen ist. Die doppelte Unterstreichung wurde gewählt, wenn das Monitum bereits im Extrakt durch Rubrifizierung als ständisches Monitum hervorgehoben war.

---

2 Die Seiten-, Blatt- und Bandangaben sind allerdings wegen einer späteren Umstellung nicht zuverlässig. Statt ihrer ist der Fundstellennachweis in der Monentenliste dieser Ausgabe zu verwenden.

Außerdem ist zu Beginn eines jeden Abschnitts (Titel- oder Abschnittsüberschrift) ein Hinweis auf den Extrakt der Monita (**E:**), die Revisio Monitorum durch Svarez (**R:**) und auf einzelne Monita zu dem ganzen Abschnitt gegeben. Eine solche getrennte Erörterung von Monita ist immer wieder auch zu den Rand-Zwischenüberschriften erfolgt. In beiden Fällen ist der Hinweis in einer Fußnote (mit lateinischem Exponenten) eingetragen. Die dabei und in der Monentenliste von uns verwendeten Findnummern beziehen sich auf die Materialien zum ALR im Geheimen Staatsarchiv Preußischer Kulturbesitz in Berlin-Dahlem, Repositur 84 Abteilung XVI. Diese Repositur beinhaltet nach Nummern geordnet Akten und Materialien zum Allgemeinen Landrecht (Nr. 01 – 07), zur Deposital- und Hypothekenordnung (Nr. 08 – 12) und zur Prozeßordnung (Nr. 13 – 15). Die Nummern umfassen regelmäßig mehrere Bände. Unsere **Findnummer** bezeichnet – durch Punkte getrennt – *Nummer* und *Band* (je zweistellig) und *Folium* (vierstellig). Wenn in den Fußnoten mit dem Lateinischen Kleinbuchstaben a oder b zusätzlich ein Eigenname mit einer solchen Findnummer aufgeführt ist, ist das ein Hinweis auf dem gedruckten Entwurf vorhergehende „Entwürfe“ dieses Mitarbeiters.

Beispiel Nr. 1

§. 1.

[Einl. § 1]

Das allgemeine Gesetzbuch enthält die Vorschriften, durch welche die Rechte und Verbindlichkeiten der Mitglieder des Staats überhaupt, so wohl gegen den Staat, als unter sich selbst bestimmt werden.

M: *1=1 f. 2; 1=61 f. 1; 2=10 f. 3; 2=64 p. 3-6; 3=43 p. 1; 3=67 p. 1; 4=49 p. 1; 4=73 p. 2; 5=57 p. 1*

Erläuterung:

In Klammern über dem Text steht der korrespondierende Paragraph aus der Einleitung des AGB, der — wie regelmäßig — 1794 unverändert geblieben ist, daher auch der des ALR.

Aus den Notierungen unter dem Text folgt, daß im Extrakt insgesamt *fünf* **unterschiedliche** Einwendungen zu der Bestimmung des Entwurfs aufgeführt sind. Die **erste** (*1=1 f. 2*) ist zunächst dem Monitum Nr. 1 der Monentenliste (Lukas Fenderlin) und dort speziell dem freilich inzwischen anders bezeichneten Folium 2 entnommen. Sie findet sich aber auch in anderen Monita, darunter (*1=61 f. 1*) in Nr. 61 der Monentenliste (Ermländische Stände); die Unterstreichung gibt an, daß es sich um einen ständischen Monenten handelt.

Beispiel Nr. 2

§. 37.

*[Einl. § **58 AGB** / 54 ALR]*

Jedes Privilegium muß so erklärt werden, wie es am wenigsten zum Nachtheil eines Dritten gereicht.

***M:** 1=8 f. 4; 1=68 p. 10; 2=20 p. 12; 2=A. f.; 3=23 p. 1; 3=38 p. 12; 3=77 p. 8; 4=A. f.; 5=A. f.*
***R:** 07.80.0010-0011*

Erläuterung:

Hier unterscheiden sich AGB und ALR (im konkreten Fall **nur**) in der Zählung des Paragraphen, zusätzlich ist unter dem Text des Paragraphen noch der Hinweis auf seine Erörtung durch Svarez in der Revisio monitorum gegeben. Die Findnummer 07.80.0010-0011 besagt, daß es sich um die Materialien zum Allgemeinen Landrecht (Nr. 07.), Band 80, Blatt 10 bis 11 handelt.

Beispiel Nr. 3

§. 1.

[II 1 § 1]

Der Hauptzweck der Ehe ist die Erzeugung und Erziehung der Kinder.

***M:** 1=50 p. 25; 2=57 p. 35*

Erläuterung:

Der Hinweis über dem Gesetzestext bezeichnet als Parallele § 1 Teil **II** Titel **I** des AGB und des unverändert gebliebenen ALR.

Die verwendeten Abkürzungen und Zeichen bedeuten:

A. f.	= Angabe fehlt
AGB	= Allgemeines Gesetzbuch
ALR	= Allgemeines Landrecht
EAGB	= Entwurf zu einem allgemeinen Gesetzbuch
E	= Extractio monitorum
f.	= folium
M	= Monitum
Nachtr.**E**	= Nachtrag zur Extractio monitorum
p.	= pagina
R	= Revisio monitorum
Sa. f.	= Seitenangabe fehlt
(unl.)	= unleserlich
[ ]	= Einfügung des Herausgebers

Fußnoten mit Kennzeichnung durch arabische Ziffern oder lateinische Kleinbuchstaben sind vom Herausgeber hinzugefügt.

Einführung

Zwischen April 1784 und Juni 1788 erschien in Berlin der Entwurf zu einem Allgemeinen Gesetzbuch für die preußischen Staaten. Seine Vorerinnerung forderte die Stimme des Publikums zu seiner Beurteilung auf und ermunterte die philosophischen Rechtsgelehrten des In- und Auslandes durch namhafte Preise zu einer gründlichen Kritik. Schon 1787 war für die Gesetzesverfasser abzusehen, daß die Idee des Staatsvertrages ihre Bewährungsprobe bestanden habe und Preußens Einwohner sich bald rühmen könnten, unter selbst geprüften Gesetzen zu leben. Sieben Jahre später trat das auf dieser Grundlage erarbeitete Allgemeine Landrecht in Kraft, das für mehr als ein Jahrhundert das Recht Preußens bestimmen sollte und in einigen humanen Prinzipien bis heute Geltung behalten hat. Das riesige Gesetzeswerk ließ als erste und zugleich umfassendste Kodifikation in der Geschichte die Verwirklichung der bis dahin nur hypothetischen Idee eines Gesetzesstaates und eines auf Vollständigkeit angelegten Rechtssystems denkbar werden. Daß ihr Versuch, den humanen Geist des Vernunftrechts der Aufklärung in den Dienst der subjektiven Rechte des Individuums zu stellen, über das Dilemma zwischen der Gewährleistung von Eigentum und größtmöglicher Freiheit und Gleichheit in die Aporie der Freiheit wie der Gleichheit selbst hineinführte, ist eine andere Sache. Es zeigte sich, daß die legitime Monarchie, auch unter den Bedingungen des aufgeklärten Absolutismus den gordischen Knoten nicht zu zerschlagen vermochte, und sich selbst darin schwer tat, das Gesetzbuch in Kraft treten zu lassen. Die Historiographie kann sich deshalb nicht von der preußischen Rechtsreform abwenden. Sie verfehlt ihre Aufgabe, wenn sie der Ideologie des eindeutigen geschichtlichen Fortschrittes folgend das Allgemeine Landrecht daran mißt, welche „ewigen" Rechtsprinzipien der jeweiligen späteren Epoche[3] es vorwegnahm, vorwegnehmen wollte, verkannte, ablehnte, oder ungenügend entfaltete, um ihm auf dieser Grundlage eine Zensur zu erteilen. Es ist die eigene Leistung einer Epoche der menschlichen Geschichte, der Rechtswissenschaft und Rechtssprache und will als solche verstanden werden.

A. Zur Geschichte der Kodifikationsbestrebungen in Preußen

1. Die Herausforderung der Gesetzgebung durch die Ungewißheit des Rechts

Im achtzehnten Jahrhundert war das Recht der preußischen Staaten äußerst unübersichtlich und unklar. Das primär geltende Recht war wie überall in Deutschland in jeder Hinsicht *partikular*; seine Geltung be-

---

[3] Gewaltsame Rechtsumbrüche einer späteren Zeit haben sich ohnehin jeweils allzuleicht als absolut behauptet. Sie haben es indessen notwendig werden lassen, die Freiheit hinter aufgetürmte Mauern der Verfassungen zu verschanzen, deren undisziplinierter Fortbau sie in ein Labyrinth einzuschließen droht. Der Minotaurus ist der Neffe des Rhadamanthys.

schränkte sich *räumlich* auf einzelne Territorien oder Teile von ihnen, *personell* auf einzelne Gruppen der Einwohner, *gegenständlich* auf gewisse Rechtsgeschäfte, auf individuelle Typen von Rechtsverhältnissen und Besitzformen; vor allem war es aber *lückenhaft* in seiner Regelungsdichte und -tiefe. Allgemeine Landesgesetze waren zustandegekommen, wo der Regelungsbedarf besonders dringlich geworden war, d. h. nur vereinzelt, unsystematisch und mit engem Anwendungsbereich. Das stellte die Rechtspraxis vor nicht zu bewältigende Schwierigkeiten. Es war eine Fiktion, von den preußischen Provinzialjustizkollegien die *Kenntnis des* speziell in ihrer Provinz *geltenden Rechts* zu erwarten. Tatsächlich erwiesen sie sich als unfähig, es in angemessener Zeit in Provinzialgesetzbüchern zusammenzufassen. Als ihnen 1780 der Auftrag erteilt wurde, kurzfristig eine Übersicht über das in ihrem Jurisdiktionsbezirk geltende Recht zu liefern, waren sie wegen der mannigfachen lokalen Differenziertheit nicht einmal dazu in der Lage. Um Willkür auszuschließen und die Qualität der Rechtsprechung zu gewährleisten, hatten die preußischen Monarchen angeordnet, daß sämtliche Richter – auch die der patrimonialen Untergerichte – neben einem Studium eine praktische Ausbildung bei einem staatlichen Gericht zu durchlaufen und zwei oder drei Staatsexamina abzulegen hatten. Das sicherte zwar eine gewisse Erfahrung im Umgang mit dem partikularen Recht, vermittelte aber nicht dessen umfassende Kenntnis. Bei dem häufig vorkommenden Einsatz außerhalb der Heimatprovinz war sie ganz ausgeschlossen. Für die Richter an den Untergerichten galt nichts anderes. Abgesehen von den Mitgliedern der städtischen Gerichte, standen sie dem lokalen Recht ihres kleinen Sprengels keineswegs näher, zumal sie zunehmend mehrere Richterstellen zu verwalten hatten. Die für die Reichsgerichtsbarkeit gefundene Lösung, das partikulare Recht der Darlegung und dem Beweis durch die Parteien zu überlassen, verwies die Aufgabe an die Advokaten, deren Rechtskenntnisse keineswegs besser waren, und vermochte schon deshalb nicht zu befriedigen.

War das geltende partikulare Recht einmal ermittelt, blieb seine *Anwendung* auf den konkreten Fall schwierig. Zu seiner rechtswissenschaftlichen Durchdringung und zur Systematisierung der in ihm immer wiederkehrenden ähnlichen Rechtsfiguren war es kaum gekommen. Rechtswissenschaft und Rechtsprechung behandelten es weitgehend wie ein Recht, das autonomen privaten Vereinbarungen oder Satzungen entspringt[4]; es setzte daher ein umfassendes Rechtssystem voraus, aus dem es

---

4 Pütter, *Beyträge zum Teutschen Staats= und Fürsten=Rechte*, Zweyter Theil, Göttingen 1779, XXI. *Von dem Verhältnisse zwischen Gesetzbüchern und Gewohnheitsrechten*, S. 1 ff. Rz. 13: „*Was aber die Dinge sind, die das Recht der Natur*

sich legitimierte, das es begrenzte, aus dem es interpretiert und ergänzt werden konnte. Deshalb war schon früh das Bedürfnis nach einem Gemeinen Recht als einem normergänzenden Hilfsrecht entstanden[5]. Es hatte sich mit der Einrichtung des Reichskammergerichts (1495) verstärkt. So kann es nicht verwundern, daß schon Anfang des 16. Jahrhunderts in Deutschland der Ruf laut wurde, ein *ius certum et verum* durch Gesetzgebung zu schaffen. *Das Heilige Römische Reich* vermochte zwar noch das Strafverfahren in Gestalt der Peinlichen Halsgerichtsordnung Karls V. zu regeln und einige Reichspolizeigesetze zu verabschieden, ihm fehlte indessen die Kraft zu universeller Gesetzgebung. An deren Stelle trat die universitär vermittelte Rechtswissenschaft, die das Gemeine Recht nicht im wissenschaftlichen Zusammenhang der partikularen Rechtsinstitute, die es zu ergänzen hatte[6], und aus der Natur der Sache[7] entwickelte, sondern in Gestalt des klassischen Textes des Corpus juris Justiniani lieferte. Das Corpus juris war indessen kein Gesetzbuch im modernen Sinne, sondern eine unübersichtliche Sammlung heterogener Rechtstexte einer vergangenen Epoche[8]. Ihr größter Teil, die Pandekten, faßte selbst nur in loser kasuistischer Ordnung eine Vielzahl von Fallösungen in Gestalt von Gesetzen, Edikten und Rechtsmeinungen aus vielen Jahrhunderten zusammen,

---

unbestimmt, und nur auf willkührliche positive Bestimmungen ankommen läßt; da ist doch bey weitem nicht die Folge, daß solche Dinge ohne Unterschied durch gesetzliche Vorschriften der höchsten Gewalt bestimmt werden müßten. Vielmehr ist es für die natürliche Freyheit, deren sich bey Errichtung bürgerlicher Gesellschaften ein jedes Mitglied derselben, soviel von ihm abhänget, gewiß nur so wenig als möglich begibt, nur gar zu wesentlich, daß darinn vielmehr jedem freyen Menschen, jeder Familie, jeder Gesellschaft oder Gemeinheit ungebundene Hände gelassen werden, ihre Einrichtungen nur nach ihrem Gutdünken und nach Befinden ihrer Umstände zu machen. Und das ist, was man Autonomie nennet, oder die Freyheit seine Geschäffte und Rechtsverhältnisse nach selbsterwehlten Richtschnuren einzurichten."

5 Adam Friedrich Glafey, *Grund=Sätze der Bürgerlichen RechtsGelehrsamkeit, Durch die gesunde Vernunft, die Römischen und Teutschen Antiquitaeten von ihren Schlakken gesaubert, und nach Ordnung der Institutionen zu nützlichem Gebrauch eingerichtet*, Leipzig, 1720: (§ 55).

6 Pütter, *Ob ausser den unter dem Namen der gemeinen Rechte üblichen Gesetzbüchern sonst nichts in Teutschland gemeinen Rechts seyn könne?*, aaO., S. 68, Rz. 2 – 4, räumt die Zufälligkeit der Übereinstimmung von Gewohnheiten zunächst ein, um dann im Umweg über die gemeine Menschenvernunft, die Zufälligkeit wieder auszuschalten (Rz. 5 ff); dazu wird das Notwendige weiter unten schon gesagt.

7 Pütter, *Verhältnis zwischen Gesetzbüchern und Gewohnheitsrechten*, aaO., Rz. 11.

8 Der Streit um den Inhalt des gemeinen Rechts blieb freilich weitgehend akademisch. Soweit er um die Geltung eines eigenen deutschen gemeinen Rechts geführt wurde, hatte es einen durchaus geringen Umfang. Soweit es in ihm aber um die Frage ging, aus welchem Grunde das römische Recht in Gestalt des glossierten Corpus juris Justiniani die Heranziehung als gemeines Recht beanspruchen könne, wurde sie von der Wissenschaft, die sich vorwiegend auf das römische Recht konzentriert hatte, und deren Präferenz feststand, gar nicht ernsthaft gestellt.

die zwar viele Aspekte zur Lösung der jeweils aufgeworfenen Rechtsfrage zusammentrugen, aber die Funktion der umfassenden systematischen Normergänzung nicht zu erfüllen vermochten. Überdies blieb die Heranziehung des Römischen Gesetzbuchs als Gemeines Recht stets angefochten durch den konkurrierenden Anspruch des kanonischen Rechts[9], des langobardischen Lehnsrecht[10] oder des Sachsenrechts. Die Überzeugung, das Corpus juris habe durch kaiserlichen Gesetzesbefehl im ganzen Heiligen Römischen Reich als Gemeines Recht Geltung erlangt oder sei durch die translatio imperii auf es übergegangen, hatte sich inzwischen als haltlos erwiesen. Daher blieb nur noch die Möglichkeit der gewohnheitsrechtlichen Begründung des Gemeinen Rechts. Sie aber war eine contradictio in adiecto, weil Gewohnheitsrecht stets nur partikular gilt.

Gewohnheitsmäßig entwickelt sich Recht nämlich „*immer in Rücksicht auf einen bestimmten District*"; und man kann daher zwar „*von einer bestimmten Provinz, einem Theile von Deutschland, sagen, daß dieser oder jener Satz daselbst* [...] *so lange die Entscheidungsnorm ausmache, als nicht das Recht kleinerer Districte oder gar einzelner Oerter in dieser Provinz ihm entgegenstehe und seine Anwendung in diesem District oder Ort aufhebe*"[11], kaum aber sinnvoll behaupten, „*daß es daselbst gemeines Recht sey*". Indem ein gewohnheitsrechtlich begründetes Hilfsrecht spezielle Normen des geltenden Rechts durch allgemeine Regeln ergänzt, gewinnt es zwar Züge eines jus generale, aber auch höchst generelle Normen behalten den partikularen Geltungsbereich, in dem sie entwickelt worden sind[12]. Und wenn das Bedürfnis nach einem normergänzenden Hilfsrecht verbreitet auftritt und vielfach zu ähnlichen Lösungen führt, werden die in der Lebenspraxis und richterlichen Spruchtätigkeit gefundenen ähnlichen Entscheidungsmaximen allgemein verbreitet, aber nicht als Normen eines gemeinen Rechts, sondern als Ausprägungen eines allgemeinen Rechtsgefühls[13]. Daher bestand vor dem Allgemeinen Gesetzbuch auch kein einheitlich in ganz Preußen geltendes Gemeines Recht[14].

---

9 Pütter, XXV. *Wie das päbstlich canonische Recht in Teutschland aufgekommen?*, aaO., S. 53.

10 Pütter, XXIV. *Wie mit dem Justinianischen Gesetzbuche die Langobardischen Lehnsrechtsbücher in Teutschland zur Rechtskraft gediehen*?, aaO., S. 48, der freilich nicht darauf eingeht, daß die Rezeption dieses Textes noch viel partikularer geblieben ist als die der Corpora juris Justiniani und Canonici.

11 Gottlieb Hufeland, *Giebt es ein allgemeines deutsches Privatrecht im juristischen Sinne?, in: Beyträge zur Berichtigung und Erweiterung der positiven Rechtswissenschaften*, Erstes [bis fünftes] Stück, Jena 1792[-1802], S. 53-102, S. 69 f.

12 Hufeland, aaO. S. 57, 83.

13 Adam Friedrich Glafey, *Grund=Sätze der Bürgerlichen RechtsGelehrsamkeit*: „*muß man, wenn man einen Casum untersuchen will, erstlich zusehen, ob eine besondere Gewohnheit hierin an demjenigen Orte im Brauche sey, wo der Streit anhängig ist*" (§

Nachdem Conring endgültig den Nachweis geführt hatte, daß das römische Recht in Deutschland nur kraft gerichtlicher Übung Geltung beanspruchen konnte, war es für ihn denn auch unausweichlich, 1643 die Forderung nach Rechtsklarstellung durch kurze, klare und deutsch geschriebene Gesetze des Reichs und der Territorien zu wiederholen. Die schon von Hobbes postulierte autoritative Lösung der Streitfragen verband Leibniz wiederum mit der Idee des Naturrechts, mit dessen Hilfe der Gesetzgeber *in casus dubios* eine die billige und vernünftige, klare und widerspruchsfreie, der Natur der Sache entsprechende Lösung zu suchen hatte.

2. Die Anfänge der Gesetzgebung in Brandenburg-Preußen

Brandenburg-Preußen nahm die Herausforderung früh an. Schon der Große Kurfürst hatte befohlen, ein Recht für die Kurmark zu entwerfen, und im engen zeitlichen Zusammenhang mit der Gewinnung der Souveränität über das Herzogtum Preußen ein Landrecht für dieses Herrschaftsgebiet sanktioniert. Jeder der ihm folgenden preußischen Herrscher des 18. Jahrhunderts setzte sich nicht allein für gute Justiz ein, sondern suchte ihr auch durch Gesetzgebung aufzuhelfen.

Friedrich I. verlangt noch kurz vor seiner Krönung zum ersten Preußischen König die Sammlung zweifelhafter Rechtsfälle, um sie durch Gesetz zu entscheiden. Friedrich Wilhelm I. legt unmittelbar nach Regierungsantritt ein Gesetzgebungsprogramm auf. Friedrich II. gilt als Initiator der Gesetzesreform, die 1784 zur Publikation des Entwurfs und endlich zum allgemeinen Landrecht führte, jedenfalls läßt er es zu, daß zwei seiner Großkanzler die umfassende Vergesetzlichung des Rechts ernsthaft in Angriff nehmen. Ihre Vollendung gelingt unter Friedrich Wilhelm II., dessen Einsatz für die Gesetzgebung vielfach unterschätzt wird. Tatsächlich gilt eine seiner ersten Amtshandlungen dem Gesetzeswerk, wie er auch der erste brandenburg-preußische Herrscher ist, der für eine rechtswissen-

---

43). „*Ist nun keine solche Gewohnheit vorhanden, welche der streitigen Frage den Ausschlag geben kan; so muß man sich in denen statuten erkundigen*" (§ 49). „*Wenn nun auch in diesen nichts anzutrefffen, woraus der Casus debattiret werden mag, so gehet mann in Sachsen auf das allgemeine Sachsenrecht*" (§ 55). Glafey entscheidet sich also gegen das römische Recht als gemeines Recht und für eine bestimmte Ausprägung des Sachsenrechts. Die Suche endet aber damit nicht notwendig, denn für spezielle Fragen gibt es spezielle gemeine Rechte, etwa das Langobardische Lehnsrecht (§ 60), ausdrückliche Reichsgesetze (§ 64) und schließlich ist dann auch noch auf das römische Recht als ein besonderes gemeines Hilfsrecht zurückzugreifen (§ 68).

[14] Wie Svarez bereits in der Einleitung zu seiner „*Sammlung schlesischer Provinzialgesetze*" 1770 nachgewiesen hatte und 1793 noch einmal nachdrücklich Danckelmann klarmachte. Gleichwohl spricht Einl. § 39 ALR/ § 43 AGB vom „*hiesigen Gemeinen Recht*", das wird folgerichtig im Sinne des ALR/AGB verstanden.

schaftliche Ausbildung seines Nachfolgers sorgt. Und Friedrich Wilhelm III. bekennt sich bei seiner Huldigung zu dem Gesetzbuch[15] und gibt noch vor dem Ende des Jahrhunderts der Akademie auf, das Polizeirecht umfassend gesetzlich zu bestimmen.

Damit schließt sich ein Kreis. Der Beginn des brandenburg-preußischen Kodifikationsunternehmens ist eng mit der Akademiegründung verbunden. Kurz nachdem Leibniz im Mai 1700 als Präsident der „Brandenburgischen Sozietät der Wissenschaften" nach Berlin gekommen war[16], wies er in einem Aufsatz zur Justizreform[17] dem brandenburgischen Herrscher die Aufgabe zu, unter Orientierung am Naturrecht durch Autorität ein *jus certum*[18] zu schaffen[19]und den Prozeß im Interesse der Unterschichten zu reformieren. Es ist zwar ungewiß, ob der Aufsatz den Kurfürsten dazu veranlaßt hat, dem Kammergericht und den Juristenfakultäten der Universitäten Frankfurt und Halle am 6. November 1700 den Auftrag zu erteilen, zur Verbesserung des Justizwesens, „woran dem Publico so viel gelegen", alle „*casus dubios* [...] *zu extrahieren und Unß*

---

15 Vgl. Silbermedaille auf die Berliner Huldigung für Friedrich Wilhelm III. 41 mm. / Medailleur: Friedrich Loos – Av: Brustbild des Königs im Waffenrock nach links; Umschrift: FRIEDR. WILHELM III KOENIG VON PREUSSEN, unten: LOOS. Rv: Ein Adler mit Eichenkranz schwebt über Steinblock, auf diesem Fahne, Schwert, Gesetzbuch [nicht wie vielfach fälschlich: Bibel], Bienenkorb und Zweige; Umschrift: DEN TREUEN SCHUTZ UND LIEBE, im Abschnitt: HULDIGUNG 1798. Lit.: Klaus Sommer, Die Medaillen des königlich preußischen Hof-Medailleurs. Daniel Friedrich Loos und seines Ateliers. Osnabrück. 1981, A 65 (S. 70).

16 Schon in seiner Dissertation von 1666 hatte Leibniz vorgeschlagen, über das Naturrecht zu einem ius certum zu gelangen, und noch kurz vor seinem Tode 1716 schreibt er in einem Brief: „*Interea fateor optandum esse, ut veterum legum corpus apud nos habeat vim non legis, sed rationis et, ut Galli loquuntur, magni Doctoris, et ex illis aliisque patrii etiam juris monumentis, usuque praesenti, sed in primis ex evidenti aequitate novus quidem Codex brevis, clarus, sufficiens auctoritate publica concinnetur, quo jus multitudine, obscuritate, imperfectione legum, varietate tribunalium, disceptationibus peritorum tenebratum et ad miram incertitudinem redactum, in clara tandem luce collocetur*".

17 Abgedruckt von Johann Wilhelm Bernhard von Hymmen: *Fortgesetzte Geschichte des Cammergerichts zu Berlin, mit untermischten Nachrichten von der Pr. Justizverfassung*; in: Beyträge zu der juristischen Litteratur in den Preußischen Staaten. Zweyte Sammlung, Berlin 1778. S. 263-269. Daß die Kodifikationsforderung vom August 1700 kurz vor Beginn der Gesetzesreform durch Carmer und Svarez als Werk eines Anonymus gedruckt wurde, zeigt, daß sie an Gewicht gewonnen hatte.

18 Die Autorenschaft von Leibniz ist von Trendelenburg, *Kleine Schriften*, 1. Teil, S. 245, nachgewiesen worden; Isaacsohn, *Geschichte des preußischen Beamtenthums vom Anfang des 15. Jahrhunderts bis auf die Gegenwart*, 2 Bd., Berlin 1875, S. 328 ff., datiert ihn auf 1698; zur richtigen Datierung Stölzel, aaO.; weitere Abdrucke in der Zeitschrift für Preußische Geschichte, Bd. 14, S. 413 ff., und bei Trendelenburg.

19 Vgl. Adolf Stölzel, *Brandenburg-Preußens Rechtsverwaltung und Rechtsverfassung*, 1. Bd., Berlin 1888, S. 414.

sobald möglich und wenigstens in der Zeit von 6 Monaten [...] *einzusenden*"[20] und binnen weiterer sechs Monate „*sothane constitutiones*" aufzusetzen[21]. Leibniz' Aufsatz wurde jedenfalls – ohne Nennung des Verfassers – als erstes Blatt in die Akten zur Reform der Kammergerichtsordnung aufgenommen. Obwohl er so oder so für den Augenblick erfolglos blieb, da die Universität Frankfurt erklärte, die Arbeit erfordere erheblich mehr Zeit, wirkte er so dauerhaft auf die leitenden Justizbeamten Brandenburg-Preußens ein, die ihn noch vor Beginn der Carmerschen Reformen programmatisch der Öffentlichkeit vorstellten.

Friedrich Wilhelm I., der sich dem traditionellen Herrscherbild entsprechend für die '*liebe*' Justiz verantwortlich fühlte, aber auch der Bedeutung einer funktionierenden Rechtsordnung für den Kredit und die Wirtschaft des Landes bewußt war, machte sich die Rechtsverbesserung durch Gesetzgebung sogleich nach seinem Regierungsantritt zur Aufgabe. Die *allgemeine Verordnung die Verbesserung des Justizwesens betreffend* vom 21. Juni 1713[22] enthält bereits die wesentlichen Elemente einer umfassenden Justizreform. Der erste Paragraph befiehlt, Rechtsstreitigkeiten zwischen dem Staat und Einzelnen allein nach Rechtsprinzipien zu entscheiden und politische, vor allem fiskalische Erwägungen außer acht zu lassen. § 28 fordert, die Prozesse in allen Instanzen binnen Jahr und Tag zu beenden und dazu eine neue Prozeßordnung zu entwickeln. § 56 stellt ein allgemeines Landrecht in Aussicht. Dazu wird die Einsendung von Zweifelsfällen angeordnet, durch Reskript vom 2. Oktober 1714 werden die Regierungen an diese Anordnung erinnert. Tatsächlich kommen sie ihr nach. Von einer Auswertung ist jedoch so wenig bekannt wie von dem Verbleib der gleichzeitig gefertigten Hallischen Constitutionen.

Obwohl Friedrich Wilhelm I. immer wieder auf die Rechtsreform zurückkam, konnte sie unter ihm dennoch nicht wesentlich fortgetrieben werden. Seine Beharrlichkeit reichte nur zum Erlaß von Edikten für einzelne Territorien oder Teilbereiche, nicht aber zur Fertigstellung des umfassenden Landrechts, das er bereits am 1. April 1713 verlangt hatte. Auch der Auftrag, den er am 18. Juni 1714, gleich nach der Bestellung Samuel von Coccejis zum Geheimen Rat an die junge Juristenfakultät in Halle richtete, blieb ohne greifbares Ergebnis. Nach einem exakt formu-

---

20 Buchda, *Die Spruchtätigkeit der hallischen Juristenfakultät*, ZRG GA Bd. LXII, 1942, S. 266.

21 Vgl. Hymmen, Bd. 2, S. 269 Anm. 1, zu den Antworten ebd., Bd. 7, S. 196, Anm. 12; Stölzel, Bd. 1, S. 419 f., Bd. 2, S. 23. Hier taucht zum ersten Mal die Jahresfrist auf, die die Geschichte der preußischen Rechtsreform das gesamte Jahrhundert hindurch begleiten sollte.

22 Mylius, Bd. 2, Nr. 3.

lierten Plan[23] sollte sie unter der Leitung von Thomasius Constitutionen nach „*der natürlichen Billigkeit*" „*auf das Leichteste abfassen, damit sie auch vom gemeinen Manne leichthin verstanden [...] werden*", das „*Latein aber durchgehend daraus [...]lassen*", sich an dem 1685 für Preußen (Ostpreußen) erlassenen Landrecht orientieren, aber „*das Römische Recht nicht so stark folgen*", sondern „*allenthalben die principia iuris naturae voraus[...]setzen*" und im Zweifel die Lösung wählen, die „*der gesunden Vernunft am nächsten kommt*". Das Unternehmen scheiterte, und zwar nicht wie lange angenommen und vereinzelt bis in die Gegenwart wiederholt an der Untätigkeit der Fakultät.

Schon in der Mitte des vorigen Jahrhunderts war es in Zweifel gezogen worden[24], daß die Fakultät sich dem Befehl verweigert hatte, seit einem Menschenleben ist das Gegenteil erwiesen[25]. Als Cocceji nämlich die Universitäten und Justizbehörden am 21. September 1733 erneut aufforderte, Zweifelsfälle [casus dubios] anzuzeigen, die der gesetzlichen Klarstellung bedurften, hat die Fakultät einen Bericht[26] vorgelegt, in dem sie auf die von ihr 1714 eingereichten Gesetzesentwürfe hinweist, die Gundling für das Vertrags-, Kauf-, Mietrecht, Ludewig für das Recht der Kredite und Darlehen, Götsche für das Konkursrecht, Justus Henning Böhmer für das Erb-, Testaments- und Ehevertragsrecht und Ludovici für das Eigentums- und Schadensersatzrecht der Universität entworfen hatten. Auf die ins Hoflager gesandten Constitutionen[27] war keine Reaktion erfolgt. Warum der König die Vorschläge nicht umsetzte, ist nicht mehr aufzuklären. Zu vermuten ist allerdings, daß der Wechsel im Justizministerium 1714 und der im folgenden Jahr beginnende Krieg mit Karl XII. von Schweden die Reform behinderte[28]. Immerhin wurde noch im Dezember 1714 die Frage der Hexenprozesse angegangen[29]. Die Hallischen Constitutionen sind weder in dem von Ludewig verwahrten Original noch in der eingeschick-

---

23 Abgedr. bei E. A. Th. Laspeyres. *Die Reception des Römischen Reiches in der Mark Brandenburg und die Preußische Gesetzgebung von König Friedrich II.*, ZDR 6 (1841) S. 1 ff., 88 ff.

24 Laspeyres aaO. S. 77 f; Fleischmann, *Christian Thomasius*, in: Beiträge zur Geschichte der Universität Halle – Wittenberg, Bd. 2, Halle 1931, S. 140.

25 Nachweis durch Gerhard Buchda, *Über die verlorenen hallischen Konstitutionen zum Landrecht für die Kurmark Brandenburg* (1714), in: ZRG 69 (1952), GA S. 385 ff.

26 Der Bericht am 6. November 1733 war von Carl Gottlieb Knorre entworfen und von dem damaligen Ordinarius der Fakultät Johann Peter von Ludewig überarbeitet und unterzeichnet worden. S. Gerhard Buchda, ZRG, GA Bd. LXIX, 1952, S.385 ff., 389.

27 Zu weiteren Belegen vgl. Buchda, aaO. Abdruck S. 394 ff.

28 Cocceji ging im Frühjahr 1715 nach Wien (Stölzel, Bd. 2, S. 71).

29 Edikt vom 13. Dezember 1714, Mylius Bd. 2, 3, Sp. 57.

ten Reinschrift erhalten geblieben[30]. Ob sie und wieweit sie Samuel von Cocceji, der bereits im Jahre 1714 „Geheimer Rat bei dem Justizwesen" war, bei seinem späteren Landrechtsprojekt von 1749 zur Verfügung gestanden haben, ist nicht mehr festzustellen. So bleibt es der Spekulation überlassen, wie Thomasius sein Naturrechtskonzept in das positive Recht hat umsetzen wollen.

Das Gerücht, Thomasius und seine Kollegen hätten sich dem Befehl entzogen, war freilich unabhängig von ihrem Verlust entstanden. Schon 1720[31] und 1721[32] wird die Behauptung von Adam Friedrich Glafey auf-

---

30 Buchda, S. 391 geht von fünf Bänden, starke Aktenfaszikel aus, die neben dem nackten Gesetzestext auch die vom König gewünschten Begründungen (Diskurse) enthalten haben müßten.

31 Vgl. seine weitgehend eingestampften „Grundsätze der Bürgerlichen RechtsGelehrsamkeit, Leipzig 1720" (recte 1719), S. 8 § XII: „*Haben die Herren Hallenser, welche durch königliche Befehle Versicherung hatten, daß ihre Arbeit nicht vergeblich seyn werde, nach dem Geständniß des Herrn Thomasii, kein neues Corpus Juris zu wege bringen können, so werden es andere auch wohl bleiben lassen, und es wird bey dem Voto des Brandenburgischen Gesandten: sum sus sut, es wär wohl alle gut – sed sum es est, laß bleiben wie es ist gewest, wohl seine Bewandniß behalten.*"

32 In seiner „*Vollständigen Geschichte des Rechts der Vernunft*". Ich konnte zwar nur die Auflage 1739 und die identische Titelaufl.: *Vollständige Geschichte vom Recht der Vernunft*, 1746 einsehen, halte es aber für gewiß, daß in der ersten Auflage nichts anderes steht. In den späteren Auflagen heißt es auf S. 6, 7: „*Nutzen des J.N. bei Verfertigung neuer Gesetze. Wenn neue Gesetze in einer Republic gemacht oder die alten gebessert werden sollen, pflegt solches einem oder mehr JCtis [Rechtsgelehrten] aufgetragen zu werden, die denn hierinnen die Vernunfft und deren Anweisung vornemlich zu rathe ziehen müßen, nicht, als wenn es genug wäre, oder die Meinung hätte, das Jus naturae in die fora zu introduciren, und nach selbigem zu decidiren, sondern damit die civil-Gesetze durch ihre in die Augen fallende Billigkeit bei den Unterthanen sich recommendiren mögen. Was man vor billig hält, und wovon man die Bewegungs Gründe zum Beifall in seiner Vernunfft bei sich trägt, dasselbige thut und befolgt man noch einmahl so willig als gerne, enthält sich auch alles unzeitigen critisirens, welches die neue Gesetze in eine besondere Hochachtung bringt und darinnen erhält. Freylich würde die Aequitas cerebrina gewaltig hervor brechen, und ein grosser dissensus [S.7] in Rechts=Collegiis entstehen, wenn man das Jus Naturae dahin authorisiren wolte, daß darauf gesprochen, und die Decisiones daraus geholet werden müsten: Wenn aber der Legislator bei Verfertigung neuer Gesetze seine Vernunfft dergestalt braucht, daß er nichts, was mit den Principiis Juris naturae auf einige Weise streitet, passiren lässet oder annimmt, auch, wenn die Lehrer des vernünfftigen Rechts darinnen uneinig sind und controvertiren, solchen Streit durch Erwägung der beiderseitigen Gründe decidirt und in eine Gewißheit setzt: So giebt er dadurch dem obigen Einwurff eben die abhülffliche Maße, und praecavirt, daß ein der Wissenschaft des Rechts der Vernunfft nicht gnugsam kundiger Mann in Collegiis und Dicasteriis mit seiner Aequitate cerebrina nicht durchkommen kan. Sprichst du, man habe die Lehrer des vernünfftigen Rechts schon lange auf eine verächtliche Arth vom Jure civili reden, und auf die Verbesserung desselben dringen hören, wenn aber einem oder dem andern unter ihnen von seinem Landes=Herrn dieserhalber Auftrag gethan worden; so hätten sie sich entweder, wie Thomasii Dissert. de Difficultatibus novi Corporis Juris con-*

gestellt, der kurz nach dem Gesetzgebungsauftrag in Halle studierte und bei Thomasius promovierte. Er bezieht sich dabei auf eine These von Thomasius, wonach die Verbesserung der Rechtspflege durch Gesetzgebung zwar nicht gänzlich unmöglich, aber überaus schwierig sei, offenbar in der Dissertation „*Emendationem administrationis iustitiae neque facilem, neque impossibilem, valde tamen difficilem et caute suscipiendam*“[33], die dieser 1717[34] bald nach dem Gesetzgebungsauftrag und gerade in der Zeit von Glafeys Studium in Halle vorgelegt hatte[35]. Da Thomasius später vor dem „*unvernünftigen Mischmasch fremder und in fremder Sprache abgefaßter Rechte*“[36] gewarnt und ein deutschsprachiges Gesetz gefordert hat, war ihm die Idee der Gesetzgebung nicht schlechthin fremd[37]. Wahr-

---

dendi solches gnugsam an den Tag lege, mit der Schwierigkeit entschuldiget, oder aber schlechte Arbeit gemacht, und solche Gesetze hervor gebracht, die man nach empfundenen Schaden wieder revociren müssen: So gebe ich zur Antwort, daß Thomasius und seine Collegen mit grosser raison die Mühe gescheuet, dieses Augiae stabulum zu purgiren, wenn sie aber sonst Ernst brauchen wollen, oder ihr Herr drauf bestanden hätte, wären sie wegen ihrer grossen Erkänntniß im Jure naturali und anderer zur Legislation gehörigen Wissenschafften nach meiner Einsicht allerdings die Männer gewesen, so solches zu praestiren vermocht, wie mich denn auch, so viel die andere Gattung von Leuthen betrifft, die Erfahrung gelehret, daß, wenn ihnen gleich als Menschen etwas unbrauchbare entfallen, sie doch dargegen hundertmahl so viel gutes hinwiederum gestifftet, daß dadurch ein und der andere Fehler dem Publico reichlich vergüthet worden. Man lese nur in unserer Vorrede den locum aus dem Titio von den Gebrechen unserer bürgerlichen Rechts=Gelehrsamkeit, und erwege, ob man selbige ohne Beihülffe des vernünfftigen Rechts zu heben vermag: So wird man von der Unentbehrlichkeit dieser Wissenschafft bei Gebung neuer Gesetze oder Verbesserung der alten vollkommen überzeuget werden.“

33 Vgl. Lieberwirth, *Christian Thomasius. Sein wissenschaftliches Lebenswerk. Eine Bibliographie*, Weimar 1955, S.152.

34 aaO. S. 139 ff.

35 Ihr folgte unmittelbar die Dissertation „*De aequitate cerebrina et exiguo usu practico Legis Anastasianae, occasione Juris Provincialis Prutenici, Lib. IV, Tit. VI, Art. 5 § 3*, Halle 1717“, an deren Titel Glafey im gleichen Paragraphen seiner Vernunftrechtsgeschichte mehrfach anknüpft.

36 *Gemischte Händel*, Th. 1, 1723, S. 230 f.

37 Nachdem 1733 ein neuer Befehl kam, der auf die bereits von der Fakultät vorgelegte Arbeit gar nicht einging, dürfte die Bereitschaft der Professoren äußerst gering gewesen sein, sich noch einmal auf die Sache einzulassen; Knorre suchte in seinem Entwurf des Berichts, das Stocken der Gesetzesreform noch zu erklären, wegen mangelnder Übereinstimmung in den regulativen Prinzipien seien die konkreten Entwürfe nach widersprüchlichen Gründen konzipiert worden und hätten dadurch Widersprüche in den Bestimmungen und ihrer Anwendung bedingt, er schloß die Befürchtung an, eine prinzipielle Übereinstimmung lasse sich in der Fakultät auch jetzt nicht erreichen. Ludewig milderte das in der endgültigen Fassung zwar ab, die authentische Entscheidung der casus dubii sei nötig und heilsam, und versprach im Namen der Fakultät, dabei mitzuwirken, bat aber um längere Frist. Zu Stande kam aber von ihrer Seite nichts mehr. Auch sonst haben sich die deutschen Universitätsprofessoren an der durch das gesamte Jahr-

scheinlich waren er und die gesamte Fakultät enttäuscht, daß ihre Gesetzentwürfe kein Echo fanden.

Die Anstrengungen Friedrich Wilhelms I. zur Klarstellung und Reform des materiellen Rechts begannen zunächst ganz *provinziell*, in Brandenburg, Ostpreußen und Magdeburg. Seine Absicht, 1713 *ein* Recht „*vors ganze Land*“ zu schaffen[38], bezog sich noch nicht auf alle Staaten unter seiner Herrschaft, sondern nur auf die Mark Brandenburg; denn als die Frage nach ständischer Mitwirkung aufkam, lehnte er es ab, die „*Verordneten der hiesigen Landschaft*“ zu Rate zu ziehen[39]. Auch seine Kabinettsorder vom 18. Juni 1714 trug der außerhalb Brandenburgs belegenen Juristenfakultät von Halle nur die Abfassung „*unterschiedlicher Constitutionen*“ auf, die „*Rechtsgelahrte zu Verbesserung des Justizwesens in Unserer Churmark nöthig befunden*“[40] hatten[41]. Und als der König sich nach einer Reihe von Verwicklungen, die die Rechtsreform behindert hatten[42], erneut der Verbesserung des materiellen Rechts zuwandte, galt sein Interesse wieder allein dem Landrecht eines einzelnen seiner Herrschaftsgebiete, nämlich Preußens, das bereits seit 1685 ein umfassendes Landrecht besaß. Dessen Reform kam zwar zustande, blieb aber weitgehend negativ; sie berücksichtigte die Veränderungen des Gerichtsverfassungsrechts und des Prozeßrechts, die inzwischen eingetreten waren, strich das Lehnsrecht, das durch die Lehnsallodifikation seine Funktion

---

hundert geführten Debatte um die Rechtsklarstellung durch die Gesetzgebung kaum beteiligt. Das Schweigen hielt auch nach der Veröffentlichung des Entwurfs eines allgemeinen Gesetzbuchs an. Gustav Hugo konnte mit gewissem Recht feststellen, daß sich unter den Preisträgern für die besten Kritiken keine namhaften deutschen Rechtslehrer befänden. Er konnte allerdings nicht wissen, daß eine ganze Anzahl doch Erinnerungen geliefert hatte. Das Bild wird zudem dadurch korrigiert, daß der erste preußische Großkanzler Samuel Cocceji aus einer Professur in den Justizdienst Preußens eingetreten war und bis zum Ende ein namhafter Vertreter der Naturrechtswissenschaft geblieben war, nicht ohne Einfluß auf das kantische Rechtsdenken.

38 1. April 1713, vgl. Stölzel, Brandenburg-Preußens Rechtsverwaltung und Rechtsverfassung, Bd. 2, aaO., S. 42.

39 7. Juni 1713, vgl. Stölzel, aaO., S. 43; dort auch zu seiner Ankündigung, sich durch den Rezess von 1653 nicht binden zu lassen.

40 Stölzel, aaO., S. 57, 60 f.

41 Obwohl die hallischen Constitutionen sich nicht erhalten haben, läßt sich allerdings vermuten, daß sie inhaltlich wenig provinziell waren, da die Professoren mit dem partikularen brandenburgischen Recht kaum vertraut gewesen sein dürften.

42 Die Justizreform kam 1714 ins Stocken, nicht weil die Universität ihre Aufgaben nicht erfüllte, sondern weil (1) schon vor dem Ablieferungstermin der Justizminister Bartholdi starb (28. August 1714), (2) die Ernennung des Nachfolgers Plotho sich bis zum 1. Oktober hinzog, (3) der sprunghafte König am 8. November darauf drängte, sofort die Gerichte neu zu organisieren, vor allem aber weil (4) Karl XII. von Schweden Brandenburg seit November 1714 mit Krieg bedrohte (so Stölzel, aaO., S. 68-72).

eingebüßt hatte[43], beseitigte die Strafbarkeit der Hexerei und beschränkte die Folter. Auch der dritte – erfolglose – Versuch Friedrich Wilhelms I. zu einer gesetzlichen Bereinigung des materiellen Rechts war noch partikular auf das Herzogtum Magdeburg ausgerichtet[44].

Auch sonst verlagert sich die Rechtsreform auf einzelne Gebiete, etwa auf die Kriminalordnung, oder auf Befehle, wodurch die in der ersten Instanz und bei vielen Regierungen geübte Aktenversendung eingeschränkt wird[45]. Als der König im Jahre 1728 (Hofreskript v. 26.2.) auf die Notwendigkeit zurückkommt, ein *jus certum* zu publizieren, denkt er an das jeweilige Provinzialrecht: Es soll gesammelt und im übrigen außer Kraft gesetzt werden. Der Erfolg der Maßnahme bleibt aus. Das Zirkularreskript vom 21.12.1733 nimmt dann aber die Idee eines allgemeinen Landrechts wieder auf: „*Weil ein ius certum in den Königlichen Landen etablirt werden soll: so sollte die Regierung sämtliche casus dubios, die entweder daher, daß praxis (welche selten universalis ist) a iure communi differire, oder weil super ipso iure communi die Doktores differiren, oder weil die Landesconstitutionen dunkel und zweifelhaft vorgekommen sind, accurat und deutlich specificiren und mit ihrem Gutachten einsenden.*" Wiederum ist der Erfolg gering. Die Magdeburger Regierung etwa begnügt sich ebenso wie die Fakultät in Halle damit, auf ihre Einsendung von 1714 zu verweisen[46].

Als der König 1737-1738 plant, endlich einen Großkanzler als Chef de Justice in allen seinen Landen, zu bestellen, kündigt er auch *ein* besonderes (d. h. **einheitliches**) Landrecht für alle seine Staaten an[47]. Es soll

---

43 Stölzel, Bd. 2, S. 89 ff.

44 Befehl vom 8. September 1728 an die Obrigkeiten und Magistrate des Herzogtums Magdeburg, das dortige Statutarrecht binnen vier Wochen zu sammeln, mit der Ankündigung, das nicht zeitgerecht eingesendete Recht trete außer Kraft. Ähnlich irreal kurze Fristen für die Sammlung des Provinzialrechts setzte auch Carmer den Landesjustizkollegien im Jahre 1780.

45 Etwa in Magdeburg, wo bis zum Edikt vom 13.2.1723 kein Urteil selbst gefunden wurde; vgl. Diez, Archiv Magdeburgischer Rechte, 1. Bd., 1781, S. 103.

46 Vgl. Diez, Archiv Magdeburgischer Rechte, 1. Bd. 1781, S. 50 f.

47 Im Jahre 1737 beschleunigt sich der Reformzug. Das Reglement vom 4.10. verlangt die Justiz zu beschleunigen, das vom 25.10. ordnet ein gerichtliches Güteverfahren an, das Edikt vom 3.12. regelt die Voraussetzungen der Anstellung als Präsident, Rat oder anderer Justizbedienungen und deren Pflichten. Bestimmungen über die Advokaten entwickelt das Edikt vom 11.1.1738. Am 10.2.1738 wird der Instanzenzug eingeschärft und das Querulieren – insbesondere direkt beim König – untersagt. Cocceji soll die Gerichte visitieren (26.2.1738), die Übererhebung von Sporteln wird noch einmal verboten (2.3.1738). Mit dem Auftrag verknüpft der König noch einmal die Ankündigung einer Gesetzgebung (§ 2: *Sind wir entschlossen, ein besonderes Landrecht in unseren Landen einzuführen, und das ius romanum in so weit es applikabel zum Fundament nehmen zu lassen.*). Bei der Gelegenheit soll das Provinzialrecht gesammelt, bereinigt

durch das gleichzeitig zu bereinigende Statutar- und Provinzialrecht nur noch ergänzt werden[48], wenn sich dessen Besonderheiten nicht füglich in das allgemeine Gesetzbuch einfügen lassen[49]. Und in der Kabinettsorder vom 1. März 1738, mit der er darauf Cocceji zum 1. Chef de Justice bestellt, legt er ihm wieder die Verfertigung eines einheitlichen *„beständigen ewigen Landrechts"* unter Abschaffung *„des confuse und theils auf Unsere Lande nicht quadrirende jus romanum"* unter *„Einverleibung der unzähligen Menge von Edikten"* auf[50]. Auch dieser Plan bleibt indessen unter seiner Regierung unausgeführt, nicht weil Cocceji versagt — er verfaßt vielmehr sogleich in Gestalt seines Neuen System des Zivilrechts ein lateinisches Kompendium seines Landrechtskonzeptes — sondern weil der König durch konservative Gegner unter den übrigen Justizministern verunsichert, den Plan fallen läßt. Immerhin sind unter Friedrich Wilhelm I. bereits *einige einheitliche Gesetze* für die gesamte Monarchie zustandegekommen, darunter die *Kriminalordnung* vom 8. Juli 1717, die zunächst für die Kur- und Neumark ergangen war, deren Geltung aber nach und nach auf alle preußischen Staaten ausgedehnt wurde[51].

Auch Friedrich II. war – wie sein Vater – kontinuierlich darauf aus, Mißstände in der Rechtspflege zu beseitigen. Bereits vier Tage nach Regierungsantritt verfügte er die Einschränkung der Tortur[52]. Aus dem Felde

---

und neu publiziert werden. Einige Tage später (1. 3. 1738) wird Cocceji Chef der Justiz).

48 Kabinettsorder vom 26. Februar 1738, Stölzel, aaO., S. 126.

49 Nicht viel anders als in § 11 Österr. ABGB. Cocceji erschien diese Ergänzung offenbar nur noch in ganz geringem Maß notwendig; denn er betraute am 16. Februar 1738 zwei Mitglieder des Oberappellationsgerichts damit, binnen dreier Monate die Rechte zusammenzustellen, *„insofern sie bei jeder Provinz vom jure commune abgehen"*.

50 Vgl. Stölzel, Bd. 2, S. 119; zur Erneuerung der Absicht (1738) siehe S. 124; zum Plan, die Provinzialrechte festzustellen (1738), siehe S. 121 f.

51 Stölzel, aaO., S. 74. Entsprechendes gilt für die am 23. September 1718 ebenfalls für die Kur- und Neumark erlassene und dann auf andere Territorien erstreckte Vormundschaftsordnung, die übrigens ebenfalls die Carmerschen Reformen überdauerte, sowie für die Depositalordnung. Es handelte sich allerdings um bloße Verfahrensordnungen, die seinerzeit als innerdienstliche Regelung für den ohnehin zentralisierten Staatsdienst aufgefaßt werden konnten.

52 Endgültig beseitigte er sie erst 1754. Vgl. Stölzel, Bd. 2, S. 143, 230; tatsächlich verhinderte der Zustand des Beweisrechts, daß ganz auf den Geständnisdruck im Strafverfahren verzichtet werden konnte. Zur Einstellung des Königs gegenüber der Justiz vgl. a. die Erklärung von 1752 (Kleins Annalen, Bd. 14, S. 319 abgedruckt) *„überall den Landesgesetzen und Rechten gemäß zu verfahren und zu decidiren, allermaßen er* (der König) *sich hierin keineswegs immediate meliren, noch vor einen oder anderen Theil besonders portiren werde, vielmehr wolle, daß alles den Rechten und Landesgesetzen gemäß tractiret werde, da er sich selbst solchen in seinen eigenen Sachen unterwerfe."* In den vom König zumindest gebilligten *Reflexions philosophiques et historiques d'un*

heimgekehrt, forderte er am 12. November 1740 Berichte der Justizkollegien über die Möglichkeiten einer Verbesserung der Justiz an. Doch verstand er darunter allein Maßnahmen zur Beschleunigung der Prozesse. Dagegen zögerte er vor den Plänen einer Kodifikation des Rechts zurück[53]. Der Einwand der Gerichte, die Ungewißheit des Rechts behindere den schnellen Fortgang der Justiz, erschien ihm als bloße Schutzbehauptung. Nur wenn er über die stockende oder korrupte Justiz in äußersten Zorn geraten war, vermochten ihn seine Großkanzler für die Idee der umfassenden Gesetzgebung zu begeistern, meist nur kurzfristig. Der lange Atem und die Geduld, sie bis zum Ende und in die notwendigen Details fortzutreiben, mangelte ihm nicht weniger als seinem Vater und Großvater.

Tatsächlich ging die Initiative zur Kodifikation nicht von Friedrich II., sondern jeweils von seinen Großkanzlern aus[54]. Erst am 1. Februar 1746 konnte Cocceji, der gerade den Augias-Stall der pommerschen Justiz gesäubert hatte, militärisch schnell und erbarmungslos, wie es dem König gefiel, dem von Eitelkeit nicht freien Monarchen die Idee einer Justizreform durch eine umfassende einheitliche Gesetzgebung mit großem diplomatischen Geschick als eigene Erfindung unterschieben. Sein darauf mit Bericht vom 9. Mai 1746 vorgelegter „*unvorgreiflicher Plan wegen Verbesserung der Justiz*" sah neben einer Verbesserung von Verfahren, Organisation und Besetzung der Gerichte vor: „*Hauptsächlich muß das*

jurisconsulte, adressées à son ami à Turin sur l'ordre de la procédure et sur les décisions arbitraires et immédiates du souverain, A Berlin chez Decker – also offiziös – erklärte Moulines, nicht wie vielfach behauptet: der Großkanzler Jariges, der König sei „*un monarque qui règne sur des hommes libres et qui les gouverne par les lois*", und ein solcher werde nie anstelle eines Richters treten, denn „*les sentenées, même les plus équitables des souverains sont illégals et contraires à la constitution de l'état*" (v. 1. März 1765, S. 22).

Vgl. a. Verordnung vom 28. September 1772 NCC Bd. 5, Sp. 451 f.: „*Wir selbst oder unser Etatsministerium geben keine Entscheidungen, so die Kraft einer richterlichen Sentenz haben*"; zur gleichzeitigen Mäßigung des materiellen Strafrechts für Westpreußen unmittelbar auf Eingreifen des Königs hin vgl. Stölzel, Bd. 2, S. 262 ff.

53 Er hielt sogar an der Differenz zwischen den adeligen und der bürgerlichen Richtern fest (1742); s. Stölzel, Bd. 2, S. 157. Erst 1753 kam es zu der Gleichstellung und dem durchgängigen Erfordernis dreier juristischer Staatsprüfungen. Zur Beseitigung der unterschiedlichen Richterbänke; S. 228 f. Vgl. dazu das noch viel später entstandene und deshalb nicht mehr auf Preußen bezogene Gedicht von Voß: *Der adlige Rat: „Mein Vater war ein Reichsbaron und Ihrer war, ich meine" Der bürgerliche Rat: „So niedrig, daß, mein Herr Baron, ich glaube, wären Sie sein Sohn, Sie hüteten die Schweine*".

54 Vgl. Laspeyres, aaO.

Römische Lateinische Recht abgeschafft und auf den Preußischen Fuß[55] *ein Teutsches Landrecht verfertiget werden, welches blos auf die natürliche Vernunft und die Landes=Verfassungen sich gründen muß, und welches ich in einem Jahr*[56] *liefern will*[57].“ Wie seinem Vater ging es nun auch Friedrich um *ein für alle Staaten einheitliches und vorrangiges Gesetzbuch*[58]. Und erneut sollten abweichende Provinzialrechtsregelungen nur in einem Anhang gesammelt werden[59]. Die Absicht der Rechtsvereinheitlichung tritt noch deutlicher im Projekt des Corpus Juris Fridericianum von 1749 hervor. In § 28 der Vorrede heißt es, der König habe befohlen, „*ein* ***generales*** *Land=Recht, worunter* ***alle*** *Rechte, die in der Civil=Societät vorkommen können, begriffen sind, zu verfertigen*[60].“ Von

---

55 Damit wiederholt er die Anknüpfung an die von ihm selbst vollzogene Reform des Landrechts für (Ost-)Preußen.

56 Das Versprechen, das Gesetzbuch in Jahresfrist zu liefern – in der selben Frist, in der auch die Prozesse in drei Instanzen abzumachen waren – (vgl. Stölzel, Bd. 2, S. 170 f.), wurde allem Anschein nach von Friedrich erwartet. Noch Fürst wiederholte es bei seinem Vorschlag eines allgemeinen Gesetzbuches von 1776. Cocceji hielt es zwar nicht ein, immerhin legte er nach drei Jahren den ersten Band im Druck vor. Das setzte Carmer, der für die Prozeßordnung und wahrscheinlich auch die Provinzialgesetzbücher die gleiche Zusage gegeben und das allgemeine Gesetzbuch in drei Jahren versprochen hatte, später unter extremen Zeitdruck.

57 Ebenso „*Constitution, wie die Prozesse in Pommern nach Sr. Kön. Maj. in Preußen Plan in einem Jahre in allen Instanzien zu Ende gebracht werden sollen*“, vom 31. Dezember 1746, „§ 24: *...ein deutsches allgemeines Landrecht, welches sich bloß auf die Vernunft und Landes=Verfassung gründet, zu verfertigen und zu Unserer Approbation vorzulegen, worüber Wir hiernächst aller Unserer Stände und Collegia, auch Universitäten Monita einholen, und die Statuten einer jeden Provinz besonders beidrukken lassen wollen, damit einmal ein [!] gewisses Recht im Lande etablirt, und die unzähligen Edicte aufgehoben werden mögen.*“

58 Nur ein allgemein geltendes Recht erforderte die versprochene Rücksichtnahme auf die Verfassungen der einzelnen Länder und Distrikte. Die Erläuterung geht in die gleiche Richtung: „*Die Justitz=Collegia müssen sich nach dem alten Römischen Lateinischen Recht richten, welches in lauter ohne alle Ordnung zusammengeflickten Stücken bestehet, und wovon die Hälffte auf diese Lande nicht applicable ist, ja worin kein Gesetz ist, welches nicht pour et contre ausgelegt werden kann. Dieses confuse Recht wird durch das Sachsen- und kanonische Recht und durch die unzehlige Edicta noch in größere Confussion gesetzt. Daher vor allen Dingen nöthig ist, ein allgemeines Landrecht in Teutscher Sprache zu entwerffen, welches blos nach der Vernunfft und hiesiger Landes=Verfassung einzurichten, alle anderen Gesetze und Edikta aufzuheben: Hiernächst die Collegia und Stände einer jeden Provintz mit ihren Monitis darüber zu hören und solchergestalt ein gewisses und beständiges Recht zu verfertigen und Darüber stricte zu halten. Diejenigen Jura, welche eine jede Provintz durch besondere Statuta erworben hat und von dem allgemeinen Recht abgehen, müssen in fin besonders beygedruckt werden.*“

59 Bestätigt durch die „*Constitution, wie die Prozesse in Pommern nach Sr. K. Maj. in Preußen vorgeschriebenem Plan in einem Jahr in allen Instanzen zum Ende gebracht werden sollen*“ (v. 31.12.1746).

60 Hervorhebungen nicht im Original.

besonderen Provinzialgesetzbüchern ist keine Rede. Vielmehr bestimmt Part. I. Lib. I. Tit. II §. 15[61]: „*Weil auch, fünftens, verschiedene Provintzen, Städte und Gemeinde, besondere Statuta und Privilegia haben, so sollen dieselbe diejenige Casus, welche von diesem Land=Recht discrepiren, und dennoch von denen Provintzen und Städten gerne beybehalten werden wollen, binnen Jahres=Frist*[62] *an Uns einsenden, da Wir dann dem Befinden nach dieselbe approbiren, und die besondere Jura in einer jeden Provintz durch einen* **Anhang** *dem Land=Recht beydrucken lassen werden. Wann aber binnen Jahres=Frist dergleichen Statuta nicht eingeschickt werden, so soll es lediglich bey diesem Land=Recht gelassen werden.*

Es wird Uns aber auch zu besonderm Gefallen gereichen, wann die Provintzen ein uniformes Recht beybehalten, und insonderheit ratione successionis dieser Ordnung sich submittiren, folglich der Communioni bonorum, woraus unsägliche Streitigkeiten herrühren, ratione futuri renunciren wolten.“

Allerdings kam nur die Prozeßreform zustande. Grundlage war das Projekt einer für Pommern konzipierten Prozeßordnung[63]. Das „*Project des codicis Fridericiani Marchici*“ war eine ergänzte und verbesserte Überarbeitung. Es wurde nicht förmlich in Kraft gesetzt, sollte aber „*allen Provintzen künftig zum Modell dienen*“, so daß er es langfristig auch tatsächlich durchsetzte[64].

---

61 Ganz ähnlich wie § 11 Österr. ABGB.

62 Wieder die Jahresfrist.

63 Das *Project des Codicis Fridericiani* [nicht : Pommeranici oder Pommeranii] (v. 6. Juli 1747 mit Erscheinungsort Stettin) hatte Cocceji aus eigener Machtvollkommenheit den Gerichten, Ständen und Advokaten Pommerns zur Stellungnahme mitgeteilt. Seine Grundlage war die „*Constitution, wie die Prozesse in Pommern nach Sr. K. Maj. in Preußen vorgeschriebenem Plan in einem Jahr in allen Instanzen zum Ende gebracht werden sollen.*“ Der Codex Pommeranici bildete wieder die Grundlage für den Codex Marchici. Dieser sah erstmals eine eigentümliche Regelung vor. Er proklamierte nach Art eines Verfassungsgesetzes eine Staatsverwaltungsmaxime, an welcher sich der absolute Herrscher unbedingt zu halten versprach, indem er jeden zuwiderlaufenden Akt im vorhinein für unwirksam erklärte, nämlich die Zusicherung einer Richterstelle. Da kein Gesetz die königliche Autorität beschränken konnte, blieb allerdings ein offener Konflikt möglich, den der selbstbewußte Friedrich auszuhalten vermochte, der aber seine Beamten überforderte. Vgl. dazu Stölzel, Bd. 2, S. 187 ff.

64 Stölzel, Bd. 2, S. 197.

B. Gesetzgebung als Instrument der Vereinheitlichung und Verstaatlichung des Rechts

Friedrich II. sah aber nicht nur 1746, sondern auch noch 1780 in der Gesetzgebung nicht allein ein *Instrument zur Vereinheitlichung des Rechts* in allen seiner Herrschaft unterworfenen Gebieten, er suchte mit ihr zugleich und vor allem die *Souveränität* auch über das Recht durchzusetzen, die ihm als alleinigem Gesetzgeber[65] in allen seinen Staaten zukam. Zwar hatte die Rechtswissenschaft die Geltung allen Rechts bereits seit langem allein auf den Rechtsetzungswillen des Landesherren zurückgeführt[66]. Solange es jedoch weiterhin kaum staatlich gesetztes Recht gab, war das aber eine bloß akademische Hypothese geblieben. Tatsächlich hatte sich noch kein Landesherr dazu angeschickt, durch seinen Gesetzesbefehl alles für ihre Untertanen geltende Recht außer Kraft zusetzen, oder ausdrücklich zu erklären, nur noch die von ihm konkret gebilligte Vorschrift, solle gelten. Sie hatten vielmehr ihre Souveränität über das Recht mit der stillschweigenden Hinnahme des traditionell geltenden Rechts nur dadurch zu verbinden gewußt, daß die dem mangelnden Widerspruch rechtserzeugende Wirkung zumaßen. Auch gegenüber der eigentlichen Rechtspflege hatten sie sich weitgehend auf die Rolle des passiven Betrachters eingeschränkt, der nur ab und an durch einen Lärm aufmerksam macht, wer letzlich die Richtermacht verleiht. Die Monarchen, die die Rechtsprechung selbst nicht wahrnahmen, besaßen kein rationales Instrument, um sie umfassend zu steuern und zu kontrollieren, und ihre souveräne Letztverantwortung erkennen zu geben.

Wie alle Landesherren im Reich waren auch die preußisch-brandenburgischen Herrscher ursprünglich nicht für die gesamte Rechtspflege über ihre Untertanen zuständig gewesen, sondern hatten sich die Kompetenz mit dem Reich (und Polen) und mit den Inhabern der Unter- und der Mediatgerichtsbarkeit teilen müssen. Das stellte ihre Herrschaft in Frage, da sich die Landeshoheit wesentlich aus der Gerichtshoheit herleitete. Daher bemühten sie sich wie die anderen großen Reichsstände von Anfang an, ihre Gerichtshoheit auszudehnen. Die Kurfürsten hatten noch vor der Errichtung der Reichsgerichtsbarkeit mit den *Privilegien de non appellando und de non evocando* für die Kurlande eine gewisse Unabhängigkeit von der Reichsgerichtsbarkeit erlangt, die sie auf alle im Reich gelegenen Territorien auszuweiten suchten. Für Friedrich II. war dieser

---

65 Vgl. die Kabinettsorder vom 20. April 1780.

66 Glafey, Adam Friedrich, *Grundsätze der Bürgerlichen RechtsGelehrsamkeit*, S. 28 f. (§ LVII).

Prozeß mit dem kaiserlichen Privileg vom 31. März 1746 abgeschlossen[67]. Das Herzogtum *Preußen* hatte noch im 17. Jahrhundert die Lehnsbindungen an Polen abgeschüttelt und damit die volle äußere Souveränität erlangt, auf denen der spätere Königstitel beruhte. Nach dem Erwerb *Schlesiens* bezeichnete sich Friedrich II. dort als souveräner und oberster Herzog. Dabei nahm er – wie Svarez – die Zugehörigkeit Schlesiens zum Reich nicht zur Kenntnis, weil es wie alle Gebiete der böhmischen Kronc nicht eingekreist und damit nicht der Reichsgerichtsbarkeit unterworfen war. Er suchte darüber hinaus mit Hilfe von Cocceji seine Souveränität nach innen auch gegenüber der katholischen Kirche durchzusetzen. Dieser hatte beim Erwerb Ostfrieslands 1744 erreicht, daß allfällige Streitigkeiten zwischen Landesfürsten und Landständen nicht mehr der Entscheidung des Kaisers unterlagen, und damit die Unabhängigkeit dort ähnlich befestigt wie der Große Kurfürst seiner Zeit für Preußen. Seit 1746 trug Friedrich damit wie für alles, was in allen seinen Staaten vor sich ging, auch für die Justiz die letzte Verantwortung. Seine Gerichtshoheit blieb dennoch bedroht. Die übliche Aktenversendung machte die Prozesse nicht allein manipulierbar, „weitläufig und kostbar", sie entzog die Rechtsprechung auch der Kontrolle des Königs, weil sie sie auf Instanzen und Personen verlagerte, die seinem Zugriff nicht unterworfen waren. Es war daher folgerichtig, wenn Friedrich im Rahmen seiner Bemühungen nach dem Dresdner Frieden, seine Souveränität nach innen zu festigen, am 2. 4., 7. 4. und 20. 6. 1746 ganz persönlich die Aktenversendung verbot[68], wenn er durch die Prozeßgesetzgebung die Unter- und Mediatsgerichtsbarkeit, die er den einzelnen Gutsherren, Ständen, Städten und geistlichen Korporationen nicht entziehen konnte, einer scharfen Aufsicht unterwarf, strikt in den Instanzenzug einband, der über die staatlichen Justizkollegien zum Berliner Obertribunal führte, und der von ihm erlassenen Verfahrensordnung unterwarf, ihre Besetzung ausschließlich mit Personen erzwang, die an den Landesuniversitäten studiert, eine praktische Ausbildung bei staatlichen Gerichten durchlaufen und zwei Staatsprüfungen abgelegt hatten, und wenn er die ständischen Einflüsse auf die Obergerichte unterband. Weil es ihm bewußt war, daß er die tatsächliche Ausübung der Justiz nicht übernehmen konnte, sondern sie selbst in seinen eigenen Gerichten einer Vielzahl von Spruchkollegien überlassen mußte, bedurfte er zur Behauptung der Souveränität gegenüber der Rechtsprechung aber noch weiterer Instrumente. Ein solches waren die Immediatsuppliken gegen Richtersprüche – ein hergebrachtes Recht der Untertanen und

---

[67] Daß sein Nachfolger das Privileg für Ansbach und Bayreuth nicht erhielt, ist eine andere Sache.

[68] Vgl. Stölzel, Rechtsverwaltung, Bd. 2 S. 169, 173.

Vasallen – und die ihm zukommende Strafgerichtsbarkeit gegen pflichtwidrige Richter. Beide konnte und durfte der für die Justiz in seinen Territorien letztverantwortliche Herr nicht einmal durch den Instanzenzug verschließen, wie Friedrich noch in seinen Prozeßgesetzen aus der Mitte des Jahrhunderts ausdrücklich versichert; beide konnte er als Laie in einer zunehmend komplizierten Rechtswelt und in der steten Gefahr der Voreingenommenheit jedoch auch nicht verantwortlich ausüben. Denn er war kaum in der Lage, die an ihn gebrachten Rechtsstreitigkeiten in allen ihren rechtlichen und tatsächlichen Aspekten zu übersehen, zumal ihm eine hinreichende rechtswissenschaftliche Ausbildung fehlte; auch in seinen aufsichtlichen Entscheidungen bedurfte er daher der Hilfe durch seine rechtlich gebildeten und auf das Recht verpflichten Richter.

Die Wahrnehmung der Mittel einer nachfolgenden Disziplinierung war denn auch für das Recht und die Stellung des Monarchen höchst gefährlich. Denn jede Immediatentscheidung blieb schon wegen ihrer Außerordentlichkeit irregulär, der König konnte sie nur aufgrund einer Beratung durch ad hoc ausgewählte andere Rechtsgelehrte oder Minister treffen und sich für ihre Richtigkeit nicht selbst verbürgen. Deshalb erzeugte sie regelmäßig den Verdacht, er habe sich bei ihr von den allgemein geltenden Gesetzen dispensiert. Vor allem aber entfremdete sie – wie sich 1779 im Fall des Müller Arnold zeigte – die Richterschaft, die sie als Mißtrauenserklärung begreifen mußte, vom Monarchen.

Souveränität ließ sich auf dem Gebiet der Rechtspflege daher nur behaupten, wenn es gelang, die Gerichte von Staats wegen an ein klares und eindeutiges staatlich gesetztes Recht zu binden, das jede Willkür ausschloß[69]. Freilich verhielt sich der König in der Geltendmachung des Souveränitätsanspruches hinsichtlich der Rechtssetzung äußerst zweideutig. Denn in einer Resolution für die Kurmärkische Landschaft vom 8. Juni 1748[70] versprach er nicht allein, „*bei völliger Ausarbeitung des vorjetzt entworfenen Codicis Fridericiani Marchici besonders auf die wohlhergebrachten Rechte und Gewohnheiten Unserer Churmärkischen Stände und die mit Unseren in Gott ruhenden Vorfahren errichtete Landesrecesse und Reversalen*“ zu sehen, „*dieserhalb mit Unseren getreuen Ständen*“ zu kommunizieren, „*derselben wohlmeinende Monita*“ anzunehmen „*und darauf alle billige Attention*“ zu machen, daß „*erwähnter Codex nicht eher als ein beständiges Grundgesetze gelten soll, wenn*

69 In der Auslegungsfeindlichkeit kamen das absolutistische Herrschaftsstreben und die gesetzesstaatlich liberalen Absichten Montesquieus und Beccarias überein. Die Gesetzesverfasser teilten beide Tendenzen nicht.

70 Acta Borussica, *Behördenorganisation*, 8. Bd, 1906, S. 13 ff.

darüber nicht zuförderst mit Unseren getreuen Ständen besonders und gründlich conferiret worden". Er sagte darüber hinaus für sich und seine Nachkommen zu, daß auf diese „*mit ihrer Concurrenz eingeführte ... heilsame Ordnung in Gerichten zu allen Zeiten heilig und unablässig gehalten und darunter keine Aenderung, denn nach gepflogenem Rath mit Unseren getreuen Ständen, gemacht werden soll*". Als er sich 1780 bei der Prozeßreform unter Carmer nicht daran hielt, beschwor er einen dauerhaften Konflikt mit den Ständen – vor allem der Kurmark – herauf, der sich in deren Widerstand gegen das allgemeine Gesetzbuch entladen sollte.

Solange Friedrich in seiner Gesetzgebung allein ein Mittel zur formalen Sicherung seiner Souveränität in der Rechtspflege sah, blieben ihm die Inhalte der zu treffenden gesetzlichen Regelungen gleichgültig. Cocceji konnte ihm daher leicht sein seit langem vorliegendes Gesetzgebungsprogramm als selbsterfundenen „*wahrhaften Plan*" unterschieben. Schwieriger wurde es für den aufgeklärten Monarchen jedoch, als er sich seiner Letztverantwortung auch für den Inhalt der materiellen Gesetzgebung bewußt wurde. Sie verlangte nämlich von ihm, nur ein Gesetz(-buch) zu autorisieren, das er auch im vollen Umfang geprüft hatte und zu billigen vermochte. Die Sorge, bei der Gesetzgebung unverantwortlich zu handeln, verknüpfte sich mit der im 18. Jahrhundert stereotypen Angst vor dem Ministerialdespotismus und der Furcht, durch die Gesetzgebung, die hergebrachten Rechte seiner Untertanen zu verkürzen, statt sie dem Bild des Gerechtigkeit gewährenden Herrschers gemäß zu pflegen und zu wahren. Friedrich war zu klug, um sie nicht zu teilen[71]. Er bemühte sich zunächst um eine möglichst vollständige Information über die Auswirkung der Gesetzgebung auf die hergebrachten Rechte, indem er Coccejis Projekt publizieren ließ, um die „*Collegia und Stände einer jeden Provintz mit ihren Monitis darüber zu hören*", bald aber verzichtete er ganz auf eine Reform des materiellen Rechts durch Gesetzgebung, da die Herstellung eines vollkommenen Gesetzbuches jede menschliche Möglichkeit übersteige, und redete sich schließlich über Jahre hinweg ein, Cocceji habe die Aufgabe bereits zu Ende geführt. Als er 1780 erneut vor die Herausforderung gestellt wurde, baute er den Gefahren des Ministerialdespotismus auf traditionelle Weise durch die Anordnung der kollegialen Anfertigung des Entwurfs und dem Risiko einer Verkürzung der subjektiven Rechte durch die strikte Subsidiarität des allgemeinen Gesetzbuchs vor. Dieses Programm einer Rechtsreform ohne Rechtsveränderung

---

[71] Sein überaus skrupelhafter Nachfolger drohte an ihr zu zerbrechen

glich freilich dem Versuch, sich zu waschen, ohne sich den Pelz naß zu machen.

Cocceji hatte 1749 das versprochene Landrecht, wenn auch nicht wie versprochen in einem Jahr, aber doch binnen dreier Jahre auf der Grundlage seines lateinischen Systems des geltenden (Römischen) Rechts unter teilweiser Weglassung des rein Philosophisch-Grundsätzlichen und unter Einschaltung einiger positivrechtlicher Regelungen im ersten Teil vollendet. Sein Werk steht durchaus unter dem Einfluß seines Naturrechtsdenkens, nicht nur in der weiten Zulassung der Ehescheidung, sondern vor allem in dem prinzipiellen Bekenntnis zur Gleichheit aller Menschen, in der Anerkennung der allgemeinen Rechtsfähigkeit und der scharfen Ablehnung von Sklaverei und Leibeigenschaft (bei Aufrechterhaltung der Schollengebundenheit) und in der Betonung, daß *„alle Menschen von Natur frei geboren“* sind. Dennoch hält es sich insgesamt im Rahmen des römischen Rechts, über das es seinen Regelungsbereich auch nicht ausdehnt, so daß es weite Bereiche des sozialen und wirtschaftlichen Lebens außer acht läßt. Sprachlich bleibt es hinter seiner Zeit weit zurück. Trotz allem ist es ein bedeutendes wissenschaftliches Werk und für seine Zeit auch ein großes Gesetz. Friedrich der Große dürfte seine Mängel nicht bemerkt haben. Es waren vielmehr zweifellos andere Gründe, die ihn abgehalten haben, es der pathetischen Ankündigung in seinem wahrhaften Plan entsprechend zu vollziehen. Er traf die Anordnung es einstweilen nur als *„Project des Corporis Juris Fridericiani das ist Sr. Königl. Majestät in Preussen in der Vernunft und Landes-Verfassungen gegründeten Land-Recht, worinn das Römische Recht in eine natürliche Ordnung [...] gebracht [...]“*[72] zu drucken, *„damit die Regierungen und Stände ihre Monita machen können“*[73], wahrscheinlich, ohne es gelesen zu haben. Nur für wenige Provinzen, z.B. Ostfriesland, konnte Cocceji durch Reskript anordnen, daß einzelne Kapitel des ersten Teils des Projekts bei der Rechtsprechung zugrundezulegen seien. Der zweite Teil von 1751 blieb ganz Entwurf[74].

---

72 Halle, In Verlegung des Waysenhauses. Th. 1 Anno 1749, Th II 1751. Eine zweite Auflage des ersten Teils erschien im folgenden Jahr, es folgte eine französische und englische Übersetzung.

73 Stölzel, Bd. 2, S. 205. Ähnlich wie später Carmer.

74 Die in ihm ausgesprochene Beschränkung der Hypothek auf Immobilien blieb jedoch von bleibender Bedeutung. Das Werk erregte hohes Aufsehen, die französische Übersetzung ist zwar angesichts der französischen Kolonie verständlich; es erschien aber auch 1761 in Edinburgh eine englische Übersetzung (Stölzel, Bd. 2, S. 224).

Als der König seinen Akademievortrag „*Dissertation sur les raisons d'établir ou d'abroger les loix*“[75] hielt, geht er inhaltlich weder auf das Projekt noch auf Christian Wolffs gerade abgeschlossenes Naturrecht oder Montesquieus „*Geist der Gesetze*“ ein[76]. Er bleibt bei Allgemeinplätzen, die Gesetze sollen ein System bilden, wie ein Uhrwerk funktionieren, in dem der Richter nur ein Rädchen bildet, und der Auslegung keinen Raum lassen[77]; denn in den Gerichten haben die Gesetze und weder Richter noch Herrscher zu sprechen. Inhaltlich müssen die Gesetze der Vernunft und dem Volksgeist entsprechen. Ein vollendetes Gesetzeswerk, das in allen Stücken den Verhältnissen angemessen ist, sei die Hauptaufgabe des menschlichen Geistes; aber das Vollkommene übersteige dessen Kraft.

Die öffentliche Diskussion des Projekts blieb allgemein, wenn sie überhaupt zustande kam. Monita und Berichte der Stände und der Gerichte gingen überaus zögerlich ein. Konkrete Vorschläge zur Verbesserung ließen sich ihnen nicht entnehmen. Der Großkanzler starb bald darauf, und der König hielt die Sache für abgeschlossen. Immer wieder erklärte er, die heimischen Gesetze seien dank der Leistung des preußischen Tribonian bereits auf einem Stand, der ihre Abänderung untunlich mache. Angesichts dessen war es den beiden Nachfolgern Coccejis nicht möglich, die Kodifikation des materiellen Rechts weiter zu bringen.

Das erwies sich im Frühjahr 1776. Im Sommer 1770 hatte Friedrich II. dem neuernannten schlesischen Justizminister Carmer den Auftrag erteilt, eine Instruktion für die Prozesse zwischen Gutsobrigkeit und bäuerlichen Untertanen zu entwerfen[78], die ihn ebenso wie die kurz zuvor liegende Errichtung der schlesischen Landschaft dem König überaus empfahl. Carmer begnügte sich nicht damit, sie unter Mitarbeit von Svarez herzustellen, er legte dem König im August 1774 in Breslau auch Vorschläge zur Abkürzung aller Prozesse vor. Der damalige Großkanzler Fürst wandte sich dagegen. Er suchte unter Fortentwicklung von Coccejis Codex, an dem seit dessen Tode gearbeitet wurde, einige Regelungen zu

---

75 *Par l'Auteur des Mémoires pour servir à l'Histoire de Brandenbourg. A laquelle on a joint l'Examen de l'Usure suivant les Principes du Droit Naturel. Par M. [Johann Heinrich Samuel] Formey. A Utrecht, Chez Sorli, Libraire. M. DCC. LI.* 130 S. Weller, Druckorte 2, 129 korrigiert die Druckortangabe als fingiert und nennt statt dessen Paris; diese Angabe wird von CG 54, 1151, 101 nicht wiederholt. – Erster Einzeldruck (vorher lediglich in: Histoire de l'académie, de l'année 1749, Berlin 1751).

76 Beide sicherten dem Thema Aufmerksamkeit. Inwieweit Friedrich bei der Abfassung seiner Dissertation Montesquieus Werk schon kennen konnte, ist allerdings umstritten; Zweifel äußern Stölzel, Bd. 2, S. 189 und Hattenhauer.

77 Wiederholt in Coccejis Landrechtsentwurf und im Gesetzgebungsauftrag von 1780, nicht aber im Entwurf des AGB und im ALR.

78 Vgl. Stölzel, *Svarez*, S. 137; dens., *Rechtsverwaltung*, Bd. 2, S. 259 f.

treffen, um die Verschleppung der Prozesse zu verhindern. Als im Herbst 1775 Carmer dem König einen von Svarez ausgearbeiteten Entwurf für ein neues Prozeßrecht vorlegte, lud der König ihn und Fürst zu einem Gespräch in Potsdam ein[79]. Es endete mit einer Niederlage für Carmer. Fürst wies aber dabei erneut auf die Notwendigkeit hin, zur Verbesserung der Rechtspflege das materielle Recht gesetzlich klarzustellen und bot die *„baldige Anfertigung eines allgemeinen vollständigen deutschen Gesetzbuchs"* an, dem er zwar für jede Provinz wegen ihrer Spezialverfassungen in Erb- und Lehnsfällen etc. einen Anhang anfügen wollte, ohne es aber auf die bloße subsidiarische Funktion zu beschränken. Doch fand er kein Echo. Friedrich erklärte noch im gleichen Jahr in einer Ergänzung seiner politischen Testamente, die preußische Gesetzgebung sei nicht reformbedürftig. Die unzufriedenen Justizbeamten wandten sich nun mit *Hymmens Beiträgen* an die Öffentlichkeit[80], blieben aber anfänglich ohne Erfolg.

So blieben die Arbeiten an der Kodifikation des materiellen Rechts in Preußen über dreißig Jahre lang liegen[81]. In Bayern nahm Kreittmayr, in Österreich Maria Theresia den Anstoß auf. Frankreich dagegen scheint erst von dem neuen preußischen Gesetzgebungselan unter Carmer angesteckt worden zu sein, den Mirabeau nicht anders als Dohms Forderung nach *Bürgerlicher Verbesserung der Juden* von Berlin in die Nationalversammlung trug.

C. Die Müller-Arnold-Affäre

Dem Gesetzgebungsauftrag vom April 1780, der zur Fertigung des Entwurfs führte, ging ein Wechsel im Großkanzleramt voraus. Schon seit dem Anfang der siebziger Jahre war Friedrich mit der Justiz unzufrieden, wiederholt drohte er den Justizbeamten mit Kassation und Festung, wenn sie die Prozesse nicht schnell und seinem Rechtsgefühl gemäß entschieden[82]. Die Unzufriedenheit übertrug sich auf den Großkanzler von Fürst, der nach Auffassung des Königs zu weich war und seiner Aufsichtspflicht gegenüber den in den Augen des Königs zu pflichtvergessenen Richtern und überwiegend untauglichen Advokaten nicht energisch genug nachkam. Seine Verärgerung entlud sich endlich am 11. Dezember 1779, indem der König bei einem Verhör von Richtern, die am Müller Arnold Prozeß beteiligt waren, seinen Großkanzler mit den Worten *„Marsch, marsch, seine Stelle ist schon vergeben"* aus dem Zimmer wies.

---

79 Svarez kam als Assistent mit.

80 Stölzel, aaO. S. 269.

81 Vielleicht zum Glück, vgl. Stölzel, Bd. 2, S. 234.

82 Nachweise von Ausbrüchen der königlichen Unzufriedenheit in den Jahren 1776 ff. bei Stölzel, Bd. 2, S. 270 ff.

Der zugrundeliegende Rechtsstreit hatte zu Beginn des Jahrzehnts angefangen. Arnold besaß in der Neumark eine Mühle am Krebsbach; er war einem Grafen Schmettau erbpacht- oder erbzinspflichtig. Als der Landrat von Gersdorff im Jahre 1770 den Krebsbach oberhalb der Mühle durch eine erneuerte oder neue Karpfenteichanlage umleitete, sah der Müller den Antrieb seiner Mühle beeinträchtigt und weigerte sich, das Entgelt zu zahlen. In fünf – jährlich wiederholten – Prozessen vor dem Patrimonialgericht und der Küstriner Regierung als Berufungsgericht unterlag Arnold, im wesentlichen weil das Rechtsverhältnis nicht als Pacht angesehen wurde, der geringfügige Erbzins aber unbeschadet der Gebrauchsfähigkeit zu leisten war. Dabei wurde er immer wieder darauf hingewiesen, Gersdorff in Anspruch zu nehmen. Der überschuldete Schmettau betrieb schließlich die Zwangsvollstreckung der Mühle, im Februar 1779 wurde sie zwangsversteigert, Erwerber war ausgerechnet Gersdorff.

Schon 1775 hatte sich Frau Arnold an den König gewandt, der ihre Beschwerde an die zuständige Regierung weitergab. Von Februar bis August 1779 folgten drei weitere Suppliken, sämtlich ohne Erfolg, da alle Urteile rechtskräftig geworden waren. Als Arnold sich nun abermals an den König wandte, der ihn kannte und von seinem Neffen auf den Fall angesprochen worden war, beauftragte Friedrich eine Kommission mit der Untersuchung. Auf deren durch einen Oberst erstatteten Bericht, die Beschwerde sei *„vollkommen begründet"*, wies er Justizdepartement und Küstriner Regierung (Landgericht) am 27. bzw. 29. September an, Arnold klaglos zu stellen. Die Regierung behandelte das Verfahren als Klage des Müllers gegen Gersdorff, weil ein Prozeß gegen Schmettau wegen Rechtskraft unzulässig gewesen wäre, und wies sie am 28. Oktober ab, wobei sie sich auf einige, vielleicht anfechtbare Gutachten stützte. Statt Berufung zum Kammergericht einzulegen, wandte sich der Müller am 15. November nochmals unmittelbar an Friedrich, der die Sache an das Kammergericht verwies. Dessen Entscheidung verzögerte sich, bis die Akten vorlagen, auf den 10. Dezember. Der auf Wahrung der richterlichen Unabhängigkeit bedachte Kammergerichtspräsident Rebeur gab dem ungeduldigen König zwar unverzüglich davon Nachricht, teilte ihm jedoch nicht mit, wie das von der Regierung in Küstrin zu verkündende Urteil ausgefallen war. Friedrich sah darin eine Insubordination, die er sich durch die Erwartung seines baldigen Todes erklärte, empört erzwang er die Herausgabe des Urteils. Als er sah, daß es wegen eines ihm verfälscht scheinenden Tatbestandes wiederum negativ für Arnold ausgefallen war, meinte er, Standesjustiz feststellen zu müssen. Da das Erkenntnis wie derzeit alle staatlichen Akte als Entscheidung des Königs formuliert war, sah er *„Meinen Namen cruel gemisbraucht!"*. Für den 11. Dezember rief er den Großkanzler und die am Urteil beteiligten Kammergerichtsräte zu sich, hielt letzteren Rechtsbeugung vor und diktierte ein zur Publikation bestimmtes Protokoll: „*Das ist höchst ungerecht, und dieser Ausspruch Sr. Königl. Maj. Landesväterlichen Intention ganz und gar entgegen. Höchstdieselben wollen vielmehr, daß Jedermann, er sei vornehm oder geringe, reich oder arm, eine prompte Justiz administriret und einem jeglichen Dero Unterthanen, ohne Ansehen der Person und des Standes, durchgehend ein unpartheiisches Recht wiederfahren soll. [...] Denn sie* [die Justizcollegia] *müssen nur wissen, daß der geringste Bauer, ja was noch mehr ist, der Bettler, eben sowohl ein Mensch ist, wie Seine Majestät sind, und dem alle Justiz muß wiederfahren werden, indem vor der Justiz alle Leute gleich sind, es mag sein ein Prinz, der wider einen Bauer klagt, oder auch umgekehrt, so ist der Prinz vor der Justiz dem Bauer gleich; [...].*“

Neben dem Großkanzler entließ er den Küstriner Regierungspräsidenten[83], ließ die drei Kammergerichtsräte sogleich auf die Festung verbringen und ordnete die Verhaftung von vier Küstriner Regierungsräten und des Patrimonialrichters an. Der Justizminister Zedlitz sollte für die Verurteilung der Arretierten zu mindestens einem Jahr Festungshaft sorgen, dem Müller sei der Schaden zu ersetzen. Der Kriminalsenat des Kammergerichts stellte am 26. Dezember fest, die beteiligten Richter seien schuldlos. Überzeugt, er sei einer falschen Standessolidarität gefolgt, fällte der König darauf das Urteil selbst, Zedlitz verweigerte die Gegenzeichnung, konnte aber die Publikation nicht verhindern. Zwei Richter wurden frei gesprochen, die übrigen zur Kassation, zu einjähriger Festungshaft und zum Schadensersatz an Arnold verurteilt.

Der Fall erregte in ganz Europa öffentliches Aufsehen, in der einfachen Bürgerschaft, wie im Ausland wurde die Unparteilichkeit des Königs, sein Engagement für den kleinen Mann, bewundert und gefeiert. Der preußische Staatsdienst – namentlich Berlins – war in seiner Staatsauffassung erschüttert. Das königliche Strafurteil gilt verbreitet als Paradigma eines unzulässigen Eingriffs in die Rechtspflege. Das ist zwar nach damaliger Rechtslage falsch, die strafgerichtliche Verurteilung kam dem König durchaus zu, er konnte bei der Bestätigung des gerichtlichen Urteils(vorschlages) das Urteil schärfen und selbst einen Freispruch in eine Bestrafung umwandeln, das galt – im Rahmen der obersten Justizaufsicht (Cod. Frid. March. Th. I, Tit. 1 § 25) – insbesondere bei Rechtsbeugung. Auch die Auferlegung einer Schadensersatzpflicht im Rahmen eines Straf-

---

[83] Es handelte sich um den Sohn seines ältesten und vertrautesten Ministers Finckenstein. Von diesem sollte später ein erheblicher Widerstand gegen das allgemeine Gesetzbuch ausgehen.

prozesses ist nicht außergewöhnlich. Dennoch warf der Eingriff zwei Fragen auf, die vordergründige geht dahin, ob der Vorwurf der Rechtsbeugung begründet war[84]. Sie ist bis heute umstritten. Die zweite ist grundsätzlicher Art, es geht in ihr darum, wie der Souverän die Durchsetzung von Recht und Gesetz durch und gegen eine in sich solidarische Richterschaft gewährleisten kann, wenn sie sich zum Herrn der Rechtsordnung aufwirft.

Inwieweit Friedrich I. im Müller-Arnold-Fall von dem Recht Gebrauch machte, Richter wegen Rechtsbeugung zu entlassen und zu bestrafen[85], obwohl oder weil er sich eines Machtspruchs in der Sache enthalten wollte[86] oder ob er, der anordnete, daß der Beklagte des Ausgangsverfahrens den Müller zu entschädigen hatte, nicht auch ein Urteil im Zivilrechtsstreit erließ, ob schließlich die Entscheidung des Königs in der Sache richtig war[87], kann auf sich beruhen. Wesentlich ist, daß eine Vertrauenskrise zwischen dem König und dem Richterstand aufbrach, der durch die seit nahezu dreißig Jahren geübte leistungsbezogene Auswahl[88] und die besondere Verpflichtung auf das Recht[89] ein hohes Maß an Selbstbewußtsein entwickelt hatte, welches dasjenige der sonstigen preußischen Beamten noch überstieg. Der Weg, die Richter durch unmittelbare Aufsichtsmaßnahme zur Verantwortung zu ziehen und notfalls zu entlassen und zu bestrafen, stieß – als der König die Probe machte – in der hohen Staatsbedienung auf Unverständnis[90], und zwar um so mehr, als man nicht bezweifeln konnte, daß der König in bestem Glauben und in hoher Verantwortung gegenüber den Unterschichten handelte[91]. Der Müller-Arnold-Fall legte die Tatsache offen, daß der Machtspruchverzicht erst mit der Unabhängigkeit der Richter volle Realität gewinnen konnte, die ihre An-

---

84 Als Friedrich Wilhelm II. die Richter gleich nach der Regierungsübernahme rehabilitierte, erklärte er das Urteil nicht für unzulässig, sondern nur für übereilt, d. h. sachlich falsch.

85 Das war in Teilen Preußens, so in Cleve, nur im ordentlichen Prozeß möglich, vgl. Stölzel, Bd. 2, S. 129. Später traf das ALR eine im 19. Jahrhundert sehr umstrittene, gleiche universale Lösung.

86 So Stölzel, Bd. 2, S. 274 ff., der sich dazu auf die Äußerung Friedrichs vom 4. Juli 1780 (Hymmen, Bd. 7, S. 130) beziehen kann: *„Ich bin weit entfernt, Mich einer unmittelbaren Entscheidung anzumaßen; dies würde ein Machtspruch sein und Ihr wißt, daß ich solche verabscheue".*

87 Wie vor allem Sietze, *Oberstgerichtliche Gewalt*, behauptet und wie die breite öffentliche Meinung annahm.

88 Vgl. Stölzel, Bd. 2, S. 237 f.

89 Vgl. etwa die mir vorliegende Ernennungsurkunde von Svarez zum Tribunalrat.

90 Man beeilte sich – in langer Wagenreihe – dem entlassenen Großkanzler Fürst seine Aufwartung zu machen (Stölzel, Bd. 2, S. 277 f.).

91 Vgl. Stölzel, Bd. 2, S. 283.

stellung auf Lebenszeit[92] und den Schutz vor Entlassung voraussetzte. Das bedeutete, die Disziplinargewalt über die Richter endgültig allein dem Richterstand (der Gerichtsbarkeit) zu überlassen[93] und sie damit von aller Fremdkontolle freizustellen.

D. Der neue Großkanzler

Als Nachfolger im Großkanzleramt hatte Friedrich am 12. Dezember 1779 den schlesischen Justizminister Carmer nach Berlin beordert und am 25. Dezember ernannt. Ein Gesetzgebungsprogramm hatte er damit keineswegs verbunden. Es wäre mehr als eine waghalsige Konstruktion, der sich langsam aufbauenden Unzufriedenheit des Monarchen mit der Amtsführung Fürsts, die sich am 11. Dezember 1779 so plötzlich entlud, die Enttäuschung über die ausbleibende Gesetzesreform zu unterlegen. Was der König vom neuen Großkanzler erwartete, sagt eindeutig die Instruktion, die er ihm zu seinem Amtsantritt auf den Weg gab. Sie verlangte die Abstellung der konkreten Mängel der Justiz, die der König beim Müller-Arnold-Fall geglaubt hatte, erkennen zu müssen, und die Grund für die Entlassung Fürsts gewesen waren. Im einzelnen verpflichtete sie den Chef de Justice zu scharfer Beaufsichtigung der Richter und Advokaten und zur Unterbindung von jeder Form der Standesjustiz. Dazu legte sie ihm die sorgfältige Auswahl des Justizpersonals ans Herz, wobei er ein Mindestalter von 35 Jahren für Richter an Obergerichten einhalten sollte. Er solle die Gerichte anweisen, in Spezialfragen – wobei das Beispiel des Wasserbaus ausdrücklich hervorgehoben wurde – qualifizierte Sachverständige heranzuziehen und den Monarchen genau über das Verfahren, die Entscheidung und die Gründe zu informieren, wenn ihm eine Beschwerde vorlag, offenbar in frischer Erinnerung, daß der Kammergerichtspräsident Rebeur im Müller-Arnold-Fall gesagt hatte, es müsse dem König genügen, daß das Kammergericht entschieden habe. Schließlich solle Carmer für die Einschränkung des Sportulierens sorgen, besonders in Vormundschaftssachen[94]. Der Großkanzler begnügte sich mit

---

92 Vgl. Stölzel, 2. Bd., S. 226 zu Coccejis Gründen, die dreijährige Überprüfung (mit möglicher Entlassung und Neubesetzung) der Mitglieder des Tribunals zu beseitigen (1751), weil die Räte, um vorgeschlagen zu werden, dem Präsidenten zum Gefallen entscheiden und umgekehrt die Präsidenten die Richter nach konkreten Erwartungen auswählen könnten.

93 Stölzel, Bd. 2, S. 284, fordert zusätzlich ein Verbot der königlichen Strafschärfung. Die Selbstdisziplinierung ist allerdings bis heute schwer geblieben. Der Nachweis der Rechtsbeugung gelingt kaum.

94 Die Instruktion hat Adolf Stölzel, Brandenburg-Preußens Rechtsverfassung und Rechtsverwaltung, 2. Bd. 1888, S. 285-289 abgedruckt; dort findet sich auch die zweite Order vom 29.12. gegen das übermäßige Sportulieren.

der Umsetzung (17. Januar 1780)[95]. Darüber hinaus dehnte er nur die von ihm mit großer Zustimmung des Königs in Schlesien publizierte Ordnung für die sogenannten Untertanenprozesse, d.h. für Kollektivverfahren zwischen der Herrschaft und sämtlichen Untertanen, auf sämtliche preußischen Staaten aus. Da er nicht sogleich Ersatz für das Breslauer Amt fand[96] verwaltete er überdies das schlesische Justizministerium bis zur Einführung seines Nachfolgers Danckelmann Ende März 1780 in Personalunion weiter. Im übrigen bemühte er sich darum, Übersicht über seinen Geschäftsbereich zu gewinnen, und machte dem König die in der Instruktion geforderten Vorschläge für die Besetzung der freigewordenen Ämter des schlesischen Justizministers und des Präsidenten der Neumärkischen Regierung. Sein Vorschlag, den Kammergerichtspräsidenten Rebeur mit dem Breslauer Amt zu betrauen, war dabei eine taktische Meisterleistung; im Erfolgsfall war sein Hauptwidersacher aus dem Weg geräumt und ein hohes Amt in Berlin frei; anderenfalls hatte er für Rebeur getan, was er konnte, der König hatte ihn selbst disqualifiziert und damit als ernstzunehmenden Gegner ausgeschaltet.

Erst nach einem guten Vierteljahr legte er dem König den Plan für eine umfassende Rechtsreform vor. Was ihn dazu veranlaßte ist ungewiß. Möglicherweise war ihm klar, daß der König jederzeit wieder an einer Entscheidung Anstoß nehmen konnte und daß er sich gegen den Vorwurf mangelnder Aufsicht nur dann schützen konnte, wenn ihm der Nachweis gelang, daß die anstößige Entscheidung mit dem formellen und materiellen Recht übereinstimmte, für das der Monarch durch Promulgation die Verantwortung übernommen hatte. Vielleicht hatte er auch nur den ehrgeizigen Wunsch, die Schlappe von 1776 auszuwetzen oder Cocceji zu übertreffen. Schließlich hatte der berühmte Göttinger Jurist Pütter 1779 in den Beiträgen zum Teutschen Staats- und Fürstenrecht darauf hingewiesen, daß das angekündigte brandenburg-preußische Landrecht ein bloßes Projekt geblieben war. Selbst daß Carmer von Anfang an die Absicht hatte, als Großkanzler die vier Jahre zuvor auch an grundsätzlichen Einwendungen des König gescheiterte Prozeßreform wieder aufzugreifen, läßt sich nicht belegen; selbstverständlich ist sie nur dann, wenn man annimmt, sein Handeln sei primär durch die justizpolitische Programmatik und erst sekundär durch den Ehrgeiz bestimmt gewesen, eine Annahme,

---

95 NCC Bd. 6, Sp. 1823; der Entwurf dazu ist von Svarez durchkorrigiert, vgl. Stölzel, Bd. 2, S. 230.

96 Vgl. den Immediatbericht vom 27. Dezember 1779, Konzept Svarez, und die Kabinettsorder vom 29. Dezember 1779 (abgedr. bei Max Lehmann, Preussen und die katholische Kirche seit 1640. Nach den Acten des geheimen Staatsarchivs, 1878 ff. Bd. 5, Nr.431).

die allerdings durch das nur in Umrissen erkennbare Persönlichkeitsbild des außerordentlich ambitiösen Großkanzlers nicht ohne weiteres gestützt wird; immerhin hat Carmer seine bürgerliche Herkunft mit einem großangelegten Manöver systematisch verschleiert und sich eines Adel bedient, dessen Berechtigung rätselhaft bleibt. Gewiß ist jedenfalls, daß er sich gehütet hätte, den Vorschlag zur Prozeßreform aus der Schublade zu holen, wenn er nicht sicher gewesen wäre, daß der König bereit war, seine Entscheidung von 1776 zu revidieren. Es lag nahe, ihn dazu mit dem umfassenden Gesetzgebungsprogramm des von Friedrich überaus hoch geschätzten Cocceji zu verbinden.

Am 4. April 1780 legte Carmer dem König ein Promemoria vor, das sich zwar nicht erhalten hat[97], dessen Inhalt sich jedoch aus der Kabinettsorder Friedrichs vom 6. April erschließen läßt[98]. Es beschrieb zunächst Wege, um die Qualität des Justizpersonals zu verbessern; das nahm noch Bezug auf die Instruktion von Weihnachten, stellte aber schon die Verbindung zu Coccejis Wirken her. Anschließend kam es auch auf dessen weitere Idee zurück, die Rechtsstreitigkeiten durch eine neue Prozeßordnung und die autoritative Klarstellung des materiellen Rechts zu verkürzen und zu vermeiden. Der König gab sich zwar – wie 35 Jahre zuvor – begeistert und prophezeite seinem Großkanzler im Erfolgsfalle Unsterblichkeit. Eine seriöse und verläßliche Stellungnahme war das nicht, immerhin hatte er Coccejis Pläne seinerzeit ähnlich enthusiastisch aufgenommen und doch nie zu Ende führen lassen, und noch 1776 hatte er weder den Vorschlag Carmers den Prozeß durch eine neue Ordung zu vereinfachen und zu straffen, noch die Anregung seines damaligen Großkanzlers Fürst, binnen Jahresfrist das Landrecht zu bereinigen, gutgeheißen[99].

E. Der Gesetzgebungsauftrag vom April 1780

1. Prozeßordnung, Provinzialgesetzbücher und ein subsidiarisches Allgemeines Gesetzbuch

Carmers Vorschlag vom 4. April 1780 dürfte dem Plan Coccejis aus dem Jahre 1746 entsprochen haben. Doch der König wollte sich trotz des Enthusiasmus darauf nicht mehr einlassen[100]. Die Kabinettsorder vom 6. April 1780 nannte das Programm zum Erlaß einer neuen Prozeßordnung

[97] So ist auch nicht zu ermitteln, ob es von Svarez entworfen ist.

[98] Abgedruckt in: Kamptz Jahrbücher, Bd. 46, S. 225.

[99] Ähnlich selbst Stölzel, a.a.O., S. 293 f.

[100] Die mit dem überschwenglichen Lob verbundene Distanzierung ist bei gehöriger Aufmerksamkeit gar nicht zu verkennen.

und eines allgemeinen Gesetzbuches[101] zwar zweimal admirabel, trat ihm aber nicht ohne weiteres bei, sie bestand vielmehr darauf, auf ein einheitliches Gesetzbuch für alle preußischen Staaten zu verzichten und statt seiner für jedes Territorium ein besonderes Gesetz zu erlassen[102]. Nicht belegt ist, wie Carmer auf die Order vom 6. April reagierte. Doch hat er zweifellos den König um eine konkrete Anweisung zur Gesetzgebung gebeten und dazu – wie es üblich war – den Entwurf einer entsprechenden Kabinettsorder vorgelegt, wahrscheinlich unter Formulierungshilfe von Svarez, der sich entgegen anderslautenden Vermutungen noch in Berlin aufhielt. Allerdings hat sich dieser Entwurf, so wenig als der des Promemoria erhalten. Gewiß ist jedoch, daß der König ihn nicht unverändert unterschrieben hat. Zum einen verging über eine Woche, bis er die Kabinettsorder vom 14. April vollzog, zum anderen enthält sie eine Reihe von cholerischen Formulierungen, wie sie für den misanthropen Fürsten typisch sind. Zwar willigte er darin in die Anfertigung eines allgemeinen

---

101 Die Gesetzgebung Preußens war zu diesem Zeitpunkt noch wenig entwickelt. Es gab zwar eine Reihe von allgemeinen Landesgesetzen, die freilich nie als solche, sondern als Ordnungen, Patente, Edikte, Instruktionen, Publicanda etc. bezeichnet wurden. Sie erfaßten Teilbereiche des Strafrechts, des bürgerlichen Rechts und des Handelsrechts, hatten sich aber nicht einmal in Ansätzen „über den ganzen Bereich des bürgerlichen Privatrechts ausbreiten können", wie Pütter noch ein Jahr zuvor festgestellt hatte (*Beyträge zum Teutschen Staats- und Fürstenrecht*, Zweyter Theil, Göttingen 1779, S. 3 ff, 8 Rz 8): *„Selbst in unseren Tagen ist der Codex fridericianus, d. i. die gesetzliche Vorschrift des Processes für alle königlich Preussischen Länder, zwar zur gesetzlichen Kraft gekommen, wiewohl mit einzelnen neuen Bestimmungen, die doch seitdem wieder hinzugekommen sind. Aber das Landrecht, das eigentlich ein allgemeines Gesetzbuch über das bürgerliche Privatrecht für alle Preussischen Länder seyn sollte, ist bis auf den heutigen Tag noch ein unvollzogenes Projekt ohne Kraft eines verbindlichen Gesetzes, wie es im ersten Druck 1750 bekannt gemacht wurde."*

102 *„Dabey aber muß Euch sagen, daß gewisse Gebräuche in den differenten Provintzien sind, wo also kein General Gesetz zu machen stehet, man muß daher immer mit auf die uralten Gebräuche in den Provintzien sehen, daß solche nicht übern Hauffen gehen, denn zum Exempel in Schlesien, wie Euch selbst bekannt ist, differiret es mit andern Provintzien wegen der Erbschaften, im Cleveschen differiret es, weile die Bauren dorten nur eigentliche Pächter sind: In Pommern und Westpreußen wegen der Leibeigenschaft, und in Oberschlesien eben so wohl, und so hatt eine jede Provintz ihre alte Gebräuche: Also ist nicht möglich, daß ein Gesetz General sein kann, sondern bei allen Provintzien, wo differente Gebräuche sind, muß ein Unterschied gemacht werden Überhaupt ist Eure Idee [der Verbesserung der Gesetze] admirable, und kommt es nur darauf an, wie das zum besten anzufangen und auszuführen, um die differente Weitläuftigkeiten in allen Sachen zu coupiren, und um den Endzweck recht zu erreichen, möchte es wohl nöthig sein, nach den differenten Gebräuchen in den Provintzien für jede ein besonders Gesetz zu machen, nehmlich vor Schlesien, vor Preußen, vor Pommern und die Neu-Mark, vor die Chur-Mark, vor das Magdeburgische und Halberstädtsche, vor Minden und Ravensberg, vor Cleve und die Grafschaft Mark, und vor Ostfriesland wieder ein anderes."*

Gesetzbuchs ein[103], aber nur mit subsidiärem Charakter; es sollte keine Veränderung des Rechts mit sich bringen. Die Kabinettsorder vom 14. April schwächte also die vom 6. ab, blieb jedoch bei der klaren und folgenreichen Absage an jede grundlegende Reform im Wege der Gesetzgebung. Die Gesetzesredaktoren konnten die durch Friedrich den Großen selbst aufgerichtete Schranke nur vorsichtig verschieben, indem sie den Umfang der allgemeinen Landesgesetze innerhalb des Allgemeinen Gesetzbuchs unmerklich erweiterten und indem sie es später zu einem Modell entwickelten, an dem sich die Provinzialgesetzbücher in ihrer Systematik auszurichten hatten und von dem inhaltlich abzuweichen ihnen nur erforderlichenfalls gestattet wurde. Das letztere setze indessen bereits eine grundlegende Abwendung von dem Konzept der Kabinettsorder voraus. Denn nach ihr sollte *zuerst* auf Zuarbeit der Landesjustizkollegien ein Gesetzbuch für jede Provinz geschaffen werden, das das partikular geltende Recht ohne Veränderung vollständig aufnahm, und anschließend das allgemeine Gesetzbuch die allgemeinen Landesgesetze und das zur Schließung der Lücken des provinziellen Rechts erforderliche gemeine Recht aufnehmen. Damit hätten die Provinzialgesetzbücher den Inhalt des Allgemeinen Gesetzbuchs bestimmt. Dieses sollte das gemeine Recht (1) verbindlich feststellen, um es dem Streit zu entziehen, (2) verdeutschen, um es jedermann verständlich zu machen, und (3) systematisch und widerspruchsfrei ordnen. Inhaltlich sollte es dem römischen Recht folgen, wie es in Gebrauch stand, und es nur ändern und ersetzen, wo es der natürlichen Billigkeit und den Erfordernissen der Zeit widersprach.

---

[103] Der Auftrag löste große Begeisterung aus; vgl. [Isaak Iselin:] *Verbesserung der Gerechtigkeitspflege in den Königlich preußischen Staaten.* in: Ephemeriden der Menschheit, oder Bibliothek der Sittenlehre, der Politik und der Gesezgebung. Jg. 1780, Bd. 2. Leipzig 1780. S. 478-502. Iselin (1728-1782) gibt sich (S. 487) – mit einem Verweis auf seine „Träume eines Menschenfreundes" (1755 u.ö.) – als Verfasser zu erkennen. Der als Philosoph berühmte Ratsschreiber der eidgenössischen Republik Basel stand seit Jahrzehnten in nahen Verbindungen mit dem geistigen Leben der preußischen Hauptstadt, insbesondere zu den Freunden Lessing, Mendelssohn und Nicolai. Mit großem Interesse und genauer Sachkenntnis äußert er sich seit den fünfziger Jahren wiederholt über die Rechts- und Justiz-entwicklung unter Friedrich II. Im Oktoberheft seiner „Ephemeriden" würdigt er den neuen Anfang in dessen rechtspolitischen Zusammenhängen; Iselin beschreibt dabei den König als alleinigen Urheber des Reformbeginns. Gestützt wird die Würdigung vor allem auf ausführliche Zitate aus dem Protokoll vom 11. Dezember 1779, die Instruktion für die Justizkollegien vom 28. Dezember 1779 sowie aus der Cabinetsordre vom 14. April 1780. Zu der Instruktion äußert er sich mit besonderer Wärme: „*Wir haben uns herzlich gefreut durch diese Anweisung einen Traum realisiert zu sehen, den wir vor mehreren Jahren gehabt hatten, und der immer ein Lieblingswunsch unsers Herzens gewesen war. Diese schöne Einrichtung verdiente von einem Dichter besungen zu werden [..].*"

Der Gesetzgebungsbefehl vom 14. April 1780 zielte damit weder auf die Reform noch auf die Vereinheitlichung des preußischen Rechts. Eine Kodifikation in dem uns seit dem 19. Jahrhundert vertrauten Sinne, die das Recht erstens abschließend normiert und zweitens seine abweichende partikulare, vor allem teilstaatliche Regelung ausschließt, ließ er nur ausnahmsweise zu, nämlich wo das Allgemeine Gesetzbuch bestehende allgemeine „*Landesgesetze*“, die bereits unmittelbar und vorrangig galten, „*am gehörigen Ort*“[104] in sich aufnahm. Im übrigen aber war ihm für Preußen nur eben die subsidiarische Geltung zugestanden, die bis dahin das gemeine Recht für Deutschland beansprucht hatte.

2. Friedrichs Entscheidung, an der Zweiteilung von gemeinem und partikularem Recht festzuhalten

Für die Öffentlichkeit steht am Anfang der preußischen Gesetzgebung die sogleich gedruckte Kabinettsorder Friedrichs des Großen vom 14. April 1780. Schon aus diesem Grunde sprach sie von der Friderizianischen Justizreform. Tatsächlich ist der eigene Anteil des Königs jedoch überaus gering. Die Initiative zur Schaffung eines neuen Prozeßrechts und des Allgemeinen Gesetzbuches ging nicht von ihm aus, er nahm an ihrer Durchführung kaum Anteil. Das erste Buch des Corpus juris Fridericiani „*Von der Prozeßordnung*“ setzte er, ohne eigene Überprüfung in Kraft, obwohl er nur wenige Jahre zuvor deren Prinzipien nach einer Konferenz mit dem damaligen Großkanzler von Fürst und Kupferberg, dem Kammergerichtspräsidenten Rebeur und dem seiner Zeit als schlesischen Justizminister tätigen Carmer ausdrücklich mißbilligt hatte. Von der Arbeit am Allgemeinen Gesetzbuch hielt er sich fern. Er nahm es hin, daß dessen Entwurf nicht wie in der Fundamentalkabinettsorder vom 14. April 1780 angeordnet, kollegial durch eine Gesetzkommission, sondern allein verantwortlich durch den neuen Großkanzler ausgearbeitet wurde, dem er dazu einen subalternen Mitarbeiterstab genehmigte. Er trat ihm auch nicht entgegen, als dieser ebenfalls abweichend von der Order das Allgemeine Gesetzbuch in Angriff nahm, lange bevor noch die Provinzialgesetzbücher fertiggestellt waren. Er genehmigte einen Plan des Allgemeinen Gesetzbuches und widersprach nicht, als der gedruckte Entwurf bereits davon abwich. Das alles ist nicht Ausdruck der Liberalität, sondern des Desinteresses, gepaart mit dem Widerwillen des Nichtjuristen, sich auf die komplexe Materie des Rechts einzulassen.

Daß Friedrich selber mit der Kabinettsorder vom 14. April 1780, den früheren Plan eines einheitlichen Gesetzbuches für den preußischen Ge-

---

[104] Vgl. Kabinettsorder vom 14. April 1780. In diesem Sinne noch §§ 2 und 3 beider Publikationspatente.

samtstaat aufgab und an der Vielzahl der provinziellen Rechtsordnungen festhielt, ist in der Historiographie kaum herausgehoben worden. Tatsächlich ist kein anderes Land Preußen auf diesem Wege einer Verdoppelung der Gesetzbücher gefolgt, vielmehr haben alle anderen stets am Ziel der Rechtsvereinheitlichung durch ein einheitliches, für alle Territorien und Personen geltendes Gesetzbuch festgehalten, selbst wenn sie die Abdingung von dessen Regelungen zuließen und eine lokale Rechtssetzung nicht völlig ausschlossen[105]. Daß Preußen im Gegensatz zu dem territorial ebenso weit erstreckten, und national und sozial eher weniger homogenen Österreich an der Tradition eines Gefüges von partikularem und subsidiärem gemeinem Recht festhielt, kann kaum auf eine spezifische Verbindung von Zentralismus und Provinzialismus in der preußischen Staatsorganisation zurückgeführt werden, es beruht vielmehr auf einer sehr späten persönlichen Entscheidung Friedrichs des Großen, der offenbar vor jeder inhaltlichen Reform des Rechts zurückscheute. In der Folge ließ sich die beabsichtigte zeitliche Reihenfolge allerdings nicht beibehalten, weil die Provinzialgesetze nicht rechtzeitig fertig wurden; im Ergebnis kamen sie nur ganz vereinzelt und erst Jahre oder Jahrzehnte nach dem allgemeinen Gesetzbuch/Landrecht zustande[106].

3. Das Verhältnis zwischen Allgemeinem Gesetzbuch und Provinzialgesetzgebung im Verlauf der Gesetzgebungsarbeit

Die Gesetzesredakteure des allgemeinen Gesetzbuches waren auch gar nicht alle gewillt, sich den Beschränkungen des Gesetzgebungsauftrages zu beugen. Baumgarten trat bereits am 22. Mai 1780 in einer Stellungnahme zu Svarez' Entwurf einer „*vorläufigen Instruktion für die Gesetzkommission*[107]“ dafür ein, das allgemeine Gesetzbuch vor den Provinzialgesetzbüchern auszuarbeiten, es in größerer Freiheit vom römischen Recht zu gestalten und den König nicht bei jeder Neuerung zu konsultieren. Und indem Carmer im Herbst des Jahres erfolgreich die Zustimmung des Monarchen erbat[108], die fast fertige Prozeßordnung und das allgemeine Gesetzbuch in einem *Corpus juris Fridericiani* zusammenzufassen, erlangte er inzident auch die Genehmigung zu dessen vorrangiger Fertigstellung. Die Marginalie des eitlen Königs: „*der Titel ist indiferent, wenn nuhr die Sache von Nutzen ist.*“ verdeckte zudem die Tatsache, daß der

---

105 Vgl. § 11 Öst. ABGB: „*Nur jene Statuten einzelner Provinzen und Landesbezirke haben Gesetzeskraft, welche nach der Kundmachung dieses Gesetzbuches vom Landesfürsten ausdrücklich bestätiget worden.*“

106 Für Ostpreußen 1801 und für Westpreußen 1844.

107 01.01.0017

108 1780.09.16 Immediatantrag Carmers zum Namen des Gesetzbuches: Corpus Juris Fridericianum 03.01. 0038 u. 14.01.0069.

Name als Programm wirkte und das Vorhaben dem Anspruch aussetzte, mit dem Corpus Iuris Justiniani zu konkurrieren. Die Umkehr der Reihenfolge beließ den Provinzialgesetzbüchern und lokalen Statuten zwar nominal den Vorrang vor dem allgemeinen Gesetzbuch, zwang sie aber – wie Baumgarten vorausgesehen und gewollt hatte – sich seinem System anzupassen und am Inhalt seiner Regelungen auszurichten, selbst wo sie zu abweichenden Lösungen kamen. Von hier aus war es nur noch ein kleiner Schritt, das allgemeine Gesetzbuch zum verbindlichen Leitfaden[109] zu erklären, von dem die Provinzialgesetzgebung nur im Notfall abweichen durfte. Schließlich gewann das allgemeine Gesetzbuch auf diese Weise für die Provinzialgesetzbücher die gleiche prägende Kraft, die das gemeine Recht im Verlauf der Jahrhunderte auf die Stadt- und Landrechte ausgeübt hatte. Faktisch gestaltete sich das Verhältnis fast so, wie es in dem Projekt Coccejis beabsichtigt war. Wo Provinzialgesetzbücher zustande kamen – wie 1801/1802 in Ostpreußen[110] und gegen die Mitte des Jahrhundert in Westpreußen – begnügten sie sich mit knappen Ergänzungen des allgemeinen Landrechts[111]. Wo sie ausblieben, warf das zwar nicht unerhebliche dogmatische Probleme auf, im Ergebnis aber trat auch dort das allgemeine Landrecht weitgehend an die Stelle des partikularen Rechts. Innerhalb der Kernmaterien gelang es schon im vergangenen Jahrhundert nur noch dem Recht der ehelichen Güterstände und dem gesetzlichen Erbrecht lokale Besonderheiten gegenüber dem ALR zu bewahren[112], wie sie sich im übrigen auch gegenüber dem BGB in einem besonderen Recht der Hoferbfolge und im dispositiven Ehegüterrecht erhalten haben.

Wenn das allgemeine Gesetzbuch bloß nachrangig war, konnte vernünftigerweise gegen keine der Regelungen, die es in sich aufnahm, der Einwand geltend gemacht werden, sie sei einem wohlerworbenen Recht

---

109 Vgl. unten in der Vorerinnerung und in immer wiederholten Anordnungen.

110 *Ostpreußische Landrecht*, Berlin, 1801. Im Verlage von G. C. Nauck. [Zum Vortheil der Justizoffcianten=Wittwenkasse.] Die Ausgabe bestand zunächst nur aus dem mit dem vorgebundenen Patent (S. III-XVI) verkündeten Ersten Teil der „Zusätze" bis Teil II Titel IV einschließlich. Ihr wurde später das „Patent wegen Publikation des Provinzialrechts für Ostpreußen, Litthauen, Ermeland und den Marienwerderschen Landräthlichen Creis, in so weit dasselbe die Zusätze zum zweiten Theil des allgemeinen Landrechts von dessen fünften Titel bis zu Ende enthält." (S. III-VI) und diese Zusätze selbst (ab S. 87, bzw. 85 – ersetzt -) beigefügt. Insgesamt umfaßt es so 166 Seiten oder 241 Zusätze. Es modifiziert, präzisiert und konkretisiert damit knapp 1,25 % der Paragraphen des ALR. Besonders interessant erscheint, daß es die ständische Privilegierung tendenziell eher abschwächt als verstärkt.

111 Tatsächlich werden die beiden einzig fertiggestellten Provinzialgesetzbücher später auch den Landrechtsausgaben beigedruckt.

112 Vgl. Koch, *Lehrbuch des Preußischen gemeinen Privatrechts* Band I, Berlin 1845, S. 40 ff.

abträglich, denn sie ließ es wegen seiner Subsidiarität unberührt. Die Gesetzesverfasser erkannten alsbald, welche Chance zur Reform ihnen das eröffnete; so konnten sie mit Svarez' Worten im allgemeinen Gesetzbuch mehr „*favor für die unterthänigen Bauern*" zeigen, ohne das *Geschrey* des Adels fürchten zu müssen, und dadurch, wie es in der Anmerkung zu dem entsprechenden Titel des Entwurfs heißt, zum wenigsten verhindern, daß deren Lage unter dem Einfuß des repräsentierten Adels bei der Provinzialgesetzgebung noch verschlechtert werde. Sie bezogen dazu ganz bewußt Gegenstände und Komplexe in das allgemeine Gesetzbuch ein, für die bislang noch kein gemeines Recht entwickelt worden war, wie für die Rechtsverhältnisse des platten Landes. Sie haben damit das Ständerecht nicht '*festgeschrieben*', wie es vorwurfsvoll immer wieder heißt, sondern vielmehr den einzigen Weg eingeschlagen, auf dem der begrenzte Gesetzgebungsauftrag seine vorsichtige Reform und mit ihr die Verbesserung der bürgerlichen Verfassung der zurückgesetzten Bevölkerungsgruppen zuließ; und sie haben sich dabei dem Vorwurf leichtfertiger Neuerungen ausgesetzt.

4. Der Umfang des Allgemeinen Gesetzbuchs

Der Auftrag, das gesamte gemeine Recht zu ersetzen, bestimmte dem allgemeinen Gesetzbuch einen außerordentlich weiten Umfang, es „mußte allen Stoff, alle Einrichtungen, alle Rechtsverhältnisse des gesammten Rechtsgebietes, und namentlich auch das Staats- und Regierungs=Recht umfassen"[113], nämlich soweit dieses vom Corpus Juris Justiniani, langobardischen Lehnsrecht und kanonischen Recht geprägt war. Das gemeine Recht, das sie durch das allgemeine Gesetzbuch dem Bürger zugänglich machen, von seinen – der richterlichen Willkür das Tor öffnenden – Kontroversen befreien, dem Geist der Zeit, der Situation und der gesunden Vernunft anpassen, verbindlich bestimmen und klarstellen sollten, konnten die Gesetzesredakteure inhaltlich nirgends anders suchen, als (1) im römischen Recht ihrer Zeit, d. h. seinem „*usus modernus*" und der Lehre der eleganten Juristen, (2) in abweichenden Institutionen des modernen, sogenannten deutschen Rechts, (3) in den nach Maßgabe von Recht und Billigkeit zu abstrahierenden Strukturen partikularer Ordnungen wie (4) im Vernunftrecht, insbesondere in aus der Natur der Sache entwickelten Rechtsprinzipien, und in allgemeinen Naturrechtsgrundsätzen, einschließlich des allgemeinen Staatsrechts[114].

---

113 Koch, S. 35 unter Hinweis auf die daraus resultierenden Konflikte und Abweichungen zwischen Entwurf, AGB und ALR.

114 Abweichungen des preußischen von dem gemeinen Recht, nach Ordnung des allgemeinen Landrechts, in: Amelang/Gründler, Arch. des Preuß. Rechts, 1. Bd. 1799, S. 1 ff.

Ihr Unternehmen wurde dadurch erschwert, daß Rechtswissenschaft und Naturrechtslehre universitär in zahlreiche, weitgehend unverbundene, sich gleichwohl stark beeinflussende Disziplinen aufgeteilt und kaum zu überblicken waren und die prinzipiell vorrangige tatsächliche Rechtspraxis aller preußischen Gerichte mangels einer geschlossenen Entscheidungspublikation nicht zu verfolgen war. Nicht einmal ein Überblick über die in der preußischen Judikatur wirklich aufgetretenen „dubia" ließ sich gewinnen, nachdem weder die Gerichte noch die Universitäten die zur Vorbereitung der Gesetzgebung verlangte Sammlung der Kontroversen hatten vorlegen können. Statt dessen auf ein preußisches Naturrecht zurückzugreifen, war den Gesetzesverfassern nicht allein durch den Gesetzgebungsauftrag verwahrt, sondern auch schon deshalb ausgeschlossen, weil es ein solches gar nicht gab. Darjes ist so wenig mit Wolff, als dessen Gegner er sich verstand, zu vereinigen, wie Nettelbladt mit den Coccejis oder alle fünf mit Kant, dessen Forderung nach einer Verfassung der größtmöglichen Freiheit (und Gleichheit) seit ihrer ersten Geltendmachung 1781 unter Vermittlung Gottlieb Hufelands schnell an Popularität gewann. Die Übersicht war noch dadurch erschwert, als es an einem System mangelte, das es erlaubte, die gesamten Fragen zu ordnen.

Das weite Feld des Personenrechts, das der Erste Teil des Entwurfs abhandelte, war durch das Institutionensystem des römischen Rechts keineswegs abgesteckt, es war in ihnen nicht einmal umrißhaft zu erahnen. Auch dem Naturrecht war es weitgehend fremdgeblieben, es hatte zwar Ehe, Familie und Haus als primäre Formen der Sozialisierung diskutiert, hatte aber keinen Platz für die weiteren zwischen Individuen und Staat eingestreuten Gesellschaften gefunden und ließ es nicht zu, die komplexen Rechtsverhältnisse des bäuerlichen und städtischen Lebens einzuordnen oder gar den ganzen Umfang der prinzipiell nicht abschließbaren Staatstätigkeit zu erfassen. Daher hatten die Gesetzesverfasser vielfach ohne Karte Neuland zu vermessen, selbst wenn sie es nicht allein urbar machen mußten. Tatsächlich hatten die Gesetzesredakteure neben den wenigen Landesgesetzen, die sie übernehmen und mit gesetzgebender Klugheit fortentwickeln konnten[115], das eigentlich gemeine Personenrecht erstmalig

---

115 Vgl. Johann Friedrich Reitemeier, *Der Gebrauch fremder Rechte insbesondere des allgemeinen Preußischen Landrechts als einer Autorität in Deutschland. Ein Nachtrag zu der Schrift: Ueber die Redaktion eines deutschen Gesetzbuches, in einer näheren Entwicklung des Plans und der Grundsätze, mit Rücksicht auf die Recension dieser Schrift.* o.O. und o.J., insbesondere S. 220 ff.; er spricht von befehlenden Rechtssätzen.

selbst mit den Methoden der Wissenschaft zu entwickeln und festzustellen[116].

Danckelmann zog daraus 1793 im Briefwechsel mit Carmer [Svarez] die Konsequenz, es widerspreche den liberalen Prinzipien der Wissenschaft, des Rechts und des Staates, die wissenschaftlich gefundenen Lösungen durch gesetzliche Autorität verbindlich zu machen und damit dem notwendigen Streit zu entziehen. Er übersah dabei, daß die Verwirklichung des Rechts nur möglich ist, wenn es gelingt, den Diskussionsprozeß dezisionär abzuschneiden. Umgekehrt maß Reitemeier den Vätern des allgemeinen Landrechts eine außerordentliche Autorität zu; denn sie hätten das gemeine Recht in der Form eines Gesetzes und im Geiste eines Gesetzgebers entwickelt, d.h. verantwortlich in einem systematischen Zusammenhang und nach einem einheitlichen Prinzip bearbeitet (gemeint ist wohl auch seine Prüfung nach Maßgabe des kategorischen Imperativs und dem gesetzgebenden Volkswillen Kants), seine schwankenden Begriffe den Forderungen der Zeit angepaßt und unter Heranziehung eines breiten Sachverstandes und der Öffentlichkeit geprüft, geläutert und bestimmt. Obwohl die Autorität durch den bestehenden Gesetzgebungsauftrag gefördert worden war[117], ist sie für Reitemeier und zuvor für Werdermann von der tatsächlichen autoritativen Inkraftsetzung unabhängig: So wie der Wert eines Goldstückes durch die Prägung nur bestätigt, aber nicht begründet werde, gelte das Gesetzbuch auch ohne königliche Promulgation allein aufgrund seiner Qualität. Das allgemeine Landrecht konnte demgemäß von seiner Geltung und Inkraftsetzung unabhängig zu einem Handbuch oder Repertorium des gemeinen Rechts für Juristen werden[118], welches „*das, was im gemeinen Recht nur sehr unvollkommen und verhüllt hatte zur Geltung kommen können, vollendeter und zum Theil über die Auffassung der meisten Zeitgenossen hinaus zum Durchbruch gekommen*“ erfaßte; „*die Grundsätze, welche das deutsche Rechtsbewußtsein in dem gemeinen Recht nur versteckt oder in vereinzelten Erscheinungen herausfördern konnte, sind in dem Landrecht und durch dasselbe – wenn auch*

---

116 Reitemeier aaO., ders. *Ueber die Redaktion eines allgemeinen Deutschen Gesetzbuchs aus den unveränderten aber brauchbaren Materialien des gemeinen Recht in Deutschland entworfen*. Frankfurt a. d. Oder 1800; ders. *Allgemeines Deutsches Gesetzbuch aus den unveränderten brauchbaren Materialien des gemeinen Rechts in Deutschland entworfen*, ebd. 1. Bd. 1801, 2. u. 3. Bd. 1802.

117 Allein die Vorbereitung eines Gesetzbuches hatte die Leistung der Gesetzesverfasser ermöglicht, indem sie bislang schlafende Kräfte freigesetzt hatte.

118 Reitemeier, *Der Gebrauch fremder Rechte*, S. 131.

noch nicht in der möglichen Vollendung, doch schon in weitem Umfange – lebendige Kraft geworden.“[119]

Nicht zu verhindern und nur schwer zu kontrollieren war es schließlich, daß die Gesetzesverfasser bei der Bereinigung des römischen Rechts von Unbilligem und Obsoletem, noch viel mehr bei Entwicklung eines neuen gemeinen Rechts ihren eigenen Bewertungen Raum gaben. In welchem Umfang sie dabei das Vernunftrecht in Gestalt eines preußischen Naturrechts in den Entwurf und dann auch in das Gesetzbuch und das Landrecht einfließen ließen, bedarf genauerer Analyse. Selbst sofern sie nur am gehörigen Ort die bestehenden Landesgesetze einzuschalten hatten, beschränkten sich die Redakteure nicht notwendig auf redaktionelle und gesetzestechnische Verbesserungen, sondern erschlossen – unbewußt oder mit Absicht – den unmittelbar geltenden Gesetzen neue Regelungsbereiche. All das ist bislang noch nicht hinreichend analysiert und bewertet worden.

5. Das vorgesehene Verfahren

Die Ausarbeitung des Gesetzesentwurfs sollte nicht durch den Großkanzler allein, sondern unter seiner Leitung durch eine Kollegialbehörde erfolgen. Wer den Gedanken der Gesetzkommission ins Spiel gebracht hat, ist durchaus unklar. Für Friedrich II. spricht das stereotype Interesse, die einseitige Machtkonzentration bei einem Minister zu vermeiden; er konnte die Idee von Katharina der Großen übernommen haben. Carmer, dessen Unfähigkeit und Unwille, sich in ein Kollegium einbinden zu lassen, immer wieder zutagetritt, der als schlesischer Justizminister an die dortige autokratische, hierarchische Verwaltung gewöhnt war und sich nie an die Vorgabe gehalten hat, teilte dieses Interesse zwar keineswegs. Gleichwohl hatte auch er einen guten Grund, die Gesetzesarbeit einem neu etablierten Gremium von Justizbeamten übertragen zu lassen, die von ihren sonstigen Dienstobliegenheiten suspendiert waren. Es bot ihm die Möglichkeit, den Rat bei der Breslauer Oberamtsregierung Svarez in Berlin zu halten, nachdem es sich nicht hatte realisieren lassen, ihn mit einem Amt an einem Berliner Gericht zu versehen. Tatsächlich war der Großkanzler nicht mit einem Personal versehen, ihm stand keine Behörde zur Seite; es war ihm allenfalls – ähnlich wie dem schlesischen Justizminister – gestattet, sich erforderlichenfalls die nebenamtliche Hilfe eines Richters der am Ort befindlichen, ihm unterstellten königlichen Gerichts zu versichern. Schon die umfängliche Inanspruchnahme von Svarez in Breslau war ungewöhnlich und nur wegen dessen außer-

[119] Bornemann, *Die Rechtsentwicklung in Deutschland und deren Zukunft*, 1856, S. 52.

ordentlicher Belastbarkeit zu verwirklichen gewesen. Gänzlich aus der Norm heraus fiel es, wenn er ihn – wie schon 1776 – mit nach Berlin nahm und ihn auch noch bei sich behielt, nachdem ein neuer Justizminister für Schlesien ernannt worden war. Er mußte fürchten, daß das Breslauer Gericht sich gegen die langfristige Entziehung eines aus seinen Gebühren besoldeten Richters zur Wehr setzen, und beim König kaum auf taube Ohren stoßen werde. So stellte sich ihm die Alternative, entweder auf Svarez zu verzichten oder aber eine überzeugende Rechtfertigung dafür zu finden, sich unter den Augen des Königs mit einem Mitarbeiterstab auszustatten. Zudem war die Aussicht in einer unabhängigen Kommission selbständig an dem Entwurf des Allgemeinen Gesetzbuchs arbeiten und die Provinzialgesetzgebung beeinflussen zu können, offenbar für Svarez ein überzeugender Anreiz dafür, die Aufgabe seines Amts in Breslau und den Umzug nach Berlin in Kauf zu nehmen. Tatsächlich war er davon so fasziniert, daß er sich sogleich und in einer einzigartigen Weise selbständig um die Ingangsetzung der Gesetzkommission bemühte. Im eigenen Namen – wenn auch unter Berufung auf den Großkanzler – tritt er in Verhandlungen mit Schlosser[120], um ihn dazu zu bewegen, als Mitglied der Gesetzkommission einen Auszug aus dem Corpus Juris Justiani als Grundlage für das Allgemeine Gesetzbuch anzufertigen, und fertigt in eigener Verantwortung den Entwurf einer *vorläufigen Instruktion für die zu etablierende GesetzCommission*[121] an, in der er deren Aufgabe, Zusammensetzung, Arbeitsweise exakt festlegt und damit auch das Verfahren und die Ziele der Gesetzgebung vorschreibt.

Mit der Bitte – auch das ist einzigartig – ihm selbst Bedenken dagegen vorzutragen, übermittelt er ihn dem Kammergerichtsrat Baumgarten. Baumgarten beeilt sich der 'dienstlichen' Anordnung des von ihm als Vorgesetzten angesehen Svarez nachzukommen, dessen „*Meisterhand*“ die Feder der angehenden Justizreform führt, wie ihm bekannt ist[122].

---

120 03.01.0005

121 01.01.0013

122 Die vorläufige Instruktion von Svarez hält sich ganz eng an die Kabinettsorder vom 14. April. In einem parallelen Gange sollen die Landesjustizkollegien das Provinzial- und die Gesetzkommission das Allgemeine Gesetzbuch ausarbeiten. Grundlage für dieses sind die vorhandenen allgemeinen Landesgesetze, die möglichst wörtlich übernommen werden sollen, und das gemeine Recht, d. i. vordringlich das römische Recht, das an der natürlichen Billigkeit und den Forderungen der Gegenwart zu überprüfen und vorsichtig zu ergänzen und zu ersetzen ist. Der Großkanzler ist Vorsitzender der Gesetzkommission, im übrigen aber genießt er keine herausgehobene Stellung. Die Mitglieder der Gesetzkommission sollten unter Befreiung ihrer Dienstobliegenheiten vollamtlich bei ihr tätig sein, solange die Arbeiten an der Fertigstellung der Entwürfe dauern. Nach Erlaß der Gesetzbücher (erst) sollen sie die ihnen in der Kabinettsorder gleichfalls zugedachte Aufgabe der authentischen Auslegung des Gesetzbuches übernehmen und in

Beide Vorgänge hat Svarez, der sich offenbar in Carmer getäuscht hatte, später nicht den amtlichen Akten beigefügt, sondern für sich behalten, als der Großkanzler im Juni nicht eine unabhängige Gesetzkommission für die Entwurfsarbeit etabliren ließ, sondern sich dafür einem subordinierten Mitarbeiterstab genehmigen ließ, was auch Svarez noch jahrelang in einer formell unselbständigen Position festhielt[123].

F. Die Ausarbeitung des Entwurfs

1. Die Anfänge der Arbeit

Als Carmer am 4. April 1780 Friedrich II. den Vorschlag machte, die Rechtsreform in dem ganzen von Cocceji vorgesehenen Umfang noch einmal aufzunehmen, hatte er wie Svarez gewiß eine relativ klare Vorstellung von den Zielen der Prozeßgesetzgebung. Wie Svarez später an den Pariser Parlamentsadvokaten Villeneuve[124] schreibt (12. April 1785), empfanden sie die vorgefundene Prozeßordnung, die aus dem Kanonischen Recht stammte, als völlig ungeeignet, durch Zusätze verwickelt und mit Förmlichkeiten überladen. Tatsächlich wurden unter ihr die Prozesse unvermeidlich verschleppt und die Parteien mit Kosten überlastet. Demgegenüber war es angezeigt, die Prozeßordnung zum schlagkräftigen Instrument zur Durchsetzung des wahren, d.h. auf den richtigen Sachverhalt richtig angewendeten, materiellen Rechts völlig neu zu entwickeln, alle hinderlichen Formalitäten abzubauen und zugleich die richterliche Willkür durch Kontrollen auszuschalten. Das schien erreichbar, ohne bestehende Rechte zu beeinträchtigen; als streitig konnte nur die technisch-praktische Frage gelten, wie das Werkzeug auszugestalten war. Bei

ihre früheren Stellungen zurücktreten. Im Mai 1781 sah das anders aus, die Gesetzkommission wurde sogleich zur authentischen Auslegung des noch nicht kodifizierten Rechts, sowie zur bloßen Begutachtung von Gesetzentwürfen berufen; ihre Mitglieder waren sämtlich nebenamtlich tätig. Die Entwurfsarbeit verblieb bei dem Großkanzler, der sich dabei eines Hilfspersonals bediente, das er von seinem übrigen Dienst zeitweilig abzog. Gegen Svarez' Entwurf erhob Baumgarten sechs Einwendungen, zunächst sei das Allgemeine Gesetzbuch fertigzustellen und darauf die Provinzialgesetzbücher in Angriff zu nehmen, mit der Maßgabe sich dem System anzupassen und sich auf die notwendigen Abweichungen zu beschränken; die Orientierung am römisches Recht und die Übernahme der bestehenden allgemeinen Landesgesetze solle nicht sklavisch erfolgen; die Arbeit der Gesetzkommission solle nicht dem Gutachten des Tribunals unterworfen sein; die Gesetzgebung solle nicht im Einvernehmen, sondern nur im Benehmen mit dem Generaldirektorium erfolgen; schließlich solle man den König nur in bedenklichen Fällen um Entscheidung angehen. Tatsächlich hat sich Baumgarten damit weitgehender durchgesetzt.

123 Erst nach dem Tode Ernst Ferdinand Kleins gelangten sie aus dem von diesem verwalteten Nachlaß von Svarez in den Besitz des Justizministeriums.

124 03.02.0056

ihrer Lösung erschienen Experten gefragt; eine Befassung eines weiteren Kreises – auch der Richter, die naturgemäß an einer Neuerung wenig interessiert sein konnten -, war vermeintlich überflüssig.

Der erforderliche Zeitaufwand schien gering. Die Prozeßordnung war erst knapp dreißig Jahre zuvor von Cocceji in ein verständlich formuliertes deutsches Gesetz gefaßt worden. Carmer und Svarez hatten den darauf aufbauenden Text einer neuen Prozeßordnung schon seit 1775 fertig; ihre Verabschiedung war nur an dem zögerlichen Fürst und der Kritik des Kammergerichtspräsidenten Rebeur gescheitert. Fürst war nicht mehr im Amt und Rebeurs Kritik dachte man aufzufangen, indem man ihn zu einer neuen Begutachtung des alten Entwurfs aufforderte. Nach deren Berücksichtigung sollte die Prozeßordnung innerhalb kürzester Frist verabschiedet werden[125]. Dem entsprach mutmaßlich ein Zeitplan, nach welchem das Gesetz noch im Verlaufe des Jahres 1780 verabschiedungsreif vorgelegt werden sollte. Spätestens als Svarez auf die Materialien des Codex revisus mit den Früchten einer jahrzehntelangen, intensiven Überarbeitung des Prozeßrechts unter Jariges und Fürst stieß, die nicht übergangen werden konnten, geriet der Zeitplan jedoch ins Wanken. Mit äußerster Mühe und unter Inkaufnahme von Lücken, die im Vierten Teil geschlossen werden mußten, gelang es Svarez zwar noch, den Ersten Teil der Prozeßordnung im Verlaufe des Jahres 1780 fertigzustellen. Der gesamte Text der neuen Prozeßordnung aber lag erst im April 1781 – knapp ein Jahr nach Erteilung des Gesetzgebungsauftrages – gedruckt vor. Weil sie immer noch Mängel aufwies und sich auch in ihren Prinzipien nicht bewährte, bedurfte sie auch danach einer ständigen Überarbeitung, die erst mit ihrer Umwandlung in die allgemeine Gerichtsordnung 1795 zu Ende kam.

Die Arbeit am materiellen Recht, den „Gesetzen“, sollte nach der Kabinettsorder vom 14. April 1780 nicht unter der alleinigen Verantwortung des Großkanzlers stehen, sondern unter seinem Präsidium einem Kollegium, der Gesetzkommission[126], übertragen werden.

---

[125] Darauf deutet nicht nur die Tatsache hin, daß Rebeur noch Ende April/Anfang Mai den Entwurf von 1775 zur Begutachtung erhielt, sondern auch, daß Svarez Schlosser im Mai von Breslau aus die Prozeßordnung als nahezu fertig ankündigte.

[126] Die Idee einer Gesetzkommission ist von der Wissenschaft (Hommel und Schlosser) ins Spiel gebracht worden (vgl. aber auch Katharina II.). Ihre praktische Verwirklichung im absoluten Staat bereitete allerdings erhebliche Schwierigkeiten. Immer wieder werden die Pläne und Regelungen verändert. Das Konzept, sie mit der kollegialen Erarbeitung von Gesetzesentwürfen zu betrauen (1780), wird spätestens im Patent wieder fallengelassen (1781). Von den dort genannten primären Aufgaben (authentische Auslegung, Visitation der Gerichte und gutachtlicher Gesetzesvorschlag) hat die Gesetzkommission

Kein Souverän kann ein Gesetzbuch selbst formulieren; er kann nur über einen Entwurf entscheiden, der ihm vorgelegt wird. Damit wird das Verfahren der Abfassung der Gesetze zum politischen und rechtlichen Problem. Während Friedrich I. und Friedrich Wilhelm I. die juristischen Fakultäten mit der Anfertigung von Gesetzesentwürfen beauftragten, überließ Friedrich II. die Verantwortung seinen Großkanzlern, denen er gestattete, Angehörige der hohen Richterschaft nebenamtlich und zeitweilig zur Unterstützung heranzuziehen. Das schien sich zu ändern, als er die Wiederaufnahme der Rechtsreform durch Carmer billigte. Seine Kabinettsorder vom 14. April 1780 bestimmte, bei Abfassung des Entwurfs kollegial zu verfahren und dazu eine beständige Gesetzkommission zu berufen. Der Großkanzler hielt sich jedoch nicht an diesen, wahrscheinlich von ihm in Verbindung mit Svarez konzipierten Befehl. Schon am 26. Juli 1780 verlangte er vom König die Genehmigung, sich bei Ausarbeitung des Vorentwurfs zum Gesetzbuch der Assistenz von Baumgarten und Svarez, zweier hoher Richter, des Schlesischen Generalfiskals (= Staatsanwaltes) Pachaly und des Dr. Volckmar bedienen zu dürfen. Friedrich II. ließ das, wie die Gesetzgebungsarbeit im Ganzen, geschehen, hielt allerdings noch daran fest, daß der Gesetzentwurf endgültig von der Gesetzkommission verabschiedet werden sollte.

Als die Gesetzkommission tatsächlich errichtet wurde, war sie jedoch von einem Kollegium zur Abfassung der Gesetze zu einem solchen zur Begutachtung der Gesetzesentwürfe geworden. Von den Mitarbeitern bei der Gesetzgebung werden nur Svarez und Baumgarten sogleich Mitglied, später Kircheisen und Goßler, erst nach dem Tode von Svarez auch Klein. Die Mitarbeiter des Großkanzlers erlangten zwar faktisch hohen, teils beherrschenden Einfluß, aber nicht das kollegiale Mitspracherecht – wie es mit Ausnahme von Schlesien für die preußische Verwaltung des 18. Jahrhunderts typisch ist. An der Alleinverantwortlichkeit des Großkanzlers änderte sich auch nichts, als er 1784 die Kritik und Mitarbeit der Öffentlichkeit, der Wissenschaft und der Justizkollegien in Anspruch nimmt. Klagen über die unkollegialische Entscheidungspraxis des Großkanzlers veranlassen aber Friedrich Wilhelm II., der ohnehin für das Kollegialprinzip eintritt, unmittelbar nach Regierungsantritt zu einer Reihe

beständig und mit bedeutender Wirkung nur die Aufgabe der interpretatorischen Rechtsfortbildung im Geiste der Aufklärung wahrgenommen. Sie verliert mit dem ALR, das das Auslegungsverbot nicht übernimmt, an Bedeutung und wird 1798 noch zu Lebzeiten von Svarez und höchstwahrscheinlich unter seiner Mitwirkung auf Antrag des Großkanzlers Goldbeck endgültig beseitigt. Die Pflicht, Gesetzesentwürfe vor der Vollziehung durch die Gesetzkommission begutachten zu lassen, bleibt seit 1781 zwar grundsätzlich erhalten, wird aber immer wieder modifiziert; vor allem die Rechtsfolgen ihrer Verletzung sind beständigen Änderungen unterworfen.

von Maßnahmen – u.a. zur Einbindung des Großkanzlers in den Justizstaatsrat unter Bestellung von Geheimen Oberjustizräten nach dem Modell der in den Departements des Generaldirektoriums mit den Ministern gleich stimmberechtigten Geheimen Finanzräte -, worauf Carmer um Entlassung bittet. Die Abfassung der Gesetze sollte aber nicht Gegenstand der Arbeit im Justizstaatsrat werden; schon vorher, nur vier Tage nach dem Tode Friedrichs II., hat sich der neue König nämlich in seinem ersten Gesetz der Rechtsreform zugewendet (Kabinettsordern vom 21. und 27. August 1786). Er unterwirft das Verfahren zur Abfassung des Gesetzbuchs einer gesetzlichen Regelung und macht sie – einschließlich der Beteiligung der Öffentlichkeit – von einer „Privat“-Angelegenheit des Großkanzlers zur öffentlichen Anstalt (Klein). Zugleich ordnet er die förmliche Beteiligung der Stände und der Gesetzkommission an, wobei er voraussetzt und verlangt, daß die Repräsentanten nicht partikulare Interessen, sondern das „Interesse der Nation überhaupt“ geltend machen. 1787 und 1788 kündigt der Großkanzler, offenbar auf Betreiben des Königs, sogar an, daß die endgültige Verabschiedung des Gesetzestextes in einer für 1789 in Berlin vorgesehenen Versammlung von Deputierten der Justizkollegien und der Stände der Provinzen erfolgen soll. Kann zwischen ihr und der Gesetzkommission keine Einigung erreicht werden, will der König entscheiden. Damit wäre der Großkanzler aus dem Verfahren der Gesetzverfassung weitgehend ausgeschieden. Seine Aufgabe hätte sich darin erschöpft, zur Vorbereitung der Deputiertenversammlung die Extraktion und Revision der Monita (Einwendungen der Wissenschaft, Gerichte und Öffentlichkeit) zu veranlassen. Als die Deputiertenversammlung dann doch nicht mehr einberufen wird, fällt die Feststellung des Gesetzestextes jedoch wieder dem Großkanzler allein zu. Er fordert dazu Gutachten von Mitgliedern der Gesetzkommission (nicht aber ein Gutachten der Kommission) an, führt Verhandlungen mit den übrigen höchsten Staatsorganen (Kabinettsministerium, Oberkriegskollegium und Generaldirektorium) und holt zu Einzelfragen die Entscheidung des Königs ein. Die Alleinkompetenz wirkt sich in der Folge nachteilig aus. Sie begünstigt die Suspension des Gesetzbuches, als das Vertrauen des Königs zu Carmer sinkt und sich ein gemeinsamer Widerstand der Stände und des schlesischen Justizministers formiert (an dem sich möglicherweise Hermes und Hillmer, wohl nicht Wöllner beteiligt haben), ein Widerstand, der auch die verbreitete Revolutionsfurcht nutzen konnte. Die Alleinkompetenz wurde später nicht mehr hergestellt. Bei Umformung des Landrechts mußte der Großkanzler mit seinem späteren Nachfolger, dem Justizminister Goldbeck, und dem Staatsrat zusammenwirken.

Svarez entwarf noch im April, spätestens Anfang Mai, eine „*Vorläufige Instruktion für die zu etablirende Gesetzkommission*"[127], die er dem Kammergerichtsrat Baumgarten, den Carmer bereits zur Mitarbeit herangezogen hatte, zur Kritik vorlegte.[128]. Sie zerfällt in zwei Teile: In den ersten vierzehn Paragraphen entwickelt sie in enger Anlehnung an die Kabinettsorder vom 14. April inhaltliche Vorgaben für die materielle Gesetzgebung und grenzt die diesbezüglichen Kompetenzen zwischen Gesetzkommision und Landesjustizkollegien ab. Der zweite Teil behandelt Organisation und Verfahren der Gesetzkommission bei der Verfertigung des allgemeinen Gesetzbuchs und der Provinzialrechtssammlungen. Zunächst war ein systematisches Schema zu entwerfen, die alle Gegenstände erfaßte, die im allgemeinen Gesetzbuch zu regeln waren. Auf seiner Grundlage sollte ein Mitglied einen Auszug aus dem römischen Recht herstellen, der die Basis für den Entwurf bilden sollte. Dieser Auszug sollte thematisch gegliedert stückweise erfolgen, die fertigen Teile jeweils durch einen Referenten aus der Gesetzkommission mit den vorhandenen Landesgesetzen verglichen und in die endgültige Gesetzesform gebracht werden, um dann nach einem Koreferat und Begutachtung durch das Tribunal in der Gesetzkommission endgültig beschlossen zu werden, gegebenenfalls unter Heranziehung des Generaldirektoriums und sachverständiger Bürger und unter Rückfrage beim König. Auf dieser Grundlage sollte das Gesetzbuch in Teilen erlassen werden. Gemäß der Kabinettsorder vom 14. April ist die Entscheidung über den Gesetzgebungsplan, die Geschäftsverteilung und die Vorlage des Gesetzbuches zur königlichen Approbation Aufgabe der Kommission als Kollegium; der Großkanzler als ihr Vorsitzender ist nur primus inter pares. Mitglieder der Gesetzkommission sollen die zur Legislative fähigsten Richter sein. Das Generaldirektorium soll zwar bei Fragen aus dem Polizei-, Finanz- und Wirtschaftsrecht herangezogen werden, eine Mitwirkung von Geheimen Finanzräten in der Gesetzkommission ist aber nicht vorgesehen. Baumgarten schlägt sie anstelle der nachträglichen Hinzuziehung

---

[127] 01.01.0013

[128] Svarez muß sich zu dieser Zeit in Berlin aufgehalten haben, der in den Akten befindliche gesiegelte Briefumschlag weist nur Titel und Namen, aber keine Anschrift auf. Die ohnehin nur auf den Brief an Schlosser vom 30. Mai 1780 gestützte Annahme Stölzels, Svarez habe sich am 14. April 1780 nicht in Berlin, sondern in Breslau aufgehalten, wird dadurch widerlegt; vielmehr ist Svarez nur gegen Ende Mai kurzfristig nach Breslau zurückgekehrt, um seinen Umzug nach Berlin vorzubereiten. Auffällig ist ferner, daß bereits vor dem 28. Juli 1780 Baumgarten und Svarez sowie spätestens am 19. Juli 1780 auch Volkmar zu den Gesetzgebungsarbeiten herangezogen wurden. Schließlich hat es den Anschein, als sei Svarez gegenüber Baumgarten als Vorgesetzter aufgetreten; jedenfalls behandelt ihn Baumgarten in seinem Schreiben so.

des Generaldirektoriums vor. Die Mitglieder sollen während der Gesetzesarbeit von allen ordentlichen richterlichen Aufgaben freigehalten werden. Von einer Beteiligung der Öffentlichkeit am allgemeinen Gesetzbuch ist keine Rede. Die Provinzialgesetzbücher sollen unter Heranziehung der Stände von den Landesjustizkollegien vorbereitet werden, ehe sie von der Gesetzkommission endgültig festgestellt und dem König vorgelegt werden. An eine Beteiligung der Stände am allgemeinen Gesetzbuch ist nicht gedacht.

Parallel tritt Svarez in Verhandlungen mit Schlosser ein, der durch ein Programm zur Rechtsreform seine Aufmerksamkeit erregt hatte[129], um ihn dafür zu gewinnen, innerhalb von zwei Jahren einen Auszug aus dem Corpus juris als Grundlage der weiteren Arbeit der Gesetzkommission zu verfertigen[130]. Dabei legt er das Verfahren der vorläufigen Instruktion zugrunde.

Für die Vorbereitung der Provinzialgesetzbücher wurden den Justizkollegien in der Folge äußerst knappe Fristen gesetzt; sie lassen darauf schließen, daß ihre Fertigstellung durch die Gesetzkommision innerhalb eines Jahres vorgesehen war. Aus Svarez' Briefwechsel mit Schlosser folgt, daß der ungeduldige König die Fertigstellung des allgemeinen Ge-

---

129 Johann Georg Schlosser: *Vorschlag und Versuch einer Verbesserung des deutschen bürgerlichen Rechts ohne Abschaffung des römischen Gesezbuchs* [..]. Leipzig, 1777 in der Weygandschen Buchhandlung. Schlosser (1739-1799) – Goethes Schwager – war zur Erscheinungszeit dieses Werkes Oberamtmann der badischen Grafschaft Hochberg (mit Sitz in Emmendingen). Sein „Vorschlag und Versuch" weist mehrere Parallelen zu den ursprünglichen Ideen von Carmer und Svarez auf; der Einfluß auf das April-Edikt von 1780 ist offensichtlich. Auch Schlosser hält die Deduzierbarkeit eines Gesetzbuches aus dem Vernunftrecht für unmöglich, zumal *„es in der gesetzgebenden Jurisprudenz, also in der eigentlichen Philosophie der Rechte [..] erstaunlich wenig Evidenzen giebt*". Dem deutschen Recht steht er hier distanziert gegenüber, denn er hält es für widersprüchlich, fehlerhaft und obsolet. Die einzig brauchbare Grundlage zur Verbesserung des bürgerlichen Rechts ist das *„Corpus iuris civilis*" selbst, dessen Rechtsgeist er für unüberholbar hält: „[..] *das größte Glück, das die armen Deutschen wünschen und hoffen könnten, wäre, dünkt mich das, wann eines der deutschen Oberhäupter aus der justinianischen Sammlung die Geseze herausziehen liesse, die unter so vielen Nebensachen darinn verborgen liegen und diesen eben die Kraft gäbe, die das corpus iuris nun hat.*" Er schätzt, daß ein kundiger Bearbeiter das Exzerpt *„auf einen mäßigen Octavband von weniger als zehn Bogen zu bringen im Stande*" sei. Es waren wohl diese kenntnisreich und gewandt vorgetragenen Ansichten, die 1780 zu der (dann fehlgegangenen) Berufung zum Mitarbeiter des preußischen Großkanzlers führten (drei Jahre später nahm Schlosser an den Wiener Verhandlungen zur Vorbereitung der josephinischen Gesetzesverbesserung teil).

130 Das entspricht ganz der Vorläufigen Instruction für die zu etablirende Gesetz-Commission, 01.01.0013

setzbuchs in seiner Gänze für das Jahr 1783 erwartete[131]. Als die Justizkollegien mit der Sammlung des Provinzialrechts nicht schnell genug in Gang kamen und die Reihenfolge der Bearbeitung umgekehrt wurde, bestand kein Grund die Zeitplanung für das allgemeine Gesetzbuch in Frage zu stellen, um so weniger, als der kranke König den Abschluß noch zu seinen Lebzeiten erhoffte.

Die Verzögerungen, die bei der Prozeßreform und den Verhandlungen mit Schlosser eingetreten waren, hatten indessen schon mehr Zeit gekostet, als anfänglich kalkuliert worden war. Schlosser, der ursprünglich den Auszug aus dem römischen Recht übernehmen sollte, ließ sich zur Mitarbeit nicht gewinnen. Auch die Bildung der Gesetzkommission ließ auf sich warten[132]. Alles das bewog Carmer schon im Juli 1780 dazu, die Genehmigung des Königs einzuholen und noch vor deren Errichtung mit einer Arbeitsgruppe aus Baumgarten, Pachaly, Volckmar und Svarez die Arbeiten am Entwurf zu beginnen. Den Richter an der Oberamtsregierung Svarez hatte er aus Breslau mitgebracht, den Richter am Kammergericht Baumgarten seit Mai zur Assistenz herangezogen. Als sich während seines letzten Aufenthalts in Breslau andeutete, daß Schlosser nicht zur Verfügung stehen würde, dürfte Svarez schon Gespräche mit einem dortigen promovierten Referendar oder Auskultator[133] Dr. Volckmar und dem befreundeten Generalfiskal Pachaly geführt haben, um sie für die Mitarbeit zu gewinnen. Spätestens Anfang Juli war Dr. Volckmar in Berlin. Pachaly traf nach seiner Beurlaubung von seinem Breslauer Amt im August dort ein. Die Mitarbeiter sollten vorerst dem Großkanzler hierarchisch untergeordnet sein, aber bei der bevorstehenden Errichtung der Gesetzkommission zu deren Mitgliedern aufrücken. Dementsprechend bezeichnete Carmer den Mitarbeiterstab bereits als Gesetzkommission[134], zog Beiträge zu ihrer Finanzierung von den Landesjustizkollegien ein, aus der er die Mitarbeiter vergütete[135] und ließ ein Siegel für sie anfertigen[136].

---

131 Vergleiche Svarez an Schlosser. Zu erinnern ist auch, daß Cocceji in drei Jahren den ersten Teil des Corpus juris druckreif fertig hatte.

132 Ob dafür das Problem der Finanzierung oder die Abneigung Carmers gegen eine kollegiale Einbindung ausschlaggebend waren, ist nicht zu klären, beide dürften mitgewirkt haben.

133 Vgl. Schreiben Pachalys an Carmer vom 9. Oktober 1782, wo es heißt, Volkmar habe nicht auf den Posten, den er zuvor in Breslau innehatte, zurückkehren wollen.

134 Dr. Volckmar bestellte er zu deren Sekretär.

135 Übrigens noch nach der Errichtung der Gesetzkommission, der er die einkommenden Gelder auf Dauer vorenthielt.

136 Es diente später zur Beglaubigung der nicht mehr von der Akademie verlegten Ausgaben des AGB, des ALR und der AGO.

Auch wenn die vorläufige Instruktion nicht in Kraft trat, wurden ihre Verfahrensprinzipien für die Gesetzgebungsarbeit maßgeblich. Sie gingen teils in das Patent über die Errichtung der Gesetzkommission vom 28. Mai 1781 und teils in die Grundsätze des Verfahrens bei Sammlung und Verbesserung der Gesetze ein, die Carmer dem König am 26. Juli 1780 zur Genehmigung zugeleitet und die dieser am Tage darauf vollzogen hatte[137]. Auf Grund einer von Svarez entworfenen Instruktion waren Dr. Volckmar und Pachaly für die Überführung des römischen Rechts in das allgemeine Gesetzbuch zuständig. Dr. Volckmar sollte – anstatt Schlossers – den Auszug aus dem Corpus iuris übernehmen, es auf seine Vollständigkeit und Anpassungsbedürftigkeit überprüfen und ermitteln, ob und wie die Materien in schon vorhandenen Landesgesetzen geregelt waren. Seine Ergebnisse sollte Pachaly in der Rolle des Referenten kontrollieren und zu Gesetzentwürfen ausarbeiten. Als später Klein hinzutrat, teilte er zunächst die Aufgaben Volckmars und Pachalys, um sie dann ganz zu übernehmen[138].

---

[137] Abgedruckt bei Daniels, Anhang I.

[138] Vgl. seinen in den Vorerinnerungen allerdings verschiedentlich korrigierten Bericht (Kurze Geschichte der Gesetzgebung, Annalen 1788, 1, Bd. S. XLV ff.: „*Erst mußte nach dem Plane und unter der Aufsicht des erhabnen Verfassers* [Carmer] *ein praktischer Rechtsgelehrter* [Dr. Volckmar, Pachaly, Klein; für das Sachenrecht: Klein und Kircheisen] *die Materialien zu dem künftigen Gesetzbuch sammeln. Dieselben bestanden in kurzen Paragraphen, die er aus den bisherigen Gesetz- und Rechtsbüchern ausgezogen, und welchen er da, wo er es nöthig fand, Anmerkungen über deren Beybehaltung oder Abschaffung beygefügt hatte. Wo etwa Lücken der bisherigen Gesetze auszufüllen waren, neue Grundsätze von weitem Umfange nöthig, oder ganz neue Theorien nützlich schienen, war es dem Sammler erlaubt, sich deshalb von des Herrn Großkanzlers Excellenz belehren zu lassen* [das deutet auf Klein selbst hin]. *Nachdem Se. Excellenz diese Materialien vorläufig geprüft und mit Anmerkungen versehen hatten* [das läßt sich nur selten verifizieren, am ehesten für die ersten Auszüge Volckmars, im übrigen finden sich vielfach Anm. von Svarez], *wurden sie einem anderen praktischen Rechtsgelehrten zur weiteren Prüfung zugestellt, welcher in besonderen Anmerkungen die Gründe anführte: weswegen er die in den Materialien enthaltnen Sätze billige oder mißbillige. Nachdem hierüber der vorherbedachte Sammler wieder vernommen worden* [dieses Verfahren läßt sich nur bei der Ausarbeitung des Sachenrechts im Wechselspiel zwischen Klein und Kircheisen beobachten], *arbeitete der Herr Großkanzler selbst den Entwurf des Gesetzbuchs in systematischer und gesetzlicher Form aus* [nur beim Kirchenrecht selbst, prinzipiell in Gestalt von Anweisungen an Svarez oder an Baumgarten, denen die eigentliche Abfassung überlassen wurde]. *In dieser Gestalt wurde er nicht nur den Mitgliedern der Gesetzkommission* [nicht dieser !], *sondern auch anderen sachverständigen Männern zugestellt. Die von diesen gelieferten Bemerkungen wurde von einem dritten praktischen Rechtsgelehrten* [das ist Svarez 1. revisio monitorum] *geprüft, dem Herrn Großkanzler vorgetragen* [das ist allem Anschein nach durchgängig geschehen], *und der Sammler zugezogen, damit er von den bey dieser Conferenz* [die Bezeichnung erklärt vielleicht den Irrtum, die Einwender selbst seien hinzugezogen worden, der dem Redakteur hinsichtlich der Feststellung des

Die Rechtsgebiete, die wie das Handels- und Wechselrecht[139] von vorneherein durch das römische Recht nicht abgedeckt waren, hatte offenbar Baumgarten zu bearbeiten. Svarez dagegen war zunächst an der Gesetzesarbeit kaum beteiligt. Ab September 1780 begann die Vorbereitung des in der Instruktion geforderten systematischen Schemas aller Gegenstände, die im allgemeinen Gesetzbuch geregelt werden sollten: eine Reihe theoretischer und praktischer Juristen wurden dazu aufgefordert, den Plan für ein auf Vollständigkeit angelegtes allgemeines Gesetzbuch aufzustellen[140].

---

endgültigen Gesetzestextes unterlaufen ist] *genommenen Entschlüssen bey seiner Arbeit Gebrauch machen könne* [Die Hinzuziehung des Sammlers zu den Geprächen Carmer-Svarez und ihre Begründung sind rätselhaft, sie läßt sich kaum nachweisen, war aber auch nicht sinnvoll, da die weitere Überarbeitung in aller Regel allein in der Hand von Svarez lag; nur beim Sachenrecht hat es Abweichungen gegeben, die Klein in Erinnerung hatte.] *Nachdem nun des Herrn Großkanzlers Excellenz entschieden haben, welche Veränderungen mit dem Entwurfe vorgenommen werden sollten, wird derselbe von dem eben gedachten dritten Rechtsgelehrten* [i. d. R. Svarez] *ins Reine gebracht und so zum Druck befördert. Es kann bey ähnlichen Unternehmungen zum Muster dienen, daß ein Werk von so unermeßlichem Umfang nicht von vielen stückweise, sondern von jedem Mitarbeiter ganz unternommen worden* [das trifft allein für Svarez und Carmer, sonst für keinen Mitarbeiter zu]. *Denn auf diese Weise konnte ein so viel umfassendes Ganze, wie der Körper eines allgemeinen Gesetzbuches ist, mit sich selbst in Uebereinstimmung gebracht, und von einem Geiste belebt werden. Jetzt ist ein viertes Subjekt* [Grolmann u. Goßler], *welches an der Ausarbeitung des Entwurfs keinen Teil genommen, mit Zuziehung einiger Gehilfen beschäftiget* [nur Grolmann], *einen mit unparteyischer Treue angefertigten Auszug aller dagegen gemachten Einwürfe, Zweifel und Erinnerungen zu liefern.*“

139 Vgl.: 18. 10. 1780 Carmer an Bankier Schütze. Konzept. Baumgarten. Paraphe: v. Carmer Bittet den Bankier Schütze bei der neu auszuarbeitenden Wechselordnung mitzuwirken. 03.01.0044. und 15. 11. 1780 Carmer an 1. Bankier Schütze und an 2. Geh. Finanzrat Rose Konzept: Svarez. Paraphe: v. Carmer 1. Dankt Schütze für die übermittelte Anmerkung über die Wechselordnung, die er sehr gegründet und brauchbar finde. 2. Bittet Rose, bei der neu zu erlassenden Wechselordnung, die für 1781 vorgesehen sei, mitzuwirken und seine Äußerungen zu übersenden, *wo eine Abänderung oder Ergäntzung hauptsächlich nothwendig zu seyn scheinet.* Am 1. März 1781 folgt eine Anfrage Carmers wegen des Wechsel- und Handelsrecht beim Hauptbanco-Direktorium: 03.01.0048 und ff.

140 S. 07.01.0053: *Correspondenz des Groß Kanzlers mit dem Professor Madihn zu Frankfurth a/O einem von demselben anzufertigenden Plan eines Neuen Gesetzbuchs betreffend. (Hinweis: Das Konzept eines Schreibens des Großkanzlers an [Prof. Ludwig Gottfried] Madihn vom 18. September 1780, das die Aufforderung enthält, einen solchen Plan anzufertigen, befindet sich in dorso des Konzepts eines ähnlichen Schreibens des Großkanzlers an den Regierungspräsidenten von Tevenar in Band VI. fol. III*[r].) Vgl. a. 07.01.0054: Schreiben v. 25. 9. 1780 aus Frankfurt an der Oder: Professor Ludwig Gottfried Madihn an den Großkanzler. Sichert zu, daß er den erteilten Auftrag bald ausführen werde; er sei einige Tage verhindert gewesen, weil er umgezogen sei. Er sei der Ansicht, daß er durchaus dazu etwas beitragen könne, da er sich seit neun Jahren mit dem Römischen Recht und dem Privatrecht befasse. 07.01.0056: Schreiben vom 7. 10. 1780 Großkanzler an Professor [Ludwig Gottfried] Madihn [zu

Volckmar arbeitete überaus schnell und gründlich, innerhalb weniger Monate hatte er den systematisch geordneten Auszug aus dem Römischen Recht nahezu vollständig fertig. Carmer, der ihn sich vorlegen ließ, noch ehe Pachaly seine Überarbeitung ernsthaft begonnen hatte, wies Volckmar noch im Winter 1780/81 an, auf seiner Grundlage einen Gesetzentwurf auszuarbeiten. Auch den Auftrag erfüllte Volckmar mit großer Geschwindigkeit und in durchaus beachtlicher Qualität[141]. Trotzdem wurde er im Mai 1781 bei der Errichtung der Gesetzkommission nicht berücksichtigt. Seine Reaktion ist nicht bekannt; er blieb noch für genau ein Jahr

---

Frankfurt an der Oder] Konzept. Konzipient: Svarez. Dankt für M.s Schreiben vom 25. September, aus dem er ersehe, daß M. bereit sei, einen Plan zu einem allgemeinen Gesetzbuche auf der Grundlage des Römischen Rechts auszuarbeiten. Auch habe er vollkommen recht, daß aus dem Fond des Juris Romani zu ersehen sei, daß die Entscheidungen desselben der Sache fast immer angebracht seien. Dies übertreffe an Vollständigkeit bei weitem alle übrigen älteren und neueren Gesetzbücher. Es sei das Hauptanliegen der vom Kg. angeordneten Reform, diesen Schatz dem praktischen Rechtsgelehrten und, soweit möglich, jeden Unterthanen im Staat brauchbar und zugänglich zu machen. 07.01.0057: Schreiben vom 10. 11. 1780 aus Frankfurt an der Oder: Professor Ludwig Gottfried Madihn an den Großkanzler. Übersendet seine Ausarbeitung „*Allgemeine unvorgreifliche Vorerinnerung*". 07.01.0059: 17. 11. 1780 Berlin Großkanzler an Professor [Ludwig Gottfried] Madihn [zu Frankfurt an der Oder] Konzept. Konzipient: Svarez. Paraphe: von Carmer: Es liege ein Mißverständnis vor. M. habe seine, Carmers, Aufforderung, einen Plan für das allgemeine Gesetzbuch zu entwerfen, extendiert. Nur ein Schema sei verlangt worden, so, wie er es selbst in Nr. 11 seiner Beilage [Ausarbeitung: allgemeine unvorgreifliche Vorerinnerung] beschrieben habe. 07.01.0069. Konzept eines Schreibens des Großkanzlers an den Geheimen Ober-Tribunals Rath Lamprecht vom 22ten September 1780. Es *enthält die Aufforderung zur Anfertigung eines Plans des allgemeinen Gesetz-Buchs. (Anm.: Ob Lamprecht einen solchen Plan eingereicht hat, läßt sich nicht gewiß bestimmen. Es ist möglich, daß einer der vorhandenen Pläne von ihm abgefaßt worden ist. Eine gleiche Aufforderung erging am 18. September an den Regierungspräsidenten von Tevenar. Dieser Plan, der von Tevenar eingeschickte, sehr ausführliche Grundriß eines allgemeinen Gesetzbuches befindet sich mit den ergänzenden Korrespondenzen in Band VI.)* 07.01.0070. Großkanzler an den Kgl. Geheimen Tribunalrat Lamprecht Konzipient: Svarez. Paraphe: von Carmer mit der Bitte, einen Plan oder Schema für das neue Gesetzbuch auszuarbeiten. *Da diejenige Ordnung, welche dem Corpore Juris zu Grunde liege, bekanntermaaßen höchst unnatürlich und inadaequat sei, komme es darauf an, daß ein Principiuum divisionis erfunden werde.* 07.01.0071: *Versuch eines Plans zum Neuen Gesetz-Buche.* (*Bemerkungen. Der Verfasser dieses Plans hat nicht ausgemittelt werden können. Er hat auch noch Ideen zu einem andern Plane eines neuen Gesetz-Buches eingereicht. S. No: XII, fol. 97 dieses Bandes.*) 07.01.0097. *Noch einige Ideen zu einem andern Plane eines neuen Gesetzbuches (Bemerkungen. Dieser Aufsatz bezieht sich auf den gedachten Versuch eines Plans sub. No. XI und muß daher mit diesem conferirt werden.)* 07.01.0100. *[Der dritte Plan: Verfasser unbekannt.] (Bemerkungen. Der Verfasser dieses Plans ist ein anderer, als der, welcher die beiden Versuche [die vorhergehenden] angefertigt hat, jedoch ist er ebenfalls unbekannt* 07.01.0124. *Unmaßgeblicher Entwurf zu dem algemeinen Gesetzbuche.* Handschrift: Pachaly.

141 Die Kritik Simons ist nicht verständlich.

als Mitarbeiter in Berlin[142]. Als ihn Carmer ein Jahr darauf am 31. Mai 1782 in beleidigender Weise als Referendar nach Breslau schickte, um dort Pachaly zuzuarbeiten, trat er den Dienst nicht an. Carmer war von dem Ausscheiden erleichtert, da er dadurch die ohnehin knappen Finanzmittel schonen konnte.

Das wenige, das sich von den Arbeiten Pachalys in den Akten findet, gehört systematisch einer früheren Phase als Volckmars Gesetzentwurf an und bleibt sprachlich weit dahinter zurück[143]. Carmer dürfte mit seiner Arbeit noch weniger zufrieden gewesen sein. Jedenfalls entschied er Anfang des Jahres 1781, Pachaly nicht in die Gesetzkommission berufen zu lassen. Dabei dürfte er dessen Ausscheiden aus der Gesetzesarbeit zumindest in Kauf genommen haben, möglicherweise provozierte er es sogar. Pachaly war tief gekränkt, er beschloß, unter dem Vorwand einer Krankheit aus den preußischen Diensten auszuscheiden, ließ sich nur schwer zum Bleiben überreden, kehrte aber auf seinen Posten in Breslau zurück. Von dort aus begleitete er das Projekt eine Zeitlang weiter.

Das *Patent, wodurch eine Gesetz-Commißion errichtet, und mit der nöthigen Instruction wegen der ihr obliegenden Geschäfte versehen wird. De Dato Berlin, den 29. May 1781*, verlangte zwar vor ihrer Verabschiedung alle Gesetze, mit Ausnahme der nur die Finanz-, Wirtschafts- und Staatsverwaltung betreffenden[144], durch die Gesetzkommission begut-

---

142 03.01.0087

143 Simon/Strampff aaO. haben seine Ausarbeitungen nicht aufgenommen, obwohl sie im Sachenrecht noch eher befriedigen.

144 Sie hatte sie auf ihre Vereinbarkeit mit dem System des geltenden Rechts, der wahren natürlichen Billigkeit, dem Allgemeinwohl, der Denkungsart, den Sitten und Gewohnheiten des Jahrhunderts und den konkreten Verhältnissen zu prüfen. Indem das Patent allen Gesetzen, die ohne diese Prüfung ergehen, die gesetzliche Kraft versagt, erhebt es die Einhaltung des Verfahrens zwar zum Quasi-Verfassungsprinzip, stellt aber die preußische Justiz und Verwaltung vor eine Zerreißprobe, wenn sich der König – wie beim Religions-edikt – nicht an das Verfahren hält. Die Behauptung der Unwirksamkeit des Religions-edikts, die sowohl in der Mittwochsgesellschaft wie im Schulzprozeß aufgeworfen wird, vermag den königlichen Gesetzesbefehl, der sich nach dem Prinzip des Vorranges der lex posterior über früheres Gesetzesrecht hinwegsetzen kann, nicht in Frage zu stellen. Der Entwurf des Gesetzbuches (1784) erstreckt die Begutachtung auf alle Gesetze, die Rechte des Einzelnen beschränken, schränkt die Prüfung aber auf die Abweichung vom Gesetzbuch ein; vor allem regelt er die Folgen eines Verfahrensverstoßes ganz neu. Die Gesetzkommission hat anzuzeigen, wenn sie nicht befaßt worden ist. Darauf ist die Publikation des Gesetzes auszusetzen. Auf diese Weise vermeidet der Entwurf eine – in England bis heute undenkbare – Selbstbeschränkung der Souveränität. Die Auflösung der Subordination der Behörden, die die Veröffentlichung durchzuführen haben, stößt aber ebenfalls auf Bedenken, denn sie zieht die Gefahr nach sich, daß das Gesetz in einzelnen Regionen unterschiedlich veröffentlicht wird und nur regional in Kraft tritt. Nach dem Gesetzbuch (1791) sind wiederum alle Gesetzentwürfe

achten zu lassen. Es sah aber im Gegensatz zur Kabinettsorder vom 14. April 1780 und zu dem vom König genehmigten Bericht vom 26 Juli 1780 nicht mehr vor, daß sie den Gesetzentwurf ausarbeitete. Es verblieb vielmehr bei der alleinigen Zuständigkeit des Großkanzlers[145]. Weil Carmer erkannte, daß er auch mit der Hilfe Baumgartens und des vielfältig anderweitig okkupierten Svarez' nicht in der Lage sein werde, den Gesetzestext in der Kürze der zur Verfügung stehenden Zeit zu liefern, wandte er sich an einen ehemaligen Advokaten aus Breslau, der durch einen schmalen Aufsatzband auf sich aufmerksam gemacht hatte, Ernst Ferdinand Klein[146]. Durch die schlechten Erfahrungen gewitzigt, verlangte er aber von ihm zunächst eine Probeausarbeitung[147], die noch keinen Gesetzestext zum Gegenstand hatte[148]. Erst nachdem diese gefiel, erhielt Klein einen festen Auftrag, gesetzliche Ausarbeitungen zu liefern[149]. Er rückte insoweit anstelle von und neben Pachaly in die Rolle eines Referenten im Sinne von Svarez' Vorläufiger Instruktion ein; er verblieb aber unter Dispensation von seinen Dienstgeschäften als Assistenzrat bis 1783 in Breslau und wurde nur während der Wintermonate nach Berlin beordert. Zur Bestellung eines Koreferenten kam es nicht, statt dessen schaltete sich wie schon zuvor Carmer während der kalten Jahreszeit selbst in die Gesetzgebungsarbeit ein.

Die Materialien sind, was die erste Gesetzesarbeit angeht, überaus lükkenhaft. Die Vorentwürfe der ersten Teile des Entwurfs sind, wenn überhaupt, nur in Bruchstücken erhalten. Daher läßt sich aus ihnen weder

---

vor der Vollziehung der Gesetzkommission zuzuleiten, um sie auf ihre Übereinstimmung mit den bestehenden Gesetzen und Rechten, auf ihre Billigkeit, Verhältnismäßigkeit und Bestimmtheit zu prüfen. Bei Verletzung des Verfahrens sollen die Gesetze die Rechte der Bürger nicht wirksam beschränken können. Das Landrecht (1794) endlich verzichtet auf diese Rechtsfolge, hält aber daran fest, daß die zuständigen Minister ihre Amtspflichten verletzen, wenn sie das Verfahren nicht einhalten. Die „hohe Idee, welche ein Theil des Publici von der Gesetzcommission gehabt hat" (Svarez), wurde tatsächlich weder vom Monarchen noch von der hohen Staatsbedienung geteilt. Die Gesetzkommission konnte sich faktisch nicht zum Gegengewicht gegenüber dem Großkanzler entwickeln, der sie präsidierte. Es lag daher nahe, der Akademie – wie 1798 geplant – die Gesetzesabfassung zu übertragen oder im 19. Jahrhundert ein höher qualifiziertes und unabhängigeres Gremium, wie den veränderten Staatsrat, an die Stelle der Gesetzkommission zu setzen.

145 Die entsprechende Entscheidung ist spätestens Mitte Mai gefallen. Daß Carmer sie betrieb, entspricht seinem ehrgeizigen Charakter, daß der König sie übernahm, ist kaum zu erklären.

146 Von einer Genehmigung des Königs zu seiner Berufung wie zu den weiteren Veränderungen des Mitarbeiterstabes findet sich in den Akten keine Spur.

147 03.01.0053 ff.

148 07.08.0017

149 03.01.0069; 9. Oktober 1781.

eindeutig ermitteln, wer sie angefertigt hat, noch feststellen, ob das Personenrecht des Entwurfs wirklich zur Gänze in der beabsichtigten Form eines Referats und Koreferats bearbeitet worden ist[150]. Es ist durchaus denkbar, daß man unter der Zeitnot von dem ursprünglichen Verfahren abgewichen ist. Das Sachenrecht aber wurde unter Klein und Kircheisen wieder so aufgeteilt, daß sie wechselweise jeweils eine Hälfte als Referent und als Koreferent zu bearbeiten hatten.

Außer den Auszügen und dem Rohentwurf Volckmars, der sich bis zum Kirchenrecht erstreckte, lagen einige Diskussionsbeiträge Pachalys vor. Dazu kamen „die gesetzlichen Ausarbeitungen", die Klein ab Oktober 1781 zu liefern begonnen hatte[151]. Von diesem ersten Vorentwurf ist nur noch ein Bruchstück, nämlich die Kapitel 19-21, 23, 27-28 vorhanden. Insgesamt umfaßte er in 43 Kapiteln die Materien der späteren ersten Abteilung, beginnend mit „Von Gesetzen überhaupt" bis zum Vormundschaftsrecht in Kapiteln 32-42[152]. Im Sommer 1782 begann sich Klein[153] zum Mißfallen Carmers bereits mit dem Sachenrecht zu beschäftigen[154]. Unabhängig hatte Baumgarten seit Herbst 1780 das Ständerecht des Allgemeinen Gesetzbuchs bearbeitet, für welches das römische Recht kein Modell anbot, ja für das es überhaupt an jeder systematischen Vorarbeit fehlte.

---

150 Goßlers Beschreibung kann erst für die Zeit nach seinem Zutritt zum Mitarbeiterstab gelten, d. h. seit 1784, vgl. Beiträge zur Lebensgeschichte von Svarez, in: Jur. Miszellen, 1810, Heft 1, S. 82 f.: „*Fast jeder Vormittag – erfahrne Geschäftsmänner wissen, wie wichtig die Vormittagsstunden sind, – war zum Vortrage bei dem Großkanzler von Carmer bestimmt, und der Nachmittag zum Durchlesen der eingekommenen neuen Sachen, zur Ausarbeitung, zur Durchsicht der Ausfertigungen, zur Unterredung mit Partheien oder Geschäftsmännern u.s.w. Der Großkanzler hatte zwei bis drei Vormittage in jeder Woche der Gesetzgebung gewidmet, und die übrigen Vormittage den anderen Sachen, auch die Sonn= und Festtage waren nicht ausgenommen. Der Vortrag fing um Neun Uhr an und endete sehr selten vor Ein Uhr; zuweilen ward er noch verlängert. An den der Gesetzgebung gewidmeten Vormittagen war gewöhnlich außer Svarez noch einer von den übrigen Mitarbeitern gegenwärtig; zuerst der Geheimrath Baumgarten, dann ich, und am öftersten der Herr Geheimrath Klein. Der Großkanzler, dessen schwacher, sehr reizbarer Körper von dieser anstrengenden Arbeit die mehreste Zeit sehr angegriffen ward, der aber deßhalb nicht nachließ, wenn er gleich zuweilen an sehr starken Anfällen von Schwindel litt, hatte die Gewohnheit nach Eilf Uhr sich und seine Mitarbeiter durch ein Glas guten Ungarwein zu stärken, welches dem gewöhnlich sehr abgespannten Svarez sehr heilsam war.*"

151 In Anmerkungen zu den einzelnen Kapiteln nimmt Klein auf Volckmars und z.T. auf Pachalys Vorarbeiten Bezug.

152 So die Anmerkungen Baumgartens zu Kleins Bearbeitung, 07.08.0109.

153 03.01.0090-0091; abgedruckt bei Daniels, Bd. 2, Anl. VII, S. 40-41.

154 03.01.0092. Im Herbst und Winter 1782/83 war Klein gleichwohl mit Pachaly an der Bearbeitung des Sachenrechts 07.05.0094/0102/0146.

2. Der Stand der Arbeiten bei Ablauf der Dreijahresfrist

1782 begann die Zeit zu drängen. Carmer scheint noch immer gehofft zu haben, er werde im Frühjahr 1783 wenigstens den ersten Teil des Gesetzbuches dem König vorlegen können[155]. Klein sollte deshalb im November wieder nach Berlin kommen, wo der Großkanzler bei besserer Gesundheit als im Vorjahr das Vorhaben entscheidend zu fördern hoffte[156]. Als Friedrich II. in einer Audienz des Stettiner Regierungspräsidenten Wyckersloot[157] die Verbesserung des Ehescheidungsrechts forderte, zeigte sich, daß die Arbeiten noch weit zurückgeblieben waren. Carmer, der vor einer Visitationsreise nach Westfalen steht, vermochte nicht sofort einen Text des Scheidungsrechts vorzulegen[158]. Auch nach der Rückkehr Anfang September vergingen noch zwei Monate, ehe der König das Edict gegen die Mißbräuche der überhandgenommenen Ehescheidungen am 17. 11. 1782 erlassen konnte[159]. Das kurze Gesetz ist mit heißer Nadel gefertigt, es bleibt in seiner Formulierung weit hinter dem Text des gedruckten Entwurf des Gesetzbuches zurück, der die gleiche Materie behandelt[160].

Spätestens ausgangs des Jahres 1782 scheint sich Carmer nicht nur selbst verstärkt der Arbeit am allgemeinen Gesetzbuch zugewandt, sondern neben dem im Winter wieder nach Berlin beorderten Klein[161] auch

---

155 Vgl. die Briefe 16. Juli 1782 vom 9. September 1782 – 03.01.0100.

156 *„Nachdem der Grosskanzler wieder in Berlin eingetroffen war, kehrte auch ich dahin zurück, und es wurde nun das Werk der Gesetzgebung, nach einem von dem grossen Friedrich genehmigten Plane mit Ernst angefangen*". Klein, Selbstbiographie, in : Lowe, Bildnisse jetztlebender Berliner Gelehrten mit ihren Selbstbiographien, 1806, S. 47 ff.

157 Bericht W. an Carmer vom 6. 6. 1782 (14.02.0039).

158 Carmer an W. vom 9. 6. 1782 (14.02.0041).

159 NCC 1782 Nr. 50; vgl. Stölzel, Just. Min.BL. 1835, S. 120, das Edikt ist entgegen Stölzel keineswegs unverändert in den Entwurf oder gar in das ALR übernommen worden.

160 Daß der König schon am 26. Mai des folgenden Jahres eine Kabinettsorder gegen zu leichte Ehescheidungen an Tevenar richtete (07.88.0164), ist im übrigen ein Hinweis darauf, wie oberflächlich er von der eigenen Gesetzgebung Notiz nahm.

161 Am 13. 12. 1782 bittet Klein um Genehmigung, seinen Familienwohnsitz nach Berlin verlegen zu dürfen (01.02.0034). Ob Klein im Sommer 1783 noch einmal nach Breslau zurückgekehrt ist, bleibt fraglich. *„Nachdem der Grosskanzler wieder in Berlin eingetroffen war, kehrte auch ich dahin zurück, und es wurde nun das Werk der Gesetzgebung, nach einem von dem grossen Friedrich genehmigten Plane mit Ernst angefangen. Mir war die Sammlung der Materialien aufgetragen und ich ging dabey auf folgende Art zu Werke: Der Paragraph selbst erhielt den Satz, wie ich glaubte, dass er zu fassen sey; in der Anmerkung dazu wurde angezeigt, was bisher Rechtens gewesen, und warum diess beybehalten oder abgeschafft, oder doch genauer bestimmt werden müsste. Vorläufige Bemerkungen über die ganze Materie gingen bey jedem Capitel voraus. Diese Materialien wurden noch einem andern denkenden Geschäftsmanne zur Prüfung zugestellt, und sodann wurde die Sache dem Grosskanzler in meiner Gegen-*

die verbliebenen Mitglieder seines ursprünglichen Arbeitsstabes auf sie konzentriert zu haben. Offenbar waren die Referate aufgeteilt. Carmer übernahm zumindest das Kirchenrecht. Baumgarten[162], der einen beträchtlichen Anteil an der Gesetzesarbeit getragen haben muß, denn nur so erklärt sich die von Klein angeregte Entscheidung der Universität Halle, ihn zum Universitätsjubiläum von 1794 zusammen mit Svarez, Goßler und Kircheisen zum Doktor zu promovieren, hat zumindest den Titel vom Bürgerstand bearbeitet. Svarez blieb dagegen mit Formularentwürfen[163], Reparaturen und Erläuterungen zur Prozeßordnung[164] beschäftigt, er hatte ab Frühjahr 1783 zusätzlich die Hypotheken-[165] und die Depositalordnung[166] zu verfassen und stand daher bis in den Sommer 1783 für die Arbeit am Gesetzbuch nur nebenbei zur Verfügung. Es gelang ihm daher auf den Vorarbeiten Volckmars und Kleins aufbauend[167] bis zum Ablauf des Dreijahreszeitraums nach Erteilung des Gesetzgebungsauftrages[168] nur

---

wart von Suarez vorgetragen, welcher das Gesetz dem Beschluß des Grosskanzlers gemäss abfasste. Meine Gegenwart bey dem Vortrage wurde deswegen für nöthig gehalten, damit ich theils Gelegenheit erhielte, meine Vorschläge mündlich zu vertheidigen, oder über etwanige neue Vorschläge meine Meinung zu eröffnen; theils sollte ich aber auch dadurch in den Stand gesetzt werden, mich bey meiner künftigen Arbeit nach dem genommenen Beschlusse zu richten". vgl. E. F. Klein, in: Bildnisse jetztlebender Berliner Gelehrten mit ihren Selbstbiographien, Lowe, Berlin 180, S. 47 ff. Das Verfahren entspricht weitgehend dem Konzept von Svarez Instruktion für die Gesetzkommission von 1780. Klein fungierte danach als Referent, der andere Geschäftsmann als Koreferent und Carmer als Gesetzkommission.

162 Baumgarten wurde am 5.12.1782 (im Stellentausch mit Goldbeck, der nach der vorhergegangenen Neuorganisation des Kammergerichts weiterer KG-Präsident wurde, wohl auch um als Vertrauensmann Carmers die Opposition Rebeurs zu neutralisieren) Obertribunalrat. Er scheidet Ende 1783 aus der Gesetzesarbeit aus. Immediatbericht Carmers vom 5.12.1782: Acta Borussica, Bd. 16 Teil 2, S. 798, Zur Umorganisation des KG s. Stölzel, Rechtsverw. II S. 295.

163 1783.01.00 Svarez: Zahlreiche Formulare für Gerichtsentscheidungen und Verfügungen (60 Blatt) 13.01.0048-0118 zum Datum s. 13.01.0040 u. 0046.

164 vgl. etwa 1783.09.20 Zirkularreskript zur Prozeßordnung an sämtliche Oberlandesjustizkollegien (96 Druckseiten) (Materialien dazu 0045 ff.) bey G. Jac. Decker, Berlin und NCC 1783 Nr. 45 s. a. 14.02.0052.

165 22. 4. 1783 Beginn der Arbeit an der Hypothekenordnung 11.01.0004; 23. 5. 1783 Hypothekenordnung an Gesetzkommission u. a. auch an Wloemer; Mahnungen am 7. 10. und 1. 11. Gutachten am 21. 11.; nach Überarbeitung durch Svarez Immediatbericht am 20. 12. - 11.01.0012.

166 7. 3. 1783 Depositalordnung an die Gesetzkommission 1. Mahnung am 29. 4., 2. Mahnung am 19. 5., Gutachten am 30. 5.; nach Überarbeitung durch Svarez Immediatbericht am 6. 9. 09.01.0004.

167 Seinem am 19. 3. an die Mitglieder der GK gesandten Entw. waren vorhergegangen ein Vorentwurf von Klein (verloren vgl. aber 1783.03.00), den er revidiert hatte (07.08. 0094), und ein 1. Entwurf von ihm mit Änderungen Carmers (07.08.0170).

168 Im April 1783 waren drei Jahre seit Erlaß der Fundamentalkabinettsorder vom 14. April 1780 mit dem Gesetzgebungsauftrag vergangen.

den Text einer Einleitung und *eines Teiles* des ersten Titels des allgemeinen Gesetzbuches fertigzustellen. Das Fragment teilte Carmer noch im März 1783 dem dienstältesten Justizminister Münchhausen und einigen anderen Personen, größtenteils Mitgliedern der Gesetzkommission, zur kritischen Durchsicht mit. In den Begleitschreiben hieß es, wegen der Eilbedürftigkeit der Sache solle „*vorläufig*"[169] nicht das im Patent vom 29. Mai 1781 verlangte förmliche kollegiale Gutachten der Gesetzkommission erstattet werden, vielmehr sollten die angesprochenen Mitglieder der Gesetzkommission ihm ihre jeweiligen Bedenken unmittelbar mitteilen[170]. *Eilbedürftigkeit* bestand allein, wenn der Abschluß des Gesetzbuches für den Großkanzler äußerst dringlich geworden war. Und einer Entschuldigung für die Abweichung von dem Patent über die Errichtung der Gesetzkommission hätte es nicht bedurft, wenn die Monita nicht zu dem Entwurf eines Gesetzes im Sinne des Patentes, sondern nur zum Entwurf eines Entwurfs eingeholt worden wären. Daß der Großkanzler unter Druck stand, bestätigt ein Immediatbericht. In ihm erklärte er dem Monarchen am 31. März, d. h. direkt vor Ablauf der Dreijahresfrist nach Erteilung des Gesetzgebungsauftrages, gewunden und durchaus nicht in vollem Umgang wahrheitsgemäß, warum er erst verspätet zur Arbeit am Hauptgesetzbuch gekommen sei. Dabei legte er einen in jeder Hinsicht „ohnmaßgeblichen Plan"[171] dieses Gesetzbuches vor und bat zusätzlich um die Erlaubnis, es in Teilen zur königlichen Prüfung *und* Promulgation vorlegen zu dürfen[172]. Da die stückweise Fertigstellung von Anfang an

---

[169] Das wurde dann endgültig.

[170] Dabei blieb es seinem autokratischen Stil entsprechend für das AGB/ALR bis zuletzt.

[171] 03.01.0118. Ob Svarez den Plan, der schlechthin unzulänglich war, entworfen hat, ob er zu diesem Zeitpunkt angefertigt wurde, oder ob er einer früheren Epoche der Gesetzesarbeit entstammt, ist nicht festzustellen. Jedenfalls war er nur in den Punkten zureichend, in denen das Gesetz bereits fertig war.

[172] 1783.03.31 Immediatbericht, 03.01.0118- 0122 Abgedr. bei Daniels, aaO. Anlage VI.: „*Da ich durch erlangte nähere Kenntniß der verschiedenen Verfassungen sämmtlicher Justiz-Collegiorum in Ew. Königl. Maj. Landen von deren fehlerhaften Einrichtungen in Ansehung des Pupillen=, Hypothequen=, Cantzlei=, Registratur=. Deposital= Sportel= und andern Cassen-Wesens überzeugt worden bin, so habe ich mich bisher hauptsächlich mit Anfertigung der zu allen Arten dieser Angelegenheiten erforderlichen Reglements beschäftigt, gegenwärtig aber das Hauptgesetzbuch vor die Hand genommen. Der allerunterthänigst hierbei gebogene Plan zeigt die Ordnung, nach welcher ich dieses Werk zu bearbeiten gedenke. Da aber fast bei jeder Materie neue Gesetze und Bestimmungen nöthig seyn werden, welche die allerhöchste Genehmigung erfordern, so bitte ich um die allergnädigste Erlaubniß, diese meine Arbeiten Ew. Majestät nach und nach stückweise allerunterthänigst vorlegen zu dürfen.*" C. verschweigt dabei den Aufwand der beständigen Reparaturen der Prozeßordnung, die Instruktion für die Pupillenkollegien war bereits 1779 fertiggestellt und 1781 nur noch etwas spezialisiert worden, einzig das Canzlei- und Registraturreglement vom 20. 11. 1782 konnte den Verzug entschuldigen. Hypothekenordnung und Depositalordnung,

vorgesehen war, ist die Bitte nur zu erklären, wenn inzwischen die Zeit für die Vollendung des Ganzen verstrichen war. Die Bitte zielte also auf Fristverlängerung, die Reaktion Friedrichs ist nicht aktenmäßig belegt. Es hat aber den Anschein, als habe er dem Großkanzler für die Vorlage des ganzen Gesetzbuchs eine letzte Frist bis zum Jahresende gesetzt.

Die Arbeiten wurden nun abermals beschleunigt. Zwar konnte der mit der Deposital- und Hypothekenordnung beschäftigte Svarez den ersten Titel vier Monate später fertigstellen[173]. Auch das übrige Familienrecht und der größte Teil des Rechts der Stände wurden so weit bearbeitet, daß die Titel noch 1783 zu der *vorläufigen* Begutachtung herausgehen konnten. Anscheinend gelang es in diesem Zeitraum sogar Teile aus der späteren Dritten Abteilung des Personenrechts mehr oder minder befriedigend in Gesetzesform zu bringen; eine Begutachtung wurde aber nicht mehr eingeleitet. Trotz aller Mühen war daher schon früh abzusehen, daß am Jahresende nur ein Bruchteil der Arbeit geleistet sein würde[174]. So blieb nur die Hoffnung, daß der Monarch sich damit begnügen werde.

Ohne den vollständigen Eingang der Erinnerungen abzuwarten, überarbeitete Svarez nach Revision der vorliegenden Monita das Familienrecht[175]. Nach den vorliegenden Schreibgebührenrechnungen war die Reinschrift sämtlicher Titel der späteren ersten Abteilung des gedruckten Entwurfs im Dezember fertig. Offenbar war der König indessen nicht mehr bereit, das Gesetzbuch in Teilen und ohne die förmliche Begutach-

---

deren Entwurf seit 7. März vorlag, mußten jedenfalls auf das Äußerste beschleunigt werden, um die Ungeduld des Königs zu besänftigen (s.u.). C. konnte kein Stück des Entwurfs vorlegen! Sein „ohngefärer Plan" ist äußerst unvollkommen. Die gewundene Erklärung der Zögerung und die Bitte, die Arbeit stückweise vorlegen zu dürfen, zeigt den Kampf gegen den Vorwurf des Verzuges. Die These, fast bei jedem Kapitel seien neue Gesetze und Bestimmungen nötig, steht in auffälligem Gegensatz zu der späteren Betonung, das AGB habe letztlich alles beim alten gelassen. Friedrich mußte jedenfalls besorgt sein, C. mute ihm die Prüfung einer umfänglichen Rechtsreform ohne Unterstützung der Gesetzkommission zu.

[173] 1783.07.30 Entwurf über Ehe zur linken Hand und Folgen unehelichen Beischlafs zu Erinnerungen mitgeteilt 03.01.0127. Die anderen Titel des Familienrechts hatte Svarez am 23. September soweit fertiggestellt, daß sie zur Begutachtung gehen konnten 03.01.0132. Die im Jahr 1783 noch zur Begutachtung gehenden Entwürfe des Rechts des Bauer- und Bürgerstandes stammen höchstwahrscheinlich nicht von Svarez, sondern von Klein und Baumgarten.

[174] Allerdings schieden im Jahre 1783 Baumgarten und Pachaly als Mitarbeiter aus (28. 11. und 16. 11. 1783 vgl. 03.02.0028 und 01.02.0069). Dafür traten ab Frühjahr 1784 Goßler und ab Februar 1785 Kircheisen in den Mitarbeiterstab ein.

[175] Am 12. 12. 1783 ist die Revision des Familienrechts abgeschlossen. Monita Beyers und Schultzes zum Familienrecht können von Svarez nicht mehr berücksichtigt werden. 07.09.0154-0165 Allem Anschein nach war der Teil schon zur Vorlage beim König mundiert.

tung in Empfang zu nehmen und zu verabschieden. Carmer bat ihn am 30. Dezember 1783 noch einmal alleruntertänigst, geradezu flehentlich, um den Befehl, das – angeblich – schon auf mehr als die Hälfte gediehene Gesetzbuch vorlegen zu dürfen[176]. Auch die Reaktion Friedrichs auf die erneute Bitte ist in den Akten nicht belegt. Die Erklärung in der Vorerinnerung[177], der Großkanzler habe ihm im Winter 1783/84 den ersten Theil überreicht, läßt sich daher nicht widerlegen, glaubhaft ist sie indessen nicht. Gewiß ist nur, daß der König seinen Großkanzler trotz des Verzuges nicht fallen ließ, sondern auf dessen Antrag vom 19. Januar 1784 sogar den intrigierenden Kammergerichtspräsidenten Rebeur noch nach Stettin versetzte.

G. Die Entscheidung zur Publikation des Entwurfs

Die Initiative zur Publikation des Entwurfs geht nach Svarez Ankündigung und nach der Vorerinnerung vom Großkanzler aus. Das ist überraschend. Zwar hatte im Mai 1780 bereits ein Anonymus Carmer vorgeschlagen, die Gelehrten durch ein Preisausschreiben zur Mitarbeit an der Gesetzgebung zu ermuntern[178], doch hatte er nicht darauf reagiert. Im Gegenteil hatte der gegen kritische Äußerungen in der Öffentlichkeit äußerst empfindlich reagierende Großkanzler stets darauf geachtet, seine Arbeit nach außen abzuschirmen. Obwohl er schon 1775 und 1780 Monita gegen seinen Entwurf der Prozeßordnung eingefordert und die Entwürfe zum allgemeinen Gesetzbuch zur Begutachtung an eine große Anzahl hoher Justizbedienter gegeben hatte, war er immer darauf bedacht gewesen, die Kritik nicht nach außen dringen zu lassen. 1780/1782 hatte er den Mitgliedern des Kammergerichts verboten, sich in Druckschriften und in Gesellschaften gegen die Prozeßordnung zu äußern, und von den Zensurbehörden verlangt, ihm vor Erteilung der Druckgenehmigung alle Schriften zur preußischen Gesetzgebung vorzulegen.[179] Und noch im August

---

176 Immediatbericht Carmers 03.01.0154. Die Behauptung, das Vorhaben sei bis auf die größte Hälfte avancirt, ist zwar sicher übertrieben, sie setzt indessen voraus, daß mehr als die beiden ersten Abteilungen des Ersten Teils begonnen waren. Demgemäß ist der Beginn der Arbeit an der 3. Abt. in das Jahr 1783 zu datieren. Das erklärt auch die Beteiligung Carmers u. den Briefwechsel über die Auswanderungsfreiheit bereits im Februar 1784. Irrig Stölzel, *Svarez*, S. 235: *Carmer konnte dem König 1783 den „ersten ganz fertigen Teil als Probe seiner Arbeit vorlegen*".

177 S. unten.

178 03.01.0002. [Fragment einer Abschrift].

179 „*Von dem gegenwärtigen Zeitgeiste, wo das inn- und ausländische Publicum durch die nach der allerhöchsten Cabinets-Ordre vom 14. April a. pr. vorgeschriebene Sammlung und Revision der in Königl. Landen geltenden allgemeinen und Provincial-Rechte aufmerksam gemacht worden, sucht auch mancher Schriftsteller dadurch Vorteil zu ziehen, daß er seine oft nur allzu unzureichenden Gedanken über die wichtig-*

1783 hatte er den Entwurf des allgemeinen Gesetzbuches förmlich zum Staatsgeheimnis erklärt, allen Personen, denen er ihn zur Begutachtung überlassen hatte, eingeschärft, den Text keinem Außenstehenden zugänglich zu machen, und die Schreiber eidlich zur Geheimhaltung verpflichten lassen.

Ganz ausgeschlossen ist es, daß Friedrich der Große mit der Publikation ein eigenes Konzept verband. Der misanthrope König hatte den großen Schritt, den das deutsche Geistesleben seit seinem Regierungsantritt getan hatte, nicht zur Kenntnis genommen. Von der deutschen Öffentlichkeit erwartete er kaum eine Belehrung. Nur wenige Jahre vor der Veröffentlichung des Entwurfs hatte er seine Geringschätzung für die „litterature allemande" zu erkennen gegeben. Schon bald nach dem Erscheinen des Entwurfs und unmittelbar im Anschluß an die große Lobeserhebung in Kants Aufklärungsaufsatz bringt er durch die Kabinettsorder vom 23. Dezember 1784 seine Verachtung und sein völliges Desinteresse an jeder öffentlichen Gesetzeskritik zum Ausdruck: „*Eine Privatperson*[180] *ist nicht berechtigt, über die Handlungen, das Verfahren, die Gesetze, Maßregeln und Anordnungen der Souveräne und Höfe, ihrer Staatsbedienten, Kollegien und Gerichtshöfe öffentliche, ja sogar tadelnde Urteile zu fällen oder davon Nachrichten, die ihr zukommen, bekannt zu machen oder durch den Druck zu verbreiten. Eine Privatperson ist auch zu deren Beurteilung gar nicht fähig, da es ihr an der vollständigen Kenntnis der Umstände und Motive fehlt* [181]." Die Notwendigkeit, die Stände zur Sicherung der wohlerworbenen Rechte anzuhören, die ihn 1749 zum Druck des coccejanischen Projekts des Corpus juris Fridericianum veranlaßt hatte, bestand für das subsidiarische allgemeine Gesetzbuch gerade nicht. Im übrigen waren damals die Entscheidungen ohne

---

sten Gegenstände der Legislatur durch den Druck öffentlich bekannt gibt. So sehr ich von dem Nutzen der Preßfreyheit überzeugt bin, und so sehr es selbst zur Erleichterung als von Seiner königlichen Majestät mir geschehenen Auftrags gereichen würde, wenn nämlich Geschichte und der Sache gewachsener Leute ihre Gedanken und Vorschläge über dergleichen Materien auch durch den Weg des Drucks eröfnen und mitteilen wollten; so kann es mir doch auch nicht gleichgültig seyn; daß auf diesem Wege dem Publico piecen in die Hände gegeben werden, die zu weiter nichts dienen, als solches irre zu machen, und mit Vorurteilen oder unrichtigen Ideen zu praeoccupiren." Carmer an Departement der Ausw. Angelegenheiten v. 8.1.1781, Akten des Geheimen Staatsarchivs Rep. IX F 2 Fasc. 15; s.a. Erich Ewerth, *Die Öffentlichkeit in der Außenpolitik*, Jena 1931, S. 317.

180 Adressat war mit Goeckingk ein nicht unbedeutender Dichter und hochqualifizierter Verwaltungsbeamter.

181 Dazu Schlözer's Stats-Anzeigen 1785, Bd. VI, Nr. 22: „*Wenn man sagt, Privatleute dürften sich nicht um das gemeine Recht kümmern, so heißt das gerade so viel, als: sie dürfen sich nicht um ihre eigene Glückseligkeit kümmern.*"

Rücksicht auf den in Gang gesetzten Diskussionsprozeß gefällt worden, die Prozeßordnung war unter der Klausel „vorläufig“ auf Dauer in Kraft gesetzt worden, noch ehe jener wirklich begonnen hatte, das Landrecht aber war im Entwurfsstadium verblieben, ohne daß dabei irgendeine Reaktion auf die Öffentlichkeit erkennbar wäre.

Friedrich II. schreckte 1784 offensichtlich davor zurück, sich bei der Sanktionierung des unfertigen Entwurfs ganz auf den Großkanzler zu verlassen, der ihn entgegen der Kabinettsorder vom 14. April 1780 und dem Patent vom 28. Mai 1781 in alleiniger Verantwortung ausgearbeitet hatte. Nachdem er über Jahre hinweg der Durchbrechung des Verfahrens zugesehen, an ihr immer wieder sogar aktiv mitgewirkt hatte, konnte er jedoch seinen Großkanzler deswegen nicht ernsthaft rügen, ja nicht einmal desavouieren. Die Publikation des Entwurfs gestattete allen Beteiligten, ihr Gesicht zu wahren, und sie gewann dem König zusätzliche Zeit. Doch war er nicht einmal gewillt, sich mit dem Gesetzentwurf als Entwurf zu identifizieren. Er ließ es nur zu, daß Carmer wie ein beliebiger Privatmann mit dem Entwurf eines allgemeinen Gesetzbuches für die Preußischen Staaten an die Öffentlichkeit trat. Weder der preußische König noch sein Großkanzler firmieren im Druck als Herausgeber. Die Vorerinnerungen sind schlicht mit Carmer gezeichnet, die Unterschrift läßt nicht einmal sein Amt erkennen. Das allein ist in einer Zeit, in der die staatlichen Behörden stets unter dem Namen des Königs handeln, ein eindeutiger Hinweis auf ein bloßes Privatunternehmen. Auch die Einsendungen sind an Carmer zu richten, der selbst die Finanzierung der ausgesetzten Preise – aus dem Verlagshonorar – trug. Zwar weist der Text der Vorerinnerung zum ersten Stück des Entwurfs auf den Gesetzgebungsauftrag hin, den die Kabinettsorder vom 14. April freilich nicht [*mir*] dem überforderten Großkanzler, sondern einer zu errichtenden Gesetzkommission erteilt hatte. Die Inanspruchnahme der Öffentlichkeit zur Beantwortung der Frage, ob der Entwurf dem Auftrag entspricht, denn um nichts anderes geht es, hat dennoch keinen amtlichen Charakter. Selbstverständlich bedurfte sie der – wohl nur mündlich erteilten – Genehmigung des Königs, weil es prinzipiell keinem Mitglied der Staatsbedienung freisteht, eine Angelegenheit des Dienstes dem öffentlichen Urteil zu unterwerfen. Doch blieb die Publikation des Entwurfs unter Friedrich dem Großen ein bloßes Privatwerk, das erst der neue König zu einer „*öffentlichen Anstalt*“ umschuf, indem er die Anhörung der Stände auf ihrer Grundlage anordnete[182].

---

[182] [Ernst Ferdinand Klein:] *Kurze Geschichte der Gesetzgebung in den Preussischen Staaten seit dem Anfange der Regierung Friedrich Wilhelm des Zweyten.* In: Annalen

Die Entscheidung, die erarbeiten Gesetzestexte nicht als Gesetz, sondern nur als Entwurf zu publizieren, fiel erst Anfang 1784[183]. Die erste Ankündigung stammt von Svarez[184]. Sie ist dem Text des dritten Hefts des Briefwechsels über die gegenwärtige Justizreform, der nach der Vorrede am 1. März 1784 datiert ist, offenbar nachträglich eingefügt: „*Da aber die Anfertigung eines neuen Gesetzbuchs [...] eines der allerwichtigsten und schwersten Werke des menschlichen Verstandes ist; folglich dabey Vorsicht, Behutsamkeit und genau ins Detail gehende Sorgfalt nicht zu weit getrieben werden können; so hat der König den Antrag des Groß-Canzlers genehmigt, daß die verschiedenen Theile des Gesetzbuches, so wie sie nach und nach ausgearbeitet worden, zuerst als Entwurf dem Publico vorgelegt; die Collegia mit ihren Gutachten darüber vernommen; und ein- und ausländische Gelehrte zur Mitteilung ihrer Bemerkungen und Erinnerungen durch ausgesetzte Preise aufgefordert werden sollen.*" Bald darauf folgt die gesondert erschienene Vorerinnerung Carmers vom 28. März. Der erste Teil des Entwurfs selbst lag am 21. April vollständig gedruckt vor[185].

---

der Gesetzgebung und Rechtsgelehrsamkeit in den Preussischen Staaten. Bd. 1. Berlin u. Stettin 1788. S. XXXV ff., S. XLIV: „*es war aber dieses Unternehmen bisher ein bloßes Privatwerk geblieben. Kaum hatte jedoch der jetzige König die Sorgen der Regierung übernommen ! so ließ er sich auch schon die Beförderung dieses wichtigen Werks angelegen seyn, und schuf es zu einer öffentlichen Anstalt um. In dieser Rücksicht erschien die Cabinettsordre vom 27sten August 1786, worin nicht nur die schon vorher von dem Herrn Großkanzler vermittelst ausgesetzter Preise veranstaltete Aufforderung der in und ausländischen Gelehrten zu Beurtheilung des Entwurfs genehmiget, sondern auch bestimmt worden, daß die Deputirten der Stände mit den Landes=Regierungen wegen Abfassung ihrer Bemerkungen über das Gesetzbuch zusammentreten sollen.*"

183 Bis zuletzt hatten die fertiggestellten Teile den Titel „*Corpus iuris Fridericianum, Zweites Buch*"; erst unmittelbar vor, möglicherweise sogar erst während der Drucklegung wurde er gestrichen und durch die Überschrift „*Entwurf eines allgemeinen Gesetzbuchs für die Preußischen Staaten*" ersetzt. Selbst der Druck trägt noch deutlich die Anzeichen übermäßiger Eile an sich. Ein Inhaltsverzeichnis fehlte und die wenig aussagekräftigen Kolumnentitel erlaubten keine Orientierung; der Kolumnentitel wie der Zwischentitel zur Einleitung lassen nicht einmal erkennen, daß es sich noch nicht um das Gesetzbuch, sondern bloß um einen Entwurf handelt; möglicherweise bestand, als die Einleitung gesetzt wurde, noch die Absicht, den Drucktext als Gesetz zu promulgieren. Daß es die ursprüngliche Absicht war, den Entwurf aufgrund der Monita der Mitglieder der Gesetzkommission und anderer Sachverständiger in die endgültige Fassung umzuarbeiten, läßt die Darstellung von Svarez im „Briefwechsel über die gegenwärtige Justizreform" (Heft 3, 1784, S. 103 ff.) deutlich erkennen.

184 *Briefwechsel über die gegenwärtige Justiz-Reform in den Preußischen Staaten, nebst einigen nach den Vorschriften der neuen Prozeßordnung instruierten Acten, Berlin,* Heft III 1784.

185 Vgl. Zirkularschreiben Carmers von diesem Tage, 03.01.0165. An den König geht der Entwurf erst am 10. 5.

Daneben bat Carmer eine größere Anzahl von Gelehrten (nicht nur Juristen) aus dem In- und Ausland direkt um eine Kritik[186], darunter Büsch (Hamburg), Darjes (Frankfurt a.O.), Fenderlin (Grüßau), Pütter (Göttingen), Nettelbladt (Halle), Schlettwein (Gießen), Schlözer (Göttingen), Schott (Leipzig), Selchow (Marburg), Garve (Breslau) und Moses Mendelssohn (Berlin). Außerdem forderte er durch Zirkulare die ihm unterstehenden Justizkollegien zu Erinnerungen auf, und teilte den Entwurf den Angehörigen des Königshauses und seinen Ministerkollegen mit. Die Justizkollegien waren zwar von der Preisverleihung ausgeschlossen, ihre gründliche und freimütige Kritik aber wurde öffentlich - über die Presse – belobigt (etwa am 12. Aug. 1786).

H. Das Echo auf die Veröffentlichung des Entwurfs

1. Die politische Öffentlichkeit im letzten Viertel des 18. Jahrhunderts

Mit der Veröffentlichung des Entwurfs durch Carmer war gleichwohl der erste Schritt zu einem Gesetzgebungsverfahren getan, das ohne Vorbild war und ohne Nachfolge geblieben ist[187]: einem Gesetzgebungsverfahren unter Inanspruchnahme der Öffentlichkeit. Fünf Jahre vor der französischen Revolution zur Blüte des Absolutismus erklärt der Großkanzler, Friedrich II. halte die Abfassung des Gesetzbuches für eine der wichtigsten Angelegenheiten nicht des Fürsten[188], sondern des ganzen Publikums, d.h. aller Rechtssubjekte und gestatte es daher, es vor seiner Verabschiedung dem Urteil der Öffentlichkeit zu unterwerfen. Er unterscheidet die Anhörung des ganzen Publikums von der der Gelehrten des In- und Auslandes und macht so deutlich, daß die Publikation auf mehr abzielt als den bloß gelehrten Diskurs, wenn auch an Argumentation und nicht an Abstimmung gedacht ist[189].

Die Öffentlichkeit reagierte emphatisch. Es entstand der faszinierende Eindruck, der König und der Großkanzler hätten der Vorstellung der all-

---

186 Vgl. Schreiben vom 6. Mai 1784, 03.01.0188.

187 Vgl. Hans Thieme, Publizität der Gesetzgebung im absoluten Staat. Das Beispiel des fridericianischen Preußen, in: Gerd Kleinheyer/Paul Mikat (Hrsg.), Beiträge zur Rechtsgeschichte, Gedächtnisschrift für Hermann Conrad, 1979, S. 539 ff.

188 Vgl. Karl Ferdinand Hommel, Principis cura leges, 1765.

189 1783.08.02. Reskript Carmers an die zum Gutachten aufgeforderten Personen: Vor Publikation des Gesetzbuches (!) darf sein Entwurf nicht an die Öffentlichkeit kommen, Konzepte ausnahmsweise nicht von Svarez. 03.01.0128 u. 0129 Eidesformel der Schreiber und strenge Forderung an die Gutachter, das Gesetzbuch geheimzuhalten. Geschrieben war gerade der Text der späteren 1. Abteilung, sowie der Titel vom Bauerstand. Daran konnte nichts das Interesse auswärtiger Spione erregen. Wahrscheinlich ging es Carmer nicht primär um Unterdrückung der Kritik, sondern um Gefahr öffentlicher Feststellung, wie wenig vorlag.

gemeinen Menschenvernunft folgend, an der jedermann prinzipiell in gleicher Weise Anteil hat, von der öffentlichen Diskussion eine wesentliche Aufklärung und Verbesserung der Gesetze erwartet, sie seien der Idee der von Glafey als Träger der Gesetzgebung ins Spiel gebrachten, von Klopstock ins allgemeine Bewußtsein gehobenen universalen Gelehrtenrepublik gefolgt, die Rousseau und Kant mit der einer allgemeinen Republik und der Volkssouveränität verbunden hatten. Kant fügte seiner *„Beantwortung der Frage: Was ist Aufklärung?"*, die noch im gleichen Jahr in der Berlinischen Monatsschrift erschien, den Satz ein: *„Aber die Denkungsart eines Staatsoberhauptes, das die* [... Mündigkeit in Religionssachen] *begünstigt, geht noch weiter und sieht ein: daß selbst in Ansehung seiner Gesetzgebung es ohne Gefahr sei, seinen Unterthanen zu erlauben, von ihrer eigenen Vernunft öffentlichen Gebrauch zu machen, und ihre Gedanken über eine bessere Abfassung derselben, sogar mit einer freimüthigen Kritik der schon gegebenen, der Welt öffentlich vorzulegen; davon wir ein glänzendes Beispiel haben, wodurch noch kein Monarch demjenigen vorging, welchen wir verehren."* Und Svarez ließ den Großkanzler in der Vorerinnerung zum vierten Teil des Entwurfs sagen: *„Und so werden sich Preußens Unterthanen mit Grunde rühmen können, daß sie unter Gesetzen leben, die von ihnen selbst geprüft und genehmigt worden."* Zu diesem Zeitpunkt hatte allerdings Friedrich Wilhelm II. bereits die Publikation des Entwurfs von einer Privatveranstaltung Carmers zu einer öffentlichen Anstalt umgewandelt[190].

Die früheste öffentliche Stellungnahme überhaupt war Pütters[191] Besprechung in einem ausländischen und besonders angesehenen Rezensionsorgan[192]. Sie sprach von *„einem Werk, das, wenn es zu seiner Vollständigkeit gelanget, nicht nur in den Staaten, denen es zunächst gewidmet ist, sondern in ganz Deutschland und in allen bisher zwey*

---

190 Svarez würdigt auch später noch Friedrich Wilhelm II. und den Großkanzler, *weil „sie in dieser wichtigsten aller Angelegenheiten der bürgerlichen Gesellschaft zuerst die Bahn gebrochen, und den edlen für eine monarchische Verfassung doppelt großen Gedanken, der Nation ein von ihr selbst geprüftes und genehmigtes Gesetzbuch zu geben, zuerst nicht nur gefaßt, sondern auch ausgeführt haben. „Kurze Nachricht von dem neuen Preußischen Gesetzbuche und von dem Verfahren bey der Ausarbeitung desselben. In: Annalen der Gesetzgebung und Rechtsgelehrsamkeit in den preussischen Staaten.* Bd. 8. Berlin und Stettin 1791. S. XIII-XXXVIII.

191 Vgl. a. Briefe Pütters an Carmer v. 5.6.1784 mit der Erwartung, daß aus dem übersandten Entwurf '*zum Glück für Teutschland, für alle dessen Staaten ein allgemeines Nationalgesetzbuch*' hervorgehen werde, und v. 7.8.1791, das Gesetzbuch sei ein preiswürdiges Werk.

192 [Johann Stephan Pütter:] [Rez.:] Entwurf eines allgemeinen Gesetzbuches für die Preussischen Staaten. Erster Theil. in: Göttingische Anzeigen von gelehrten Sachen [...]. 105. Stück. Den 1. Jul. 1784. S. 1049 – 1056.

fremden Gesetzbüchern unterworfen gewesenen Ländern auf Jahrhunderte wirksam seyn kann." Der am Schluß gezogene Vergleich zwischen „Entwurf" und Coccejis „Project" fällt ganz zugunsten des ersten aus: „*Das ist doch eine angenehme Beobachtung, wie die seit 30 Jahren merklich gewordene größere Aufklärung auch auf die Rechtsgelehrsamkeit zu wirken anfängt*".

Die Begeisterung in der deutschen und europäischen Öffentlichkeit läßt sich – unbeschadet, welche Motive den König und den Großkanzler bewogen hatten, – ebenso als ein Indiz für ein Fortschreiten der menschlichen Gesellschaft zum Besseren deuten, wie es Kant später hinsichtlich der von der französischen Revolution ausgelösten Emphase versuchte. Sie war jedenfalls ein Zeichen für das Bestehen einer politischen öffentlichen Meinung in Deutschland.

Öffentliche Diskussion von Gesetzgebungsvorhaben ist für den demokratischen Staat selbstverständlich, auch wenn sie tatsächlich höchst selten stattfindet. „*Publizität der Gesetzgebung im absoluten Staat*"[193] dagegen erscheint als Widerspruch. Daß die Idee einer Gesetzgebung unter Beteiligung des Publikums noch vor der französischen Revolution gerade in Deutschland, dem es – verbreiteter Meinung nach – an jeder politischen Öffentlichkeit fehlte und wo die Revolutionen nur in den Köpfen stattfand, nicht nur als Staatsmaxime Wirklichkeit erlangt, sondern ein breites Echo ausgelöst hat, stellt jedenfalls die These in Frage, es habe damals in Deutschland an einer politischen Aufklärung gemangelt oder sie habe sich mit rein gedanklichen Konstruktionen begnügt und deren Verwirklichung gescheut. Tatsächlich ist sie so falsch wie unausrottbar. Schon die im 18. Jahrhundert verbreiteten „Revolutionsprozesse" (Häberlin), die vor den Reichsgerichten um Verfassungsreformen in den kleineren Territorialstaaten des Heiligen Römischen Reichs geführt wurden, setzten eine breite öffentliche Meinungsbildung voraus, die durch entsprechende gerichtliche Anordnungen abgesichert wurde. Die Unternehmungen der Illuminaten und das Echo, das sie auch sonst gefunden hatten, ist ein weiteres gegenläufiges Indiz.

Auch wenn Hobbes' These „auctoritas, non veritas fecit legem" in Preußen gerade bei solchen Denkern, die die Verwirklichung einer vernünftigen, richtigen Rechtsordnung im Sinne eines „jus verum" wollten, breite Zustimmung gefunden hatte, sind sie nicht bereit, der individuellen Vernunft eines einzelnen Souveräns das alleinige Urteil darüber zu überlassen, ob das von ihm gesetzte Recht dem naturgemäßen, wahren, richti-

[193] Hans Thieme, Gedächtnisschrift für Hermann Conrad, 1979 aaO.

gen Recht entspricht, sondern halten an der gleichen Teilhabe eines jeden an der allgemeinen Menschenvernunft fest. Das war, wenn sie nicht die Hoffnung auf Verwirklichung des Rechts in der Welt ganz aufgeben wollten, freilich nur möglich, wenn die Verbindlichkeit des autoritativ bestimmten Gesetzes und der autoritativ ermächtigten endgültigen Entscheidung nicht unmittelbar durch das kritische Urteil des Rechtssubjektes aufgehoben wird. Spinoza hatte bereits die triviale, und dennoch schwer verständliche Wahrheit bewußt gemacht, daß eine Staatsmacht Freiheit nur zu einer Kritik eröffnen kann, die die Loyalität prinzipiell nicht berührt, wohingegen sie alle Berechtigung hat, eine ihre Souveränität in Frage stellende Kritik zu unterdrücken. Die Paradoxie, daß nur ein Staat die Freiheit zu politischer Kritik eröffnen kann, der gewiß ist, daß seine Bürger ihm die Loyalität nicht entziehen, wenn mit einem Schein der Berechtigung öffentlich behauptet wird, die souveräne Macht übe ihre Befugnisse nicht richtig aus, hat Kant am Schluß seiner „*Beantwortung der Frage: Was ist Aufklärung?*“ noch einmal ironisch entfaltet, unmittelbar nachdem er gerade in Hinsicht auf die Publikation des Entwurfs, ausgesprochen hatte, ein Gesetz sei nur legitim, wenn das Volk es – im Sinne des kategorischen Imperativs – als Gesetz wollen könne. Das verbindet sich für ihn mit der Forderung nach Publizität, die er immer wiederholt; so nach der Suspension des allgemeinen Gesetzbuchs in dem Aufsatz über den Gemeinspruch (1793) und nach dem Erlaß des allgemeinen Landrechts in seiner Schrift zum Ewigen Frieden (1796). Dort erklärt er die Maxime der Publizität zum Kriterium, an dem sich Gerechtigkeit und Ungerechtigkeit der staatlichen Politik scheiden läßt. Und 1797 bekennt er sich in der Metaphysik der Sitten noch einmal zur Untadeligkeit der gesetzgebenden Gewalt, kehrt aber das Verhältnis um. Denn die Staatsgewalt gründet faktisch und ideell allein auf der Idee der Oberherrschaft, nicht auf bloßer äußerer Macht. Sie hat daher nur solange Bestand, als sie – weil der Idee gemäß – Anerkennung findet. Das ist ausgeschlossen, wenn ihr Inhaber den Anspruch aufgibt, das Recht zu etablieren und zu schützen, indem er öffentlicher Kritik den gebotenen Raum und das Gehör versagt. Die politische Kritik bleibt daher auch nicht folgenlos, obschon sie nicht unmittelbar zu Delegitimierung der kritisierten Maßnahmen, Gesetze und Institutionen führen darf, denn sie fordert ein Echo beim Machthaber. Mißachtet er sie schlechthin, destruiert er die Anerkennung als Grundlage seiner Herrschergewalt.

In Preußen hatte der Eindruck einer geradezu unbeschränkten „Freiheit der öffentlichen Meinung unter der Regierung Friedrichs des Großen“ (Etzin) trotz der Spötteleien Lessings das politische Selbstbewußtsein eines breiteren Publikums wachsen lassen, das seinen Anteil an der staatlichen Entscheidungsbildung immer dringlicher einforderte. Schon 1781 hatte Kant ganz konkret festgestellt: „*Unser Zeitalter ist das eigentliche Zeitalter der Kritik, der sich alles unterwerfen muß. Religion durch ihre Heiligkeit und Gesetzgebung durch ihre Majestät wollen sich gemeiniglich derselben entziehen, aber als dann erregten sie gerechten Verdacht wider sich und könnten auf unverstellte Achtung nicht Anspruch machen, die die Vernunft nur demjenigen bewilligt, was ihre freie und öffentliche Prüfung hat aushalten können*“[194]. Und als unter der Regierung Friedrich Wilhelms II. 1788 einige unter hoher öffentlicher Aufmerksamkeit geführte Verfahren die Gelegenheit dazu boten, stellte das Berliner Kammergericht in zwei vom König bestätigten, sogleich der Öffentlichkeit bekanntgegebenen Urteilen fest: Es sei ein Gemeinplatz unter Philosophen und Juristen, daß die unverletzlichen Menschenrechte eine unübersteigbare Schranke für die Gewalt des Monarchen bildeten. Das Palladium der Volksrechte sei die Freiheit der Feder, Kritik an den Landesgesetzen sei nach den allgemeinen Prinzipien des Rechts wie zum Besten der Menschheit und nach preußischer Rechtstradition nicht nur erlaubt, sondern geboten. Und 1791 erklärte das Kammergericht unter Bezugnahme darauf in einer ebenfalls breite Publizität erreichenden Entscheidung, auch geplante staatliche Maßnahmen seien öffentlicher Kritik unterworfen; da der Monarch auf eine solche Kritik angewiesen sei, verletze der Beamte, der sie durch Versagung der Druckerlaubnis unterdrücke, seine Amtspflichten und mache sich schadensersatzpflichtig.

Dazwischen fällt die Veröffentlichung des „Entwurfs eines allgemeinen Gesetzbuchs“ durch den preußischen Großkanzler. Der König, in dem Preußen seinen unstreitigen Gesetzgeber hat (Kabinettsorder vom 14. April 1780, Patent über die Gesetzkommission, Entwurf, Gesetzbuch und Landrecht), kann die Abfassung eines ganzen Gesetzbuches nicht selbst übernehmen, sondern ist dazu auf die Vorarbeit eines sachverständigen Gremiums angewiesen, dem er sich damit zugleich auszuliefern droht. Schon deshalb bedarf er einer Rückversicherung, die die einseitige Abhängigkeit durchbricht. Mit der Zulassung des Appells an die Öffentlichkeit, schützt der Monarch daher primär seine Entscheidungsfreiheit, wenigstens unter der Bedingung, daß es ihm gelingt, sich Übersicht über die öffentliche Diskussion zu verschaffen. Aber auch die sich durchsetzenden Ideen der gemeinen Menschenvernunft einerseits und der *volenté génèrale* andererseits schließt es aus, die Gesetzgebung *Experten* an den Fakultäten oder in der staatlichen Gerichtsbarkeit zu überlassen. Wenn die Gesetzge-

---

[194] Kritik der reinen Vernunft, 1. Aufl. 1781, S. XI.

bung die salus publica zum Ziel hat, ist sie eine Angelegenheit des ganzen Publikums, jedes einzelnen Bürgers, dessen äußere Handlungen sie reguliert, dessen Freiheit und Rechte sie begründet, sichert und einschränkt, und der deshalb von ihr betroffen ist. Seine Anhörung in Gestalt einer Aufforderung an das Publikum setzt voraus, daß es als Träger der allgemeinen Menschenvernunft genommen wird und ihm nicht nur ein beschränkter Untertanenverstand beigemessen wird.

Als Friedrich Wilhelm II. im August 1786 die Beteiligung der Landstände forderte, konnte das als eine Fortführung der ursprünglichen Idee erscheinen. Die Mitarbeiter des Großkanzleramtes betonten das auch nach außen, tatsächlich sahen sie darin wohl ein grundlegendes Mißverständnis. Denn die einseitig zusammengesetzten Stände hatten bei der Reform des materiellen Rechts naturgemäß ein partikuläres Interesse, auch wenn der König sie verpflichtet hatte, alle Egoismen zu vermeiden und durch sachverständige Deputierte als Repräsentanten der ganzen Nation mitzuberaten. Die Vorerinnerung zum vierten Teil verlangte von den Ständen, einen gelehrten Repräsentanten zu wählen, und stellte eine gesamtstaatliche Deputiertenversammlung zur Schlußberatung des Gesetzbuches in Aussicht, die aus Vertretern der Stände und der Räte der hohen Landesgerichte gebildet werden sollte. Zu ihrer Einberufung, die in das Jahr 1789 fallen sollte, ist es jedoch nicht gekommen.

Die Beteiligung der Öffentlichkeit schließt nicht aus, daß der Klärungsprozeß auch in engerem Kreis fortgetrieben wird, sei es in harten Auseinandersetzungen unter den Gesetzesredakteuren, sei es in einem privaten Freundeskreis. Tatsächlich hat Svarez zusammen mit Ernst Ferdinand Klein die Ende 1783 gegründete „*Gesellschaft von Freunden der Aufklärung*“ , d. h. die Berliner Mittwochsgesellschaft an der Diskussion über die Prinzipien der Gesetzgebung beteiligt[195].

---

[195] Christoph Goßler: *Beiträge zur Lebensgeschichte des Geheimen Ober-Justiz- und Tribunalrates Carl Gottlieb Suarez.* In: Juridische Miszellen. Erstes Heft. Berlin 1810. S. 60-90, 88/89:“*Dieses Zusammenwirken so vieler geistreicher Männer aus den verschiedenen Hauptzweigen der öffentlichen Verwaltung hat ganz im Stillen unglaublichen Nutzen gestiftet, und besonders so manches Schädliche, welches die damals herrschende Parthei in ihrem Streben gegen Aufklärung unfehlbar angerichtet haben würde, theils ganz gehindert, theils aufgehalten oder wenigstens vermindert und dagegen ächte Aufklärung und humane Grundsätze aus allen Kräften befördert. Der helle Blick und der gerade Sinn des verehrungswürdigen Minister von Struensee, sein großes Ansehen und seine Verbindungen mit der damals herrschenden Klicke; die Harmonie zwischen den beiden ersten Juristen im Preußischen Staate Suarez und Wloemer, ihre große Gewandheit in den öffentlichen Geschäften; die Gelehrsamkeit und der philosophische Geist vieler andern Mitglieder dieses Klubs; alles dieß brachte eine verarbei-*

2. Die eingegangenen Erinnerungen

Der Eingang der Stellungnahmen von Öffentlichkeit, Monenten, Teilnehmern am Preisausschreiben, Kollegien, Gerichten, Kammern, Ministerien und Generaldirektorium sowie (besonders nach den Kabinettsordern vom August 1786) von Ständevertretern war an Umfang wie Qualität von großem Ertrag. Das folgt aus den zahlreichen Änderungen, Streichungen und Erweiterungen, die der Entwurf bei der Umwandlung zum Allgemeinen Gesetzbuch erfuhr, wie aus der abschließenden Würdigung durch Svarez[196]: *„Die Durchsicht aller dieser von so verschiedenen Orten und Gegenden eingekommenen, von Männern aus so mannigfachen Ständen und so sehr verschiedenen Verhältnissen gelieferten Bemerkungen, würde dem Philosophen, welcher den Fortschritten des menschlichen Geists nachspürt, eine sehr angenehme Unterhaltung gewähren. Fast durchgehends athmen diese Bemerkungen den Geist der nahen* (Mskr.: wahren) *Aufklärung und einer sanften milden Philosophie des Lebens. Ehrfurcht und Achtung für die Rechte der Menschheit; Haß und Abneigung gegen alle bloße Willkühr; sorgfältiges Bestreben, die bürgerliche Freyheit mit dem Gehorsam gegen den Staat und seine Gesetze in jene glückliche Harmonie zu bringen, ohne welche wahrer Wohlstand in der bürgerlichen Gesellschaft nie Statt finden kann; Entfernung von Vorurtheilen und Einseitigkeiten, die in den wichtigsten Angelegenheiten der Menschheit den richtigen Gesichtspunkt so oft verrücken, – das ist der vorherrschende Charakter der meisten dieser schätzbaren Beyträge."*

---

tete, gegründete und geglättete Masse von Ideen hervor, die nachher in jedem Fache leicht ausgeführt werden konnten. [...] „Es war in der That höchst merkwürdig, daß so vielen Schwierigkeiten [...] dadurch vorgebeugt ward, indem so wichtige Männer im Finanz- und Justizdepartement, wie Struensee, Wloemer und Suarez waren, sich darüber im Voraus besprachen, ihre Ideen berichtigten und auch ihre Bekannten im Departement darnach stimmten. [...] Auch manche Differenzen des Finanzdepartements mit dem Großkanzler über das allgemeine Gesetzbuch sind dadurch schnell aus dem Wege geräumt worden." Vgl. ferner L[eopold] F[riedrich] G[ünther] v. Göckingk: *Friedrich Nicolai's Leben und literarischer Nachlaß.* [...].Berlin 1820, in der Nicolaischen Buchhandlung. Dort beschreibt Göckingk seine Erinnerungen an die „*Gesellschaft von Freunden der Aufklärung*", zu deren Arbeitsthemen er vermerkt: *„Die Gegenstände waren aus der Staats- und Finanz-Verwaltung, Gesetzgebung, speculativen und practischen Philosophie, sehr selten aus der Literatur hergenommen.*" Auch über ihre Wirkungen vermerkt er eine interessante Passage: *„Ich könnte auffallende Beyspiele von dem anführen, was die Gesellschaft Gutes bewirkt hat; ich will aber nur das einzige hier erwähnen, daß das Preuß. Allgemeine Landrecht ihr manches verdankt, weil Suarez, der daran so großen Antheil hatte, viele seiner Ideen erst durch sie berichtigte.*"

196 *Kurze Nachricht von dem neuen Preußischen Gesetzbuche und von dem Verfahren bey der Ausarbeitung desselben. In: Annalen der Gesetzgebung und Rechtsgelehrsamkeit in den preussischen Staaten.* Bd. 8. Berlin und Stettin 1791. S. XIII-XXXVIII.

Das zur Verarbeitung gewählte Verfahren beschreibt Svarez dabei so: „*Zuerst wurden unter der Aufsicht und Direction zweyer Rechtsgelehrter von bewährter Wissenschaft und Erfahrung*“ (Grolman und Goßler[197]) Auszüge gefertigt und den Teilen, Titeln, Abschnitten und Paragraphen des „Entwurfs“ zugeordnet, zusammen mit einem eigenen Gutachten der Aufsichtführenden über die Erheblichkeit und Unerheblichkeit (= Extractio monitorum). „*Nach der Anleitung dieser Auszüge wurden die Monita von denjenigen, welche an der Ausarbeitung des Entwurfs unmittelbaren Theil genommen hatten, dem Herrn Großkanzler umständlich vorgetragen, und von demselben, nach der sorgfältigsten Prüfung eines jeden Moniti festgesetzt: ob und inwiefern davon bey der Ausarbeitung des Gesetzbuches selbst Gebrauch gemacht werden solle*“ (= Svarez: Revisio monitorum). Svarez betonte zwar – mit Rücksicht auf die Kabinettsordern vom August von 1786 -, „*daß solche Sätze des Entwurfs die von den bisherigen gemeinen Rechten abgiengen, in das Gesetzbuch nicht aufgenommen wurden, wenn eine mit Gründen unterstützte Stimmen-Mehrheit von Seiten der Landes-Collegien und Stände dagegen war*“. Schon das bedeutete freilich, daß die Folgen der Beteiligung der Stände, die sich durch rechtsgelehrte Deputierte vertreten lassen mußten, gering blieben, denn, wo ständische Interessen involviert waren, fehlte es grundsätzlich an einem gemeinen Recht.

Insgesamt sind in den Akten als extrahierte Monita nachgewiesen:

zum ersten	106
zum zweiten	91
zum dritten	66
zum vierten	47
zum fünften	37
zum sechsten Stück des Entwurfs	32

Das sind zusammen 368 Schriftstücke, die u. U. ganze Foliobände ausmachen. Dazu treten rund 70 Monita, die nicht extrahiert wurden, weil sie zu spät einkamen, weniger wohl, weil sie sich auf den ersten Blick als unerheblich oder als zu wichtig erschienen. Die nicht extrahierten Monita führt Svarez in seiner Revisio monitorum notwendig mit dem Namen an,

---

[197] Beteiligt waren außerdem eine Reihe von Kammergerichtsassessoren, darunter der spätere Kabinettsrat, Großkanzler und Minister Beyme.

eine besondere Auszeichnung ist das nicht, auch wenn der Monent Finckenstein heißt. Von Bedeutung für den Fortgang der Gesetzesarbeit wurden aber auch die Publikationen, einschließlich der Rezensionen des Entwurfs. Die ständischen Monita wurden bei der Extraktion durch Rubrizierung herausgehoben, das war im Hinblick auf die geplante Generalständeversammlung sinnvoll, nachdem aber nur Svarez den Extrakt unmittelbar zur Kenntnis erhielt, weitgehend sinnlos geworden.

In welcher Weise, die einzelnen Monita auf die Fortführung der Gesetzesarbeit gewirkt haben, und zum guten Teil auch ihr Inhalt spiegelt sich in der Weise wieder, in der sie bei der Extractio monitorum herangezogen sind. Sie sind zugleich ein Hinweis darauf, welche eminente Arbeit die mit der Extraktion beschäftigten Personen geleistet haben müssen (s. Monententenliste am Schluß der Bände).

I. Übersicht über das Verfahren bis zum gedruckten Entwurf

Aus der amtlichen Sammlung der Materialien zum Allgemeinen Landrecht. Geheimes Staatsarchiv Preußischer Kulturbesitz Rep. 84, Abt. XVI, Nr. 1-7

Vorbemerkung:
Die folgende Aufstellung gibt einen Überblick über die Gesetzgebungsarbeit bis zum gedruckten Entwurf.
Dabei ist, soweit möglich, die zeitliche Reihenfolge eingehalten. Die Angaben in Spalte 3 verweisen gemäß unserer Findnummer auf die Repositur des Geheimen Staatsarchivs.

1. Vorbereitung

1780.04.06	KO über die Erhaltung der Provinzialrechte[198]	
1780.04.14	KO mit Gesetzgebungsauftrag[199]	
1780.04/05	**Svarez:** Entwurf einer vorläufigen Instruktion für die GK	01.01.0013-0016
1780.05.22	**Baumgarten:** Stellungnahme zu Svarez vorläufiger Instruktion	01.01.0017-0023
1780.04.-1780.06.20	Svarez Briefwechsel mit Schlosser	
	Svarez [Konzipient]: Schema, nach dem der Auszug aus dem corpore juris civilis Romani von Dr. Volckmar entworfen werden soll. Unterschrift Carmer	07.01.0049-0051
1780.07.19	**Svarez** [Konzipient]: Instruktion wegen Anfertigung des Auszugs aus dem Römischen Gesetzbuche[200]. Unterschrift Carmer	07.01.0051-005201.01.0006-0007 01.01.0008-0011 07.01.0035 07.02.0007-0009

---

198 Abgedruckt bei: Karl Albert v. Kamptz, Jahrbücher für die Preussische Gesetzgebung, Rechtswissenschaft und Rechtsverwaltung, Berlin, Bd. 46, S. 225; Acta Borussica, Bd. 16, Teil 2, S. 600.

199 Vielfältig abgedruckt: Corpus Juris Fridericianum, Erstes Buch von der Prozeßordnung, Berlin 1781, S. III-XIV; Acta Borussica, Die Behördenorganisation und die Allgemeine Staatsverwaltung Preußens im 18. Jahrhundert, Hamburg und Berlin 1982, Bd. 16, Teil 2, S. 602; Sammlung von Urkunden und Aktenstücken zur Geschichte der Preussischen Gesetzgebung nebst einer Abbildung und Beschreibung der Preismedaillen, anonym erschienen, Kiel, 1794.

1780.07.26	Abschrift eines Berichts Carmers mit einem Plan, nach welchem bei Ausarbeitung des Gesetzbuchs verfahren werden soll	01.01.0002/ 0031 07.01.0032-0034
1780.07.27	Grundsätze des Verfahrens bei Sammlung und Verbesserung der Gesetze[201]	01.01.0003
	Volckmar: Ideen über die Einrichtung eines Auszugs aus dem Römischen Gesetzbuch	07.01.0040
	Volckmar: Auszüge aus dem Römischen Gesetzbuch, nebst dem Versuch eines dabei zugrundezulegenden Schemas	07.01.0041-0047
	Volckmar: Nachweis über die Vollständigkeit seines Extrakts	07.02.0010-0146
1783.03.31	„Ohngefährer Plan"[202]	03.01.0119 0123

2. Einleitung

1780	**Volckmar:** Extrakt A. Von den Gesetzen überhaupt B. Von der Ignorantia juris et facti	07.02.0147--0159
1780	**Volckmar:** Einige Bogen[203], die sich auf eine Einleitung beziehen und die die allgemeinen Rechtsprinzipien und einen Plan des ganzen Werks enthalten sollte; Carmer hat mehrere Marginalien eigenhändig hinzugefügt a) Erstes Kapitel: Von Gesetzen überhaupt [§§ 1-25] b) Zweites Kapitel: Von den Gegenständen der Gesetze [§§ 1, 2, 26]	07.04.0002-0018
1781.10.09	**Klein:** Bearbeitung der „Materie von den allgemeinen Rechten und Pflichten der Menschen" in drei Fassungen, da er noch keine Kenntnis vom Gesamtplan habe	03.01.0069
1781.11.13	Carmer an Klein über eine Einleitung	03.01.0070

200 Teilweise abgedruckt bei Daniels, Lehrbuch des preussischen Privatrecht, 1851 Bd. 2, Anl. I, S. 11.

201 Abgedruckt bei Daniels aaO, Bd. 2, Anl. I, S. 1-9.

202 Abgedruckt bei Daniels aaO, Bd. 2, Anl. IV.

203 Abgedruckt bei Daniels aaO, Bd. 2, Anl. IV, S. 14-30 als Grundriß des Gesetzbuchs von des Dr. Volkmar.

	Klein: 1. Vorentwurf verloren, soweit nicht 03.01.0069	
	Svarez: Revision und Umarbeitung zum 1. Vorentwurf	07.08.0096-0105
	Svarez: Bruchstück eines 2. Vorentwurfs mit Änderungen Carmers 1. Von den Gesetzen überhaupt 2. Von der Handhabung der Gesetze oder der Gerichtsbarkeit (gestrichen auf Weisung Carmers) 3. Allgemeine Grundsätze des Rechts	07.08.0170-0286 Marginalien Carmers bis 0180
	Svarez: 1. Entwurf	07.08.0290-0298
	Klein: Monita zum 1. Entwurf Anmerkungen zu den allgemeinen Grundsätzen des Rechts	07.09.0119-0127
1783.03.19	Mitteilung des 1. Entwurfs an einzelne Mitglieder der Gesetzkommission, sowie an Minister v. Münchhausen, KGPräs. Rebeur u. Goldbeck und Regierungspräs. Tevenar	03.01.0114
	Svarez: Revision der Monita[204] zum 1. Entwurf	07.09.0175-0177
1783.Herbst	**Svarez:** Umgearbeiteter Entwurf	07.09.0258-0262
	Svarez: Bemerkungen zur Einleitung	07.10.0139-0141
	Svarez: Umgearbeiteter Entwurf (Abschriften mit Ergänzungen und weiteren Abänderungen aufgrund der Bemerkungen von Svarez)	07.10.0007-0017 07.10.0157-0300
1783.12.12	Monita Beyers und Schultzes (die von Svarez, nicht mehr berücksichtigt wurden, weil die Revision bereits abgeschlossen war)	07.09.0154-0165

[204] Es handelt sich um eine Revision **nach** der Fertigstellung des Vorentwurfs für den gedruckten Entwurfs. Eine vergleichbare Revisio monitorum von Mitgliedern der Gesetzkommission hat Svarez **nach** der Fertigstellung des Vorentwurfs für den Text des AGB vorgelegt, es handelt sich bei beiden **nicht** um **die** Revisio monitorum, die Svarez aufgrund der von außen eingegangenen Erinnerungen verfertigt hat und die jeweils in den Hinweisen dieser Ausgabe unter **R:** vermerkt ist.

3. Erste Abteilung Von den Rechten und Pflichten des Hausstandes

1780.11.00 undatiert	**Volckmar:** Vorüberlegungen zum Gesetzbuch mit eigenhändigen Änderungen Carmers[205]: Bruckstückartiger Überblick über das erste Buch: Von den Rechten und Verbindlichkeiten der Personen	07.04.0002-0018
1781.07.-00.11 undatiert	**Volckmar:** 1. Extrakt aus dem römischen Recht: I. Von dem Rechte der Personen nach ihrem Stand, d.h. nach dem Verhältnis, worin sie im menschlichen und bürgerlichen Leben sich befinden	07.02.0160-0211
1781.00.00 undatiert	**Volckmar:** 2. Extrakt[206] (bereits in Form von §§) zu den Rechten ex statu familiae, umfaßt auch das Vormundschaftsrecht und die Verhältnisse der Herrschaft zum Gesinde (Bruchstück: §§ 120-1746).	07.04.0019-0099
1781.01.00 undatiert	**Pachaly:** Zu Volckmars 2. Extrakt[207]	07.05.0023-0028
1781.07.	**Klein:** Bearbeitung einiger Materialien aus der Lehre von der Ehe, Ehegelöbnissen, Scheidungen	07.08.0017
	Nach Kleins Formulierung diente dieser Aufsatz als Probeausarbeitung (vgl. Carmer an Klein vom 16.08.1781)	03.01.0062
1782.03.00 spätestens begonnen: 1782.09.00 spätestens beendet	**Klein:** 1. Vorentwurf, urspünglich 43 Kapitel (nur Bruchstücke erhalten:) 19. Von den väterlichen Vorrechten mit An merkungen zu diesem Kapitel 20. Von den Rechten u. Pflichten der Ascendenten überhaupt 21. Von der notwendigen und natürlichen Erbfolge der Ascendenten u. Descendenten 23. Von der Aufnahme an Kindesstatt 27. Von der Legitimation der unehelichen Kinder und die darauf folgende Ehe mit derselben Mutter 28. Von der landesherrlichen Legitimation	07.08.0051-0093

205 Abgedruckt bei Daniels aaO, Bd. 2, Anl. IV, S. 14-30.

206 Teilw. abgedruckt bei Daniels aaO, Bd. 2, Anl. V, S. 30-37 [§§ 623-674].

207 Vgl. Daniels, Bd. 1, S. 32 mit Anm.

1782.09.09	Carmer äußert sich am 9.9.1782 anerkennend über Kleins Arbeit und hofft, daß der erste Teil des Gesetzbuchs im Frühjahr 1783 vorliegt	03.01.0100
1782.10.00	**Svarez:** Revision des Vorentwurfs von Klein (nicht vorhanden)	07.08.0094-0108
1782.11.00	**Svarez:** Vorentwurf mit Änderungen Carmers bis fol. 180 (Bruchstücke)	07.08.0169-0180
	Svarez: 1. Entwurf	07.08.0182-0286
	1. Von der Ehe	
	(ohne die §§ 477-549 über die Ehe zur linken Hand und den unehelichen Beischlaf)	07.08.0194-0227 [Lücke]
	2. Von den Verhältnissen der Aeltern und Kinder	07.08.0231-0259
	3. Von den Verh. der übrigen Mitglieder der Familie	07.08.0260-0268
	4. Von den Verh. der Herrschaft und des Gesindes	07.08.0269-0286
1783.02.00	**Svarez:** 1. Entwurf (2. Abschrift)	07.08.0290-0383
1783.03.19	Mitteilung zur Begutachtung an die Direktoren der Gesetzkommission Scherer und Beyer, Justizminister Münchhausen, die Kammergerichtspräsidenten Rebeur und Goldbeck, den Magdeb. Präsidenten Tevenar: Anfang des 1. Titels	03.01.0114-0116
1783.03.31	Immediatbericht Carmers zum Stand der Gesetzgebung	03.01.0118-0120
1783.04.14 1783.05.28	**Monita:** Verf. s. o. zum Anfang d. 1. Entwurfs (Goldbecks Monita können erst im November vorgelegen haben, Datierung ist falsch)	07.09.0005 118
1783.07.30 1783.07.00 undatiert	**Svarez:** 1. Entwurf zu Ehe zur linken Hand und Folgen des unehelichen Beischlafs (Mitteilung zu Begutachtung; Entw. selbst ist nicht vorhanden)	03.01.0127
1783.08.19- 1783.09.16	**Monita:** Verf. s. o. zu Ehe zur linken Hand u. Folgen des unehel. Beischlafs (Goldbeck erst im November)	07.09.0011-0106

1783.08.00	**Svarez**: 1. Entwurf zu Titel 2-4:	07.09.0336--0383
1783.09.20	Mitteilung zu Begutachtung: Titel 2-4	03.01.0132
1783.10.	**Monita**: Verf. s. o. zu Titel 2-4	07.09.0015-0100
undatiert	**Klein**[208]: Bemerkungen zu Titeln 2-4; zu Titel 4 hat Klein seine erste Bearbeitung zu diesem Titel hinzugefügt	07.09.0128-0144
1783.11.00 undatiert	**Svarez:** Revision der Monita zum 1. Entwurf Beginn: „*Zuförderst würde wohl der Titel so bey zu behalten seyn, wie er in dem Steindammschen Exemplar gefaßt ist; od. viel mehr, um mit der Prozeß-Ordn. in Harmonie zu bleiben, würde er so einzurichten sey:* *Corpus Juris Fridericianum* *Zweytes Buch.* 1.11.1783 Carmer bittet, Monita zu beschleunigen	07.09.0179-0257 [167-248]
1783.12.12	**Monita:** Beyer und Schulze zum 1. Entwurf	07.09.0154
1783.12.17	(nicht mehr berücksichtigt)	07.09.0165
1783.11.00 undatiert	**Svarez**[209]: Konzept des umgearbeiteten Entwurfs	07.09.0262
	1. Abschrift *Generalia: Über das Recht der Personen nach ihren Verhältnissen im Staat*	07.10.0006-0137
	Titel 1-3[4] Die Abschnitte entsprechen denen in Svarez Konzept des umgearbeiteten Entwurfs Die Abschrift trug noch den Titel CjF 2. Buch, der nachträglich von Klein gestrichen und durch „Entwurf eines allgemeinen Gesetzbuchs für die Preußischen Staaten“ ersetzt wurde. Zugleich fügte er ihr die in der Revision von Svarez (0138, s.u.) vorgeschlagenen Änderungen ein, soweit nicht	07.09.0262

208 Die angegebenen Seitenzahlen sind dem Inhaltsverzeichnis in Bd. 89 der Materialien zum Allgemeinen Landrecht entnommen. Aus dem Vergleich mit den tatsächlichen Seitenzahlen ergibt sich, daß von Kleins Monitum inzwischen neun Blätter fehlen.

209 Z. T. auf Anweisung, vergl. seine Revision dieses Entwurfs.

	ausnahmsweise Svarez selbst die Eintragung vornahm.	
	Svarez: Revision des umgearbeiteten Entwurfs	07.10.0138-0153
	u.a. Vorschlag zur Teilung des dritten Titels in Titel 3 und 4 vor (0151), die in die folgende Abschrift aufgenommen wurde	
	2. Abschrift zum Druck, berücksichtigt die Änderungen der 1. Abschrift	07.10.0157-0297
1783.12.31	Immediatbericht zum Stand der Gesetzgebung	03.01.0154
1784.03	Gedruckter Entwurf	07.10.0301
	Aus dem 3. Titel wurden die Abschnitte 4-6 zu einem neuen vierten Titel: Von gemeinschaftlichen Familienrechten zusammengefaßt; damit fünf Titel im gedruckten Entwurf; die Änderung muß entweder bei Svarez Revision oder bei der Abschrift zum Druck vorgenommen worden sein	
1784.04.24	Versendung des Entwurfs an Gelehrte und Privatpersonen	03.01.0165
1784.05.10	Immediatbericht mit Übergabe an den König[210]	03.01.0194

[210] Vgl. Daniels aaO, Bd. 1, S. 38, Anm. 2.

J. Anhang: Eine Übersicht über die einzelnen Schritte in der Gesetzgebung nach Simon und Strampff

August Heinrich Simon hat in der von ihm zusammen mit Heinrich Leopold von Strampff herausgegebenen Zeitschrift für die wissenschaftliche Bearbeitung des preußischen Rechts, 3. Bd. 1836, mit diesem die „Materialien des allgemeinen Landrechts zu den Lehren vom Gewahrsam und Besitz[211] und von der Verjährung" auf rund 700 Seiten veröffentlicht. Sie geben in Vorreden und Vorerinnerungen ein vorzügliches Bild davon, wie vor allem das Sachenrecht, das war im Entwurf der zweite Teil im AGB/ALR der erste, ausgearbeitet worden ist. Überdies enthalten sie eine Reihe von ergänzenden Hinweisen über die Materialien. Sie werden hier in Auszügen wiedergegegeben:

„In dem Bericht über die Redaction der Materialien werden sechs Epochen in der Legislation, und hiernach [...] sechs Hauptttheile der Materialien, unterschieden[212]:

I. die in den Zeitraum von 1780-1784[213] fallenden Vorarbeiten;
II. der von Ostern 1784 bis in die Mitte Jahres 1788 erschienen gedruckte Entwurf des Gesetzbuchs;
III. die monita über diesen Entwurf;
IV. der von 1787-1790 angefertigte Extract aus den monitis;
V. die Materialien der Umarbeitung des Entwurfs und der Publication desselben als allgemeines Gesetzbuch, aus den Jahren 1788-1791;
VI. die Materialien der Revision des allgemeinen Gesetzbuchs und der Publication desselben [S. IV] als allgemeines Landrecht, in den Jahren 1793 u. 1794.

Bei der Bearbeitung der Materialien scheint es uns indessen zweckmäßiger, dieselben in drei Abtheilungen zu ordnen.

In die erste gehören die Materialien, welche dem gedruckten Entwurfe vorausgehen;
in die zweite der gedruckte Entwurf und die Materialien des umgearbeiteten Entwurfs;
in die dritte der umgearbeite Entwurf und die Materialien des allgemeinen Gesetzbuchs und der revision desselben.

---

[211] Gewiß nicht ohne Bezug auf das erste Werk Savignys.

[212] Verweis auf den Bericht.

[213] Der Zeitpunkt ist so nicht richtig bestimmt. Tatsächlich überlappen sich die Epochen wegen der sukzessiven Herstellung des Entwurfs.

Für nicht geeignet zur Mittheilung halten wir die sogenannten Vorarbeiten: den Extract aus dem corpus juris und die sich darauf beziehenden Exzerpte des Dr. Volckmar, die Bemerkungen und Materialien des Generalfiscals Pachaly, den Grundriß eines allgemeinen Gesetzbuches vom Regierungs=Präsidenten v. Tevenar und dessen Theorie vom Sachenrechte[214].

Alle diese Vorarbeiten stehen selbst zu dem gedruckten Entwurf nur in sehr entfernter Beziehung. Ueberdies sind die Volkmarschen Exzerpte an und für sich von geringem Werth[215]*. Der Grundriß und die Theorie der Sachenrechte von v. Tevenar beschäftigen sich mehr mit der systematischen Ordnung der Materien und Aufstellung allgemeiner [S. V] Grundsätze als mit der Ausführung einzelner Lehren bis ins Detaill. Seine Ansichten finden sich großentheils in seinen von uns mitgetheilten Bemerkungen zu den späteren Entwürfen wieder*[216].

Von größerem Werth sind die Pachalyschen Materialien, – systematische Auszüge und Compilationen aus Gesetzen und Schriften der Rechtslehrer, – wo es erforderlich schien, von Pachaly mit Bemerkungen begleitet[217].

Darunter befinden sich zwei Aufsätze: de possessione[218] *und von der Verjährung*[219]*. Diese, nur auf den damaligen Rechtszustand sich beziehenden Arbeiten sind für eine Dogmengeschichte nicht ohne Bedeutung, dienen aber nicht zum unmittelbaren Verständniß unsers Rechts. Dennoch würden wir uns für ihre Mittheilung entschieden haben, wen sie uns ein klares und lichtvolles Bild des gemeinen Rechts jener Zeit vorführten. Diß ist indeß nicht der Fall. Dazu tritt, daß auch in den von uns mitgetheilten Materialien häufig der erheblichen Abweichungen vom gemeinen Rechte Erwähnung geschieht. Unter diesen Umständen schien ein Abdruck der Pachalyschen Materialien nicht gerechtfertigt.*

Wir behalten uns vor, an einem anderen Orte Proben dieser Vorarbeiten zu liefern, und unser Urtheil näher zu begründen.

[S. VI] *Die Materialien des gedruckten Entwurfs, welche die erste Abtheilung bilden, bestehen im Sachenrechte:*

1) *aus den Materialien des Assistenzraths, später Geheimen Ober=Tribunalsraths Klein*[220];
2) *den dazu gehörigen Bemerkungen des Geheimen Ober=Revisi-*

---

214 Verweis auf den Bericht.

215 Verweis auf Savigny S. 86, 87 und auf den Bericht. Die Wertung erscheint mir fragwürdig.

216 Tatsächlich stellte sich in allen Fällen das Problem einer abweichenden Systematik, die die abschnittsweise Zuordung verbot.

217 Verweis auf die Vorerinnerung zu 07.07.

218 07.07.0050

219 07.07.0058

220 Wenn man von den genannten Arbeiten Volkmars, Pachalys und Tevenars absieht.

onsraths Kircheisen, nachherigen Justiz=Ministers v. Kirchei sen[221]*;*

3) *dem Entwurfe Kircheisen's*[222]*;*

---

221 vgl. dazu S. 5 f.: „*1. Klein traf aus den ersten Materialien des General=Fiscals Pachaly die Auswahl derjenigen Sätze, welche er für das neue Gesetzbuch bestimmte. Seine Ausarbeitungen haben noch keine Titelfolge* [Das trifft für Kleins weitgehend verlorene Vorarbeiten für das Personenrecht nicht zu]. *Einzelne Paragraphen hat er mit Bemerkungen begleitet, öfters auch die Quellen und Schriftsteller (namentlich Leyser und Voet) und bei Controversen die Gründe seiner Meinung angegeben* [...][Es folgen Hinweise auf die Fundstellen der Materialien in Bd. XXIV (= 07.24.). Hinsichtlich der Verjährung heißt es auf S. 396:“*In den Kleinschen Bemerkungen werden Böhmer, jus eccles. protest., Leyser, meditat. ad Pandect, Rave, de praescriptione, und Estor von der Uucapion allegirt“.]*
2. Kircheisen wurde in der Zeit vom Februar 1785. bis zum September 1787 bei der Bearbeitung des Sa-[S. 6]*chenrechts zugezogen und monirte die ihm zugefertigten Kleinschen Materialien* [Hinweis auf den Bericht. Hinsichtlich der Verjährung heißt es auf S. 417: „*So sehr der Entwurf von Kircheisen in der Lehre vom Besitz mit den Materialien von Klein übereinstimmt, so sehr weicht dieser Entwurf von Klein's Materialien ab*“.]. *Die Bemerkungen zum Besitz finden sich am Rande der Kleinschen Materialien. Die Bemerkung zum § 157 ergiebt, daß damals schon die zweite Abtheilung des ersten Theils des gedruckten Entwurfs erschienen war. Die Vorerinnerung zu derselben ist vom 20. März 1785* [Tatsächlich lag der Druck sechs Tage später vor]. *Ferner zeigt das monitum von Suarez zu §§. 667-669 des Kircheisenschen Entwurfs, daß damals die dritte Abtheilung des ersten Theils des Entwurfs noch nicht ausgegeben war, weil Suarez sonst den gedruckten Entwurf allegirt haben würde. Das Allegat bezieht sich auf die den Monenten communicirte Abschrift des ersten Entwurfs (S. d. Note zu Suarez mon. zu den §§. 667-669. des Kircheisenschen Entwurfs.); der zweite Titel der dritten Abtheilung des ersten Theils im gedruckten Entwurfe: „von Staats=Einkünften und fiscalischen Rechten“, S. 8-18., enthält nur 62 Paragraphen* [Und kann daher nicht gemeint sein.]. *Die Vorerinnerung zur dritten Abtheilung ist vom 30. März 1786 datirt. Kircheisen monirte mithin diese Materialien nach dem 20. März 1785 und vor dem 30. März 1786.*“

222 vgl. dazu S. 41 ff.: „*Nachdem Kircheisen die Materialien von Klein schriftlich monirt hatte, fertigte er eigne, in Titel getheilte, Ausarbeitungen über dieselben Materien an. Diese Ausarbeitungen werden von Suarez bisweilen als 'Entwurf des Geheimen Raths Kircheisen' allegirt, und deshalb bei Redaction der Materialien unter diesem Namen angeführt. Die Abschrift des Entwurfs ist defect, namentlich fehlt die Lehre vom Besitz. Sie befindet sich aber in dem von Kircheisen eigenhändig geschriebenen Concepte, Mater Bd. XXXII. fol. 102-127., und nimmt hier den zweiten Titel und die §§. 454-769. ein. Kircheisen hat nämlich dem ersten, zweiten und dritten Titel von den Verträgen, vom Besitz, und von der Verjährung, fortlaufende Paragraphen gegeben, in dem diese Theile einer Abtheilung, der ersten*: [S. 42] '*von den allgemeinen Mitteln, Rechte auf und zur Sache zu erhalten' bilden sollten (S. Mat. Bd. XXXII. fol. 63). Später ist Kircheisen von seinem ersten Plan abgewichen. Auf Tit. 3. folgt Tit. 4. vom Eigenthum, und von diesem einschließlich an, hat jeder Titel seine besondern Paragraphen. Eine zweite Abtheilung findet sich nicht vor.* [Das ist ein Hinweis dafür wie kompliziert sich die im zweiten Teil des Entwurfs erfolgte Aufgabe der doppelten Einteilung in Abteilungen und Titel vollzogen hat]. *Im Entwurf dieser Lehre ist die von Klein befolgte Ordnung beibehalten; viele Paragraphen aus den Kleinschen Materialien finden sich sogar wörtlich wieder (Wiewohl Kircheisen deshalb nicht immer mit Klein einverstan-*

4) *der Revision des Oberamt=Regierungsraths*[223], *später Geheimen Ober=Justiz= und Tribunalsraths Suarez;*
5) *den Beschlüssen des Großkanzlers von Carmer;*
6) *der Umarbeitung von Klein oder Kircheisen, größtentheils von letzterm;*
7) *der Revision dieser Umarbeitung von Suarez;*
8) *den Abänderungen des Großkanlers,*
9) *dem sogenannten ersten (ungedruckten) Entwurf von Klein oder von Suarez;*
10) *den monitis der fünf Mitglieder der Gesetz=Commission und*
11) *des von Tevenar, Regierungs=Präsidenten zu Magdeburg;*
12) *den monitis des Großkanzlers;*
13) *Suarez Revision der monita;*

---

den gewesen zu sein scheint. So ist der §. 198. der Kleinschen Mat. im §. 702. des Entwurfs wörtlich wiedergegeben. Kircheisen fügt aber seine Bedenken dagegen in einer Anmerkung bei). Nach Klein's Vorgange hat Kircheisen einzelne Paragraphen mit rechtfertigenden und erläuternden Noten begleitet, worin er auf Voet, Strube, Wernher Bezug nimmt. Suarez revidirte den Kircheisenschen Entwurf schriftlich. Seine Revision befindet sich in den Materialien Bd. XXV fol. 15-19".
Hinsichtlich der Verjährung heißt es auf S. 417: „*Die Bemerkungen von Suarez... . erstrecken sich nur bis zum §. 830. Weiter scheint Suarez nicht monirt zu haben; hinter dem letzten monitum ist eine halbe Seite unbeschrieben geblieben. Suarez bearbeitet diese monita zu Kircheisen's Entwurf zur Verjährung zu einer Zeit, da Kircheisen's [418] Entwurf zum Besitz, und seine, Suarez, monita dazu schon dem Großkanzler vorgetragen und die Beschlüsse darüber gefaßt waren. Dieß ergiebt sich aus folgender Aeußerung, welche Suarez seinen Bemerkungen zu Kircheisenen's Entwurf über die Verjährung vorausschickt: 'Diejenigen Abänderungen der hier vorgetragenen Theorie, welche aus den, im Titel vom Besitz neu angenommenen Grundsätzen von selbst fließen, lassen sich nur durch Conferirung dieser Grundätze mit der gegenwärtigen Abhandlung bestimmen. Da ich nun jene nicht zur Hand habe, so kann ich mich hier nur auf einige generelle Bemerkungen, und auf monita bei einigen einzelnen Sätzen einschränken'. Er scheint mit der Anordnung und Fassung nicht einverstanden gewesen zu sein, wie sich aus der folgenden* [...] *Bemerkung inter seinem Monitum zu §. 588. ergiebt: 'da der ganze Titel nach einem neuen Plan umgearbeitet werden soll, so kann ich mich von allen Bemerkungen, welche blos die Ordnung und Fassung betreffen, dispensiren.' Sodann trug Kircheisen den Entwurf und Suarez Revisionsbemerkungen, in Gegenwart von Klein und Suarez, dem Großkanzler vor, und Suarez schrieb die* [S.43] *conclusa über die Veränderungen, welche der Entwurf erleiden sollte, nieder. Von diesen conclusis ist indeß nur ein kleines Bruckstück vorhanden, welches sich nur auf Tit. I. von den Verträgen bezieht. Den conclusis gemäß, und mit Beachtung der Suarezschen Revisionsbemerkungen, erfolgte die Umarbeitung, theils von Kircheisen, theils von Klein. Die Lehre vom Besitz ist von Letzterm umgearbeitet, wie sich dieß aus dem Styl und aus den eigenhändigen Correcturen Klein's ergiebt. Sie ist in den Mater. Bd. XXV. Fol. 93.-107. enthalten und bildet in den §§. 1.-191. den vierten Titel. Eine schriftliche Revision des Großkanzlers findet sich nicht vor. Klein hat unzweifelhaft die beliebten Änderungen selbst vorgenommen.*"

[223] Die Bezeichnung trifft nicht zu. S. war schon seit 1781 Geheimer Justizrat.

14) Suarez Concept des umgearbeiteten Entwurfs[224].

Die zweite Abtheilung bilden:

15) der gedruckte Entwurf[225];

---

224 *„Diese Arbeiten haben sich indeß zum Theil nicht über alle Materialien erstreckt; zum Theil sind ein-* [S. VII]*zelne Stücke verloren gegangen oder defect geworden. Was noch vorhanden ist läßt sich zweckmäßig in drei Abschnitte ordnen. Der erste Abschnitt begreift die Kleinschen Materialien (Nr. 1.) und die Kircheisenschen Bemerkungen (Nr. 2.); der zweite den Kircheisenschen Entwurf (Nr. 3.), Suarez Revision (Nr. 4.), des Großkanzlers v. Carmers Beschlüsse (Nr. 5.), Klein's oder Kircheisen's Umarbeitung (Nr. 6.), Suarez Revision dieser Umarbeitung (Nr. 7.), und des Großkanzlers Abänderungen (Nr. 8.). Sofern Klein, wie bei den beiden hier mitgetheilten Lehren, demnächst auch den ersten Entwurf (Nr. 9.) ausgearbeitet hat, stimmt seine Umarbeitung (Nr. 6.) bis auf unbedeutende Abweichungen mit jenem Entwurfe überein, weshalb die Umarbeitung vom Besitz – die von der Verjährung fehlt- nicht besonders abgedruckt worden ist. Dies bot um so weniger Schwierigkeiten dar, als sich hier weder eine Revision dieser Umarbeitung (Nr. 7.) noch Abänderungen derselben durch den Großkanzler (Nr. 8.) vorfinden. In den dritten Abschnitt gehören der sogenannte erste Entwurf von Suarez oder von Klein (Nr. 9.), die monita der fünf Mitglieder der Gesetz=Commission (Nr. 10.) und des Präsidenten von Tevenar (Nr. 11.), die Erinnerungen des Großkanzlers und Suarez Revision der monita (Nr. 13.). Suarez Concept des umgearbeiteten Entwurfs (Nr. 14.) bedarf nicht des Abdrucks, weil es fast* [S. VIII] *durchgängig mit dem gedruckten Entwurfe übereinstimmt, mit welchem die zweite Abtheilung beginnt. Ob die Kleinschen Materialien (Nr. 1.) zu einer vollständigen Mittheilung geeignet sind, ist nicht ohne Zweifel. Folgende Gründe sind indeß für die Aufnahme entscheidend. Nicht bloß finden sich einzelne Paragraphen der Kleinschen Materialien fast unverändert im Landrecht wieder*[224]*, sondern es lassen sich gerade auch hier die ersten Keime mancher Abweichungen vom gemeinen Rechte nachweisen; zuweilen sind die Gründe davon in Bemerkungen niedergelegt. Sodann schließt sich der Kircheisensche Entwurf (Nr. 3) der Kleinschen Arbeit so an, daß diese oft zu seinem Verständnis dient; auf beide beziehen sich die übrigen Stücke der Materialien, in dem jene darin beurtheilt, ergänzt und modificiert werden.“*

225 Vgl. dazu S. 181 ff.: *„Auf den Antrag des Großkanzlers von Carmer genehmigte es König Friedrich II., das allgemeine Gesetzbuch zuvörderst in der Gestaltt eines bloßen Entwurfs dem Publicum mitzutheilen, um eine möglichst vielseitige Prüfung herbeizuführen.* [...S. 182...] *Um nun zweckdienliche Bemerkungen zu erhalten, wurden folgende fünf verschiedene Wege eingeschlagen.*

I: Sobald eine Abtheilung erschienen war, sandte der Großkanzler Exemplare den damals berühmten praktischen und theoretischen Juristen, auch anderen Gelehrten, wenn es auf Sachkenntniß ankam, besonders Sachverständigen, zu, und erbat sich ihre Erinnerungen.[S. 183].

II. In den Vorerinnerungen zur ersten Abtheilung des ersten Theils des Entwurfs erließ der Großkanzler eine öffentliche Aufforderung [...].

III. Jede Abtheilung des Entwurfs wurde, sobald sie erschienen war, den einzelnen Regierungen, damaligen [S. 184] *Landes=Justizkollegien, zugesandt, mit dem Auftrag sie in genaue Erwägung zuziehen, dabei besonders auf denn in der Vorerinnerung zur ersten Abtheilung des ersten Theils angegebenen* [...] *vierfachen Gesichtspunct ihr Augenmerk zu richten, vornämlich aber bei den, im Laufe der Geschäfte vorkommenden, zweifelhaften Rechtsfragen fleißig nachzusehen und zu bemerken, ob dafür in dem Entwurf, es sei unter den allgemeinen oder speciellen Vorschriften, eine bestimmte,*

16) die sich auf denselben beziehenden monita;
17) der Extract der monita[226]*,*
18) die gutachtlichen Bemerkungen zum Personenrecht von v. Grolman, und zum Sachenrecht von Goßler;
19) die revisio monitorum von Suarez[227]*;*

---

deutliche und passende Entscheidung anzutreffen sei, oder ob und bei welchen Materien es damit noch mangele, und demnächst ihre Bemerkungen [...] einzusenden.
IV. Die Stände sollten von den Regierungen, wie anfangs bestimmt war, in Beziehung auf die Abweichung des Entwurfs von den Provincialgesetzen, nach den Cabinetsordern vom 21., 23. und 27. August 1786 aber, auch abgesehen von jener besonderen Beziehung, überhaupt bei dem allgemeinen Gesetzbuche zugezogen, ihrer Erinnerungen erfordert, und darüber mit ihnen conferirt werden.
V. Endlich trat der Großkanzler über solche Materien des gedruckten Entwurfs, *welche in specielle Zweige der Staatsverwaltung einschlugen, mit den dieselben respicirenden Staatsbehörden zusammen.*
Die zahlreichen monita, welche in der Folge dieser Maßregeln eingingen, füllen 39 Bände der Materialien." [...S. 185 Mit Hinweis, daß für die Monita des Kammergerichts Woldermann und Kircheisen zu Referenten und Koreferenten bestellt worden waren...].

226 „*angefertigt für das* [S. IX] *Personenrecht von den KammergerichtsAssessoren Eggert I. (zuletzt Stadtgerichtsdirektor in Danzig), Eggert II. (später Rath bei der Regierung, dem damaligen Landes=Justiz=Kollegium, in Plock) und Silberschlag (später Vizepräsident der Regierung in Hildesheim und dann Direktor des Vormundschaftsgerichts in Berlin) und nach Abgang des erstern vom KammergerichtsAssessor Beyme (später Großkanzler und Staatsminister von Beyme), unter unmittelbarer Leitung des Geheimen Justiz- und Kammergerichtsraths (nachherigen Geheimen Obertribunals= Präsidenten) von Grolman, – für das Sachenrecht vom Geheimen Ober= Revisions=Rath Goßler.*"
Vgl. dazu S. 185. „*Damit sich die Erinnerungen leichter übersehen und bei der Umarbeitung des Entwurfs zweckmäßiger benutzen ließen, ward beschlossen, dieselben aus den verschiedenen einzelnen Schriften und Abhandlungen auszuziehen, und nach der Folge der Titel, Abschnitte und Paragraphen des Entwurfs dergestalt zu ordnen, daß alle auf einen oder mehrere Paragraphen sich beziehenden monita kurz unter Hinweisung auf die zu diesem Zwecke numerirten Aufsätze, aus welchen sie extrahirt worden, zusammengestellt wurden. Zufolge der von Suarez concipirten Instruction vom 19. August 1787 sollten in diesem Extract „nur der wesentliche Inhalt der eingegangenen Erinnerungen, jedoch* [S. 186] *ohne Uebergehung wirklich reeller Gedanken*" *geliefert, die den ganzen Titel oder Abschnitt betreffenden, allgemeinen monita bei jeder Materie zusammengestellt und unter einen gemeinschaftlichen Gesichtspunct gebracht, sodann eben so die monita zu den einzelnen Paragraphen aus den Schriften exzcerpirt und hinter einander gestellt, bei jedem excerpirten monitum aber die Schrift und Stelle, woher solche genommen worden, allegirt werden. Dieser Instruction gemäß ist der Extract angefertigt. Indeß sind nicht alle Aufsätze extrahirt, sondern mehrere, theils weil sie später eingelaufen, theils aus andern sich ergebenden Ursachen, bei dem Auszuge der monita nicht berücksichtigt worden.* [...] *Nach vollender Arbeit ging von Grolman den Extract über das Personalrecht noch einmal durch und fügte am Rande eines jeden monitum sein Sentiment kurz hinzu. Dasselbe geschah in Absicht des Sachenrechts größtentheils von Goßler.* [...S. 189] *Die Anfertigung des Extracts zum Sachenrecht fällt in die Zeit vom Dezember 1788 bis wahrscheinlich Ende 1790.*"

[227] Vgl. dazu S. 189ff. „*Auf Grund dieses Extracts schritt Suarez, wie es scheint sofort, wenn der Extract einer Abtheilung des Entwurfs beendet war, zu einer ausführlichen Erörterung der monita – die revisio monitorum genannt – und verband damit, falls die monita ihm begründet erschienen, größtentheils Vorschläge zur anderweitigen Fassung oder gänzlichen Abänderung der Bestimmungen des Entwurfs.* [Hinsichtlich der Verjährung heißt es auf S. 496: „*Ein besonderer Extract der monita ist hier von Goßler nicht angefertigt, vielmehr hat Suarez in seiner revisio monitorum dieselben zugleich extrahirt und seinen Revisionsbemerkungen vorausgeschickt. Daher fehlen die gutachtlichen Aeußerungen Goßlers.*[... S. 497...] *Die von Suarez in seiner Revision angegebenen, von uns in Klammern gestellten Nummern beziehen sich auf die Abhandlungen, woraus die monita extrahirt sind. Die von Suarez nicht extrahirten Aufsätze haben wir in gleicher Art wie beim Besitz extrahirt, bezeichnet und gehörigen Orts eingeschaltet."] Bei den meisten Materien unterzog sich Suarez gleichzeitig mit der Revision der monita, in Gemäßheit seiner Vorschläge, der Umarbeitung des Entwurfs, jedoch mit Ausnahme einzelner Theile des Personenrechts, welche von anderen ausgearbeitet wurden* [Hinsichtlich der Verjährung heißt es auf S. 496: „*Es scheint, als wenn Suarez nicht, wie sonst gewöhnlich, gleichzeitig mit der Revision den umgearbeiteten Entwurf concipiert, sondern mit der Umarbeitung erst begonnen habe, als ein Theil der Revision bereits beendigt gewesen. Dieß läßt sich daraus schließen, daß* ...[nähere Nachw.] *So konnte Suarez nicht füglich sprechen, wenn er damals schon die betreffenden §§. der Umarbeitung entworfen gehabt hätte.* [S. 497] *Wenn Suarez dessenungeachtet in seiner revisio monitorum den Allegaten aus dem gedruckten Entwurf in den Ueberschriften zu den einzelnen Revisionsbemerkungen die §§. des Concepts der Umarbeitung beigefügt hat, so muß dies nachträglich geschehen sein.* [Und zwar zur Vorbereitung des Vortrages beim Großkanzler, der sonach erst nach Fertigstellung des Konzeptes erfolgte...] *Gegen das Ende der Revision hatte Suarez jedenfalls den Entwurf bis zu denjenigen Paragraphen, mit deren Revision er sich beschäftigte, bereits ausgearbeitet, wie sich dieß aus der Verweisung auf die Paragraphen des Concept des umgearbeiteten Entwurfs in Nr. 3. seiner Bemerkungen zu den §§ 487-495. ergiebt. Auch läßt sich daraus, daß mehrere, in Gemäßheit der Revisionsbemerkungen entworfene Paragraphen im Concept der Umarbeitung in Folge der concl. des Großkanzlers abgeändert worden sind, mit Bestimmtheit entnehmen, daß wenigstens ein Theil der Umarbeitung früher ausgearbeitet war, als die Revision dem Großkanzler vorgetragen wurde. Eine Vergleichung der Revision mit dem Concept der Umarbeitung ergiebt, daß dieses anfänglich* [unmittelbar] *nach den Vorschlägen in der Revision gefaßt war. Unzweifelhaft hat Suarez die Revision und das Concept der Umarbeitung dem Großkanzler vorgetragen, wie sich dieses aus vielen am Rande bemerkten conclusis ergiebt, und diesen Beschlüssen gemäß das Concept abgefaßt. Ein Theil der Revision der monita über die Einleitung zum Sachenrecht und über den ersten und zweiten* [S.190] *Titel desselben: von den Quellen des Sachenrechts überhaupt, und von Verträgen, befindet sich am Rande des Extracts auf der linken Columne, unter Goßlers Gutachten; die übrige Revision füllt den LXXX. Band der Materialien.* [07.80 mit einer Abschrift in je einem Band für jede Abteilung des Entwurfs.] *Zur Zeit der Revision war schon beschlossen, im allgemeinen Gesetzbuch das Sachenrecht dem Personenrecht vorzusetzen. Dennoch sind bei der Redaction der Materialien die einzelnen Stücke der Revision nach der im Entwurf beachteten Ordnung an einander gereiht worden, weil die Revision sich auf den Extract der monita bezieht, und diesem die Ordnung des Entwurfs zum Grunde liegt. Die revisio monitorum ist das schätzbarste Denkmal des ausgezeichneten und unermüdlichen Fleißes, Talentes und Geistes von Suarez; überall leuchtet hier die seltene Klarheit seiner Gedanken, die Schärfe seiner Beobachtung und Auffassung und die Gründlichkeit seines Urtheils entgegen.* [Zur Struktur

20) *das Concept des umgearbeiten Entwurfs von Suarez;*
21) *die conclusa des Großkanzlers v. Carmer [S.X].*
Die dritte Abtheilung umfaßt:
22) *den umgearbeiteten Entwurf*[228]

---

vgl. S. 193: *Noch bedürfen die in Suarez Revision der monita vorkommenden Allegate einer näheren Erklärung. Im Originale wird auf §§. verwiesen, welche in den Ueberschriften, und im Text theils frei, theils in Klammern, stehen; theils werden sie als §§. der Umarbeitung bezeichnet. Die nicht eingeklammerten §§. sind nun §§. des gedruckten Entwurfs, wenn sie nicht als §§. der Umarbeitung bezeichnet sind; die letztern und die eingeklammerten §§. aber sind §§. des ursprünglichen Conceptes der Umarbeitung.* [S. 191:] *Die Motive des umgearbeiteten Enwurfs sowohl seiner Uebereinstimmungen mit dem gedruckten Entwurf als seiner Abweichungen von demselben, sind in dieser Revision niedergelegt. Es ist daher nicht genug zu bedaueren, daß mehrere Theile der Revision fehlen.*"

228 Vgl. dazu S. 192: „*Der umgearbeitete Entwurf erlitt hiernächst, in Folge der Monita der Mitglieder* [nicht der Gesetzkommission als Kollegium] *der Gesetz=Commission, der anderweitigen Revisionsbemerkungen von Suarez und der Beschüsse des Großkanzlers* [...] *mehrere* [...] *Änderungen* [Nicht immer führte Svarez die Beschlüsse aus: Ein Beispiel bei Simon-Strampff, S. 550.]. *In der Gestalt, welche der umgearbeitete Entwurf in Gemäßheit dieser Änderungen erfahren hat, stimmt er mit dem Text des allgemeinen Gesetzbuchs, und* [... von einigen Paragraphen abgesehen...] *mit dem Texte des allgemeinen Landrechts überein. Das Resultat der in der zweiten Abtheilung befindlichen Arbeiten war der umgearbeitete Entwurf. Je nachdem ein Theil desselben beendigt war, wurde derselbe abschriftlich, und zwar vom Mai 1789 bis zum Frühjahr 1791, den fünf Mitgliedern der Gesetz=Commission, welche schon bei Anfertigung des gedruckten Entwurfs zugezogen waren, den geheimen Räthen Scherer, Könen, Scholz, Heidenreich und Lamprecht, zur Prüfung communicirt (desgleichen dem Direktor der Finanzdeputation Geh. Finzrath und Präsidenten v. Beyer, und einigen andern Mitgliedern dieser Deputaion. Die monita derselben, wenn solche überhaupt eigegangen, fehlen).* [S. 340] *Die schriftliche Mittheilung der monita ward anfangs nicht verlangt, vielmehr behielt sich der Großkanzler vor, nach Beendigung eines jeden Haupttheils der Umarbeitung mit den genannten Mitgliedern der Gesetz=Commission in Conferenz zutreten. Diese Conferenzen nahmen im Frühjahr 1790 ihren Anfang* [Für diese Behauptung Simons fehlt jeder Nachweis, zweifellos haben 1. keine Konferenzen der Gesetzkommission stattgefunden, und haben 2. Konferenzen zwischen Carmer und Svarez stattgefunden. **Daß** bei diesen jeweils **alle** Monenten aus der GK anwesend waren, ist ausgeschlossen. **Ob** immer wenigstens das Mitglied dann anwesend war, wenn sein Monitum erörtert wurde, **oder ob allein** aufgrund von Svarez' Vortrag entschieden wurde, ist nicht zu ermitteln. Das letztere ist jedoch wahrscheinlich. Die Änderung des Verfahrenskonzepts entspricht dem Verzicht auf das in der Vorerinnerung zum 4. Stück des Entwurfs angekündigten Verfahrens, den Simon verschweigt.], *nachdem der Großkanzler zur gehörigen Vorbereitung derselben noch im April des nämlichen Jahres von den Mitgliedern der Gesetz=Commisssion die kurze schriftliche Angabe ihrer Erinnerungen verlangt hatte, auch die wichtigsten derselben von Suarez, nebst seinen eigenen Bedenken, zusammengestellt waren* [Schlußvorträge bei Herstellung des Allgemeinen Gesetzbuchs.]. *Bei einigen Materien wurde der umgearbeitete Entwurf Gelehrten oder Behörden zur Prüfung mitgetheilt; mehrere Puncte wurden unmittelbar durch Cabinetsordres entschieden* [Ferner wurde Klein hinzugezogen; vgl. Simon-Strampff, S. 344: „*Von den 87 ersten §§ des 7. Titels des ersten Theils findet sich noch eine zweite Abschrift Bd. LXXXXIII, fol. 388-397,. vor, welche wörtlich mit der den Mit-*

23) *die monita der 5 Mitglieder der Gesetz=Commission;*

24) *die Bemerkungen der bei einzelnen Materien zugezogenen Sachverständigen und Behörden;*

25) *die Zusammenstellung der wichtigsten Erinnerungen, mit Hinzufügung eigner Bedenken von Suarez*[229]*;*

26) *die conculsa des Großkanzlers v. Carmer;*

27) *Immediat=Berichte und Cabinets=Ordren, die Entscheidung mehrerer Puncte betreffend;[S. XI]*

28) *Svarez letzte Revision des umgearbeitenen Entwurfs;*

29) *Klein's Bermerkungen dazu;*

30) *das allgemeine Gesetzbuch*[230]*;*

---

gliedern der Gesetz=Commission communicirten Abschrift übereinstimmt. Auf jener hat Klein einige zum Theil bedeutende, Abänderungen vorgenommen. Die Zeit derselben läßt sich nicht mit Zuverlässigkeit bestimmen; höchstwahrsscheinlich hat Klein schon die monita der Mitglieder der Gesetzkommission vor Augen gehabt, wie sich dieß aus seinen Abänderungen zu §§. 12. 13. folgern läßt. Bei der Redaction im Jahre 1811 ist diese Abschrift aber, der von Klein vorgenommenen Abänderungen wegen, mit zu den Materialien der letzten Revision gebracht worden. Sie dürfte indeß doch derselben vorangegangen sein." Hinsichtlich der Verjährung heißt es auf S. 562: *„Ferner beziehen sich aus Suarez letzter Revision einige monita und Vorschläge auf die vorliegende Lehre. Suarez theilte diese Bemerkungen Klein ad votandum mit, welcher entweder seinen Beitritt am Rande durch „acc." oder „acccedo, Kl." bemerkt, oder seine Ansicht auf besonderen Bogen umständliche ausgesprochen hat.*"]. *Nach den auf Grund dieser Revision gefaßten Beschlüssen des Großkanzles, und nach den Königl. Immediat=Entscheidungen, ward der umgearbeitete Entwurf* [durch Svarez] *abgeändert. Zuletzt unterzog sich Suarez, wenigstens bei mehrern Titeln, einer* nochmaligen Durchsicht, conferirte über einige [S. 341*] und Vorschläge mit Klein, und traf demgemäß noch einige Aenderungen.*"

229 Schlußvorträge zum Allgemeinen Gesetzbuch.

230 Vgl. dazu S. 341: *„Nachdem nun der König, mittels Cabinetsordre vom 31. Dezember 1789 die Genehmigung dazu ertheilt hatte, ward sowie ein Theil vollendet war, nach und nach zu dem Abdruck des Gesetzbuchs geschritten, und der derselbe im Junius 1791 beendigt.*[Zur Textgeschichte und zu den Freiheiten, die Svarez bei der Druckfassung hatte, s. Simon Strampff, S. 342 f.: *„Von dem umgearbeiten Entwurf ist die im Sachenrechte vollständigste Abschrift vorhanden, welche behufs der Mittheilung an die Mitglieder der Gesetz=Commission gefertigt wurde. Ursprünglich stimmte sie mit dem, nach Beschlüssen des Großkanzlers geänderten Concepte des umgearbeiten Entwurfs überein; später wurden ihr aber alle Aenderungen beigefügt, welche der Entwurf bei seiner Revision in Gemäßheit der Beschlüsse des Großkanzlers und der Königl. Entscheidungen erlitt. So verändert und modificirt stellt sie den Text des allgemeinen Gesetzbuchs dar. An einigen Stellen weicht sie indessen von dem gedruckten Text ab* [der gedruckte Text von ihr]. *Diese Abweichungen sind im Sachenrecht, mit Ausnahme der vier ersten Titel (Bei diesen Titeln liegt noch die Abschrift einer zweiten Bearbeitung vor, welche mit den von Suarez hinzugefügten Aenderungen, bis auf einen Paragraphen, ganz mit dem allgemeinen Gesetzbuch übereinstimmt.), wahrscheinlich einer letzten, dem Druck zum Grunde liegenden Abschrift, oder bei der Correctur, beigefügt worden.*] *In Gemäßheit des Publications=Patents vom 20. März 1791 sollte das allgemeine Gesetzbuch vom 1. Juni 1792 an gesetzliche Kraft erhalten. Vor Eintritt*

31) die amtlichen Vorträge von Suarez bei der Schluß=Revision des allgemeinen Gesetzbuchs [recte: Landrechts];

32) die daraus im Staatsrath gefaßten conclusa[231].

---

dieses Termins verfügte indeß der König [...] die Suspension des Gesetzbuchs auf unbestimmte Zeit."

[231] Vgl dazu S. 341: „*Mittels Cabinetsordre vom 17. November 1793 endlich trug der König dem Großkanzler auf, sich der Umarbeitung des Gesetzbuchs, welches den Titel: 'Allgemeines Landrecht für die Königlich* [Das Wort entfiel stillschweigend] *Preußischen Staaten' erhalten sollte, zu unterziehen, und bei der selben 'alle Sätze, die das Staatsrecht und die Regierungsform beträfen, imgleichen alle neuen, aus den bisher bestandenen Gesetzen nicht fließenden, und zu deren Bestimmung und Ergänzung nicht dienenden Vorschriften weggzulassen.' Mehrere solche Sätze und Vorschriften wurden in der Cabinetsordre vom 18. December 1793 speciell hervorgehaben.*
Der Großkanzler ließ nun durch Suarez sämmtliche Bestimmungen des allgemeinen Gesetzbuchs, welche entwe-[S. 342]*der wirklich von den bisherigen gemeinen Rechten abwichen, oder doch abzuweichen schienen, ferner diejenigen Stellen, welche das Staatsrecht und die Regierungsform betrafen, nochmals ausführlich erörtern. Diese Ausarbeitungen wurden von dem, mit Genehmigung des Königs* [Nicht auf dessen Befehl!], *zugezogenen Justiz=Minister v. Goldbeck mit Anmerkungen versehen, und größtentheils im versammelten Staatsrath vorgetragen und berathen. Die conclusa wurden von Suarez niedergeschrieben. In der Zeit vom 4. Januar bis zum 4. Februar 1794 wurden die revidirten vier Bände des allgemeinen Gesetzbuchs überreicht; am 5. Februar das Publications=Patent vom König vollzogen, und am 1. Junius 1794 trat das allgemeine Landrecht in Gesetzeskraft.*
Außerdem gehören hierher die Verhandlungen, Berichte und Cabinets=Ordren, die Publication des allgemeinen Gesetzbuchs und dessen Suspension, so wie die Publication des allgemeinen Landrechts betreffend. Auch diese Materialien erstrecken sich zum Theil nicht über alle Materialien, diejenigen unter Nr. 28. und 29. sogar nur auf wenige einzelne gesetzliche Bestimmungen, zum Theil sind sie defect auf uns gekommen."

Entwurf
eines
allgemeinen
GESETZBUCHS
für
die Preußischen Staaten.
Erster Theil.

Berlin und Leipzig,

bey George Jacob Decker 1784.

Vorerinnerung[a].

Se. Königl. Majestät haben mir durch die bekannte dem Ersten Theile des *Corporis Juris Fridriciani* vorgedruckte Cabinetsordre vom 14ten April 1780. die Entwerfung eines allgemeinen subsidiarischen Gesetzbuchs für Höchstdero gesammte Staaten aufgetragen.

Ich kenne die Wichtigkeit eines solchen Werks, und die mit dessen Ausführung verbundnen Schwierigkeiten. Nur Gehorsam gegen den Auftrag meines Souverains, und redlicher Wunsch, dadurch zum wesentlichen dauerhaften Wohlstande so vieler dem Preußischen Scepter unterworfner Provinzen mit zuwürken, konnte mich bewegen, ein Geschäfte von dieser Art zu unternehmen.

Ich habe mich dabey, nach der Anweisung des Monarchen[1], des Raths und Beystandes sachverständiger Männer bedient; ich habe ihnen meine ersten Ausarbeitungen mitgetheilt; und bey deren nähern Ausbildung von ihren Bemerkungen Gebrauch gemacht[2].

Allein die Sache, wovon die Rede ist, betrift eine der wichtigsten Angelegenheiten des ganzen Publikums; es ist also billig, daß man die Stimmen desselben darüber vernehme. Ueberdieß giebt es in= und außerhalb Landes noch Männer

---

a *Nachtr.E: 07.74.0003[v]-0005[r]*

1 *Die Übereinstimmung zwischen dem König und dem Großkanzler war tatsächlich sehr viel geringer.*

2 *Es handelt sich um die Einholung der Monita vor dem gedruckten Entwurf u. a. bei einzelnen Mitgliedern der Gesetzkommission, nicht um die nach der Kabinettsorder vom 14. 4. 1780 angeordnete kollegiale Anfertigung des Entwurfs, noch um die durch Patent vom 29. 5. 1781 vorgeschriebene Einholung eines Gutachtens der Gesetzkommission.*

von bekannten Verdiensten um das Fach der Gesetzgebung, an die ich mich unmittelbar nicht wenden konnte, und deren Einsichten ich gleichwohl zu benutzen wünschte.

Als ich daher Sr. Königl. Majestät im vorigen Winter den ersten Theil meiner Arbeit vorgelegt[3], so habe ich zugleichangetragen: daß mir erlaubt werden möchte, das ganze Werk zuförderst in der Gestalt eines bloßen Entwurfs dem Publiko mitzutheilen, und dessen Meynungen und Erinnerungen darüber einzusammeln.

Se. Majestät haben diesen Antrag Höchstdero Weisheit und väterlichen Sorgfalt für das Wohl Ihrer Unterthanen gemäß befunden. Es geschieht also mit ausdrücklicher Genehmigung[4] des Königs, meines gnädigsten Herrn, daß ich[5] diesen Entwurf eines allgemeinen Gesetzbuchs für die Preußischen Staaten, und zwar vorjetzt dessen Ersten Theil, welcher die Rechte des Hausstandes enthält, dem Publiko übergebe, und dessen sachverständige Mitglieder, inn= und außerhalb des Landes, zur gründlichen, redlichen und freymüthigen Prüfung desselben feyerlich auffordre.

Die Cabinetsordre vom 14ten April 1780. ist die Basis des ganzen Werks; sie schreibt die Grundsätze vor, nach welchen bey dessen Bearbeitung hat verfahren werden sollen; und ich kann voraussetzen, daß niemand die Beurtheilung des gegenwärtigen Entwurfs unternehmen werde, der nicht zuvor jene Königliche Instruktion aufmerksam gelesen und reiflich erwogen hat.

Inzwischen möchte es doch nicht undienlich seyn, die Gesichtspunkte noch etwas näher zu bezeichnen, aus denen die

---

[3] *Die Vorlage ist nach den Akten eher unwahrscheinlich.*

[4] *Die Erlaubnis ist wahrscheinlich mündlich erteilt worden. Sie gestattete die Publikation durch Carmer, nicht im Namen des Königs.*

[5] *D. h. Carmer, nicht der durch den König repräsentierte Staat.*

Sache vornehmlich zu betrachten ist, wenn die Absicht der gegenwärtigen Bekanntmachung erreicht werden soll.

Nach der oft angeführten Cabinetsordre steht bereits fest: daß bey der Ausarbeitung dieses allgemeinen Gesetzbuchs das Corpus Juris vom Kayser Justinian, welches seit Jahrhunderten auch in unsern Staaten als ein subsidiarisches Recht aufgenommen ist, hat zum Grunde gelegt werden sollen.

Man erwartet also eigentlich nicht Erinnerungen über solche Stellen des gegenwärtigen Entwurfs, die aus dem Römischen Recht, ohne Veränderung, genommen sind. Nur alsdenn wird man auf solche Monita Rücksicht nehmen, wenn darinn nachgewiesen wird, daß Dispositionen beybehalten worden, die aus überwiegenden Gründen abgeschaft zu werden verdient hätten.

Eben so werden Erinnerungen, die sich auf bloße Provinzialgesetze und Verfassungen gründen, gänzlich verbeten. Die Sammlung und Odnung der verschiednen Provinzialrechte und Statuten ist ein von dem gegenwärtigen ganz verschiednes Werk. Bey diesem war die Absicht bloß, das zu ergänzen[6], was in solchen Specialgesetzen entweder gar nicht, oder nicht deutlich und vollständig genug bestimmt worden.

Dagegen wünscht man, da das sachverständige Publikum sein Augenmerk vernehmlich auf folgende Punkte richten möge.

I. Auf die hin und wieder vorkommenden Abweichungen von den Dispositionen des Römischen Rechts. Bey den wichtigsten derselben sind dic

[6] *Die Frage nach einer Veränderung der positiven, letztlich provinziellen Rechte, einschließlich des notwendig provinziellen Ständerechts, war danach grundsätzlich nicht gestellt. Vielmehr war die Subsidiarität des Allgemeinen Gesetzbuches, die der König in den KO vom 6. und 14. April 1780 vorgeschrieben hatte, von der geforderten Diskussion zu beachten.*

Gründe in kurzen Noten angegeben[7]; bey den minder erheblichen werden Kenner sie leicht von selbst entdecken. Hauptsächlich sind dergleichen Abänderungen alsdenn nöthig gefunden worden, wenn entweder die auf gewiße philosophische Hypothesen, oder auf eigenthümliche religieuse oder politische Verhältnisse des Römischen Staats gegründete Vorschrift, den Umständen, Sitten, Bedürfnissen und Verfassungen unsers Staats und unsers Jahrhunderts nicht mehr gemäß war; oder wenn es darauf ankam, durch Simplificirung mancher Geschäfte, und Entladung derselben von den durch das Römische Recht dabey eingeführten übertriebnen Subtilitäten, eine Quelle verwickelter und langwieriger Prozesse zu verstopfen. Man wünscht und erwartet vornehmlich Monita über diese Abweichungen; über die Zulänglichkeit der dafür angegebnen Gründe; über die Vernunftmäßigkeit, Billigkeit und Nutzbarkeit der an ihre Stelle getretnen neuen Dispositionen.

Ein gleiches gilt

II. von denjenigen Verordnungen, wodurch entweder Antinomien im Römischen Rechte gehoben; oder Lükken in dem System desselben ausgefüllt; oder gewissen Arten der Geschäfte, die eine Erfindung neuerer Zeiten, und also den Römischen Gesetzgebern unbekannt gewesen sind, Regeln vorgeschrieben werden sollen. Auch hier wünscht man zu erfahren: in wie fern diese Verordnungen mit der Natur der Sache, der Billigkeit, und dem überall zum Grunde liegenden Endzwecke der Beförderung des allgemeinen Wohls der bürgerlichen

---

[7] *Die über zweihundert Anmerkungen zum Entwurf sind wisssenschaftlich noch unzureichend bearbeitet, obwohl sie nicht nur ein Licht auf die Intentionen der Verfasser werfen, sondern auch die öffentliche Diskussion bestimmt haben.*

Gesellschaft, übereinstimmend befunden werden; oder was etwa dabey, in einer oder der andern von diesen Rücksichten, annoch zu erinnern seyn möchte.

III. Vollständigkeit des Inhalts ist der dritte Punkt, über den man die Meynung des Publikums zu vernehmen wünscht. Vollständigkeit aber kann hier in einem doppelten Sinne genommen werden.

Einmal in so fern, als es darauf ankommt :

ob alle Materien, die in ein solches allgemeines Gesetzbuch gehören, in dem gegenwärtigen Entwurfe vorkommen und abgehandelt sind?

Zweytens in so fern, als davon die Frage ist:

ob die einzlen Materien durch die darüber gegebnen Vorschriften dergestalt erschöpft worden, daß der Einwohner des Staats, welcher in Verhältnisse kommt, die auf eine solche Materie sich beziehn, und der Richter, welcher die dahin einschlagenden Streitigkeiten entscheiden soll, in den darüber erteilten allgemeinen oder speciellen Vorschriften jedesmal hinlängliche Bestimmungsgründe für sein Verhalten, oder für seine Entscheidung antreffe?

Im ersten Sinne wird das Publikum nicht füglich eher urtheilen können, als bis ihm das Ganze vorgelegt seyn wird. Dagegen werden Erinnerungen über die Vollständigkeit einzler Materien desto willkommner seyn; und diejenigen, welche den Entwurf von dieser Seite betrachten wollen, werden wohl thun, wenn sie Fälle von verschiedner Art entweder sich selbst bilden, oder aus den zahlreichen Sammlungen von Präjudiciis, Consiliis, Responsis &c. &c. herausziehn; diese Fälle mit den Dispositionen des Entwurfs vergleichen; und prüfen: ob und wie dieselben nach diesen Dispositionen entschieden werden können.

IV. Deutlichkeit und Bestimmtheit des Vortrags ist das äußre Hauptererforderniß eines guten Gesetzbuchs. Es ist also viel daran gelegen, zu erfahren: ob und wo es etwa dem gegenwärtigen Entwurfe an diesen Eigenschaften ermangle; und in welchen Stellen desselben Dunkelheit, Zweydeutigkeit im wörtlichen Ausdruck, oder gar Widersprüche zu entdecken seyn möchten.

Philosophische Rechtsgelehrte sind es eigentlich, von denen ich Urtheile und Bemerkungen über dieses Werk zu erhalten wünschte; und bey dem dritten Punkte werden besonders die Bemühungen praktischer Juristen die nützlichsten Dienste leisten können. Aber auch von Männern, die ohne eigentlich Rechtsgelehrte zu seyn, sich dem Studio einer wahren praktischen Weltweisheit gewiedmet haben; ja selbst von solchen, die sich eigentlich gar nicht zum sogenannten gelehrten Stande rechnen, dennoch aber durch Lektüre und Nachdenken ihren Verstand geschärft, und in den mancherley Geschäften des bürgerlichen Lebens reife Kenntnisse und Erfahrungen gesammelt haben, werden mir Anmerkungen und Beyträge sehr willkommen und schätzbar seyn.

Leere Lobpreisungen und feile Schmeicheleyen werden eben so wenig Achtung finden, als ein allgemeiner, unbestimmter, und mit keinen Gründen, unterstützter Tadel.

Von Männern, wie ich[8] sie zu Beurtheilern wünsche, darf ich erwarten: daß schon der Gedanke, zur Vervollkommung eines für eine ganze Nation so äußerst wichtigen Werkes beyzutragen, hinlänglicher Trieb und Aufmunterung für sie seyn werde. Da es aber dennoch unter ihnen einige geben kann, welche die Stunden, die sie der Prüfung des Entwurfs wiedmen wollen, andern Geschäften, die ihnen ihr Auskom-

[8] *Das immer wiederkehrende „Ich" läßt eindeutig Carmer (nicht den Staat oder den König) als Täger der Veröffentlichung und des Preisausschreibens erkennen.*

men gewähren, entziehn müssen; so ist es billig, daß ihnen dafür einige Schadloßhaltung angebothen werde.

Es wird also hiermit eine doppelte Prämie für diejenigen ausgesetzt, die ihre Kenntnisse und Bemühungen auf eine gründliche Prüfung des gegenwärtigen Entwurfs zu verwenden geneigt sind.

Die Erste, welche in einer goldnen Medaille von funfzig Dukaten besteht, ist demjenigen bestimmt, der über den ganzen Ersten Theil, aus dem oben angegebnen vierfachen Gesichtspunkte betrachtet, die gründlichsten und vollständigsten Bemerkungen einsenden wird.

Den zweyten Preiß, eine dergleichen Medaille von fünf und zwanzig Dukaten, wird derjenige erhalten, der nur einen einzlen Titel dieses Theils, aus obgedachtem vierfachen Gesichtspunkte, am genauesten und vollständigsten prüft und beurtheilt.

Die Einsendung der Abhandlungen wird bis zum ersten Dezember des jetztlaufenden Jahres, postfrey, unter meiner Addresse[9] erwartet. Diejenigen,welche sich um den Preiß bewerben wollen, legen die Anzeige ihres Nahmens, Charakters und Aufenthalts nur in einem versiegelten Zettel bey, welcher auswärts das Motto führt, mit welchem die Schrift selbst versehen ist. Die Zutheilung des Preises erfolgt zu Anfang des künftigen Jahres, durch eine aus der Gesetzcommißion dazu besonders ernannte Deputation; und wird dem Publiko öffentlich bekannt gemacht werden. Den Verfassern der Preisschriften bleibt alsdenn die weitere Disposition über ihr Manuscript vorbehalten; auch die übrigen Einsender können hiernächst die ihrigen, nebst den uneröfneten Anzeigen ihres Nahmens, bey dem Verleger dieses Entwurfs wieder abfordern.

Die übrigen Theile des Werks werden so bald als möglich

---

9 *Auch das weist auf die private Natur von Publikation und Preisausschreiben hin.*

folgen. Es werden derselben, wie der unten beygefügte kurze Inhalt zeigt, zusammen sechs seyn; und für einen jeden sind zwey Prämien, von eben dem Betrage, wie bey dem gegenwärtigen ersten Theile bestimmt. Allemal nach Verlauf eines halben Jahrs, vom Schlusse derjenigen Leipziger Messe gerechnet, wo ein solcher Theil heraus gekommen ist, wird die Zuerkennung der dafür ausgesetzten Prämien erfolgen.

Schließlich muß ich bemerken: daß die Absicht der vorläufigen Bekanntmachung des gegenwärtigen Entwurfs unter andern auch dahin gehe: damit darinn diejenigen, denen von den Ständen der Königlichen Provinzen die Ausarbeitung der ersten Entwürfe zu ihren Provinzialgesetzbüchern aufgetragen worden, einen Leitfaden[10] finden mögen, nach welchem sie sowohl die verschiednen Provinzial= und statutarischen Verordnungen selbst, als die einzlen Sätze und Dispositionen, woraus ein dergleichen Privilegium, Sanktion, oder Statutum besteht, hinter einander ordnen; und zugleich beurtheilen können, welchen von diesen, theils in gedruckten Collektionen, theils in Archiven, theils in einzlen Werken der Rechtsgelehrten zerstreuten Materialien, in ihren für das bloße Privatrecht ihrer Provinz bestimmten Sammlungen ein Platz zukomme.

Berlin den 24sten März 1784. v. Carmer[11].

---

10 *Durch die Umkehr der Bearbeitungsreihenfolge hatte das Allgemeine Gesetzbuch von vornherein eine Funktion gewonnen, die über den vom König betonten subsidiarischen Charakter hinausging, es bestimmte nicht nur die äußere Systematik der Provinzialgesetze, sondern zwang sie auch zu inhaltlicher Anpassung. Nach Inkrafttreten des ALR wird es sogar ausdrücklich verboten, bei der Provinzialgesetzgebung ohne Not von ihm abzuweichen. Das erhebt die Vorerinnerung bereits an dieser Stelle zum Prinzip.*

11 *Auch hier fehlt jeder Hinweis auf das Amt.*

Kurzer Inhalt

des Entwurfs zu einem allgemeinen Gesetzbuche für die preußischen Staaten.

Die ERSTE HAUPTABTHEILUNG enthält das *Personenrecht,* und zerfällt in drey Unterabtheilungen, von welchen

die ERSTE den Hausstand[12], das ist, die Rechte und Pflichten der Eheleute;

---

[12] *Ein Vorbild für diese Einteilung fehlt. Kein bislang bekannt gewordener früherer Gesetzestext oder -entwurf enthält einen ähnlichen Abschnitt. Eine geschlossene wissenschaftliche Behandlung des Rechts der Stände findet sich erstmals bei Runde (1791), der sich aber schon am Entwurf orientieren konnte. Im Entwurf und ALR soll das Standesrecht, wie aus der Anmerkung zum Bauernrecht erhellt, als Leitfaden wirken, um die unteren, nicht repräsentierten Stände gegenüber der Provinzialgesetzgebung zu sichern. Außerdem gestattet es die systematische Anordnung solcher Rechtsgebiete, die wie das Handelsrecht, das Kirchen-, Schul- und Universitätsrecht, in der Institutionenordnung keinen Platz fanden. Ein Ansatz für das Ständerecht fand sich bereits im römischen Recht, das Personengruppen, die wegen ihrer spezifischen Qualifikationen und Eigenschaften grundsätzlich besonderen Regelungen unterworfen waren, als Stand — z. B. der Freien, der unter väterlicher Gewalt Stehenden, der römischen Bürger — zusammenfaßte. Als diese Differenzierung, insbesondere nach der im Naturrecht vollzogenen Anerkennung der allgemeinen Rechtsfähigkeit nicht mehr prinzipiell, sondern nur noch klassifikatorisch verstanden wurde, in ähnlicher Weise wie wir noch heute vom Personenstand eines Menschen, vom Handelsstand oder vom Zustand der Geschäftsunfähigkeit sprechen, konnte man wie Kreittmayr unzählige Stände annehmen. Daß sich der Entwurf in der Anordnung des Rechtsstoffes an das mittelalterliche stets nur theoretisch gültige und schon längst überlebte Schema einer aus Bauern (teils die Bewohner des platten Landes, teils die Schollengebundenen), Bürgern (teils die Betreiber städtischer Gewerbe, teils die Stadtbürger) und Adligen, sowie neu hinzukommend Staatsdienern und schließlich Geistlichen geschichteten Gesellschaft hält, darf man nicht überschätzen und vor allem nicht als Festschreibung qualifizieren. Er bedient sich seiner nur als eines heuristischen Ansatzes und orientiert sich zugleich an dem naturrechtlichen System des geselligen Lebens (Gesellschaft überhaupt, Ehe/Familie/Haus, Staat, Völkergemeinschaft; s. die den Abteilungen vorausgeschickten Präambeln). Zu beachten sind charakteristische Verschiebungen (etwa die Einrückung des hier noch nicht vorgesehenen Titels „Von Gesellschaften“ überhaupt an den Anfang dieser, statt naturrechtlich „richtig“ den der vorherigen Abteilung). Eine dem AGB/ALR später vorgeworfene restaurative Absicht war mit der Einteilung nicht verbunden. Dagegen hätte die vielfach vermißte Beseitigung der hergebrachten individuellen Rechte nicht nur dem Selbstverständnis der Redakteure als Rechtsbewahrer, sondern vor allem dem eindeutigen Gesetzgebungsauftrag des Monarchen widersprochen, der sich selbst als prinzipiell dem geltenden Recht verpflichtet wußte. Die Abschaffung, Modifikation, Bekräftigung oder Verstärkung der ausschließlich durch das „Verfassungs“-Recht der einzelnen preußischen Staaten - also provinzialrechtlich - begründeten politischen Rechte der Stände, lag - ebenso wie die entschädigungslose Minderung der wohlerworbenen Eigentumsrechte der Gutsherrschaften zugunsten ihrer Untertanen außerhalb des Horizontes des von Friedrich II. geforderten subsidiarischen allgemeinen Gesetzbuchs.*

der Eltern und Kinder, der übrigen Mitglieder der Familie; der Dienstherrschaften und des Gesindes;
die ZWEYTE die verschiednen Stände des Staats; also die Rechte und Pflichten der Bewohner des platten Landes, des Bürger= und insonderheit des Kaufmannsstandes; des Adels; der Bedienten des Staats, und des geistlichen Standes[13];
der [die] DRITTE die Rechte und Pflichten des Staats gegen seine Bürger, vornehmlich in Rücksicht der Rechtspflege; der Obsorge für die Person und das Vermögen der Unmündigen, und andrer die ihren Sachen nicht selbst vorstehen können[14]; der Verhütung und Bestrafung der Verbrechen; und der fiskalischen Gerechtsame[15]
zum Gegenstande hat.

Die ZWEYTE HAUPTABTHEILUNG betrift das SACHENRECHT, und wird, nächst der allgemeinen Theorie desselben, der Lehre von der Erwerbung, Erhaltung, Uebertragung und dem Verluste der Sachenrechte, in zwey besondern UNTERABTHEILUNGEN die BESITZRECHTE, und die RECHTE DES EIGENTHUMS, nach dessen verschiednen Arten und Einschränkungen enthalten[16].

Die DRITTE. HAUPTABTHEILUNG[17] ist solchen Rechtswahrheiten gewiedmet, welche weder in das Personen= noch Sachenrecht allein gehören, sondern beyden gemeinschaftlich sind.

Materialien zum Entwurf:
1. Vorerinnerung : ***07.10.0158****. 1784 März 23.*
2. Kurtzer Innhalt des Entwurfs zu einem allgemeinen Gesetzbuche für die Preußischen Staaten : ***07.10.0161.***
3. System des Gesetzbuches: ***01.01.0002/3/8. 03.010119. 07.01.0032/35/36/40/ 41/49/51.*** *1780 Juli 26* ***07.01.0053/59/68/69/70/71/97/100/123. 07.06.0003****.* ***/07.09.0110.*** *1780 September 18 - 1780 November 17* ***07.72.0042.*** *1780 Oktober 10* ***03.010089.*** *1782 Juni 29* ***03.010118.*** *1783 März 31* ***07.07.0004.*** *1783. November 28*
Monita zum Entwurf:
E: *07.72.0008*
M: *1=2 f. 23, 2=6 f. 3*

---

13 *Dieser Titel wird bereits im Entwurf geteilt und nicht mehr dem geistlichen Stand, sondern dem Recht der Kirchen und der Schulen gewidmet.*

14 *Das Recht der Armenfürsorge wird später zusätzlich in den Entwurf aufgenommen.*

15 *Tatsächlich behandelt schon der Entwurf die (fiskalischen) Rechte vor den Pflichten des Staates.*

16 *Die durchgeführte Ordnung bereits des Entwurfes weicht erheblich ab.*

17 *Die dritte Haupabteilung entfällt schon im Entwurf.*

Einleitung[a]

§. 1.

[Einl. § 1]

Was Gesetze sind.[b]

Das allgemeine Gesetzbuch enthält die Vorschriften, durch welche die Rechte und Verbindlichkeiten der Mitglieder des Staats überhaupt, so wohl gegen den Staat, als unter sich selbst bestimmt werden.

***M:** 1=1 f. 2; 1=61 f. 1; 2=10 f. 3; 2=64 p. 3-6; 3=43 p. 1; 3=67 p. 1; 4=49 p. 1; 4=73 p. 2; 5=57 p. 1*

§. 2.[18]

[Einl. § 2]

Alle bisherige Gesetze, welche in diesem allgemeinen und in den folgenden Provinzial=Gesetzbüchern nicht wiederholt werden, sind als abgeschaft anzusehen.

***M:** 1=8 f. 1; 1=68 p. 3; 2=11 f. 1; 2=62 p. 1; 3=17 p. 1; 4=38 p. 1; 5=49 p. 1; 6=54 p. 1*

§. 3.

*[Einl. § 3, 4, **8 AGB** / 6 ALR]*

Sogenannte Gewohnheitsrechte, welche in diese Bücher nicht aufgenommen sind, sollen eben so wenig, als bloße Meinungen der Rechtslehrer, irgend eine gesetzliche Kraft haben.

***M:** 1=2 f. 7; 1=89 f. 155; 2=4 f. 1; 2=73 p. 2; 3=8 f. 1; 3=78 p. 1; 4=9 p. 3-4; 4=49 p. 2-3; 4=67 p. 1; 4=101 p. 1; 5=10 f. 3; 5=Angabe fehlt; 6=1 f. 3; 7=16 p. 17; 8=16 p. 17; 9=17 p. 2; 10=44 p. 2; 10=78 p. 1; 11=53 p. 6; 12=54 p. 1; 13=54 p. 1; 13=59 p. 1*

§. 4.

[Einl. § 6]

Entscheidungen der Richter vertreten nur unter den Partheyen, zwischen welchen sie rechtskräftig ergangen sind,

---

a **E:** 07.72.0013-0081 **Nachtr.E:** 07.74.0005r
R: 07.80.0001-21

b **E:** 07.72.0013r-0054v **Nachtr.E:** 07.74.0005r-0019r
R: 07.80.0001-0009

18 *Das AGB/ALR hatte keineswegs die Funktion einer abschließenden Kodifikation im Sinne moderner Terminologie, allenfalls den Provinzialgesetzbüchern wäre sie zugekommen.*

die Stelle eines Gesetzes.

M: 1=8 f. 1; 1=77 p. 3; 2=9 f. 10; 3=16 p. 17; 3=17 p. 3; 3=17 p. 2; 3=10 p. 2; 4=50 p. 5; 5=57 p. 13

§. 5.

[Einl. § 5]

Was der Landesherr in einzlen Fällen verordnet, soll nicht auf andre ausgedehnt werden.

***M:** 1=2 f. 7; 1=75 p. 1; 2=8 f. 1; 2=50 p. 5; 2=77 p. 4; 3=36 p. 1; 4=53 p. 6; 5=55 p.1; 6=54 p. 2; 7=56 p. 1*

§. 6.

*[Einl. § **6 AGB** / - ALR]*

Durch Machtsprüche soll niemand an seinem Rechte gekränkt werden.

***M:** 1=57 p. 13; 1=62 p. 2; 1=63 p. 1-6; 1=102 p. 1; 2=63 p. 6; 2=74 p. 3; 3=63 p. 10; 3=75 p. 1; 4=77 p. 4; 5=102 p. 1*

§. 7.

*[Einl. § **7 AGB** / - ALR]*

Rescripte der Staatsminister oder der vorgesetzten Obercollegien, sollen über die Rechte der Unterthanen des Staats nichts entscheiden; sondern nur als einstweilige Verordnungen, bis zur nähern Erörterung der Sache gelten.

***M:** 1=16 p. 18; 1=77 p. 4; 2=20 p. 2; 3=54 p. 2*

§. 8.

[-]

Statuten einzler Gesellschaften, Zünfte und Gewerke verbinden deren Mitglieder als Verträge.

***M:** 1=4 f. 1; 1=63 p. 13; 1=89 f. 155; 2=8 f. 2; 2=61 p. 2; 2=68 p. 3; 3=12 f. 6; 3=74 p. 4; 4=1 f. 3; 4=77 p. 5; 5=16 p. 18; 5=57 p. 14; 5=61 p. 2; 6=4 f. 2; 6=23 p. 1; 7=4 f. 2; 7=11 p. 5; 7=58 p. 3*

§. 9.

[-]

Kommt die Bestätigung des Landesherrn hinzu, so erhalten sie dadurch gesetzliche Kraft.

***M:** 1=1 f. 3; 1=10 f. 4; 1=63 p. 13; 2=16 p. 3; 3=23 p. 1; 4=43 p. 2*

§. 10.

[-]

Privilegia, welche die Vorschriften des gemeinen Rechts, in Ansehung gewisser Sachen, Personen oder Fälle verändern, können allein von dem Gesetzgeber ertheilt werden.

***M:** 1=1 f. 3; 1=63 p. 13; 1=102 p. 1; 2=5 f. 2; 3=16 p. 18; 4=57 p. 15; 5=57 p. 16/**R**: 07.80.0010-0011*

§. 11.

*[Einl. § **9 AGB** / - ALR]*

Privilegia, wodurch ein Dritter in seinem Besitz oder Rechte wider die Vorschrift der Gesetze gekränkt wird, sollen für erschlichen geachtet werden.

M: *1=54 p. 2; 1=61 f. 2; 1=63 p. 13; 2=56 p. 1; 2=92 f. 172; 3=75 p. 1; 4=77 p. 5; 5=102 p. 1/**R**: 07.80.0010-0011*

§. 12.

[-]

Wenn jemanden ein Privilegium nicht ausschliessend ertheilt wird, so kann eben dasselbe auch andern verliehen werden.

M: *1=12 p. 13; 1=63 p. 13; 1=77 p. 12; 2=23 p. 1; 3=53 p. 1; 3=67 p. 1; 3=43 p. 2/5; 4=44 p. 4/**R**: 07.80.0010-0011*

§. 13.

*[Einl. § **10 AGB** / 7 ALR]* Von Abfassung neuer Gesetze.

Neue Gesetze, welche die Rechte der Privatpersonen betreffen, sollen, ehe sie zur Königlichen Vollziehung gelangen, der Gesetzcommißion zum rechtlichen Gutachten vorgelegt werden.

M: *1=1 f. 4; 1=64 p. 6; 1=78 p. 2; 2=17 p. 3; 2=75 p. 2; 2=101 p. 2; 3=38 p. 4*

§. 14.

*[Einl. § **11 AGB** / 8 ALR]*

Diese muß dergleichen neue Gesetze prüfen, und den bemerkten Widerspruch mit den Verordnungen des gegenwärtigen Gesetzbuchs anzeigen.

M: *1=8 f. 2; 1=64 p. 6; 1=78 p. 2; 2=16 p. 19; 2=75 p. 2; 2=101 p. 2; 3=54 p. 3; 3=78 p. 2*

§. 15.

*[Einl. § **12, 13 AGB**/ § 9 ALR]*

Ist diese Vorschrift nicht beobachtet worden, so soll die Gesetzcommißion von Amtswegen darüber höhern Orts Anzeige machen; inzwischen aber soll mit der Publikation Anstand genommen werden.

M: *1=2 f. 7; 1=64 p. 6; 1=78 p. 2; 2=16 p. 19; 2=75 p. 2; 2=101 p. 2; 3=17 p. 3; 4=19 p. 1; 5=38 p. 4; 6=43 p. 3*

§. 16.

*[Einl. § **14, 15 AGB** / 10, 11 ALR]* Von deren Publikation

Jedes neue Gesetz muß denjenigen, die es verbinden soll,

gehörig bekannt gemacht werden.

M: 1=2 p. 2; 1=8 f. 3/4; 1=15 p. 2; 1=38 p. 7; 1=52 p. 1; 1=53 p. 6; 1=54 p. 2; 1=55 p. 2; 1=58 f. 2; 1=61 f. 2; 1=67 p. 1; 1=68 p. 4; 1=70 p. 1; 1=72 p. 1; 1=102 p. 2; 2=10 Angabe fehlt; 2=77 p. 6; 3=57 p.17

§. 17.

*[Einl. § **16, 17 AGB** / 12, 13 ALR]*

Mit der Unwissenheit eines gehörig publicirten Gesetzes kann niemand sich entschuldigen.

M: 1=64 p. 7; 1=77 p. 6; 2=33 p. 1

§. 18.

*[Einl. § **17 AGB** / 13 ALR]*

Welche Classen der Einwohner des Staats, und in welchen Fällen dieselben von vorstehender Regel ausgenommen sind, ist im Gesetzbuche selbst gehörigen Orts bestimmt.

M: 1=16 p. 19; 1=58 f. 3; 2=56 p. 1

§. 19.

*[Einl. § **18 AGB** / 14 ALR]*

Jedes neue Gesetz gilt nur auf Handlungen und Fälle, die sich nach seiner Publikation ereignen.

M: 1=2 f. 7; 1=64 p. 7; 2=9 f. 10; 3=16 p. 19

§. 20.

*[Einl. § **20-24 AGB** / 16-20 ALR]*

Nur der Landesherr kann, aus überwiegenden Gründen des gemeinen Besten, ein neues Gesetz auch auf vergangne Fälle zurück erstrecken.

M: 1=3 f. 2; 1=61 p. 2; 1=68 p. 5; 1=74 p. 4; 2=8 f. 3; 2=58 p. 3; 2=78 p. 2; 2=99 p. 1; 3=9 f. 12; 3=92 f. 172; 3=102 p. 3; 4=10 f. 7; 4=102 p. 2; 5=16 p. 9; 5=52 p. 1; 5=54 p. 3; 5=55 p. 2; 5=101 p. 3; 6=20 p. 8; 7=43 p. 3; 7=102 p. 3; 8=53 p. 6; 9=56 p. 1; 10=57 p. 11

§. 21.

*[Einl. § **19 AGB** / 15 ALR]*

Verordnungen, wodurch ein schon vorhandnes Gesetz bloß erklärt, oder näher bestimmt wird, muß der Richter in allen Fällen, die hiernächst zu seiner Entscheidung gelangen, zum Grunde legen.

M: 1=2 f. 7; 1=68 p. 7; 2=9 f. 14; 2=75 p. 2; 2=Angabe fehlt; 3=10 f. 7; 3=73 p. 2; 4=16 p. 20; 4=56 p. 2; 4=74 p. 4; 5=20 p. 9; 5=75 p. 2; 6=38 p. 8; 6=77 p. 6; 7=43 p. 3; 7=Angabe fehlt; 8=54 p. 3

§. 22.[19]

*[Einl. § **26 AGB** / 22 ALR]*

Wen die Gesetze verbinden.

Alle Mitglieder des Staats, ohne Unterschied des Standes, Ranges oder Geschlechts, sind den Gesetzen unterworfen.

***M:** 1=10 f. 7; 1=64 p. 8; 2=54 p. 3; 2=74 p. 4*

§. 23.[20]

[-]

Alle im Staat vorfallende Handlungen und Geschäfte müssen den Vorschriften der Gesetze gemäß eingerichtet werden.

***M:** 1=9 f.7; 1=64 p. 8; 1=74 p. 4; 2=16 p. 20; 2=74 p. 4; 2=77 p. 6; 3=17 p. 5; 3=93 p. 1; 4=ibidem p. 6; 5=53 p. 7; 5=55 p. 2; 6=57 p. 18*

§. 24.

*[Einl. § **38 AGB** / 34 ALR]*

Auch Fremde, die nur eine zeitlang im Staat sich aufhalten, müssen während diesem Aufenthalt, ihre Handlungen nach den allgemeinen Gesetzen des Staats einrichten.

***M:** 1=53 p. 7; 1=58 f. 3; 1=64 p. 8; 2=57 p. 18; 2=61 f. 2; 2=74 p. 4; 3=4 f. 3; 3=74 p. 4; 4=8 f. 3; 4=78 p. 2; 5=10 f. 7; 5=43 p. 4; 5=99 p. 2; 6=44 p. 9*

§. 25.

*[Einl. § **39 AGB** / 35 ALR]*

Fremde, welche unter dem Schutze des Staats Geschäfte treiben, müssen dabey die in den Gesetzen des Staats vorgeschriebne Form beobachten.

***M:** 1=16 p. 20; 1=58 f. 3; 1=64 p. 8; 2=38 p. 9; 2=74 p. 4; 3=43 p. 4; 4=53 p. 7*

§. 26.

*[Einl. § **40 AGB** / 36 ALR, vgl. **41-43 AGB** / 37-39 ALR]*

Den Gesandten und Residenten auswärtiger Mächte, so wie auch den in ihren Diensten stehenden Personen, bleiben ihre Exemtionsrechte nach den obwaltenden Verträgen und dem Völkerrechte vorbehalten.

***M:** 1=16 p. 20; 2=20 p. 10*

§. 27.

*[Einl. § **25, 57 AGB** / 21, 53 ALR]*

Von Anwendung der Gesetze.

Bey Anwendung der Gesetze muß zuförderst auf die etwa vorhandnen Privilegien, nach diesen auf die Statuten, sodann

---

19 *Die Hervorhebung der Gleichheit **vor** dem Gesetz lag nach dem Müller-Arnold-Fall nahe. Sie schloß unterschiedliche Rechte **durch** das Gesetz nicht aus.*

20 *Bei der endgültigen Fassung war das bereits selbstverständlich.*

auf die Provinzialgesetze, und in deren Ermangelung auf die Vorschriften dieses allgemeinen Gesetzbuchs gesehen werden.

M: 1=43 p. 6; 1=74 p. 5; 2=75 p. 2; 3=77 p. 6

§. 28.

*[Einl. § **27-31 AGB** / 23-27 ALR]*

Die persönlichen Eigenschaften und Befugnisse eines Menschen werden nach den Gesetzen seines Wohnorts beurtheilt; auch alsdenn, wenn er sich eine zeitlang außerhalb desselben befindet, oder auswärts Geschäfte treibt.

M: 1=2 f. 7; 1=58 f. 3; 1=67 p. 2; 1=77 p. 6; 2=16 p. 21; 2=93 p. 1; 3=50 p. 5; 4=55 p. 2; 5=53 p. 8; 5=68 p. 8

§. 29.

*[Einl. § **32 AGB** / 28 ALR; vgl. a. **33-35 AGB** / 29-31 ALR]*

Nach eben diesen Gesetzen wird das bewegliche Vermögen eines Menschen beurtheilt, es mag sich solches in oder außer seinem Wohnorte befinden.

M: 1=2 f. 8; 1=89 f. 155; 2=9 Angabe fehlt; 2=77 p. 7; 3=17 p. 6; 4=33 p. 2; 5=58 p. 10; 6=50 p.6

§. 30.

*[Einl. § **36 AGB** / 32 ALR]*

Was die Provinzialgesetze und Statuten in Ansehung der liegenden Gründe verordnen, ist auf alle in der Provinz oder unter der ordentlichen Obrigkeit des Orts gelegene Grundstücke anzuwenden; ohne Rücksicht auf den Ort, wo der Besitzer wohnt, oder der Vertrag darüber geschlossen worden.

M: 1=11 f. 3; 1=77 p. 7; 2=38 p. 12

§. 31.

*[Einl. § **37 AGB** / 33 ALR]*

Nach Provinzialgesetzen und Statuten, welche bloß die äußre Form oder Feyerlichkeit einer Handlung bestimmen, können nur solche Handlungen beurtheilt werden, welche die dergleichen Gesetzen unterworfne Personen, in dem Bezirk der Provinz oder des Orts, vornehmen.

M: 1=6 f. 11; 1=67 p. 2; 2=4 f. 4; 2=49 p. 3

§. 32.

Vom Retorsionsrechte.

*[Einl. § **45 AGB** / 41 ALR; vgl a. **44-46 AGB** / 40, 42 ALR]*

Bey Anwendung der Gesetze soll den Fremden überall gleiches Recht mit den Königlichen Unterthanen angedeyhen; in so fern nicht das Retorsionsrecht wider sie statt findet.

M: 1=16 p. 21; 1=73 p. 2; 2=74 p. 4

§. 33.

*[Einl. § **47-49 AGB** / 43-45 ALR]*

Das Retorsionsrecht soll aber nur alsdenn ausgeübt werden, wenn in dem Staat, zu welchem der Fremde gehört, von den sonst daselbst geltenden Rechten, zum Nachtheil der Fremden überhaupt, oder der Königlichen Unterthanen insbesondre, eine Ausnahme gemacht wird.

M: *1=20 p. 10; 1=73 p. 2; 1=77 p. 7; 2=33 p. 2; 2=74 p. 4; 3=57 p. 20*

§. 34.

Von Auslegung der Gesetze.

*[Einl. § **50 AGB** / 46 ALR]*

Der Richter darf bey Entscheidung streitiger Fälle den Gesetzen keinen Sinn beylegen, der nicht durch die Worte, den Zusammenhang, und den Gegenstand des Gesetzes deutlich bestimmt ist.

M: *1=8 f. 3; 1=58 f. 3; 1=63 p. 13; 2=23 p. 1; 2=67 p. 2; 2=68 p. 8; 3=54 p. 4; 3=74 p. 5; 4=57 p. 20; 4=77 p. 8; 5=Angabe fehlt*

§. 35.

*[Einl. § **51 AGB**/47 ALR; zusätzl. **53-56 AGB**/49-52 ALR]*

Findet der Richter den Sinn des Gesetzes zweifelhaft, so muß er vor Abfassung der Urthels die Erklärung der Gesetzcommißion einholen.

M: *1=4 f. 6; 1=63 p. 13; 2=16 p. 22; 2=67 p. 2; 3=25 p. 1; 4=43 Sa. f.; 5=57 p. 20*

§. 36.

*[Einl. § **52 AGB** / 48 ALR]*

Dergleichen Erklärungen schon vorhandner Gesetze, gehen ohne Unterschied auf alle sowohl vergangene als künftige Fälle, welche nach der Zeit, wo die zweifelhafte Rechtsfrage dadurch bestimmt worden, zur richterlichen Entscheidung gelangen.

M: *1=4 f. 4; 1=64 p. 8; 2=10 f. 9; 2=62 p. 2; 3=16 p. 22; 3=77 p. 8; 4=17 p. 7; 5=43 p. 5; 5=64 p. 8; 5=68 p. 10; 5=69 p. 2; 6=50 p. 7; 7=54 p. 4*

§. 37.

*[Einl. § **58 AGB** / 54 ALR]*

Jedes Privilegium muß so erklärt werden, wie es am wenigsten zum Nachtheil eines Dritten gereicht.

M: *1=8 f. 4; 1=68 p. 10; 2=20 p. 12; 2=A. f.; 3=23 p. 1; 3=38 p. 12; 3=77 p. 8; 4=A. f.; 5=A. f./**R**: 07.80.0010-0011*

§. 38.

*[Einl. § **59** / 55 ALR; vgl. a. **60-62 AGB** / 56-58 ALR]*

Sonst aber sind Privilegia so zu deuten, daß die Gnade, welche der Landesherr dem Privilegirten angedeyhen lassen wollte, nicht vereitelt werde.

*M: 1=20 p. 14; 1=68 p. 10; 2=52 p. 1; 2=53 p. 8; 2=Angabe fehlt; 3=77 p. 8; 4=A. f.; 5=A. f./**R:** 07.80.0010-0011*

§. 39.

[-]

Wenn von Ausdehnung oder Einschränkung eines Privilegii die Rede ist, so muß darüber bey dem Gesetzgeber selbst angefragt werden.

*M: 1=8 f. 4; 2=12 f. 8; 3=20 f. 15; 4=43 p. 6; 5=52 p. 1; 6=53 p. 8; 7=54 p. 4; 8=53 p. 3; 9=57 p. 21/**R:** 07.80.0010-0011*

§. 40.

Von Aufhebung der Gesetze.

*[Einl. § **63 AGB** / 59 ALR]*

Jedes Gesetz behält so lange seine völlige Kraft, als es nicht ausdrücklich wiederrufen, oder abgeändert worden.

M: 1=16 p.22; 1=77 p. 9; 2=57 p. 21; 2=Angabe fehlt; 3=93 p. 1

§. 41.

*[Einl. § **64 AGB** / 60 ALR]*

So wenig neue Gesetze durch Gewohnheiten, Meynungen der Rechtslehrer, Richtersprüche, und in einzlen Fällen ergangene Verordnungen eingeführt werden können, so wenig können schon vorhandne Gesetze auf dergleichen Art wieder aufgehoben werden.

M: 1=50 p. 7; 1=74 p. 5; 2=53 p. 10; 2=78 p. 2; 3=54 p. 5; 3=102 p. 3; 4=55 p. 3

§. 42.

*[Einl. § **64 AGB** / 61 ALR]*

Privilegia, Statuten, und Provinzialrechte, werden durch neuere allgemeine Gesetze nicht aufgehoben, wenn nicht in letztern die Aufhebung der erstern ausdrücklich verordnet ist.

*M: 1=2 f. 8; 1=68 p. 10; 2=3 f. 2; 2=Angabe fehlt; 3=77 p. 9/**R:** 07.80.0010-0011*

§. 43.

*[Einl. § **74, 75 AGB** / 70, 71 ALR]*

Privilegia, welche der zeitige Inhaber nicht aus bloßer Gnade erlangt hat, sollen nicht anders, als aus überwiegenden Gründen für das gemeine Beste, gegen billige Entschädigung, zurück genommen werden.

*M: 1=16 p. 23; 1=67 p. 2; 1=101 p. 4; 2=2 f. 8; 2=73 p. 2; 3=8 f. 4; 3=74 p. 6; 4=16 p. 73; 4=43 p. 7; 4=75 p. 3; 5=20 p. 17; 5=77 p. 10; 6=43 p. 7; 6=67 p. 3; 7=55 p. 3; 8=57 p. 22/ **R:** 07.80.0010-0011*

§. 44.

*[Einl. § **67 AGB** / 63 ALR]*

Privilegia, die nur einer gewissen Person ertheilt worden, erlöschen mit dem Abgange des Privilegirten; es wäre denn, daß sie ausdrücklich auch seinen Erben verliehen worden.

M: 1=16 p. 23; 1=75 p. 3; 2=12 f. 9; 2=77 p. 10; 3=Angabe fehlt; 4=Angabe fehlt; 5=A. f./R: 07.80.0010-0011

§. 45.

*[Einl. § **68, 69, 70 AGB** / 64, 65, 66 ALR]*

Privilegia, die einer Sache ankleben, gehen mit der Sache auf jeden Besitzer über; in so fern nicht gewisse Personen von deren Ausübung ausdrücklich ausgeschlossen sind.

M: 1=16 p. 23; 1=53 p. 4; 2=20 p. 18; 3=53 p. 4; 3=77 p. 10; 4=54 p. 5; 5=57 p. 22; 5=77 p. 10 R: 07.80.0010-0011

§. 46.

*[Einl. § **76 AGB** / 72 ALR]*

Der Mißbrauch eines Privilegii berechtigt den Landesherrn, solches zurück zu nehmen.

M: 1=4 f. 3; 1=16 p. 23; 1=17 p. 11; 1=18 p. 11; 1=77 p. 11; 2=9 f.16; 2=20 p.18/20; 2=77 p. 11; 2=102 p.4; 3=43 p. 7; 3=53 p. 4; 3=65 p. 11; 3=67 p. 7; 3=77 p. 10; 4=54 p. 5; 4=55 p. 6; 5=48 p. 1; 5=57 p. 22; 5=77 p. 10; 6=52 p. 1; 7=53 p. 11; 8=54 p. 5; 9=55 p. 6; 10=57 p. 23; 11=56 p. 2 R: 07.80.0010-0011

§. 47.

*[Einl. § **71** / 67 ALR]*

Privilegia, welche auf gewisse Zeit verliehen sind, verliehren mit dem Ablauf dieser Zeit von selbst ihre Kraft.

M: 1=19 p. 1; 1=77 p. 11; 2=Angabe fehlt R: 07.80.0010-0011

§. 48.

*[Einl. § **72 AGB** / 68 ALR]*

Privilegia, welche unter einer gewissen ausdrücklichen Bedingung verliehen worden, gelten nur in so so fern, als dieser Bedingung ein Genüge geschiehet.

R: 07.80.0010-0011

§. 49.

[Einl. § 73 / 69 ALR]

Privilegia, welche zu einem ausdrücklich bestimmten Endzweck gegeben sind, hören auf, wenn der Endzweck erreicht ist, oder nicht ferner erreicht werden kann.

M: 1=16 p. 24; 1=77 p. 11; 2=33 p. 2; 2=Angabe fehlt; 3=43 p. 8; 4=44 p. 9; 5=44 p. 15 R: 07.80.0010-0011

Allgemeine Grundsätze des Rechts[a].

Rechte und Pflichten des Staats gegen die Bürger.

§. 50.[21]

*[Einl. § **77 AGB** / - ALR]*

Das allgemeine Wohl ist der Grund der Gesetze.

M: *1=1 f. 9; 1=68 p. 11; 2=4 f. 6; 2=93 p.1; 3=8 f. 4; 4=57 p. 24*

§. 51.

*[Einl. § **83 AGB** / 76 ALR**;** vgl. a. II 13 §§ 1 ff., II 17 §§ 1, 2 ALR]*

Der Staat ist verpflichtet, für die innere und äußere Ruhe und Sicherheit seiner Mitglieder zu sorgen.

M: *1=8 f. 8; 2=54 p. 5; 3=53 p. 6*

§. 52.

*[Einl. § **78 AGB** / - ALR]*

Er ist berechtigt, die äußern Handlungen aller, welche seinen Schutz geniessen, diesem Endzweck gemäß anzuordnen.

M: *1=8 f. 5; 2=54 p. 6*

§. 53.

*[Einl. § **80 AGB** / 73 ALR]*

Jeder Bürger des Staats ist schuldig, das Seinige zu Erreichung dieses Endzwecks beyzutragen.

M: *1=6 f. 5*

§. 54.

*[Einl. § **81 AGB** / 74 ALR**; 82 AGB** / 75 ALR]*

Alle einzle Rechte der Bürger des Staats müssen dem Endzweck der allgemeinen Ruhe und Sicherheit untergeordnet werden.

M: *1=8 f. 6; 2=16 p. 24*

§. 55.

[- , vgl. II XVII § 127 ALR]

Niemand darf dem Staat, ohne dessen Einwilligung, seine Person oder sein Vermögen entziehen*).

M: *1=16 p. 25; 1=74 p. 6; 2=29 p. 1; 2=93 p. 1; 3=20 p. 22; 3=62 p. 3; 3=67 p. 3; 3=102 p. 4; 4=29 p. 1; 5=43 p. 8; 5=102 p. 4; 6=59 p. 4; 6=53 p. 12; 6=61 f. 3; 7=54 p. 6; 8=57 p. 24; 9=1 f. 9; 10=8 f. 7; 11=10 f. 10.*

---

a **E:** 07.72.0054-0081 **Nachtr.E:** 07.74.0019r-0031r
R: 07.80.0012-0021 zu §§ 50-130
Die Zwischenüberschrift entspricht der 1. Randüberschrift (§ 1).

21 *Schon der Entwurf meidet den Hinweis auf die Monarchie.*

*) In welchen Fällen der Staat seinen Bürgern die Auswanderung versagen könne, gehört nicht in die allgemeine Grundsätze des Rechts, sondern erfordert, nach obwaltenden Umständen, besondre Bestimmungen. [*Das deutet auf eine grundrechtliche Absicht der Einleitung hin,*

§. 56.

*[Einl. § **79 AGB** / - ALR]*

Der Staat kann die natürliche Freyheit seiner Bürger nur in so fern einschränken, als das Wohl der gesellschaftlichen Verbindung solches erfordert.

***M:** 1=8 f. 7; 1=63 p. 1-6; 1=68 p. 12; 2=16 p. 35; 2=63 p. 6; 2=68 p. 13; 2=101 p. 4; 3=57 p. 27; 3=63 p. 10*

§. 57.

[-]

Sowohl dem Staat als seinen Bürgern, müssen die wechselseitigen Zusagen und Verträge heilig seyn.

§. 58.

[-]

Der Obersten Macht im Staat ist jedes Mitglied desselben Treue und Gehorsam schuldig.

§. 59.

*[Einl. § **84 AGB** / 77 ALR]*

Niemand darf sich eigenmächtigerweise Recht verschaffen.

***M:** 1=8 f. 8; 2=57 p. 27*

§. 60.

*[Einl. § **85 AGB** / 78 ALR vgl. a. **86-89 AGB** / 79-81 ALR]*

Nur so weit ist die Selbsthülfe erlaubt, als die Hülfe des Staats nicht schnell genug erfolgen kann, einen unwiederbringlichen Schaden abzuwehren.

***M:** 1=2 f. 8; 1=58 f. 3; 2=6 f. 14; 2=74 p. 7; 3=8 f. 7; 3=94 f. 209; 4=16 p. 25; 5=23 p. 1*

§. 61.

Rechte und Pflichten der Bürger des Staats unter sich

[I III § 1, 2]

Nur äußere moralisch freye Handlungen der Bürger des Staats sind der Gegenstand der Gesetze.

***M:** 1=10 f. 11; 1=73 p. 2; 2=40 p. 1; 2=93 p. 1; 3=43 p. 8; 3=101 p. 5*[22]

---

der es entspricht, wenn Svarez die Frage in den Kronprinzenvorträgen unter den allgemeinen Grundsätzen der zwischen Staat und Bürgern geltenden Rechts erörtert.]

[22] *Das AGB/ALR weicht von der Systematik des Entwurfs ab. Nicht nur sind die beiden Teile vertauscht. Das Recht der Handlungen wird auch - vervollständigt (zur Form: s. I 3 §§ 40-44; zur Zeitbestimmung s. §§ 45-49) und präzisiert - in einem eigenen Titel behandelt (Teil 1 Titel 3). Überdies wird ein Titel "Von Personen und deren Rechten überhaupt" unmittelbar an diese Einleitung angefügt und erst daran die Einleitung zum Sachenrecht als Titel 2 angeschlossen.*

§. 62.

Moralität der Handlungen

[-]

Wo das Vermögen frey zu handeln, ganz wegfällt, da kann keine Verbindlichkeit aus den Gesetzen statt finden.

M: *1=8 f. 7; 1=Angabe fehlt*

§. 63.

[-]

Die Folgen solcher ohne Freyheit begangnen Handlungen werden in der Regel niemand zugerechnet.

M: *1=16 p.26; 1=68 p. 14; 1=77 p.13; 2=57 p. 28; 2=Angabe fehlt*

§. 64.

[-]

Ausnahmen von dieser Regel müssen durch ausdrückliche Verordnungen bürgerlicher Gesetze bestimmt seyn.

M: *1=3 f. 2; 1=61 f. 2; 2=74 p. 7*

§. 65.

[I III § 4-7ff.]

Die Folgen moralisch freyer Handlungen werden allemal dem Handelnden zugerechnet.

M: *1=3 f. 2; 2=10 f. 11*

§. 66.

[-]

Diese Zurechnung findet auch alsdenn statt, wenn jemand dergleichen Handlung durch einen andern vornimmt.

M: *1=3 f. 2; 1=68 p. 14; 2=33 p. 2; 2=77 p. 13; 3=49 p. 4*

§. 67.

[I III § 14]

Je weniger das Vermögen frey zu handeln eingeschränkt ist, desto weiter erstreckt sich die Zurechnung der Folgen.

M: *1=10 f. 12; 1=77 p. 13; 2=73 p. 2; 3=Angabe fehlt*

§. 68.

[-]

Wer mit Vorsatz wider das Gesetz handelt, dem werden alle Folgen, die aus dieser Handlung entstehen, zugerechnet.

M: *1=1 f. 10; 1=62 p. 5; 2=10 f. 13; 3=52 p. 2; 4=53 p. 13; 4=54 p. 6; 4=55 p. 7; 4=56 p. 3; 5=54 p. 6*

§. 69.

[I III § 13]

Auch Zufälle müssen, so weit sie durch gesetzwidrige Handlung schädlich geworden, von dem Handelnden vertreten werden.

M: 1=10 f. 13; 1=62 p. 5; 1=67 p. 3; 2=16 p. 26; 2=68 p. 15; 3=33 p. 3; 3=72 p. 2; 4=53 p. 13; 4=57 p. 28; 4=77 p. 13

§. 70.

[I III §16]

In Geschäften des bürgerlichen Lebens, ist ein jeder schuldig, Aufmerksamkeit anzuwenden, daß er den Gesetzen gemäß handle.

M: 1=53 p. 3; 1=93 p. 2

§. 71.

[I III § 18]

Ein Versehen, welches bey gewöhnlichen Fähigkeiten, ohne Anstrengung der Aufmerksamkeit, vermieden werden könnte, heißt ein grobes Versehen.

M: 1=20 p. 25; 1=61 f. 2; 1=73 p. 3; 2=33 p. 3; 2=93 p. 2; 3=37 p. 1

§. 72.

[I III § 19]

Die Folgen eines groben Versehens werden eben so zugerechnet, als die des Vorsatzes.

M: 1=8 f. 8; 1=74 p. 7; 2=16 p. 27; 3=50 p. 8

§. 73.

[-]

Doch wird der Vorsatz härter bestraft, als das Versehen.

M: 1=10 f. 13

§. 74.

[I III § 15]

Bey gesetzwidrigen Handlungen wird mehr vermuthet, daß sie aus Versehen, als daß sie aus Vorsatz begangen worden.

M: 1=8 f. 8; 1=74 p. 7; 2=10 f. 13

§. 75.

[I III § 20]

Ein Versehen, welches bey einem gewöhnlichen Grade von Aufmerksamkeit vermieden werden konnte, wird für ein mäßiges Versehen geachtet.

§. 76.

[I III § 21]

Auch der durch ein mäßiges Versehen verursachte Schaden muß vertreten werden.

M: 1=10 f. 13

§. 77.

[I III § 22]

Für ein geringes Versehen ist dasjenige zu halten, welches nur durch vorzügliche Aufmerksamkeit oder Fähigkeiten, oder durch eine besondre Kenntniß der Sache oder des Geschäftes vermieden werden konnte.

M: *1=93 p. 2*

§. 78.

[I III § 23]

Ein geringes Versehen darf nur der vertreten, welcher verpflichtet ist, bey der vorzunehmenden Handlung, vorzügliche Fähigkeiten, besondre Kenntnisse, oder eine mehr als gewöhnliche Aufmerksamkeit anzuwenden.

M: *1=16 p. 27; 1=77 p. 14*

§. 79.

[I III § 24, 25]

In welchen Fällen Ausnahmen von den §. 76 & 78 vorgetragnen Regeln statt finden, bestimmen die Gesetze.

M: *1=2 f. 9; 1=102 p. 5; 2=43 p. 9*

§. 80.

[I XVI § 15]

Ein jeder ist schuldig, seine Verbindlichkeiten auch zur gehörigen Zeit zu erfüllen.

M: *1=8 f. 8; 1=63 p. 14; 2=57 p. 29; 2=Angabe fehlt; 3=A. f.; 4=A. f.; 5=A. f. p .17*

§. 81.

[I XVI § 16]

Wer solches unterläßt, dem werden die Folgen seiner Zögerung zugerechnet.

§. 82.

[I XVI § 17, 18, 19]

Wenn diese Folgen durch Gesetze oder Verträge nicht ausdrücklich bestimmt sind, so ist die Vertretung bloß auf den Ersatz des aus der Zögerung entstandenen Schadens eingeschränkt.

§. 83.

[I XVI § 20]

Die Zeit, wenn eine Verbindlichkeit erfüllt werden soll, kann durch Gesetze, Verträge oder richterlichen Ausspruch festgesetzt werden.

M: *1=8 f. 8; 1=77 p. 14; 2=38 p. 14; 3=49 p. 4*

§. 84.

[I XVI § 20]

Wo dergleichen Festsetzung ermangelt, muß der, welcher

aus der Verbindlichkeit des andern ein Recht hat, denselben zu deren Erfüllung auffordern.

§. 85.

[I XVI § 21]

So lange dergleichen Aufforderung nicht geschehen ist, dürfen die Folgen der Zögerung nicht vertreten werden.

§. 86.

[I XVI § 22, 23-27]

Dem Schuldner wird seine Zögerung nicht zugerechnet, wenn der, dem die Schuldigkeit geleistet werden soll, etwas unterläßt, was von seiner Seite zur Vollziehung des Geschäfts hätte geschehen sollen.

***M:** 1=17 p. 7; 1=67 p. 3; 2=33 p. 3; 2=75 p. 3; 3=38 p. 14; 3=101 p. 5; 4=43 p. 9; 4=61 f. 2; 5=16 p. 28*

§. 87.

Erwerbung der Rechte.

[I III § 26, 27]

Wer fordert, daß ein andrer etwas thun soll, oder sonst desselben Freyheit zu handeln einschränken will, muß dazu durch die Gesetze eine besondre Befugniß erhalten haben.

***M:** 1=16 p. 29; 1=50 p. 10; 1=63 p. 1-6/14/19; 2=63 p. 6; 2=Angabe fehlt; 3=63 p. 10; 3=Angabe fehlt; 4=Angabe fehlt; 5=Angabe fehlt p. 17*

§. 88.

*[Einl. § **89-94 AGB** / 82-87 ALR; I III § 32-39 ALR]*

Alle Rechte der Bürger des Staats entspringen entweder unmittelbar aus dem Gesetze, oder sie sind Folgen, welche die Gesetze mit gewissen Handlungen verbinden.

***M:** 1=63 p. 14; 1=101 p. 6; 2=Angabe fehlt; 3=Angabe fehlt; 4=A. f.; 5=A. f. p. 17*

§. 89.

[I I § 6 ff.]

Wem im Staat ein gewisser Stand zukommt, dem kommen in der Regel alle Rechte zu, welche die Gesetze diesem Stande beylegen.

§. 90.

[I I § 6 ff.]

Ausnahmen von dieser Regel müssen durch besondere Gesetze, oder durch Verträge bestimmt seyn.

§. 91.

[I III § 30, 31]

Rechte, die mit einen gewissen Stande nicht verbunden

sind, werden durch einseitige Handlungen, oder durch Verträge erworben.

M: 1=16 p. 29; 1=63 p. 19-20; 2=50 p. 10; 2=73 p. 3; 3=55 p. 7; 3=77 p. 14

§. 92.

[I III § 32]

Aus gesetzwidrigen Handlungen können dem Handelnden zwar Verbindlichkeiten, aber keine Rechte zuwachsen.

M: 1=73 p. 3

Ausübung der Rechte.

§. 93.

*[Einl. § **95, 96 AGB** / 88, 89 ALR]*

So weit als jemanden ein Recht zusteht, so weit ist er befugt, solches auszuüben.

§. 94.

[-]

Zu allen Vortheilen, die er sich durch dessen Ausübung verschaffen kann, ist er berechtigt.

§. 95.

[-]

Es ist aber auch verbunden, die damit verknüpften Lasten zu tragen.

§. 96.

*[Einl. § **97 AGB** / 90 ALR]*

Wodurch sich jemand, ohne die Rechte der andern zu kränken, Vortheil verschaffen kann, dazu ist er berechtigt.

M: 1=16 p. 70; 2=53 p. 14

§. 97.

*[Einl. § **98 AGB** / 91 ALR]*

Das Recht zum Größern und Mehrern, schließt das Recht zu Geringern und Wenigern derselben Art in sich.

M: 1=53 p. 11; 1=77 p. 14

§. 98.

*[vgl. Einl. § **93, 96 AGB** / 86, 89 ALR]*

Wem die Gesetze ein vollkommenes Recht geben, dem ertheilen sie auch die Befugniß, sich aller zu dessen Ausübung nothwendiger Mittel zu bedienen.

M: 1=43 p. 10; 1=67 p. 3; 2=53 p. 16; 2=73 p. 3; 3=56 p. 3

§. 99.

*[Einl. § **99 AGB** / 92 ALR]*

Wenn die Gesetze jemand ein Recht ertheilen, so verpflichten sie seine Mitbürger, die Ausübung desselben geschehen zu lassen.

§. 100.

*[Einl. § **100 AGB** / 93 ALR]*

Niemand darf den andern in seinem Rechte kränken, oder ihn an dessen Ausübung hindern.

M: 1=53 p. 16

§. 101.

*[Einl. § **101 AGB** / 94 ALR]*

Wer sein Recht nach den Gesetzen ausübt, beleidigt niemand.

*M: 1=63 p. 20-24 **zu §. 102/107***

§. 102.

*[Einl. § **102 AGB** / 95 ALR]*

Collision der Rechte.

Wenn die Rechte verschiedener Mitglieder des Staats dergestalt in Widerspruch (Collisio) gerathen, daß beyde zugleich nicht ausgeübt werden können, so muß das schwächere dem stärkern nachstehen.

M: 1=1 f. 10; 2=8 f. 8

§. 103.

*[Einl. § **103, 104 AGB** / 96, 97 ALR]*

Welches Recht das stärkere (Jus potius) sey, muß der Richter nach den Gesetzen bestimmen.

M: 1=3 f. 3; 2=4 f. 6; 3=8 f. 9; 4=32 p. 2; 5=33 p. 4; 6=53 p. 16; 7=54 p. 7

§. 104.

[-]

Ermangelt der gesetzliche Grund zu einer solchen Bestimmung, so kann nur das Oberhaupt des Staats dieselbe, nach dem Erforderniß des gemeinen Besten, ertheilen.

M: 1=8 f. 9; 1=63 p. 24; 2=43 p. 10; 2=62 p. 24; 2=102 p. 6

§. 105.

*[Einl. § **105 AGB** / 98 ALR]*

So lange bis der Richter, oder das Oberhaupt des Staats bestimmt hat, müssen die beyderseitigen Rechte ruhen.

M: 1=66 p. 4; 1=74 p. 7; 2=43 p. 10

§. 106.

*[Einl. § **104 AGB** / 97 ALR]*

Sind die in Collision gekommene Rechte einander gleich, so ist der Staat befugt, beyde in ihrer Ausübung dergestalt einzuschränken, daß sie zusammen bestehen können.

M: 1=8 f. 9; 2=16 p. 31

§. 107.

[-]

Können dergleichen Einschränkungen nicht statt finden, so

muß ein jeder sich der Ausübung seines Rechts gegen den andern enthalten.

M: 1=2 f. 9; 2=55 p. 8

§. 108.

Uebertragung der Rechte.

*[Einl. § **106 AGB** /99 ALR; vgl. II VIII § 345 EAGB und I XI § 382 ALR]*

Rechte, welche an keine gewisse Person gebunden sind, können von einem auf den andern übertragen worden.

M: 1=53 p. 16; 1=73 p. 3

§. 109.

[I 1 § 6 ff.]

Rechte, die in den Gesetzen einem gewissen Stande beygelegt werden, sind in der Regel an die Person gebunden, welcher dieser Stand zukommt.

§. 110.

*[Einl. § **108 AGB** / 101 ALR].*

Niemand kann einem andern mehr Recht übertragen, als er selbst hat.

M: 1=33 p. 4

§. 111.

[-]

Wer einem andern eine Sache überträgt, der überträgt ihm zugleich alle in Beziehung auf die Sache zukommende Rechte, soweit er sich solche nicht vorbehalten hat.

M: 1=40 p. 1; 2=55 p. 8

§. 112.

[-]

Kein Bürger des Staats kann den andern zwingen, ihm sein Recht abzutreten.

M: 1=9 f. 18; 1=62 p. 5; 2=77 p. 15; 2=102 p. 6

§. 113.

*[Einl. § **81, 82 AGB** / 74, 75 ALR]*

Wenn es das gemeine Wohl erfordert, so kann ihn der Staat zu Abtretung seines Rechts gegen billige Vergütigung nöthigen.

M: 1=3 f. 3; 1=74 p. 8; 2=4 f. 7; 2=75 p. 3; 3=8 f. 9; 4=16 p. 32; 5=57 p. 29

§. 114.[23]

[-]

Wer Verbindlichkeiten eines andern, die an desselben Person nicht gebunden sind, für ihn erfüllt, tritt dadurch in die

---

23 *Der Fall wird in der Gesetzesfassung im Zusammenhang der Geschäftsführung ohne Auftrag behandelt.*

Rechte desjenigen, welchem diese Verbindlichkeiten geleistet werden mußten.

M: 1=8 f. 9; 1=62 p. 6; 2=20 p. 26; 2=68 p. 15; 3=17 p. 8; 3=Angabe fehlt; 4=40 p. 3; 4=75 p. 3; 5=50 p. 10; 5=78 p. 3; 6=57 p. 114

§. 115.

[-]

Verlust der Rechte.

Wenn erhellet, daß jemand einmal ein Recht gehabt, so wird vermuthet, daß er solches noch habe.

M: 1=38 p. 15; 1=58 f. 4

§. 116.

*[Einl. § **111 AGB** / 104 ALR]*

Rechte die an einen gewissen Stand gebunden sind, gehen mit dem Stande zugleich verlohren.

M: 1=44 p. 17; 1=74 p. 8

§. 117.

*[Einl. § **115 AGB** / 108 ALR]*

So weit jemandes Recht von dem Rechte eines andern abhängt, wird ersterer mit letztern seines Rechts zugleich verlustig.

M: 1=68 p. 15-16; 2=93 p. 2

§. 118.

[-; vgl. II II XIII § 235 EAGB und I XVI § 396 ALR]

Jeder kann seinem Rechte entsagen, wo die Gesetze solches nicht ausdrücklich verbieten.

M: 1=16 p. 33; 2=57 p. 31; 3=3 f. 3

§. 119.

*[Einl. § **112, 113 AGB** / 105, 106 ALR]*

Daß jemand sich seines Rechts habe begeben wollen, wird nicht vermuthet.

M: 1=3 f. 3; 1=86 f. 127

§. 120.

[- ; vgl. II II XIII § 239 EAGB; I XVI §§ 378 ff. ALR]

Die Entsagung eines Rechts kann über die Worte des Entsagenden nicht ausgedehnt werden.

M: 1=20 p. 27; 1=101 p. 6; 2=38 p. 15; 3=57 p. 51

§. 121.

[-]

Soweit sich jemand seines Rechts begeben hat, kann er sich desselben in der Folge nicht eigenmächtig wieder anmaßen.

§. 122.

*[Einl. § **114 AGB** / 107 ALR; vgl. I XVI § 381]*

Durch die unterlaßne Ausübung eines Rechts, geht das

Recht selbst nicht verlohren.

M: 1=20 p. 22; 1=58 f. 4; 1=62 p. 6; 2=23 p. 2; 2=50 p. 10; 2=53 p. 8/16; 2=94 f. 209; 3=57 p. 32; 3=67 p. 4; 3=73 p. 3; 4=102 p. 6

§. 123.

[-]

Kein Bürger des Staats kann den andern zwingen, sich seines Rechts zu bedienen.

M: 1=4 f. 8; 1=9 f. 16; 1=68 p. 16; 2=44 p. 18; 3=57 p. 32; 4=43 p. 10; 4=50 p. 11

§. 124.

[-]

Der Staat aber kann ihn, aus Gründen des gemeinen Wohls, dazu nöthigen.

M:1=8 f.9; 1=68 p.16-19; 2=16 p.33; 2=Angabe fehlt; 3=57 p. 32

§. 125.

[-]

Das gemeine Wohl erfordert, daß die Rechte der Bürger des Staats nicht ungewiß und verdunkelt werden.

M: 1=8 f. 10; 1=68 p. 19-21; 2=57 p. 32

§. 126.

*[Einl. § **114 AGB** / 107 ALR]*

Der Staat kann die durch eine gewisse Zeit unterlaßne Ausübung eines Rechts, mit dem Verluste desselben strafen.

M: 1=8 f. 10; 1=68 p. 21-24; 2=9 f. 17; 2=Angabe fehlt; 3=53 p. 16; 3=Angabe fehlt; 4=73 p. 3; 5=96 f. 235

§. 127.

*[Einl. § **114 AGB** / 107 ALR]*

Dergleichen Fälle müssen jedoch in den Gesetzen ausdrücklich bestimmt seyn.*)

M: 1=16 p. 34; 2=20 p. 28; 3=50 p. 11

§. 128.

Eintheilung der Rechte.

[-]

Rechte und Verbindlichkeiten, die sich auf den Stand, oder die persönlichen Verhältnisse der Bürger des Staats beziehen, heissen Personenrechte (Jus personarum.)

M: 1=32 p. 4; 1=63 p. 25-35

---

*) In wie fern durch den bloßen Besitz ein Recht erworben werden könne, gehört in das Sachenrecht.

§. 129.

[-]

Rechte, die auf gewisse Sachen, ohne Rücksicht auf eine bestimmte Person, ausgeübt werden können, sind dingliche Rechte (Jus reale.)

§. 130.

[-]

Rechte, deren Ausübung nur gegen gewisse Personen statt findet, heissen persönliche Rechte (Jus personale.)**)

***M:** 1=62 p. 6; 2=57*p. 32; 2=101 p. 7; 3=1 f. 10; 3=77 p. 15*

**) Die allgemeinen Regeln des Rechts, welche mehr Sachen als Personen zum Gegenstand haben, können erst nach Vollendung des zwoten Theils hier nachgetragen werden. [*Tatsächlich findet sich vor dem 2. Teil des Entwurfs eine zweite Einleitung, die im AGB/ALR in den dortigen I. Teil integriert worden ist.*]

Erster Theil.

Von dem Rechte der Personen nach ihren Verhältnissen[24] im Staate[a].

[24] *Verhältnisse bedeutet hiernach dasselbe wie Rechtsbeziehungen, bzw. Stand. Im AGB/ALR entfällt die Überschrift, auch die Kurzbezeichnung „Personenrecht" wird für diesen - nunmehr II. - Teil nicht mehr gebraucht.*

[a] **M:** 1=1 f. 3

Erste Abtheilung [a].
Von den Rechten und Pflichten des Hausstandes[25].

Die Verhältnisse, worin der Staat und dessen Mitglieder gegen einander stehen, bestimmen deren wechselseitige Rechte und Pflichten[26].
Der Staat besteht aus mehrern kleinern, durch Natur oder Gesetze, oder durch beyde zugleich, verbundnen Gesellschaften und Ständen.
Die häusliche, oder Familiengesellschaft, wird zunächst durch die eheliche Verbindung gegründet.

***M:** 1=63 p. 36; 2=77 p. 2*

Erster Titel.
Von der Ehe[b].

§. 1.

[II I § 1]
Der Hauptzweck der Ehe ist die Erzeugung und Erziehung der Kinder.

***M:** 1=50 p. 25; 2=57 p. 35*

§. 2.

[II I § 2]
Auch zur wechselseitigen Unterstützung allein kann eine eheliche Verbindung geschlossen werden.

***M:** 1=4 f. 9; 2=8 f. 10; 3=9 f. 19; 3=10 f. 16; 4=11 f. 11; 4=73 p. 4; 5=15 f. 4; 6=16 p. 34; 6=67 p. 4; 7=50 p. 25; 8=53 p. 25; 9=57 p. 35*

---

a **Nachtr.E:** 07.74.0032[r]

25 *Das AGB/ALR verzichtet auf die Einteilung in Abteilungen und damit auch auf diese Überschrift.*

26 *Die einleitenden, nicht in Form eines Paragraphen gebrachten, naturrechtlichen Sätze sind in AGB/ALR entfallen.*

b **Volckmar**: 07.02.0160 **Klein:** 07.08.0019 **Svarez:** 07.08.0169 **1. Entw**. 07.08.0194
E: 07.72.0082[r]-0084
R: 07.80.0022 zu §§ 1-2
M: 1=16 p. 37; 2=53 p 17-22; 3=34 p. 8

Erster Abschnitt.
Von den Erfordernissen einer gültigen Ehe[a]

§. 3.

Ehen zwischen allzu nahen Verwandten sind verboten.

[II I § 3-5]

Zwischen Verwandten in auf= und absteigender Linie, ehelicher und unehelicher Geburt; Zwischen voll= und halbbürtigen, in oder außer der Ehe erzeugten Geschwistern, ingleichen Zwischen Stief= oder Schwiegereltern, mit ihren angeheyratheten Kindern und Enkeln, sind eheliche Verbindungen gänzlich verboten.

M: *1=17 §. 3; 1=62 p. 7; 2=37 p. 2; 2=81 p. 5; 3=50 p. 25; 3=73 p. 4; 4=57 p. 36; 4=A. f.; 5=6 f. 15; 5=102 p. 7; 6=A. f.; 7=17 f. 6; 7=19 p. 1; 8=13 f. 2; 9=15 f. 6; 10=32 p. 10; 11=33 p. 4; 11=67 p. 4; 12=27 p. 1; 12=38 p. 18*

§. 4.

[II I § 6]

Wenn auch die Ehe, durch welche das Verhältniß zwischen Stief= oder Schwiegereltern und Kindern entstanden ist, wieder getrennt wird, so findet dennoch unter solchen Personen keine Verheyrathung statt.

M: *1=13 f. 2; 2=37 p. 3; 3=57 p. 38*

§. 5.

[II I § 7,8-10]

In allen übrigen Graden der Verwandtschaft ist die Ehe unter Protestanten erlaubt, und bedarf es dazu keiner Dispensation.*)

M: *1=17 p. 9; 1=93 f. 184; 2=20 p. 29; 2=A. f.; 3=29 p. 2; 4=38 p. 23; 5=43 §§. 3/11; 6=54 p. 9*

§. 6.

[II I § 11, 12]

Die Dispensation, welche katholische Glaubensgenossen, in

---

[a] **Klein:** 07.08.0039 **E:** 07.72.0085-0145
Nachtr.E:07.74.0032^r-0042^v
R: 07.80.0022-0030 zu §§ 3-54

*) In solchen weitern Graden sind bisher schon bey uns Dispensationen ertheilt worden. Wer die phyischen und moralischen Gründe der Lehre *de gradibus prohibitis* aufmerksam prüft, wird finden, daß solche nur auf die nach §. 1. verbotenen nächsten Grade passen. Uebrigens können unnöthige Dispensationsgesuche mit dem Zwecke der Erleichterung und Beförderung der Heiraten nicht bestehen.

andern, als den vorstehend verbotnen Graden, nach ihren Religionsgrundsätzen, von dem Bischof nachsuchen müssen, erhält erst durch die Bestätigung der Landesregierung rechtliche Kraft. (cf. §. 706.)

M: 1=73 p. 4: 1=75 p. 4; 1=99 p. 3; 1=102 p. 8; 2=16 p. 39; 3=17 p. 10; 4=38 p. 23; 5=57 p. 38

§. 7.

[II I § 13]

Zwischen Personen, deren eine die andre an Kindes statt angenommen hat, kann ohne Erlaubniß der Landesregierung keine gültige Heyrath geschlossen werden. (cf. §. 714.)

M: 1=5 f. 17; 1=67 p. 4; 2=14 f. 2; 2=102 p. 8; 3=17 p. 10; 4=37 p. 4; 5=38 p. 59; 6=57 p. 41; 7=A. f.

§. 8.

[II I § 14]

Desgleichen zwischen einem Vormund und seiner Pflegebefohlnen.

Ein Vormund soll während seiner Vormundschaft, ohne vorhergegangene Untersuchung und Genehmigung der Obrigkeit, weder sich noch seine Kinder mit seinen Pflegbefohlnen verehelichen. (cf. §. 707 = 713.)

M:1=2 f. 9; 1=67 p. 4; 2=57 p. 44; 2=102 p. 8

§. 9.

[II I § 16]

Polygamie ist verboten.

Ein Mann kann nur Eine Frau, und eine Frau nur Einen Mann zu gleicher Zeit zur Ehe haben. (cf. §. 716. sqq.)

M: 1=4 f. 17; 1=81 p. 8-12; 2=8 f. 10; 2=81 p. 13; 3=14 f. 4; 4=50 p. 28/33

§. 10.

[II I § 17]

Was von Personen zu beobachten, die zur zweyten Ehe schreiten.

Wer zur zweyten und fernern Ehe schreiten will, muß die Trennung der vorigen Ehe vor dem Aufgeboth darthun.

M: 1=16 p. 39; 1=92 f. 172; 2=17 p. 10; 2=93 p. 2; 3=23 p. 3; 4=57 p. 48; 5=53 p. 23; 6=54 p. 9; 6=57 p. 48

§. 11.

[II I § 18]

Sind Kinder aus einer vorhergehenden Ehe vorhanden, so muß deren gesetzliche Abfindung nachgewiesen werden. (cf. §. 720.)

M: 1=23 p. 2; 1=75 p. 4; 2=68 p. 24; 2=88 f. 4

§. 12.

[II I § 19, 20, 21-23]

Wittwen und geschiedne Frauen sollen nicht eher, als 9 Monath nach Trennung der vorigen Ehe, sich wieder verheyrathen. (cf. §. 724.)

M: 1=3 f. 4; 1=74 p. 8; 2=20 f. 4

§. 13.

[II I § 22]

Ist keine Schwangerschaft nach den Umständen wahrscheinlich, so kann der ordentliche Richter eine frühere Heyrath gestatten.

M: 1=16 p. 39; 1=38 p. 60; 1=73 p. 4; 1=101 p. 9; 2=31 p. 5; 3=8 f. 11; 3=43 p. 11; 4=15 f. 10; 4=49 p. 5; 4=56 f. 4; 4=70 p. 2

§. 14.

[II I § 24]

Eine anderweitige Heyrath des Wittwers soll nicht eher als drey Monathe nach dem Absterben seiner ersten Frau, vollzogen werden.

M: 1=16 p. 46; 1=67 p. 4; 2=20 p. 33; 2=93 p. 2; 3=57 p. 52

§. 15.

[II I § 24]

Doch kann der ordentliche Richter, aus erheblichen Gründen, eine frühere Vereheligung nachgeben.

M: 1=57 p. 53; 2=2 f. 9; 2=93 p. 3; 3=8 f. 11

§. 16.

Personen, die im Ehebruch gelebt, können einander nicht heyrathen.

[II I § 25]

Personen, die wegen Ehebruchs geschieden worden, können diejenigen, mit welchen sie diesen Ehebruch getrieben haben, nicht heyrathen. (cf. §. 726.)

M: 1a=58 f. 5; 1a=70 p. 2; 1b=7 f. 4; 1=93 p. 3; 2=17 p. 11; 2=73 p. 4; 3=27 p. 2; 4=37 p. 53

§. 17.

[II I § 26, 27-29]

Auch solche, die durch verdächtigen Umgang, oder gestiftete Mißhelligkeiten, Anlaß zur Trennung einer Ehe gegeben haben, sollen die geschiedne Person nicht ehelichen.

M: 1=1 f. 16; 1=99 p. 4; 2=4 f. 11; 2=102 p. 8; 3=15 f. 12; 3=68 p. 26; 4=18 p. 40; 4=58 f. 5; 4=68 p. 24; 5=43 p. 12

§. 18.

Ungleiche Ehen sind verboten.

[II I § 30,31]

Personen von Adel können mit Personen aus dem Bauer=

oder geringerem Bürgerstande keine vollgültige Ehe schliessen. (cf. §. 727.)*)

M: 1=7 f. 4; 1=60 p. 1; 1=63 p. 36; 1=68 p. 26; 2=8 f. 11; 2=59 p. 7; 2=92 f. 172; 2=99 unl.; 2=102 p. 8/10; 3=11 f. 7; 3=58 f. 5; 3=73 p. 4; 3=99 p. 6; 3=102 p. 10; 4=15 f. 17; 5=16 p. 40; 5=63 p. 42; 6=17 p. 11; 6=66 p. 1; 7=20 p. 23; 8=25 p. 1; 9=27 p. 2; 10=35 p. 5; 11=38 p. 61; 12=43 p. 13; 13=53 p. 25; 14=56 p. 4

§. 19.

[II I § 32]

Doch kann die Landesregierung Dispensation ertheilen, wenn drey der nächsten Verwandten, desselben Nahmens und Standes, in die ungleiche Heyrath willigen.

M: 1=16 p. 40; 1=68 p. 26; 1=99 p. 6; 2=20 p. 34; 2=102 p. 10; 3=23 p. 2; 4=30 p. 2; 5=38 p. 64; 6=37 p. 6; 7=53 p. 24; 8=58 f. 5; 9=55 p. 10

§. 20.

[II I § 33]

Bey dem Widerspruch der Verwandten kann nur der Landesherr eine solche Ehe zulassen.

M: 1=2 f. 13; 1=63 p. 43; 1=68 p. 26; 2=38 p. 61; 2=102 p. 10

§. 21.

Von Ehen der Militairpersonen.

[II I § 34]

Officiers, welche in würklichen Kriegsdiensten stehen, können, ohne Königliche Erlaubniß nicht heyrathen. (cf. §. 731.)

M: 1=57 p. 59; 1=8 f. 11; 2=8 f. 12; 2=38 f. 55

§. 22.

[II I § 34]

Bey Unterofficiers, Soldaten, und allen, welche gleich diesen obligat sind, wird die Einwilligung des Compagniechefs erfordert.*)

M: 1=2 f. 10; 1=8 f. 12; 1=93 p. 3; 2=11 f. 8; 2=73 p. 5; 3=37 p. 6; 3=43 p. 13; 3=58 f. 5

§. 23.

Von Ehen zwischen Personen verschiedener Religionen.

[II I § 36]

Ein Christ kann mit solchen Personen keine Heyrath schliessen, welche, nach den Grundsätzen ihrer Religion,

---

*) Diese Vorschriften sind aus einem schon vorhandnen allgemeinen Landesgesetze genommmen.

*) Auch die in den §. §. 21. 22. enthaltenen Vorschriften gründen sich auf vorher schon ergangene allgemeine Verordnungen.

sich den christlichen Ehegesetzen zu unterwerfen behindert werden. (cf. §. 733.)

M: 1=3 f. 5; 1=62 p. 44; 1=81 p. 13; 1=93 p. 4; 2=43 p. 12; 2=102 p. 10; 3=57 p. 60; 3=2 f. 10

§. 24.

Alter, welches zu einer gültigen Ehe erforderlich.

[II I § 37]

Mannspersonen können vor zurückgelegtem achtzehnten, und Personen weiblichen Geschlechts vor zurückgelegtem vierzehnten Jahre, keine verbindliche Ehe schließen. (cf. §. 735.)

M: 1=3 f. 5; 1=10 f. 19; 1=12 f. 23; 1=71 p. 2; 1=74 p. 8; 1=81 p. 13; 2=12 p. 41; 3=20 p. 35; 3=74 p. 8; 4=23 p. 3; 5=32 p. 11; 6=57 Seitenangabe fehlt

§. 25.

Ehen, die ohne freye Einwilligung,

[II I § 38]

Ohne freye Einwilligung beyder Theile ist keine Ehe verbindlich (cf. §. 736.)

M: 1=37 p. 6-7; 2=57 p. 62

§. 26.

durch Zwang,

[II I § 39]

Was bey vorkommenden Fällen als Zwang anzusehen sey, bleibt dem Ermessen des Richters, nach Verhältnisse der Personen und Umstände, vorbehalten.

M: 1=8 f. 12; 1=74 p. 8; 1=93 p. 4; 1=102 p. 11; 2=10 f. 21; 2=75 p. 5; 3=15 f. 20; 3=19 p. 6; 4=57 p. 62

§. 27.

Betrug, oder

[II I § 39]

Die Einwilligung zur Ehe, wozu ein Theil den andern durch Betrug verleitet hat, ist unkräftig.

M: 1=63 p. 45; 2=93 p. 4

§. 28.

[II I § 39]

Der Betrug eines Dritten, woran der künftige Ehegatte keinen Theil genommen hat, macht allein die Ehe nicht ungültig.

M: 1=2 f. 10; 1=8 f. 12; 1=75 p. 5; 2=3 f. 6; 3=4 f. 11; 4=9 f. 23; 5=13 f. 2; 6=16 p. 42; 7=17 p. 12; 7=69 p. 27; 8=20 p. 35; 9=48 p. 2; 10=55 p. 10; 11=57 p. 6

§. 29.

aus Irrthum, geschlossen worden, sind und

[II I § 40]

Ein Irrthum in der Person des künftigen Ehegatten, oder in solchen persönlichen Eigenschaften, welche bey Schliessung einer Ehe vorausgesetzt zu werden pflegen, hebt die Einwilligung auf.

***M:** 1=8 f. 12; 1=27 p. 7; 1=102 p. 11; 2=11 f. 8; 3=14 f. 6; 4=16 p. 42; 5=38 p. 66; 6=37 p. 7; 7=43 p. 14; 8=44 p. 18; 8=54 p. 10; 9=44 p. 19; 10=57 p. 63; 10=58 f. 5*

§. 30.

[II I § 40]

Eine durch Zwang, Betrug oder Irrthum veranlaßte Ehe erhält durch die Vollziehung des Beyschlafs keine mehrere Verbindlichkeit.

bleiben unverbindlich.

***M:** 1=2 f. 11; 2=8 f. 12; 3=20 p. 36; 3=67 p. 5; 4=44 p. 21*

§. 31.

[II I § 41-44]

Verbindlich aber wird solche, wenn sie nach endecktem Irrthum oder Betrug, oder nach aufhörendem Zwange, ausdrücklich genehmigt, oder freywillig fortgesetzt wird.

***M:** 1=15 f. 22; 1=57 p. 7; 2=16 p. 42; 3=17 p. 12; 3=67 p. 5; 4=38 p. 69; 5=43 p. 15; 6=44 p. 21; 7=48 p. 2; 8=56 p. 4*

§. 32.

[II I § 43]

Bey nicht erfolgter Genehmigung, können auch die Erben des gezwungnen oder betrognen Theils, binnen Jahres Frist nach dessen Tode, die Ungültigkeit der Ehe rügen.

***M:** 1=17 p. 13; 2=20 p. 37; 3=33 p. 6; 4=16 p. 42; 4=43 p. 15; 5=48 p. 2; 5=111 p. 8; 6=53 p. 24; 6=54 p. 10; 7=55 p. 10; 7=74 p. 8; 8=57 p. 64*

M:** 1=81 p. 14-16 **zu den §§. 33-44

§. 33.

[II I § 45]

Kinder sollen sich, ohne Einwilligung ihres leiblichen Vaters, nicht verheyrathen. (cf. §. 738.)

Kinder sollen nicht ohne Consens des Vaters, und

***M:** 1=8 f. 18; 2=20 p. 38; 2=38 p. 70; 2=73 p. 5; 3=32 p. 12; 4=35 p. 11; 5=54 p. 10; 6=57 p. 66; 7=27 p. 3; 7=59 p. 7; 7=68 p. 28; 7=(unl.) p. 5; 8=40 p. 3*

§. 34.

[II I § 46]

Die Einwilligung des Vaters bleibt auch bey großjährigen oder schon verheyrathet gewesenen Kindern nothwendig.

***M:** 1=3 f. 6; 1=61 f. 3; 1=99 p. 6; 2=5 f. 2; 2=99 p. 6; 3=7 f. 1; 3=10 f. 21; 3=75 p. 10; 4=8 f. 13; 4=102 p. 12; 5=12 f. 15; 6=23 p. 3*

§. 35.

[II I § 47]

Wer an Kindes statt förmlich angenommen worden, bedarf

zu seiner Heyrath nur die Genehmigung dessen, der ihn dazu angenommen hat.

M: 1=20 p. 40; 2=2 f. 11; 2=53 p. 11/25; 2=61 f. 3; 3=57 p. 69

§. 36.

[II I § 48]

Kinder, welche von ihren natürlichen Eltern verlassen, und von andern aufgenommen worden, können ohne Einwilligung der letztern nicht heyrathen.

M: 1=3 f. 6; 2=7 f. 2; 3=16 p. 43; 4=38 p. 76; 5=57 p. 76

§. 37.

Minderjährige nicht ohne Consens der Verwandten u. Vormünder heyrathen.

[II I § 49]

Bey minderjährigen vaterlosen Waysen, ist die Einwilligung des nächsten Verwandten und der Vormundschaft erforderlich. (cf. 742.)

M: 1=7 f. 3; 1=67 p. 5; 2=16 p. 43; 2=73 p. 5; 3=23 p. 3; 3=101 p. 9; 3=102 p. 12; 4=38 p. 77; 4=57 p. 13; 5=37 p. 8; 6=49 p. 6; 7=53 p. 26; 8=54 p. 10; 9=3 f. 6; 9=57 p. 70

§. 38.

[II I § 49]

Ist die Mutter noch am Leben, so muß bey dieser die Einwilligung zur Ehe nachgesucht werden.

M: 1=9 f. 23; 1=14 f. 18; 1=58 f. 15

§. 39.

[II I § 50]

Nach deren Absterben tritt der nächste Verwandte in aufsteigender Linie an ihre Stelle.

M: 1=53 p. 75; 1=57 p. 71; 1=61 f. 3; 2=55 p. 11

§. 40.

[II I § 51, 52, 53]

Vor den Großmüttern haben die Großväter, und unter Personen gleichen Grades und Geschlechts, die Verwandten von des Vaters Seite den Vorzug.

M: 1=15 f. 22; 1=102 p. 13; 2=20 p. 111; 3=57 p. 71

§. 41.

[II I § 56, 57]

Ist der Verwandte, dessen Einwilligung erfordert wird, seines Verstandes nicht mächtig, oder sein Aufenthalt unbekannt, so tritt der nächstfolgende an seine Stelle.

M: 1=16 p. 43; 2=17 p. 13; 3=43 p. 13; 4=58 f. 6; 5=49 p. 6; 5=67 p. 5; 5=68 p. 30

§. 42.

[II I § 54]

Die Vormundschaft kann ihre Einwilligung ohne Genehmigung des vormundschaftlichen Gerichts nicht ertheilen.

M: 1=43 p. 16; 1=14 f. 9

§. 43.

[II I § 72]

Ist der Verwandte mit dem Vormund, oder sind mehrere Vormünder unter sich nicht einig, so giebt der Schluß des vormundschaftlichen Gerichts den Ausschlag.

M: 1=20 p. 42; 2=43 p. 16; 3=57 p. 73

§. 44.

Der Consens soll ohne erhebliche Gründe nicht versagt werden.

[II I § 58]

Diejenigen, deren Einwilligung nach obigen Verordnungen (§. 33. sq.) erfordert wird, sollen dieselbe ohne erheblichen Grund nicht versagen.

M: 1=81 p. 16

§. 45.

Aus welchen Gründen er versagt werden könne.

[II I § 59, 60]

Mit Grunde versagen sie die Einwilligung, wenn den künftigen Eheleuten das nöthige Auskommen fehlen würde.

M: 1=3 f. 6; 1=75 p. 13; 2=8 f. 13; 3=11 f. 11; 3=12 f. 16; 4=16 p. 44; 5=43 p. 16; 5=68 p. 30; 5=99 p. 6; 6=49 p. 7; 7=57 p. 75

§. 46.

[II I § 67]

Desgleichen, wenn durch Entführung oder heimliche Verlobung ihre Rechte gekränkt worden.

M: 1=1 f. 16; 1=67 p. 5; 2=6 f. 19; 3=9 f. 27; 4=17 p. 3; 5=43 p. 16; 6=14 f. 10; 6=53 p. 26; 7=55 p. 12; 8=57 p. 76

§. 47.

[II I § 61, 62; s. a. 63, 64]

Ferner, wenn der andre Theil sich eines schimpflichen Verbrechens schuldig gemacht, oder sich, durch grobe Laster und Ausschweifungen, die Verachtung der Personen seines Standes zugezogen hat.

M: 1=2 f. 11; 1=57 p. 15; 2=6 f. 20; 3=8 f. 18; 4=15 f. 34; 5=20 p. 43; 6=40 p. 14; 7=57 p. 77

§. 48.

[II I § 65]

Wenn Minderjährige aus höherem Stande sich mit Personen niedrigern Standes verheyrathen wollen, so können die Eltern, Verwandte oder Vormünder die Einwilligung mit Recht verweigern.

M: 1=7 f. 4; 1=67 p. 6; 2=8 f. 14; 2=99 Sa. f.; 3=9 f. 27; 3=101 p. 10; 4=16 p. 44; 4=38 p. 79; 4=78 p. 3; 4=101 p. 10; 4=102 p. 10; 5=17 p. 14; 6=20 p. 44; 6=58 f. 6; 7=53 p. 26; 8=55 p. 12; 9=57 p. 78; 9=58 f. 6; 9=67 p. 6

§. 49.

[II I § 66]

Eltern und Verwandte sind zur Einwilligung nicht verbunden, wenn sie von dem andern Theile, durch Beschimpfungen oder Thätlichkeiten, gröblich beleidigt worden.

***M:** 1=2 f. 11; 1=57 p. 16; 2=8 f. 14; 3=30 p. 2; 4=48 p. 4; 5=53 p. 26; 6=43 p. 16*

§. 50.

[II I § 68]

Wenn Eltern oder Verwandte die gebührend nachgesuchte Einwilligung verweigern, so muß über die Rechtmäßigkeit dieser Weigerung durch den ordentlichen Richter erkannt werden.

***M:** 1=57 p. 78; 1=102 p. 14*

§. 51.

[II I § 69]

Verweigert der Vormund seine Einwilligung ohne gesetzlichen Grund, so kann das obervormundschaftliche Gericht solche durch ein bloßes Dekret ersetzen.

***M:** 1=5 f. 13*

§. 52.

[II I § 70]

Will der Vormund sich bey dieser Entscheidung nicht beruhigen, so muß er seine Einwendung bey der höhern Instanz anzeigen.

***M:** 1=57 p. 81; 2=58 f. 6; 3=57 p. 81*

§. 53.

[II I § 71]

Ein gleiches stehet auch denjenigen frey, welchen die Heyrath von dem vormundschaftlichen Gerichte untersagt worden.

§. 54.

[II I § 73]

In wie fern die Einwilligung der Grundherrschaften erforderlich sey, wird in dem Titel von Rechten und Pflichten der Guthsunterthanen bestimmt. (cf. §. 745.)

***M:** 1=5 f. 7; 2=23 p. 3; 3=30 p. 1; 4=57 p. 81*

[II I § 74]

Zweyter Abschnitt.
Von Ehegelöbnissen[a] .

[II I § 75]

§. 55.

[II I § 76]

In welchen Fällen kein Ehegelöbniß statt finde.

Unter Personen und in Fällen, wo keine rechtsbeständige Ehe statt findet, kann auch kein gültiges Ehegelöbniß geschlossen werden;

***M:** 1=38 p. 80; 1=66 p. 1; 2=51 p. 85*

§. 56.

[II I § 77; s. a. 78, 79]

Hiervon sind allein die oben §. 10 = 15. bestimmten Fälle ausgenommen.

***M:** 1=1 f. 18; 1=63 p. 45; 1=68 p. 31; 1=73 p. 5; 2=43 p. 16; 3=53 p. 27; 4=55 p. 13*

§. 57.

[II I § 80]

So lange ein älteres gesetzmäßiges Ehegelöbniß besteht, kann kein nachfolgendes gültig errichtet werden.

***M:** 1=8 f. 14; 1=67 p. 6; 1=81 p. 17; 2=16 p. 45; 2=73 p. 5; 3=23 p. 3*

[II I § 81]

§. 58.

[II I § 82]

Erfordernisse eines gültigen Ehegelöbnisses.

Ehegelöbnisse, welche verbindlich seyn sollen, müssen gerichtlich, oder vor einem Justiz=Commissario, geschlossen und niedergeschrieben werden.

***M:** 1=4 f. 12; 1=58 f. 8; 1=85 f. 103; 2=9 f. 27; 2=78 p. 3; 3=15 f. 26; 3=102 p. 14; 4a=16 p. 46; 4=41 p. 1; 4=59 Angabe fehlt; 5=53 p. 27; 6=55 p. 13; 7=44 p. 21; 7=62 p. 8; 7=102 p. 14; 8=53 p. 28*

M:** 1=68 p. 31 **zu den §§. 58/66

§. 59.

[II I § 83]

Gemeine Landleute können ihre Verlobungen vor Schulz und Schöppen vollziehen und niederschreiben lassen.

***M:** 1=11 f. 11; 1=58 f. 7; 1=63 p. 45; 1=68 p. 80; 2=19 p. 1; 2=64 p. 11; 2=92 f. 172; 3=20 p. 46; 3=29 p. 2; 3=80 f. 200; 4=53 p. 6; 4=67 p. 6; 5=58 f. 4; 5=75 p. 17*

§. 60.

[II I § 84]

Für die schriftliche Aufnehmung des bloßen Eheverspre-

---

[a] **E:** 07.72.0146-0175 **Nachtr.E:** 07.74.0043^r-0047^v
R: 07.80.0031-0036^r zu §§ 55-87

chens an ordentlicher Gerichtsstelle, sollen den Partheyen keine Kosten abgefordert werden.

M: 1=1 f. 18; 1=67 p. 6; 2=16 p. 46; 2=62 p. 46

§. 61.

[II I § 85]

Bey Vollziehung des Ehegelöbnisses müssen die Verlobten in Person gegenwärtig seyn.

M: 1=38 p. 82 (auch §. 63)

§. 62.

[II I § 86, 87]

Doch kann, wenn beyde sich nicht an einem Orte aufhalten, der abwesende Bräutigam, nicht aber die Braut, durch einen gerichtlich Bevollmächtigten vertreten werden.

M: 1=7 f. 5; 2=8 f. 11; 3=15 f. 28; 4=27 p. 3; 5=54 p. 11

§. 63.

[II I § 88]

Ist die Braut großjährig, und nicht mehr unter väterlicher Gewalt, so muß sie mit einem von ihr selbst gewählten männlichen Beystand erscheinen.

M: 1=16 p. 46; 1=38 p. 82 (auch §. 61); 1=67 p. 6; 2=17 p. 14; 3=57 p. 8; 4=54 p. 11; 4=57 p. 87; 5=20 p. 48

§. 64.

[II I § 89]

Bey Aufnehmung des Eheversprechens, muß die Gerichtsperson oder der Justizcommissarius Erkundigung einziehn: ob vielleicht Ehehindernisse vorhanden seyn möchten.

M: 1=4 f. 12; 1=67 p. 6; 2=25 p. 2; 2=58 f. 7

§. 65.

[II I § 90]

Welcher Theil dergleichen bey ihm obwaltende Ehehindernisse verschweigt oder verbirgt, der muß dem andern allen in der Folge daraus entstehenden Schaden ersetzen.

M: 1=9 f. 28; 2=15 f. 28; 3=53 p. 13

§. 66.

[II I § 91, 92]

Ehegelöbnisse, bey welchen obige Vorschriften (§. 58 = 63.) nicht beobachtet worden, sind für bloße Unterhandlungen zu achten.

M: 1=9 f. 29; 2=15 f. 29; 3=23 p. 3; 4=37 p. 88; 5=43 p. 17

§. 67.

[II I § 95-98]

Ein gleiches soll von bloß bedingten Eheversprechungen gelten.*)

M: 1=17 p. 14; 1=63 p. 46; 2=37 p. 9; 2=67 p. 6; 3=57 p. 89; 3=62 p. 9; 3=73 p. 5; 4=20 p. 50; 4=58 p. 7; 5=27 p. 4

§. 68.

[II I § 93]

Nichtige Ehegelöbnisse erhalten durch den hinzukommenden Beyschlaf keine größere Verbindlichkeit.

M: 1=1 f. 18; 2=3 f. 9; 3=17 p. 14; 4=57 p. 93

§. 69.

[II I § 94]

Von den Würkungen eines unter dem Versprechen der Ehe vollzognen Beyschlafs wird §. 766. gehandelt.

M: 1=19 p. 1; 2=25 p. 3

§. 70.

[-]

Gültige Ehegelöbnisse können mit beyder Theile Bewilligung wieder aufgehoben werden.

Ehegelöbnisse können mit beyder Theile Bewilligung oder

M: 1=27 p. 5; 1=68 p. 38; 2=38 p. 82; 3=57 p. 94

§. 71.

[-]

Beyde Theile müssen aber diese Bewilligung gerichtlich, oder vor einem Justizcommissario, erklären.

M: 1=17 p. 15; 1=66 p. 3; 1=68 p. 38; 2=29 p. 3; 2=58 f. 4; 2=6 p. 46; 2=66 p. 3; 2=67 p. 5; 3=37 p. 12; 3=73 p. 5; 4=54 p. 12; 4=102 p. 15; 5=57 p. 94

§. 72.

[II I § 99]

Wider den Willen des andern soll niemand ohne rechtliche Gründe von einem gültigen Ehegelöbnisse zurück treten.

aus erheblichen Gründen wieder aufgehoben werden.

M: 1=17 p. 15; 1=63 p. 47; 1=68 p. 38; 1=81 p. 17; 2=20 p. 51; 3=57 p. 96

§. 73.

[II I § 100]

Gründe, aus welchen eine schon vollzogene Ehe getrennt

---

*) Freyheit der Wahl ist ein Haupterforderniß glücklicher Ehen. Diese Wahl im voraus auf eine unbestimmte Zeit, oder an einen ungewissen Erfolg binden zu wollen, da unterdessen Umstände und Gesinnungen sich ändern können, ist bedenklich. Wollen Personen einander nach dem Erfolg einer gewissen Bedingung heyrathen, so können sie diesen Erfolg abwarten.

werden könnte, rechtfertigen auch den Rücktritt von dem Ehegelöbnisse.

§. 74.

[II I § 101]

Auch bloßer verdächtiger Umgang, geringere Thätlichkeiten, schimpfliche und verächtliche Begegnung, können den Rücktritt von einem Ehegelöbniß begünden. (cf. §. 500. 508.)

M: 1=3 f. 9; 2=14 f. 13; 3=37 p. 14

§. 75.

[II I § 102]

Eine nach Verlobung entdeckte verschwendrische oder entehrende Aufführung des einen Theils, berechtigt den andern von dem Ehegelöbnisse abzugehn.

M: 1=3 f. 11; 1=97 p. 1; 2=8 f. 15

§. 76.

[II I § 105, 106]

Unglücksfälle, welche einer oder andre Theil, nach der Verlobung, an seiner Person, Ehre oder Vermögen erleidet, berechtigen denjenigen zum Rücktritt, welcher, wenn er den Fall voraus gesehen hätte, das Ehegelöbniß wahrscheinlich nicht eingegangen seyn würde.

M: 1=2 f. 11; 1=94 f. 209; 2=3 f. 9; 2=99 p. 8; 3=5 f. Angabe fehlt; 3=74 p. 9; 4=8 f. 16; 5=16 p. 48; 6=17 p. 15; 7=25 p. 4; 7=97 f. 1-2; 8=44 p. 23

§. 77.

[II I § 103]

Wegen einer erst nach der Verlobung entdeckten unheilbaren Krankheit des andern Theils, kann das Eheversprechen zurück genommen werden.

M: 1=2 f. 11; 2=3 f. 10; 3=15 f. 29; 4=25 p. 3; 5=53 p. 6; 6=57 p. 97

§. 78.

[II I § 107]

Ein nach der Verlobung entdeckter Irrthum in Ansehung des Vermögens, rechtfertigt den Rücktritt nur alsdann, wenn es den künftigen Eheleuten an dem nöthigen Auskommen fehlen würde.

M: 1=3 f. 12; 1=75 p. 17; 2=3 f. 10; 2=68 p. 40; 3=8 f. 16; 4=9 f. 29; 5=16 p. 48; 6=43 p. 17; 7=55 p. 13; 8=57 p. 98; 9=58 f. 7

§. 79.

[II I § 111]

Wenn Umstände, weswegen Eltern, Verwandte oder Vormünder ihre Genehmigung zu versagen befugt sind, sich erst in der Folge ereignen, oder offenbaren, so können sie ihre schon ertheilte Einwilligung wieder zurück nehmen.

M: 1=10 f. 21; 1=67 p. 7; 2=16 p. 48; 3=57 p. 99

M: 1=66 p. 2 ***zu den §§. 80 - 85***

§. 80.

[II I § 112-119]

Wer ohne rechtlichen Grund die Erfüllung eines Ehegelöbnisses beharrlich verweigert, oder sich selbst dazu außer Stand setzt, muß dem andern Theile die Geschenke zurück geben, und außerdem denselben annehmlich abfinden.

Wer ohne erhebliche Gründe zurück tritt, muß den andern Theil entschädigen.

M: 1=13 f. 5; 2=14 f. A. f.; 3=16 p. 49; 4=27 p. 15; 5=57 p. 99; 6=57 p. 100; 7=17 p. 17; 7=62 p. 47; 8=23 p. 23

§. 81.

[II I § 112-119]

Diese Abfindung muß der Richter, nach dem Vermögen des schuldigen, und nach dem Stande beyder Theile, billig bestimmen.

M: 1=3 f. 10; 2=8 f. 16; 3=15 f. 30; 3=17 p. 17; 4=20 p. 53 (alle auch zu §. 82)

§. 82.

[II I § 112-119]

Die Abfindung soll jedoch nie die Hälfte der Ehescheidungsstrafen übersteigen. (cf. §. 550. 585.)

M: 1=3 f. 10; 2=8 f. 16; 3=15 f. 30; 3=17 p. 17; 4=20 p. 53 (alle auch zu §. 81)

§. 83.

[II I § 112-119]

Hat der schuldige Theil kein eigenes Vermögen, so muß er nach Verhältniß seines Gewerbes, Verdienstes, oder sonstigen Einkünfte, dem unschuldigen Theile, bis zu dessen anderweitiger Verheyrathung, Verpflegungsgelder reichen.

M: 1=4 f. 12; 2=7 f. 6; 3=15 f. 32; 4=16 p. 49; 5=20 p. 54; 5=80 p. 200; 5=92 f. 172; 6=47 p. 7; 7=37 p. 17

§. 84.

[II I § 112-119]

Dergleichen Verpflegungsgelder können nachgefordert werden, wenn sie auch in dem Zeitraum, für welchen sie bestimmt waren, nicht entrichtet worden.

M: 1=1 f. 19; 2=3 f. 10; 3=33 p. 6

§. 85.

[II I § 112-119]

In allen Fällen, wo der unschuldige Theil die Abfindung,

oder Verpflegungsgelder nicht annehmen will, fallen solche der Armencasse des Orts anheim.

M: 1=15 f.34; 2=16 p.49; 3=29 p.3; 3=62 p.9; 3=63 p. 49; 3=70 p. 3; 4=47 p. 7; 5=54 p. 12; 6=55 p. 14; 6=58 f. 8; 6=68 p. 110

§. 86.

[II I § 120, 121]

Wer den andern zum Rücktritt veranlaßt, muß denselben entschädigen

Wenn jemand durch sein Verhalten dem andern Theile rechtmäßigen Anlaß giebt, die Aufhebung des Ehegelöbnisses zu suchen; so verliehrt er die demselben gemachten Geschenke; muß die seinigen zurück geben; und außerdem dem unschuldigen Theile alle wegen des Ehegelöbnisses aufgewandte Kosten ersetzen.

M: 1=3 f. 10; 2=4 f. 13; 3=20 p. 56; 4=57 p. 101

§. 87.

[II I § 122, 123]

Wird ein Ehegelöbniß mit beyder Theile Bewilligung, oder sonst aus rechtlichen Gründen getrennt, ohne daß ein oder dem andern Theile ein Uebergewicht der Schuld zur Last fällt; so müssen die Geschenke von beyden Seiten zurück gegeben werden.

M: 1=3 f. 10; 1=102 p. 16; 2=15 f. 34; 3=16 p. 50; 4=17 p. 18; 5=44 p. 25; 6=57 p. 102; 7=57 p. 103

[II I § 124-135]

Dritter Abschnitt.
Von Vollziehung einer vollgültigen Ehe.[a]

§. 88.

[II I § 136, 137]

Eine vollgültige Ehe wird durch priesterliche Trauung vollzogen.

***M:** 1=6 f. 25; 1=81 p. 17; 2=10 f. 22; 2=73 p. 5; 3=15 f. 35; 4=23 p. 4; 5=27 p. 5; 6=57 p. 111*

§. 89.

[II I § 138] Vom Aufgeboth.

Das Aufgeboth muß vor der Trauung hergehen.

***M:** 1=2 f. 12; 1=81 p. 18; 2=10 f. 23; 2=61 f. 3; 3=16 p. 50; 3=73 p. 5; 4=27 p. 6; 5=57 p. 111; 5=58 f. 80*

§. 90.

[II I § 139]

Das Aufgeboth muß in beyder Verlobten Parochie geschehen.

***M:** 1=3 f. 11; 1=4 f. 15; 2=38 p. 84; 3=55 p. 14 (alle auch §. 92); 1=82 p. 83*

§. 91.

[II I § 140]

Wer keinem Pfarrzwange unterworfen ist, muß dennoch das Aufgeboth in einer der Kirchen des Orts, oder Distrikts, wo er seinen Wohnsitz hat, veranstalten.

***M:** 1=43 p. 18; 1=102 f. 17; 2=57 p. 115*

§. 92.

[II I § 141, 142]

In dem Orte des vormaligen Wohnsitzes muß nur der sich aufbieten lassen, welcher an dem Orte, wo er jetzt wohnt, sich noch kein Jahr aufgehalten hat.

***M:** 1=3 f. 11; 1=4 f. 15; 2=38 p. 84; 3=55 p. 14 (alle auch §. 92); 1=14 f. 15; 1=73 p. 6; 2=57 p. 114; 2=93 p. 4*

§. 93.

[II I § 143]

Fremde, die seit kürzerer als Jahres Frist sich in Königlichen Landen niedergelassen haben, müssen sich in der Parochie, welcher sie in ihrer Heymath unterworfen waren, aufbieten lassen.

***M:** 1=57 p. 114; 1=89 f. 155; 2=75 p. 18*

---

[a] **E:** 07.72.0176-0195 **Nachtr.E:** 07.74.0048^{r}-0053^{r}
R: 07.80.0036^{v}-0038^{r} zu §§ 88-118

§. 94.

[II I § 144, 145]

Können sie das Aufgeboth in ihrer Heymath nicht bewürken; so müssen sie ihren unverheyratheten Stand durch gerichtliche Zeugnisse bescheinigen.

***M:** 1=2 f. 12; 1=60 p. 7; 1=93 p. 5; 2=57 p. 111*

§. 95.

[-]

Wenn an solchem Orte gerichtliche Zeugnisse nicht üblich sind, muß die Bescheinigung durch daselbst gewöhnliche Notariatsinstrumente geschehen.

§. 96.

[-]

Wer weder das Aufgeboth bewürken, noch seinen unverheyratheten Stand bescheinigen kann, soll nach Bewandtniß der Umstände, zur eidlichen Bestärkung desselben zugelassen werden.*)

***M:** 1=2 f. 12; 2=13 f. 3; 3=16 p. 51; 4=17 p. 19; 4=38 p. 92; 5=20 p. 51; 6=23 p. 4; 6=93 p. 5; 7=33 p. 7; 8=37 p. 19; 9=47 p. 7; 10=52 p. 2; 11=53 p. 28; 11=55 p. 14; 12=54 p. 12*

§. 97.

[II I § 146]

Wird dem Pfarrer, welcher das Aufgeboth verrichten soll, über das abgeschloßne Eheverlöbniß kein in beglaubter Form ausgefertigtes Protokoll oder Attest vorgezeigt; so muß er nach obigen Vorschriften Erkundigung einziehn: ob vielleicht Ehehindernisse vorhanden sind.

***M:** 1=9 f. 33; 1=68 p. 41; 2=25 p. 5; 2=67 p. 7; 3=55 p. 15; 4=57 p. 114*

§. 98.

[II I § 147-149]

Findet der Pfarrer Bedenken, so muß er bey Vermeydung gesetzlicher Strafen, um nähere Verhaltungsbefehle bey seinen Vorgesetzten anfragen.

***M:** 1=38 p. 92; 1=68 p. 41; 2=67 p. 7*

---

*) Das *juramentum integritatis* muß in einem solchen Falle zugelassen werden; weil kein andrer Beweiß einer bloßen *Negativae* möglich ist; und dergleichen Personen doch auch vom Heyrathen nicht ausgeschlossen werden können.

§. 99.

[II I § 150]
Das Aufgeboth muß deutlich, mit Benennung des Nahmens und Standes beyder Theile geschehen.
M: *1=2 f.12; 1=102 p.17; 2=16 p. 52; 2=102 p. 17; 3=57 p. 116*

§. 100.

[II I § 151]
Es muß drey Sonntage hinter einander von der Canzel verlesen werden.
M: *1=16 p. 52*

§. 101.

[II I § 152]
Wer nur zweymal für dreymal aufgebothen seyn will, muß die Dispensation dazu bey der ordentlichen Obrigkeit der Braut einholen.
M: *1=16 p. 52; 2=39 p. 5; 2=58 f. 8; 3=11 f. 12; 3=38 p. 94; 3=67 p. 7; 3=68 p. 42; 4=37 p. 20; 5=43 p. 18; 6=44 p. 27; 6=58 f. 8; 7=53 p. 28; 8=18 f. 36; 8=57 p. 12*

§. 102.

[II I § 153]
Soll das Aufgeboth nur ein für allemahl geschehen, so muß die Dispensation dazu bey Hofe gesucht werden.
M: *1=2 f. 12; 1=63 p. 48; 2=7 f. 7; 2=93 p. 5; 3=9 f. 31; 4=14 f. 15; 5=15 Sa. f.; 6=16 p. 52; 7=38 p. 102; 8=55 p. 15*

§. 103.

[II I § 154, 155]
Die unterlassene Befolgung obiger Vorschriften wegen des Aufgeboths, macht die Ehe nicht ungültig; die Partheyen aber und der Pfarrer, welcher die Trauung verrichtet hat, sollen deswegen verhältnismäßig bestraft werden.
M: *1=2 f. 12; 2=19 p. 1; 3=54 p. 12; 4=57 p. 117*

§. 104.

[II I § 156, 157]
Auch die Strafe fällt weg, wenn wegen plötzlicher Todesgefahr die Trauung beschleunigt werden mußte; und weder bedenkliche Umstände vorwalteten, noch die Vorbescheidung der Vorgesetzten erwartet werden konnte.
M: *1=2 f. 12; 1=62 p. 10; 2=15 f. 36; 2=93 p. 6; 3=17 p. 19; 3=93 p. 6; 3=102 p. 18; 4=19 p. 1; 5=44 p. 27; 6=55 p. 15; 6=64 f. 5; 7=57 p. 118*

§. 105.

[II I § 158] Vom Einspruch.
Wer Einspruch thun will, kann solchen nur auf ein älteres

öffentliches Eheverlöbniß, oder auf eine unter dem Versprechen der Ehe erfolgte Schwängerung gründen.

M: 1=16 p. 52; 1=62 p. 11; 1=63 p. 49; 1=66 p. 4; 2a=58 f. 8; 2=17 p. 20; 2=101 p. 10; 3=48 p. 5; 4=2 f. 12; 4=9 f. 32; 4=49 p. 8; 4=67 p. 8; 4=93 p. 6; 5=57 p. 120

§. 106.

[II I § 159]

Wird dem Pfarrer ein dergleichen öffentliches Eheverlöbniß vorgelegt, so muß er mit Aufgeboth und Trauung so fort inne halten.

M: 1=9 f. 33; 1=14 f. 15; 1=67 p. 8; 2=53 p. 15; 2=68 p. 43; 2=102 p. 19; 3=54 p. 12

§. 107.

[II I § 160]

Soll eine unter dem Versprechen der Ehe erfolgte Schwängerung den Einspruch begründen; so muß solche bey der ordentlichen Obrigkeit des Orts, wo das Aufgeboth und die Trauung geschehen soll, bescheinigt, und von dieser das fernere Aufgeboth untersagt werden.

M: 1=43 p. 18; 1=58 f. 9; 1=67 p. 8; 2=47 p. 7; 2=60 f. 18; 2=70 p. 4; 3=9 f. 33; 3=49 p. 8

§. 108.

[II I § 161]

Entsteht darüber ein Prozeß, so gehört dessen Erörterung für dasjenige Gericht, welchem der in Anspruch genommne Theil in Sponsalien= und Ehesachen unterworfen ist.

M: 1=57 p. 121

§. 109.

[II I § 162]

Erklärt sich der angesprochne Theil, die den Einspruch machende Person nicht heyrathen, sondern nur nach den Gesetzen und richterlichem Ermessen abfinden zu wollen; (cf. §. 769 = 771.) so muß er, dieser Abfindung wegen, annehmliche Bürgschaft stellen.

M: 1=16 p. 53; 2=57 p. 121

§. 110.

[II I § 163, 164]

Sobald dies geschehen ist, kann mit dem fernern Aufgeboth und der Trauung verfahren werden[*)].

M: 1=58 f. 9.

---

*) Denn da zur würklichen Vollziehung einer Heyrath niemand mit Gewalt gezwungen werden kann, so ist es genug, wenn der den Einspruch machenden Person, die ihr auf den besten Fall gebührende Ab-

§. 111.

[II I § 165]

Wird dem Richter vor der Trauung ein oder anderes bis dahin nicht bekannt gewesenes Ehehinderniß angezeigt, so muß sowohl Aufgeboth als Trauung untersaget werden.

***M:** 1=16 p. 54; 1=58 f. 9; 1=67 p. 9; 2=101 p. 12*

§. 112.

[II I § 166]

Ein solches Verboth kann nicht eher wieder aufgehoben werden, als bis das angezeigte Ehehinderniß richterlich untersucht, und darüber erkannt worden.

***M:** 1=33 p. 7; 1=101 p. 11*

§. 113.

[II I § 166]

Von der Trauung.

Erst nach dem die Ehehindernisse aus dem Wege geräumt, und die in Ansehung des Aufgeboths ertheilten Vorschriften befolgt worden, kann die Ehe durch die Trauung vollzogen werden.

***M:** 1=3 f. 11*

§. 114.

[II I § 167]

Privatpersonen können bey der Trauung durch Bevollmächtigte nicht vertreten werden.

***M:** 1=2 f. 12; 1=23 p. 4; 1=73 p. 6; 2=33 p. 8; 2=101 p. 11*

§. 115.

[II I § 168]

Welchem Pfarrer die Trauung zukomme, ist nach den in dem Titel von Rechten und Pflichten des geistlichen Standes enthaltnen Grundsätzen zu bestimmen.

§. 116.

[II I § 169]

Daß die Trauung von einem nicht dazu befugten Pfarrer vollzogen worden, macht die Ehe selbst nicht ungültig.

***M:** 1=57 p. 123*

---

findung, durch die Cautionsbestellung versichert wird. Übrigens versteht es sich von selbst, daß in dem Falle, wo der Einspruch auf eine unter dem Versprechen der Ehe erfolgte Schwängerung gegründet, und dieser Klagegrund in der Folge dargethan wird, der Geschwächten, die alsdenn der Verführer nicht mehr heyrathen kann, nach dem §. 770. alle Rechte einer geschiednen Frau zuerkannt werden müssen.

§. 117.

[-]

Der gehörige Pfarrer aber muß entschädigt, und die Uebertretung des Gesetzes verhältnißmäßig bestraft werden.

M: *1=16 p. 54; 1=101 p. 11; 2=57 p. 122; 2=86 f. 127; 2=102 p. 21*

§. 118.

[II I § 170]

Nichtig und strafbar sind Trauungen, welche in der Absicht, die Gesetze des Staats unwürksam zu machen, in fremden Landen vollzogen werden.

M: *1=4 f. 15; 1=102 p. 22; 2=8 f. 17; 3=16 p. 55; 4=19 p. 1; 5=23 p. 4; 6=40 p. 15; 7=57 p. 123; 7=67 p. 9; 8=57 p. 125*

[II I § 171, 172]

Vierter Abschnitt.
Von den Rechten und Pflichten der Eheleute, in Beziehung auf ihre Person[a].

§. 119.

[II I § 173]
Die Rechte und Pflichten der Eheleute nehmen sogleich, nach vollzogener Trauung, ihren Anfang.

M: *1=3 f. 12; 1=102 p. 22; 2=43 p. 19; 3=57 p. 129*

§. 120.

Gemeinschaftliche Rechte und Pflichten beyder Eheleute.

[II I § 173]
Eheleute sind schuldig, sich in allen Vorfallenheiten, nach ihren Kräften, wechselseitigen Beystand zu leisten.

M: *1=38 p. 108*

§. 121.

[II I § 174]
Sie müssen vereint mit einander leben, und dürfen ihre Verbindung eigenmächtig nicht aufheben.

M: *1=38 p. 108; 2=54 p. 129*

§. 122.

[II I § 176]
Auch wegen Widerwärtigkeiten dürfen sie einander nicht verlassen.

§. 123.

[II I § 177]
Oeffentliche Geschäfte, dringende Privat=Angelegenheiten, und Gesundheitsreisen, entschuldigen die Abwesenheit.

M: *1=43 p. 19; 1=94 f. 210; 2=58 f. 9*

§. 124.

[II I § 178]
Eheleute dürfen einander die eheliche Pflicht anhaltend nicht versagen.

M: *1=2 f. 13; 1=58 f. 9; 2=10 f. 23; 3=32 p. 12; 4=38 p. 110*

§. 125.

[II I § 179]
Wenn deren Leistung des einen oder des andern Ehegatten

---

[a] **E:** 07.72.0196-0205 **Nachtr.E:** 07.74.0053r-0054v
R: 07.80.0038v-0040r zu §§ 119-146

Gesundheit nachtheilig seyn würde, kann solche nicht gefordert werden.

M: 1=9 f. 34; 2=14 f. 18; 3=16 p. 56

§. 126.

[II I § 180]

Auch säugende Ehefrauen verweigern die Beywohnung mit Recht.

M: 1=4 f. 15; 1=102 p. 19; 2=8 f. 17; 3=23 p. 5; 4=58 f. 10

§. 127.

[II I § 181]

Zur ehelichen Treue sind beyde Ehegatten wechselseitig verpflichtet.

M: 1=4 f. 15; 2=38 p. 111

§. 128.

[II I § 182]

Die Verletzung der ehelichen Treue von einem Ehegatten, berechtigt den andern nicht zu gleichen Vergehungen.

M: 1=57 p. 131

§. 129.

[II I § 183]

Auch Handlungen, die den Verdacht einer solchen Verletzung erregen könnten, müssen vermieden werden.

§. 130.

Rechte und Pflichten des Mannes.

[II I § 184]

Der Mann ist das Haupt der ehelichen Gesellschaft, und sein Schluß giebt in gemeinschaftlichen Angelegenheiten den Ausschlag.

M: 1=15 f. 34; 2=53 p. 29; 3=33 p. 8

§. 131.

[II I § 188, 189-191]

Der Mann ist seiner Frauen Person, Ehre und Vermögen, in und außer Gerichten, zu vertheidigen befugt und schuldig.

M: 1=23 p. 5; 1=73 p. 6; 2=20 p. 177; 2=Angabe fehlt

§. 132.

[II I § 185]

Er ist verbunden, seiner Frauen standesmäßigen Unterhalt zu gewähren.

M: 1=2 f. 13; 1=73 p. 6; 2=23 p. 5

§. 133.

[II I § 186]

Mit dem nothdürftigen Unterhalt muß sie sich begnügen, wenn

ihr der Mann den Standesmäßigen nicht gewähren kann.
M: 1=55 p. 16

§. 134.

[II I § 187]
Zur Unterhaltung der Frau gehören auch die sie betreffenden Cur= und Prozeßkosten.
M: 1=37 p. 21; 1=102 p. 22; 2=57 p. 131

§. 135.

[s. II I § 188ff.]
In welchen Fällen die Frau dergleichen Prozeßkosten selbst tragen müsse, wird unter (§. 170.) vorkommen.
M: 1=2 f. 13

§. 136.

Rechte und Pflichten der Frau.

[II I § 192]
Die Frau überkommt durch eine vollgültige Ehe den Nahmen ihres Mannes.
M: 1=73 p. 6

§. 137.

[II I § 193]
Sie nimmt auch Theil an den Rechten seines Standes, so weit sie nicht allein an dessen Person gebunden sind.
M: 1=15 f. 38

§. 138.

[II I § 194]
Sie ist schuldig, dem Hauswesen des Mannes, nach dessen Stand und Range, vorzustehen.
M: 1=17 p. 20; 1=26 p. 62

§. 139.

[-]
Ist der Mann sich und seine Familie zu ernähren außer Stande; so muß ihm die Frau nach ihren Kräften und Vermögen zu Hülfe kommen.
M: 1=38 p. 112; 2=70 p. 4

§. 140.

[II I § 195, 196]
Ohne des Mannes Einwilligung kann die Frau keine Verbindungen eingehn, die sich auf ihre Person beziehn.
M: 1=57 p. 132

§. 141.

[-]
Wieweit sie dergleichen Verbindungen, in Rücksicht auf ihr

Vermögen, eingehn könne, wird im folgenden Abschnitt vorkommen.

§. 142.

[-, vgl. aber II I § 202-204]

Den Mann macht die Frau in so fern verbindlich, als er ihr einen Theil seines Gewerbes übertragen hat.

M: *1=37 p. 22; 2=58 f. 10; 3=57 p. 133*

§. 143.

[-; vgl. aber II I § 202-204]

Doch kann auch eine solche Frau gerichtliche Geschäfte, ohne den Mann, oder dessen Vollmacht, nicht betreiben.

M: *1=2 f. 13; 2=27 p. 24; 3=9 f. 34; 4=15 f. 39*

§. 144.

[-]

In welchen Fällen die Schulden der Frau den Mann verbinden, wird unten §. 217. seqv. bestimmt.

§. 145.

[-]

In wie fern eine für sich selbst Handlung treibende Ehefrau, ohne den Mann, gerichtliche oder außergerichtliche Geschäfte vornehmen könne, wird in dem Titel von den Rechten und Pflichten des Kaufmannsstandes verordnet.

§. 146.

[II I § 198, 199, ***200 AGB****/ 200 ALR,* ***201 AGB****/ 201 ALR]*

In allen Fällen, wo die Frau mit dem Manne einen Vertrag schließt, muß von ihrer Seite ein rechtskundiger und zur Justiz vereideter Beystand zugezogen werden.

M: *1=16 p. 58; 1=62 p. 11; 2=17 p. 20; 2=101 p. 11; 3=20 p. 58; 3=61 f. 4; 4=38 p. 114; 4=102 p. 22; 5=53 p. 29; 6=2 f. 13; 6=54 p. 13; 7=55 p. 17; 8=57 p. 134; 9=57 p. 134*

Fünfter Abschnitt. Von den Rechten und Pflichten der Eheleute, in Beziehung auf ihr Vermögen[a]

.

§. 147.

[-]

Das Vermögen der Eheleute besteht in dem, was sie einander zubringen, oder in stehender Ehe erwerben.

***M:** 1=4 f. 18; 1=20 p. 62; 1=66 p. 5; 2=14 f. 18; 3=55 p. 18; 4=1 f. 19*

§. 148.

Von dem Vermögen des Mannes.

[-]

Das Vermögen des Mannes wird durch die Schliessung der Ehe in seiner Natur und Beschaffenheit nicht verändert.

***M:** 1=33 p. 8; 2=57 p. 137; 3=15 f. 42; 4=16 p. 59*

§. 149.

Von dem Vermögen der Frau.

[s. II I § 205]

Das Vermögen der Frau ist entweder dem Manne eingebracht, oder ihr vorbehalten.

***M:** 1=2 f. 13; 2=16 p. 59*

§. 150.

Was vorbehaltnes Vermögen sey.

[II I § 206]

Zum vorbehaltnen Vermögen gehört alles, was nach seiner Beschaffenheit zum alleinigen Gebrauch der Frau gewidmet ist.

***M:** 1=4 f. 19; 2=7 f. 8; 3=16 p. 59; 4=38 p. 116*

§. 151.

[II I § 207]

Was der Mann, bey Schließung der Ehe, der Frau zur Morgengabe bestimmt, gehört zu ihrem vorbehaltnen Vermögen.

***M:** 1=3 f. 11; 1=63 p. 51; 2=9 f. 35; 2=67 p. 9; 3=15 f. 45; 3=101 p. 11; 4=16 p. 50; 5=17 p. 20; 6=38 p. 116*

§. 152.

[II I § 208]

Was außerdem vorbehaltnes Vermögen seyn soll, muß durch einen schriftlichen Vertrag ausdrücklich festgesetzt seyn.

***M:** 1=20 p. 177; 1=81 p. 18; 2=38 p. 118; 2=73 p. 6*

---

[a] **E:** 07.72.0206-0255 **Nachtr.E:** 07.74.0054^{v}-0073^{r}
R: 07.80.0040^{v}-0048 zu §§ 147-236

§. 153.

[-]

Auch die Einkünfte eines besondern Gewerbes kann sich die Frau durch einen solchen Vertrag vorbehalten.

M: *1=2 f. 13; 2=9 f. 35; 3=57 p. 137*

§. 154.

[II I § 209]

Dergleichen Verträge müssen eben so, wie oben §. 58. sq. von den Ehegelöbnissen verordnet ist, errichtet werden.

M: *1=15 f. 116; 1=68 p. 44; 2=16 p. 49; 3=17 p. 21; 4=20 p. 62; 5=38 p. 119; 6=43 p. 19*

§. 155.

Was eingebrachtes Vermögen sey.

[II I § 210]

Ist dergleichen schriftlicher Vertrag nicht vorhanden, so wird das sämmtliche Vermögen der Frau, außer den §. 150. 151. ausgenommenen Stücken, als Eingebrachtes angesehn*)

M: *1=16 p. 59; 1=68 p. 44-45; 2=33 p. 6; 2=68 p. 44; 3=38 p. 118; 3=93 f. 184-185; 4=53 p. 19; 4=69 p. 1; 5=57 p. 137; 6=41 p. 3*

§. 156.

[II I § 211]

Was die Frau in stehender Ehe erwirbt, erwirbt sie dem Manne.

M: *1=4 f. 19; 1=81 p. 19; 2=15 f. 47; 2=73 p. 6; 3=30 p. 4; 4=38 p. 120; 5=57 p. 140*

§. 157.

[II I § 212]

Grundstücke, Gerechtigkeiten und Capitalien, die der Frauen während der Ehe durch Geschenke oder Erbschaft zufallen, werden als eingebracht angesehen.

M: *1=3 f. 12; 1=29 p. 5; 1=93 p. 6; 2=4 f. 19; 3=15 f. 47; 4=38 p. 121; 5=57 p. 140*

---

*) Die nach dem Römischen Recht statt findende Untereintheilung des Eingebrachten in Dotal= und Paraphernalvermögen, ist um deswillen nicht beybehalten worden, weil die Lehre *de dominio dotis* auf allzufeinen, oft spitzfindigen Unterscheidungen beruht; Ungewißheit und Unsicherheit in dem Eigenthum der Dinge und in den Verträgen der Bürger des Staats hervorbringt; und zu vielen verwickelten Prozessen Anlaß giebt. Wollen Eltern und andere, dasjenige, was sie angehenden Eheleuten zur Uebertragung der Lasten des Ehestandes zuwenden, gegen die Besorgnis der Dißipation sichern, so können sie, nach Maßgabe §. 191. seq. einen Erbschatz bestellen; und soll ein Theil des Eingebrachten dem Manne auf den Todesfall zukommen, so kann ihm solches nach §. 308. zum Ehevermächtniß ausgesetzt werden.

§. 158.

[II I § 213]

Auch Kostbarkeiten und Mobilien, welche die Frau durch Geschenk und Erschaft erhält, werden dem Eingebrachten beygerechnet.

***M:** 1=57 p. 141*

§. 159.

[II I § 206]

Zum vorbehaltnen Vermögen gehören sie nur alsdenn, wenn sie ihrer Beschaffenheit nach, zum alleinigen Gebrauch einer Person weiblichen Geschlechts gewiedmet sind.

***M:** 1=16 p. 60; 2=38 p. 116; 3=57 p. 142*

§. 160.

[II I § 214]

Hat der Erblasser oder Geschenkgeber eine andre Bestimmung festgesetzt, so dient diese zur Richtschnur.

***M:** 1=20 p. 63; 1=81 p. 20*

§. 161.

[II I § 215, 216]

Auch die Eheleute können obige gesetzliche Bestimmung (§. 156 = 159.) durch ausdrückliche Verträge unter sich abändern.

***M:** 1=14 f. 20; 2=16 p. 60; 3=57 p. 143*

§. 162.

[II I § 217]

Was die Frau von den Einkünften des vorbehaltenen Vermögens erspart, wächst diesem vorbehaltenen Vermögen zu.

***M:** 1=27 p. 6; 1=99 p. 8; 2=38 p. 121*

§. 163.

[II I § 218-220]

Es muß aber dergleichen Ersparniß zur Zeit der Absonderung des Vermögens beyder Eheleute, entweder noch würklich in der Frau Gewahrsam vorhanden, oder auf den Nahmen der Frau, bey dem Manne, oder bey einem Dritten ausgethan seyn.

***M:** 1=15 f. 48; 2=16 p. 61*

§. 164.

[II I § 221, 222, 223]

Rechte der Frauen im vorbehaltenen Vermögen.

Die von der Frau über das vorbehaltene Vermögen getroffnen Verfügungen sind auch ohne Einwilligung des Mannes gültig.

***M:** 1=38 p. 122; 2=41 p. 7 (beide auch §. 168); 1=94 f. 210*

§. 165.

[II I § 225]

In Ansehung des ausdrücklich vorbehaltnen Vermögens kann der Mann die Frau in ihrer Disposition nicht einschränken, als wenn sie sich der Verschwendung schuldig macht.

***M:** 1=16 p. 61; 1=67 p. 9; 2=38 p. 121; 2=101 p. 11*

§. 166.

[II I § 226]

Solchenfalls muß sie, gleich andern Verschwendern, in gerichtliche Curatel genommen werden.

§. 167.

[II I § 227]

In der Regel muß der Mann die Curatel, und mit derselben, in Ansehung des vorbehaltenen Vermögens, alle Pflichten eines fremden Curators übernehmen.

***M:** 1=23 p. 5; 1=101 p. 13*

§. 168.

[II I § 224]

In Ansehung des seiner Natur nach vorbehaltnen Vermögens, bleibt zwar die von der Frau schon vorgenommene Veräußerung gültig; der Mann aber hat das Recht, Maßregeln zu treffen, wodurch dergleichen Veräußerungen künftig verhindert werden.

***M:** 1=2 f. 12; 1=38 p. 122 (auch §. 164); 2=3 f. 19; 2=41 p. 7 (auch §. 164); 2=61 f. 4; 3=15 f. 49; 4=16 p. 61; 5=23 p. 5*

§. 169.

[II I § 228]

In Ansehung dieser Art des vorbehaltnen Vermögens, ist der Mann auch zur Uebernahme der Lasten= und Prozeßkosten verpflichtet, wenn die Frau keine vorbehaltnen Capitalien oder Einkünfte besitzt.

***M:** 1=3 f. 12; 2=16 p. 62; 3=38 p. 125; 4=57 p. 145*

§. 170.

[II I § 229, 230]

Dagegen müssen Lasten und Prozeßkosten, welche das ausdrücklich vorbehaltne Vermögen betreffen, auch aus demselben bestritten werden.

***M:** 1=16 p. 62; 2=17 p. 21*

M:** 1=66 p. 7-14 **zu den §§. 171 - 180

Rechte des Mannes im eingebrachten Vermögen.

§. 171.

[II I § 231]

Von dem eingebrachten Vermögen gebührt dem Manne die

Verwaltung und der Nießbrauch.

M: 1=9 f. 38; 2=34 p. 1; 3=37 p. 24; 3=38 p. 126

§. 172.

[II I § 231]

Was die Gesetze von dem Nießbrauch überhaupt verordnen, dazu ist auch der Ehemann berechtigt, und verpflichtet.

M: 1=13 f. 3; 2=57 p. 143

§. 173.

[II I § 231]

In der Regel ist er nicht schuldig, dieses Nießbrauchs wegen Caution zu leisten.

M: 1=55 p. 19; 2=57 p. 143

§. 174.

[II I § 231]

Wenn er aber in Vermögensverfall geräth, kann die Frau besondre Sicherstellung des Eingebrachten fordern.

M: 1=3 f. 12; 1=73 p. 6; 2=9 f. 39; 3=16 p. 62; 4=27 p. 7; 5=38 p. 127; 6=57 p. 143

§. 175.

[II I § 232]

Grundstücke und Gerechtigkeiten, welche zum Eingebrachten gehören, kann der Mann ohne der Frauen Einwilligung weder veräußern, noch verschulden, noch sonst etwas dabey vornehmen, wodurch denselben eine bleibende Reallast aufgelegt würde.

M: 1=3 f. 12; 2=4 f. 20; 3=10 f. 23; 4=15 f. 49; 5=23 p. 5; 6=38 p. 130; 7=37 p. 74; 8=43 p. 19

§. 176.

[-]

In Schulden, die zur Erhaltung der Substanz des eingebrachten Grundstücks nothwendig sind, ist die Frau einzuwilligen verbunden.

M: 1=15 f. 50; 1=102 p. 23; 2=16 p. 63; 3=17 p. 21; 4=38 p. 131; 5=48 p. 7

§. 177.

[II I § 239]

Bey beharrlicher ungegründeter Weigerung, kann ihr Consens von dem Richter ergänzt werden.

§. 178.

[-]

Sind eingebrachte Grundstücke oder Gerechtigkeiten, mit Bewilligung der Frau, an einen Dritten, oder auch an den Mann selbst veräußert worden, so tritt der Werth an ihre Stelle.

M: 1=15 f. 52; 1=68 p. 46-47; 2=57 p. 144

§. 179.

[II I § 240-246]

Ist für diesen Werth ein andres Grundstück angeschaft worden, so tritt solches nur dann an die Stelle des veräußerten, wenn es auf den Nahmen der Frau geschrieben wird.

M: 1=11 f. 12; 1=13 f. 13; 1=68 p. 46-47; 2=16 p. 63; 3=17 p. 21; 4=20 p. 65; 5=23 p. 6

§. 180.

[II I § 233-239]

Capitalien, welche auf den Nahmen der Frau, oder ihrer Erblasser oder Geschenkgeber geschrieben sind, kann der Mann, ohne Bewilligung der Frau, nicht einziehn, verpfänden, veräußern, oder sonst abhanden bringen.

M: 1=15 f. 54; 2=16 p. 63; 3=38 p. 131; 4=37 p. 26; 5=54 p. 13; 6=57 p. 144

§. 181.

[-]

So lange der Mann den Nießbrauch der eingebrachten Grundstücke, Gerechtigkeiten oder Capitalien hat, ist dieser Nießbrauch seinen auch einseitigen Gläubigern verhaftet.

M: 1=57 p. 144

§. 182.

[-]

Doch bleiben der Frau, wegen des ihr dagegen von dem Manne zu verschaffenden standesgemäßen Unterhalts, ihre Rechte vorbehalten.

M: 1=9 f. 39; 1=64 p. 9; 1=68 p. 47; 2=55 p. 19

§. 183.

[II I § 247]

Ueber die eingebrachten Mobilien hat der Mann die freye Disposition.

M: 1=3 f. 14; 1=38 p. 131; 2=3 f. 13; 3=7 f. 8; 4=8 f. 17; 4=96 f. 235; 5=9 f. 43; 6=15 f. 54; 7=38 p. 131; 8=58 f. 11; 9=57 p. 144; 10= Angabe fehlt

§. 184.

[II I § 248]

Ueber die vorbehaltnen Mobilien, (§. 150.) kann er nicht anders, als mit Bewilligung der Frau disponiren.

M: 1=16 p. 64; 2=38 p. 134

§. 185.

[II I § 249]

Einseitige Dispositionen des Mannes über solche Mobilien, die zu den gesetzlich vorbehaltnen gehören, (§. 150.) sind nichtig.

***M:** 3=16 p. 64*

§. 186.

[II I § 250]

Dagegen sind solche Dispositionen über Mobilien, die nur durch einen Vertrag vorbedungen worden, (§. 152.) in Ansehung des Dritten gültig, und die Frau kann sich deswegen nur an den Mann halten.

***M:** 1=2 f. 14; 1=62 p. 12; 2=4 f. 24; 2=61 f. 4; 3=29 p. 5; 3=37 p. 26; 4=38 p. 134; 5=48 p. 8; 5=96 f. 235; 6=57 p. 145*

§. 187.

[II I § 251]

Was einmal zum eingebrachten oder vorbehaltenen Vermögen ausgesetzt worden, behält diese Eigenschaft, so lange nicht ein andres durch ausdrückliche Verträge bestimmt wird.

***M:** 1=16 p. 64; 1=67 p. 9; 2=38 p. 135*

§. 188.

[II I § 252]

Solche Verträge können jedoch einem Dritten, in seinem auf dergleichen Vermögen bereits erworbenen Rechte, nicht nachtheilig seyn.

***M:** 1=57 p. 145*

§. 189.

[II I § 253]

Auch kann die Natur des gesetzlich vorbehaltenen Vermögens durch dergleichen Verträge nicht geändert werden.

***M:** 1=3 f. 13; 1=15 f. 55; 1=73 p. 6; 2=4 f. 24; 3=16 p. 64; 4=20 p. 66; 4=101 p. 13; 5=23 p. 6; 6=38 p. 136*

§. 190.

[II I § 254-275]

Wegen des der Frau, mit ihrem Vermögen, in den Gütern des Mannes zukommenden Vorrechts, hat es bey den Vorschriften des Ersten Buchs[27] Part. IV. Tit. XII. §. 23 - 26. 61 - 71. & 84. sein Bewenden.

***M:** 1=2 f. 14; 1=62 p. 13/16; 2=16 p. 65; 2=61 p. 4; 3=1 f. 24; 3=17 p. 22; 4=57 p. 146*

---

[27] *Gemeint ist Corpus juris Fridericiani, die Prozeßordnung 1781.*

§. 191.

Vom Erbschatz.

[II I § 276]

Eltern, Verwandte und Fremde, welche den Eheleuten etwas aus ihrem eignen Vermögen zuwenden, sind berechtiget, Bedingungen festzusetzen, unter welchen die Eheleute solches besitzen und geniessen sollen.*)

***M:** 1=43 p.20; 1=79 Angabe fehlt; 2=1 f.25; 2=57 p.147; 2=61 p.4*

§. 192.

[II I § 277]

Verordnen sie, daß dergleichen zugewendeter Vermögensantheil zum Besten der Familie aufbehalten werden soll, so heißt solches ein Erbschatz.

***M:** 1=12 f. 18; 1=63 p. 51; 2=25 p. 6*

§. 193.

[II I § 278]

Verwandte und Fremde können alles, was sie den Eheleuten zuwenden, zum Erbschatz bestellen.

***M:** 1=54 p. 14*

§. 194.

[II I § 279]

Eltern müssen wenigstens den vierten Theil von demjenigen, was sie, außer der Mobiliarausstattung, ihren Kindern bey deren Verheyrathung mitgeben, zur Disposition der Eheleute frey lassen.

***M:** 1=2 f. 14; 1=33 p. 9; 1=66 p. 6; 1=73 p. 7; 1=81 p. 20; 2=1 f. 25; 2=3 f. 13; 3=4 f. 62; 4=20 p. 66; 5=48 p. 9; 6=57 p. 147*

§. 195.

[II I § 281]

Der Erbschatz muß vor dem ordentlichen Richter regulirt und sicher gestellt werden.

***M:** 1=16 p. 66; 1=37 p. 27; 1=33 p. 9; 1=102 p. 29; 2=54 p. 14; 3=57 p. 149*

---

*) Bey der Lehre vom Erbschatz ist eigentlich nichts neu, als der Nahme. Er ist, ein zu Gunsten einer gewissen Ehe, und der daraus zu erwartenden Kinder, bestelltes Fideicommiß. Diesem eine gesetzliche Form zu ertheilen, war um deswillen nothwendig, weil der Fall häufig vorkommen kann, wo Eltern oder andre Personen, angehenden Eheleuten etwas, zur Unterstützung bey den Lasten des Ehestandes, und zur künftigen Versorgung der Kinder zuwenden; dabey aber versichert seyn wollen, daß diese ihre Absicht, durch verschwenderische oder unbesonnene Dispositionen der Eheleute, nicht vereitelt werde. Da nun überdem die Römische Lehre vom *dote*, aus überwiegenden Gründen, nicht beybehalten werden können; so mußte derselben eine andre gesetzliche Einrichtung, mittelst welcher jene Absicht erreicht werden kann, substituirt werden.

§. 196.

[II I § 280]

In baarem Gelde und beweglichen Sachen findet die Bestellung eines Erbschatzes nicht statt.

M: *1=2 f. 14; 2=3 f. 13; 3=4 f. 22; 3=13 p. 53; 3=38 p. 137; 3=61 p. 4; 3=64 p. 15; 3=94 f. 210; 4=16 p. 66; 5=54 p. 14; 6=57 p. 149*

§. 197.

[II I § 282, 283]

Werden Grundstücke oder Gerechtigkeiten zum Erbschatz gewiedmet, so muß solches im Hypothekenbuche eingetragen, und zugleich ein bestimmter Werth festgesetzt werden. (cf. 206.)

M: *1=20 p. 67; 2=57 p. 149*

§. 198.

[II I § 284-286]

Sind ausstehende Capitalien zum Erbschatz bestellt, so muß solche Bestimmung auf den Instrumenten bemerkt, und letztre zur sichern Verwahrung gebracht werden.

M: *1=9 f. 44; 1=63 p. 53; 1=67 p. 9; 2=16 p. 66; 2=63 p. 37; 2=102 p. 198; 3=20 p. 68; 3=64 p. 16; 4=57 p. 149*

§. 199.

[II I § 287-293]

Von dem Erbschatz hat der Mann die Verwaltung und den Nießbrauch, in sofern nicht bey dessen Bestellung ein andres ausdrücklich festgesetzt worden.

M: *1=73 p. 7*

§. 200.

[II I § 290]

Die Substanz aber muß, zum Besten der Kinder, unverletzt erhalten werden.

M: *1=57 p. 150; 1=67 p. 9*

§. 201.

[II I § 299]

Zur Ausstattung der Kinder können die Eheleute, wenn sie unter einander einig sind, die Hälfte des Erbschatzes verwenden.

M: *1=4 f. 12; 2=9 f. 45; 3=10 f. 23; 4=16 p. 66; 5=20 p. 68; 6=30 p. 5; 7=54 p. 14*

§. 202.

[-]

Sind mehrere Kinder vorhanden, so ist diese Hälfte des Erbschatzes, nach gleichem Verhältniß, auf alle zu vertheilen.

M: *1=1 f. 25; 1=4 f. 22; 1=38 p. 138*

§. 203.

[II I § 294-297]

Mit Einwilligung desjenigen, der den Erbschatz bestellt hat, kann derselbe wieder aufgehoben, verpfändet, und jede andre Veränderung damit vorgenommen werden.

§. 204.

[II I § 298]

Nach dessen Tode hingegen können die Eheleute sich einer Disposition über den Erbschatz nur in sofern anmaßen, als ihnen dergleichen bey der Bestellung ausdrücklich vorbehalten ist.

***M:** 1=11 f. 55; 2=16 p. 66; 3=54 p. 14*

§. 205.

[-]

Außerdem können Grundstücke, die zum Erbschatz ausgesetzt worden, nur wegen solcher Schulden, die zur Erhaltung der Substanz nothwendig sind, unter richterlicher Genehmigung verpfändet werden.

***M:** 1=4 f. 22; 1=63 p. 53; 2=15 f. 55; 2=16 p. 67; 2=17 p. 21; 2=58 f. 11; 3=38 p. 138*

§. 206.

[-]

Unter gleicher Genehmigung kann ein solches Grundstück auch veräußert, doch muß alsdenn der bey der Bestellung ausgesetzte Werth anderweit gehörig versichert werden.

***M:** 1=2 f. 14; 1=63 p. 53; 1=67 p. 9; 2=9 f. 45; 3=17 p. 23; 4=57 p. 150*

§. 207.

[-]

Auch Capitalien, die zum Erbschatz gewiedmet sind, können eingezogen; es muß aber dafür sofort andre gehörige Sicherheit bestellt werden.

***M:** 1=54 p. 15; 1=63 p. 53*

§. 208.

[II I § 301]

In den vorstehend §. 206. 207. bestimmten Fällen, muß der Richter die anderweit zu bestellende Sicherheit, mit Zuziehung eines den substituirten Kindern zu bestellenden Curators, prüfen und reguliren.

***M:** 1=63 p. 53; 1=101 p. 13*

§. 209.

[II I § 302-309]

Grundstücke oder Capitalien, die zum Erbschatz bestellt sind, können, bey entstehendem Concurs über das Vermögen eines oder beyder Eheleute, nicht zur Masse gezogen werden.

***M:** 1=9 p. 49; 1=17 p. 24; 2=15 f. 55; 3=17 p. 24*

§. 210.

[-]

Sind aber solche nicht mehr vorhanden, so hat der Betrag, im Concurs über des Mannes Vermögen mit dem Eingebrachten der Frauen gleiche Rechte.

***M:** 1=4 f. 22; 1=63 p. 54; 2=15 f. 56; 3=17 p. 24; 4=23 p. 6*

§. 211.

[II I § 310]

Von Geschenken unter Eheleuten.

Geschenke unter Eheleuten sind, wie unter Fremden, gültig*).

***M:** 1=3 f. 13; 1=14 f. 23; 1=63 p. 54; 2=4 f. 23; 2=66 p. 6; 3=10 Angabe fehlt; 3=15 f. 56; 3=73 p. 7; 4=32 p. 13; 4=74 p. 9; 5=13 p. 20; 5=93 p. 7; 6=57 p. 150; 6=99 p. 10.*

§. 212.

[II I § 311]

Auch der Widerrruf ist nur in sofern zuläßig, als ein fremder Geschenkgeber dazu berechtigt seyn würde.

§. 213.

[II I § 312]

Wenn der schenkende Ehegatte in Verfall seines Vermögens geräth, so können die Gläubiger dergleichen Schenkung widerrufen; ihre Forderungen mögen vor, oder nach derselben entstanden seyn.

***M:** 1=2 f. 14; 1=63 p. 54; 2=8 f. 18; 2=67 p. 9; 3=17 p. 25; 3=59 p. 11; 3=102 p. 24; 4=23 p. 6; 5=54 p. 15; 5=57 p. 153; 6=49 p. 28; 6=58 f. 11; 6=68 p. 44*

---

*) Der Grund, warum nach Römischen Rechten, Schenkungen unter Eheleuten ungültig waren, liegt theils in der Leichtigkeit der Ehescheidungen bey den Römern, und der damit verknüpften Besorgniß, daß eigennützige Ehemänner den Leichtsinn der Frauen mißbrauchen, sie durch abgelockte Schenkungen um das Ihrige bringen, oder auch, aus Unwillen über die Weigerung der Frau, ihr den Scheidebrief geben mögten. Anderntheils besorgten die Römer, daß die Schenkungen unter Eheleuten, als Prätext, zu allerhand Simulationen und Verkürzungen der Gläubiger eines unordentlichen verschuldeten Ehemanns, gemißbraucht werden mögten. Der erste von diesen Gründen fällt nach unsrer heutigen Verfassung und Denkart weg; der zweyte aber findet noch Anwendung. Hiernach sind also die §. 211 = 216. eingerichtet

§. 214.

[II I § 313]

Doch sind die Gläubiger zu diesem Widerruf nur alsdenn berechtiget, wenn die geschenkte Sache sich noch in dem Vermögen des beschenkten Ehegatten befindet, oder dieser dadurch noch würklich bereichert ist.

M: *1=3 f. 13; 2=23 p. 6*

§. 215.

[II I § 314, 315]

Kleider, und andre zur standesmäßigen Unterhaltung gehörige Sachen, welche die Frau von dem Manne bekommt, werden ein freyes Eigenthum der Frauen.

M: *1=2 f. 14; 2=38 p. 139; 3=57 p. 154*

§. 216.

[II I § 316, 317]

Was sie hingegen an Juwelen, Kostbarkeiten, oder sonst zur Pracht, von ihm erhält, wird bey einer zwischen den Eheleuten oder deren Erben erfolgenden Auseinandersetzung des Vermögens, nur für geliehen angesehn.

M: *1=2 f. 14; 1=unl. f. 2-3; 2=3 f. 13; 2=62 p. 17; 3=20 p. 69; 3=67 p. 9; 4=38 p. 140; 4=61 p. 4; 5=15 f. 56; 5=37 p. 27; 5=73 p. 7; 5=88 f. 145; 5=102 p. 24; 6=43 p. 10; 6=47 p. 8; 6=60 f. 19; 7=57 p. 154; 8=49 p. 9; 9=53 p. 31*

§. 217.

Von den Schulden der Frau.

[II I § 318]

Das vorbehaltne Vermögen kann die Frau, ohne Bewilligung des Mannes, mit Schulden belasten.

M: *1=16 p. 69; 1=94 f. 210-211; 2=38 p. 171; 2=61 p. 4; 3=57 p. 153; 3=101 p. 13; 4=1 f. 25*

§. 218.

[II I § 319]

Doch kann der Gläubiger, während der Ehe, seine Befriedigung aus dem vorbehaltnen Vermögen nur alsdenn suchen, wenn ihm solches durch Eintragung im Hypothekenbuche, oder durch Uebergabe des Obligationsinstruments, oder der beweglichen Sache, besonders verpfändet worden.

M: *1=3 f. 14; 1=60 f. 19; 2=4 f. 23; 2=43 p. 20; 2=79 p. 7; 2=102 p. 29; 3=9 f. 50; 4=11 f. 13; 4=15 f. 56; 4=16 p. 69; 5=17 p. 25; 6=20 p. 70; 6=66 p. 7; 7=38 p. 141*

§. 219.

[II I § 320]

In Ansehung des eingebrachten Vermögens, sind die von der Frau, während der Ehe gemachte Schulden ganz ungültig, wenn der Mann darein nicht gewilligt hat.

***M:** 1=2 f.14; 1=81 p.20; 2=4 f.24; 2=67 p.9; 3=23 p.6; 4=48 p.9*

§. 220.

[II I § 321-323]

Hat jedoch die Frau, zu gewöhnlichen Haushaltungsgeschäften oder Nothdurften, Waaren, oder Sachen auf Borg genommen, so muß der Mann dergleichen Schuld anerkennen.

***M:** 1=2 f. 13; 1=62 p. 17; 2=19 p. 2; 2=68 p. 48; 3=38 p. 144; 3=102 p. 25*

§. 221.

[II I § 324]

Hat die Frau Sachen oder Gelder erborgt, und zum gemeinschaftlichen Besten beyder Eheleute nützlich verwendet, so wird dadurch die Schuld verbindlich.

***M:** 1=33 p. 10*

§. 222.

[II I § 325-331]

Hat eine Frau, welcher der Mann einen Theil seines Gewerbes übertragen, während seiner Abwesenheit, zum Betrieb desselben Schulden gemacht, so sind solche gültig; wenn gleich weder die Verwendung geschehen, noch der gehofte Nutzen daraus erfolgt ist.

***M:** 1=4 f. 24; 2=8 f. 18; 3=9 p. 51; 4=13 f. 9; 5=33 p. 10*

§. 223.

[II I § 335-337]

Eine für sich Handlung treibende Ehefrau bedarf in keinem Falle, zu ihrer Anlehnen, der Genehmigung des Mannes.

***M:** 1=3 f. 14; 2=16 p. 70; 3=38 p. 145*

§. 224.

[II I § 328]

In dem §. 220. 221. & 222. bestimmten Fällen kann sich der Gläubiger an das bereiteste Vermögen beyder Eheleute halten.

***M:** 1=15 f. 57; 1=63 p. 55; 2=33 p. 10; 3=38 p. 146*

§. 225.

[II I § 329-333]

In Fällen, wo die Schuld nur durch des Mannes Einwilligung gültig wird, kann der Gläubiger seine Befriedigung aus der Frauen eingebrachtem Vermögen suchen.

***M:** 1=13 f. 4; 1=62 p. 17; 2=53 p. 1; 2=73 p. 7; 3=54 p. 16; 4=54 p. 16*

§. 226.

[II I § 334]

In Fällen, wo die Schuld ganz ungültig ist, kann der Gläubiger nur dasjenige zurück nehmen, was von den geborgten Sachen oder Geldern erweißlich noch vorhanden ist.

M: *1=13 f.4; 1=64 p. 16/17; 1=67 p. 10; 2=23 p. 7; 3=38 p. 141*

§. 227.

[II I § 338-340]

Hat die Frau vor der Ehe Schulden gehabt, so kann der Gläubiger seine Befriedigung aus deren bereitesten Vermögen fordern.

M: *1=29 p. 6; 1=102 p. 25; 2=57 p. 156; 2=60 f. 20; 3=55 p. 31*

§. 228.

[II I § 339]

Wird durch solche Schulden der Ehefrau, die sie dem Manne verschwiegen hatte, deren Eingebrachtes vermindert; so kann er den Ersatz dieses Abgangs aus dem vorbehaltenen Vermögen fordern.

M: *1=1 f. 25; 2=37 p. 28*

§. 229.

Von Bürgschaften der Ehefrauen.

[II I § 341]

Fremde Schulden übernehmen, und Bürgschaft leisten, kann die Frau nicht anders, als gerichtlich, oder vor einem Justizcommissario.

M: *1=7 f. 9; 1=66 p. 7; 1=94 f. 211; 2=16 p. 71; 3=17 p. 25; 4=43 p. 10; 5=54 p. 16; 6=57 p. 156*

§. 230.

[II I § 341]

In Ansehung des vorbehaltenen Vermögens ist die Bürgschaft, auch ohne des Mannes Einwilligung, eben so verbindlich, wie jede andre auf dies Vermögen gemachte Schuld. (cf. §. 217. 218.)

M: *1=94 f. 211*

§. 231.

[II I § 342]

In Ansehung des eingebrachten Vermögens, ist die Bürgschaft ohne des Mannes Einwilligung ungültig.

M: *1=38 p. 148; 1=64 p. 17/18; 2=37 p. 29; 3=55 p. 29*

§. 232.

[II I § 343]

Geschieht die Uebernahme oder Verbürgung zum Besten

des Mannes, so muß allemal, und ohne Unterschied der Fälle, ein rechtsverständiger Beystand von Seiten der Frau zugezogen werden.

M: 1=62 p. 18; 2=61 f. 4

§. 233.

[II 1 § 344]

Bey jeder Verbürgung, sie geschehe zum Besten des Mannes, oder eines Dritten, müssen der Frau die aus einer solchen Handlung entstehenden Verbindlichkeiten und Nachtheile erklärt werden.

M: 1=4 f. 24; 1=102 p. 27; 2=11 f. 15; 3=16 p. 71; 4=17 p. 26; 5=38 p. 150; 6=23 p. 7

§. 234.

[-]

Daß solches geschehen sey, müssen die Gerichte oder Justizcommissarien, in den ausgefertigten Instrumenten ausdrücklich bemerken.

M: 1=37 p. 29; 1=58 f. 11; 1=102 p. 26; 2=57 p. 157

§. 235.

[-]

Ist dieser Vermerk unterblieben, so soll aus einem solchen Instrument keine Klage wider die Frau verstattet werden.

M: 1=4 f. 26; 2=16 p. 72; 3=17 p. 26

§. 236.

[-]

Wird der Gläubiger dadurch gefährdet, so kann er seine Schadloshaltung von dem Gericht oder dem Justizcommissario fordern.

M: 1=17 p. 27; 1=67 p. 10; 2=19 p. 2; 3=20 p. 72

Sechster Abschnitt.
Von der Gemeinschaft der Güter unter Eheleuten[a].

§. 237.

Die Gütergemeinschaft entsteht aus Statuten; oder

[II I § 345, 346-349]

Die Gemeinschaft der Güter unter Eheleuten findet nur statt, wo solche durch Provinzialgesetze und Statuten eingeführt ist.*)

***M:** 1=3 f.14; 1=81 p.20/21; 2=16 f.24; 2=89 f.156; 2=90 f.163; 3=20 p. 37; 3=96 f. 235; 4=22 p. 15; 4=73 p. 7; 5=38 p. 151; 6=41 p. 8; 6b=42 Sa. f.; 7=44 p. 32; 8=55 p. 20; 9=57 p. 158*

§. 238.

Verträgen.

[-; s. II I § 359]]

Doch kann dieselbe, bey Schliessung der Ehe, auch durch einen Vertrag eingeführt werden.

***M:** 1=3 f. 14; 2=4 f. 26; 3=23 p. 7; 4=38 p. 159; 4=66 p. 14; 4=73 p. 7; 5=57 p. 158;*

§. 239.

[II I § 356]

Ein solcher Vertrag muß gerichtlich vollzogen werden.

***M:** 1=4 f. 26; 2=57 p. 159; 2=66 p. 14; 2=78 p. 4*

§. 240.

[II I § 357]

Ist der Vater der Ehefrau noch am Leben, so ist dabey dessen Zuziehung erforderlich.

***M:** 1=27 p. Angabe fehlt; 2=38 p. 154 (je auch §. 241); 1=66 p. 14*

---

a **E:** 07.72.0256-286 **Nachtr.E:** 07.74.00773^{v}-0082^{v}
R: 07.80.0049-0052 zu §§ 237-293

*) Die Gemeinschaft der Güter unter Eheleuten ist zwar nicht gemeinen Rechtens, sie findet aber, obzwar unter sehr verschiednen Bestimmungen und Gestalten, in den meisten Königl. Provinzen statt. Da nun die darüber vorhandnen Provinzialgesetze größtentheils sehr dunkel, unvollständig und unbestimmt sind, so hat man nöthig gefunden, die allgemeine Theorie dieser wichtigen Lehre, besonders auf den Grund des Lübschen Rechts, näher aus einander zu setzen; und Bestimmungen einzuführen, wodurch die aus der Communion sonst so häufig entstehende Prozesse verhütet werden können.
[Damit wird - wie auch sonst (Lehn- u. Bauernrecht etc.) - ein ganz neues lückenausfüllendes gemeines Recht geschaffen, das in etwa die Funktion des heutigen dispositiven Rechts gewinnt.]

§. 241.

[II I § 358]

Von der statutarischen Gütergemeinschaft.

Bey dessen Ermangelung muß der Frau ein rechtskundiger Beystand zugeordnet werden.

***M:** 1=15 f. 57; 1=27 p. Angabe fehlt (auch §. 240); 1=66 p. 14; 1=67 p. 10; 2=37 p. 29; 2=38 p. 154 (auch §. 240); 2=73 p. 7; 3=73 p. 20; 3=78 p. 4; 3=94 f. 211*

§. 242.

[II I § 350]

Durch Provinzialgesetze und Statuten, wird die Gemeinschaft der Güter nur alsdenn begründet, wenn der erste Wohnsitz der Eheleute sie dergleichen Gesetzen unterworfen hat.

***M:** 1=9 f. 52; 1=73 p. 8; 2=23 p. 7; 2=78 p. 4; 3=29 p. 6; 3=93 p. 7; 4=38 p. 158; 5=49 p. 10*

§. 243.

[II I § 351]

Die Veränderung des ersten Wohnsitzes verändert nicht die Rechte, welchen sich die Eheleute vorhin unterworfen hatten.

***M:** 1=9 f. 52; 1=78 p. 4; 2=12 f. 19; 2=93 p. 7; 3=19 p. 2; 3=99 p. 10; 4=43 p. 21; 4=54 p. 17*

§. 244.

[II I § 355, 352-354, s. a. 417]

Haben Eheleute ihren Wohnsitz von einem Orte, wo keine Gemeinschaft der Güter obwaltet, an einen andern verlegt, wo solche nach Provinzialgesetzen oder Statuten statt findet, so können sie sich dieser Gemeinschaft durch eine ausdrückliche Erklärung unterwerfen.

***M:** 1=33 p. 2; 1=62 p. 20; 2=55 p. 21; 2=60 f. 20*

§. 245.

[II I § 355]

Diese Erklärung muß jedoch, wenn sie von Würkung seyn soll, gerichtlich abgegeben werden. (cf. §. 239.)

***M:** 1=33 p. 11; 2=43 p. 21; 3=37 p. 20; 3=67 p. 10; 4=54 p. 14; 5=57 p. 154*

§. 246.

[II I § 360]

Die vorhandnen Verträge, Provinzialgesetze, oder Statuten dienen in allem, was die Gemeinschaft der Güter betrift, zur hauptsächlichsten Richtschnur.

***M:** 1=57 p. 160*

§. 247.

[II I § 360]

Kann aus diesen die Entscheidung nicht genommen werden, so finden erst alsdenn nachstehende allgemeine Vorschriften Anwendung.

§. 248.

Wenn solche ihren Anfang nimmt.

[II I § 361]

Die Gemeinschaft der Güter nimmt unmittelbar nach vollzogener Trauung ihren Anfang.

M: *1=4 f. 26; 1=102 p. 27; 2=43 p. 21; 3=57 p. 160*

§. 249.

[II I § 362]

Wird sie während der Ehe, durch ausdrückliche Erklärung eingeführt, (§. 244.) so entsteht sie erst von dem Tage der gerichtlichen Bestätigung.

M: *1=53 p. 32; 1=64 p. 20; 2=101 p. 14*

§. 250.

Was dazu gehört.

[II I § 363, 364]

Die Gemeinschaft der Güter erstreckt sich über alles, was der freyen Veräußerung eines jeden der beyden Ehegatten unterworfen ist.

M: *1=5 f. 3; 2=20 p. 76; 3=38 p. 157; 4=53 p. 32*

§. 251.

[II I § 365]

Besitzt einer der Ehegatten Grundstücke unter einer andern Gerichtsbarkeit, wo keine Gemeinschaft der Güter obwaltet, so muß das, nach den Gesetzen des Wohnorts, dem andern Ehegatten zugefallene Miteigenthum, im Hypothekenbuche vermerkt werden.

M: *1=4 f. 26; 1=99 p. 10; 2=43 p. 21; 3=2 f. 13; 3=44 p. 35;*

§. 252.

[II I § 366]

Ein gleiches muß in Ansehung aller Grundstücke geschehen, wenn die Gemeinschaft bloß durch einen Vertrag eingeführt wird. (cf. §. 238.)

M: *1=53 p. 32; 1=57 p. 161; 1=99 p. 10*

§. 253.

[II I § 367]

Ist die Eintragung unterblieben, so kann die Gemeinschaft der Güter dem Dritten nicht nachtheilig seyn, der sich wegen des Grundstücks, mit demjenigen Ehegatten, auf dessen Nahmen solches geschrieben ist, einseitig eingelassen hat.

***M:** 1=15 f. 57; 1=99 p. 10; 2=38 p. 159*

§. 254.

[II I § 368, 369]

Sind dergleichen Grundstücke oder Gerechtigkeiten außerhalb Landes gelegen, so muß die Verlautbarung bey den Gerichten, und nach den Gesetzen des Orts geschehen.

***M:** 1=99 p. 10*

§. 255.

[II I § 370]

Auch von solchen Stücken, die an sich der Gemeinschaft nicht unterworfen sind, (cf. §. 250.) gehören die Nutzungen, in der Regel, zum gemeinschaftlichen Vermögen.

***M:** 1=57 p. 161*

§. 256.

[-]

Ausnahmen hievon müssen durch ausdrückliche Verträge bestimmt seyn.

***M:** 1=58 f. 12*

§. 257.

[II I § 371]

Der beyderseitige Erwerb der Ehegatten wächst dem gemeinschaftlichen Vermögen zu.

§. 258.

[II I § 372]

Was während der Ehe, durch Glücksfälle, Erbschaften, oder Geschenke, einem der Ehegatten zufällt, und seiner Natur nach der Gemeinschaft fähig ist, (cf. §. 250.) gehört zum gemeinschaftlichen Vermögen.

***M:** 1=15 f. 57; 2=38 p. 160; 3=55 p. 24; 4=57 p. 162*

§. 259.

[II I § 373, 374-376]

Doch steht dem Erblasser oder Geschenkgeber frey, andre Bestimmungen festzusetzen.

***M:** 1=101 p. 14*

§. 260.

[II I § 377]

Von den Rechten des Ehemannes in der Gütergemeinschaft.

Dem Ehemann gebührt die Verwaltung des gemeinschaftlichen Vermögens.

***M:** 1=38 p. 161; 1=66 p. 15; 2=40 p. 16*

§. 261.

[II I § 378]

Doch kann er Grundstücke nicht ohne Einwilligung der Frau veräußern.

***M:** 1=27 p.7; 1=66 p. 15/16; 2=38 p. 164; 2=101 p. 14; 3=44 p. 37; 4=53 p. 33; 5=54 p. 17*

§. 262.

[II I § 379]

Kapitalien, die auf den Nahmen der Frau, deren Erblasser oder Geschenkgeber geschrieben sind, kann er ohne Bewilligung der Frau nicht einziehn.

***M:** 1=10 f. 20; 1=66 p. 15/16; 2=15 f. 58; 2=101 p. 14; 3=16 p. 75; 4=38 p. 16; 5=37 p. 31; 6=43 p. 22; 7=49 p. 10*

§. 263.

[-]

Die Frau kann, ohne Einwilligung des Mannes, das gemeinschaftliche Vermögen nur in den Fällen des §. 220. 221 & 222. verschulden.

***M:** 1=88 p. 49*

§. 264.

Von den Schulden der Eheleute.

[II I § 380, 381-385, 387-390]

Wegen der Schulden des Mannes, welche während der Ehe gemacht worden, ist das gesammte gemeinschaftliche Vermögen verhaftet.

***M:** 1=4 f. 27; 2=57 p. 162*

§. 265.

[II I § 386]

Doch können Grundstücke und Gerechtigkeiten, welche von der Frau in die Gemeinschaft gebracht worden, wegen der von dem Manne allein gemachten Schulden, nur alsdenn angegriffen werden, wenn das übrige gemeinschaftliche Vermögen zu deren Bezahlung nicht hinreicht.

***M:** 1=20 p. 179; 1=66 p. 51; 2=38 p. 165*

§. 266.

[II I § 389]

Den Gläubigern der Frau haftet das gemeinschaftliche Vermögen, nur in den oben §. 220=222. bestimmten Fällen.

***M:** 1=27 p. 7; 2=38 p. 165; 3=54 p. 17*

§. 267.

[II I § [II I § 391]

Schulden des einen Ehegatten, welche vor der Heyrath gemacht worden, werden nicht gemeinschaftlich, wenn sie nicht ausdrücklich von dem andern mit übernommen werden.

M: 1=12 f. 19; 1=101 p. 15; 2=20 p. 77; 3=53 p. 33; 4=54 p. 17; 5=57 p. 162

§. 268.

[II I § 392, 393-395]

Gegen solche nicht übernommene Schulden können der andre Ehegatte sowohl, als dessen Gläubiger und Erben, auf die Absonderung des von ersterem in die Gemeinschaft gebrachten Vermögens antragen.

M: 1=2 f. 15; 1=73 p. 8; 2=23 p. 8

§. 269.

Von der Gemeinschaft des Erwerbes.

[II I § 396]

Ist in den Verträgen, Provinzialgesetzen oder Statuten, nur eine Gemeinschaft des Erwerbs festgesetzt, so erstreckt sich solche, der Regel nach, auf den gesammten Erwerb beyder Eheleute.

M: 1=5 f. 4; 1=64 p. 21; 2=43 p. 22

§. 270.

[II I § 397]

Gleich bey dem Eintritt in diese Gemeinschaft, muß über das Vermögen eines jeden Ehegatten ein Verzeichniß aufgenommen werden.

§. 271.

[II I § 398]

In diesem Verzeichnisse sind so wohl bewegliche, als unbewegliche Sachen, zum Behufe einer künftigen Auseinandersetzung, zu einem gewissen Werth anzuschlagen.

§. 272.

[II I § 399]

Das Verzeichniß muß entweder gerichtlich beglaubiget, oder von beyden Eheleuten unterschrieben, und versiegelt, bey den Gerichten niedergelegt werden.

§. 273.

[II I § 400]

Von allem, was in diesem Verzeichnisse nicht enthalten ist, wird vermuthet, daß es zum Erwerb gehöre.

§. 274.

[II I § 401]

Ist kein Verzeichniß aufgenommen worden, so wird im zweifelhaften Falle angenommen, daß alles Vorhandne erworben sey.

M: 1=20 p. 79

§. 275.

[II I § 402]

Erbschaften und Vermächtnisse, welche einem der Ehegatten zufallen, gehören nicht zu der Gemeinschaft der Erwerbs.

***M:** 1=3 f. 14; 1=12 f. 19; 1=73 p. 10; 2=20 p. 79*

§. 276.

[II I § 403]

Bey Geschenken findet dasjenige statt, was oben §. 258 seq. bey der Gemeinschaft aller Güter festgesetzt worden.

***M:** 1=20 p. 18; 1=100 p. 59; 2=37 p. 31; 2=43 p. 22; 2=101 p. 151; 3=102 p. 27; 4=60 f. 20*

§. 277.

[II I § 404]

Andre Glücksfälle, die sich nach eingegangner Gemeinschaft ereignen, gehören ohne Ausnahme zum Erwerb.

***M:** 1=57 p. 163*

§. 278.

[II I § 405]

Die Nutzungen der Erbschaften, Vermächtnisse, Lehne, Fideicommisse, oder andrer Stücke, die an sich, ihrer Natur nach, der Gemeinschaft nicht fähig sind, werden dennoch zur Gemeinschaft des Erwerbs gezogen.

§. 279.

[II I § 406]

Durch die Gemeinschaft des Erwerbs wird kein Ehegatte, zur Bezahlung der besondern Schulden des andern, aus der Substanz seines Vermögens, verpflichtet.

***M:** 1=15 f. 49; 1=73 p. 8*

§. 280.

[II I § 407]

Der gemeinschaftliche Erwerb hingegen kann von den Gläubigern des Mannes, ohne Unterschied, ob die Schulden vor oder nach der Heyrath gemacht worden, angegriffen werden.

***M:** 1=15 f. 51; 1=67 p. 11; 1=78 p. 4*

§. 281.

[II I § 408]

Auch die Gläubiger der Frau können sich an den Erwerb halten, wenn ihre Forderungen nach §. 266. seq. gültig, oder noch vor der Heyrath entstanden sind.

§. 282.

[II I § 409, 410]

Wird durch die besondern Gläubiger des einen Ehegatten der

gemeinschaftliche Erwerb geschwächt, so kann der andre den Ersatz aus des ersten eigenthümlichen Vermögen fordern.

M: 1=4 f. 27; 1=78 p. 4; 2=38 p. 166; 2=64 p. 23; 3=66 p. 17

§. 283.

[II I § 411]

Außer vorstehenden Bestimmungen §. 269=280. gilt auch von der Gemeinschaft des Erwerbs alles das, was von der Gemeinschaft der Güter überhaupt verordnet ist.

M: 1=1 f. 26; 1=66 p. 18; 2=20 p. 81; 3=38 p. 167

§. 284.

Wenn die Gütergemeinschaft aufhöre.

[II I § 412]

Wo die Gemeinschaft der Güter, oder des Erwerbs, durch Provinzialgesetze oder Statuten begründet wird, kann solche nur durch Verträge, die vor der Heyrath errichtet sind, ausgeschlossen werden.

M: 1=38 p. 167; 1=102 p. 27; 2=49 p. 10; 2=62 p. 22; 2=67 p. 11; 3=57 p. 164

§. 285.

[-]

Doch müssen dergleichen Verträge gerichtlich verlautbart; durch öffentliche Nachrichten gewöhnlichermaßen bekannt gemacht; und auf die am Orte oder in der Provinz gelegenen Grundstücke eingetragen werden.

M: 1=38 p. 168

§. 286.

[II I § 423]

Bey Kaufleuten in Handelsstädten, ist auch die Bekanntmachung auf den Börsen nothwendig.

M: 1=16 p. 79

§. 287.

[II I § 413, s. a. 416-418]

Während der Ehe findet die Aufhebung der Gemeinschaft, auch mit Bewilligung beyder Eheleute, nicht statt*).

M: 1=3 f. 14; 1=99 p. 12; 2=4 f. 28; 2=9 f. 59; 2=101 p. 16; 3=12 f. 19; 4=20 p. 82; 5=37 p. 32; 6=38 p. 107; 7=40 p. 19; 8=43 p. 23; 8=49 p. 11; 9=44 p. 37; 9=49 p. 11; 9=78 p. 5; 10=53 p. 33; 11=51 p. 18.

---

*) Diese Vorschrift weicht von der bisherigen Theorie ab. Der Grund der Abweichung liegt in der Unmöglichkeit, an Orten, wo *communio bonorum ex lege* eingeführt ist, den Betrügereyen und Verkürzungen der Gläubiger vorzubeugen, wenn den Eheleuten erlaubt seyn sollte, diese Communion, während der Ehe, nach Gutfinden aufzuheben. Besonders würde in Handlungsstädten der schnelle und lebhafte Betrieb

§. 288.

[II I § 414, 415]

Selbst Minderjährige können eine durch die Heyrath entstandne Gemeinschaft, nach der Volljährigkeit, nicht widerrufen.

***M:** 1=2 f. 15; 2=49 p. 13; 3=55 p. 23; 3=61 f. 4; 4=58 f. 12*

§. 289.

[II I § 420, 421]

Nur in dem Falle des §. 268. kann ein Ehegatte, oder dessen Gläubiger, die Aufhebung der Gemeinschaft für die Zukunft verlangen.

***M:** 1=38 p. 169; 2=49 p. 14*

§. 290.

[II I § 419-421]

Ist die Gemeinschaft nach §. 238. bloß durch einen Vertrag entstanden, so kann solche, auch während der Ehe, mit Einwilligung beyder Eheleute wieder aufgehoben werden.

***M:** 1=7 f. 11; 1=61 f. 4; 1=101 p. 17; 2=9 f. 60; 3=10 f. 25; 4=38 p. 174; 5=49 p. 10; 6=53 p. 33; 7=57 p. 166*

§. 291.

[II I § 422- 429]

Bey dieser Aufhebung müssen die Erfordernisse §. 285. beobachtet; solche in den öffentlichen Nachrichten, und bey Kaufleuten auf der Börse bekannt gemacht; auch die auf den Grundstücken eingetragne Gemeinschaft wieder gelöscht werden.

***M:** 1=15 f. 52; 1=61 f. 4; 2=38 p. 175*

§. 292.

[II I § 430]

Unterbleibt die Löschung, so kann die Aufhebung der Gemeinschaft, in Geschäften, welche dergleichen Grundstück betreffen, einem Dritten nicht nachtheilig seyn.

§. 293.

[II I § 431-433]

Ueberhaupt bleiben, auch nach Aufhebung der Gemeinschaft, den Gläubigern, deren Forderungen während der Gemeinschaft entstanden sind, ihre Rechte vorbehalten.

---

der Geschäfte sehr leiden, wenn jeder, der mit einem solchen Ehemanne contrahiren wollte, sich erst bey den Gerichten erkundigen müßte: ob vielleicht die von Anfang an bestandne Communion nach der Zeit wieder aufgehoben worden.

Siebenter Abschnitt.
Von Trennung der Ehe durch den Tod[a].

§. 294.

[II I § 434] Begräbniß.

Wird die Ehe durch den Tod getrennet, so muß der überlebende Ehegatten den Verstorbnen standesmäßig begraben lassen.

***M:** 1=7 f. 12; 1=78 p. 5; 2=8 f. 30; 2=78 p. 5; 3=57 p. 167; 3=108 p. 18*

§. 295.

[II I § 435]

Können die Begräbnißkosten aus dem Nachlaß nicht bestritten werden, so ist der Ueberlebende zu deren Bezahlung verbunden.

***M:** 1=4 f. 28; 2=8 f. 20; 2=57 p. 164*

§. 296.

[II I § 436] Trauer.

Zur Trauer ist die Wittwe ein ganzes, der Wittwer hingegen nur ein halbes Jahr berechtiget.

***M:** 1=3 f. 15; 1=68 p. 50/51; 2=4 f. 29; 2=71 p. 10; 3=8 f. 20; 3=75 p. 20; 4=12 f. Angabe fehlt; 4=20 p. 179; 4=101 p. 18; 5=16 p. 80; 6=53 p. 34; 7=15 f. 53; 7=57 p. 170; 7=58 f. 12; 7=73 p. 8;*

§. 297.

[II I § 437]

Wird die anderweitige Verheyrathung innerhalb der Trauerzeit nachgegeben, so wird dadurch die Trauer geendigt.

***M:** 1=63 p. 55; 1=68 p. 50/51; 2=66 Seitenangabe fehlt; 2=71 p. 10; 3=75 p. 20; 4=101 p. 18*

§. 298.

[II I § 438] Erbfolge.

Die Erbfolge unter den Eheleuten muß zuförderst nach den obwaltenden Verträgen; in deren Ermangelung, nach gültig errichteten letzwilligen Verordnungen; wenn aber beyde nicht vorhanden, nach den Gesetzen bestimmt werden.

***M:** 1=57 p. 171; 1=96 p. 236*

§. 299.

[II I § 439] I. Aus Verträgen

Erbverträge können Eheleute, sowohl vor als nach der Heyrath, schliessen.

***M:** 1=3 f. 29*

---

[a] **E:** 07.72.0287-0373 **Nachtr.E:** 07.74.0083[r]-0107[v]
R: 07.80.0053-0063 zu §§ 294-493 **M:** 1=1 f. 26

§. 300.

[II I § 440, 441]

Dabey muß alles, was die Gesetze bey Errichtung der Erbverträge überhaupt, und bey Verträgen unter Verlobten oder Eheleuten insonderheit erfordern (§. 58. 146.), beobachtet werden.

***M:** 1=44 p. 39; 1=62 p. 22; 2=68 p. 52*

§. 301.

[II I § 442, 443]

Dergleichen Erbverträge können nicht anders, als mit freyer Einwilligung beyder Eheleute widerrufen werden.

***M:** 1=57 p. 171*

§. 302.

[-]

Hat ein Dritter daraus bereits ein gegründetes Recht erlangt, so kann die Abänderung ohne dessen Genehmigung nicht geschehen.

***M:** 1=15 f. 53; 1=101 p. 19; 2=16 p. 81; 3=17 p. 28; 4=1 f. 26; 4=17 p. 28; 4=53 p. 3/25; 4=54 p. 18; 5=57 p. 172*

§. 303.

[II I § 443, 444]

Erbverträge werden durch nachgebohrne Kinder rückgängig gemacht, wenn darinn auf diesen Fall nichts verordnet worden.

***M:** 1=3 f. 15; 1=63 p. 55; 2=4 f. 30; 2=66 p. 21; 2=74 p. 9; 2=101 p. 20; 3=15 f. 53; 3=101 p. 26; 4=17 p. 29; 5=20 p. 54; 6=27 p. 8; 6=101 p. 20; 7=38 p. 176*

§. 304.

[II I § 445-447]

Wenn es zweifelhaft ist, ob durch die in dem Ehevertrage ausgeworfene Summe oder Sache, der überlebende Ehegatte abgefunden, oder ob ihm solche nur voraus beschieden worden; so streitet die Vermuthung für ersteres.

***M:** 1=2 f. 15; 1=64 p. 25; 2=20 p. 85; 2=61 f. 4; 2=68 p. 52-54; 3=23 p. 8; 3=101 p. 20; 4=43 p. 23; 5=57 p. 172*

§. 305.

[II I § 448]

Sobald die Erbfolge durch einen Vertrag bestimmt ist, steht es nicht in der Wahl des überlebenden Ehegatten, von dem Vertrage abzugehn, und die gesetzliche Erbportion zu wählen.

***M:** 1=49 p. 15; 2=57 p. 172*

§. 306.

[II I § 449]

Doch kann diese Wahl, in dem Vertrage selbst, dem überlebenden Ehegatten vorbehalten werden.

M: *1=57 p. 172*

§. 307.

[II I § 450, 451]

Auch steht ihm diese Wahl frey, wenn der verstorbne Ehegatte keine Verwandten in auf= oder absteigender Linie hinterläßt.

M: *1=2 f. 16; 1=3 f. 2; 2=4 f. 30; 3=9 f. 62; 4=38 p. 176; 5=20 p. 85; 5=55 p. 25; 5=102 p. 28; 6=57 p. 172*

M: *1=64 p. 26* ***zu den §§. 308 - 328***

§. 308.

[II I § 452]

Ehevermächtniß.

Der Theil des Vermögens, welchen die Ehefrau dem Mann auf den Todesfall zueignet, heißt das Ehevermächtniß.

M: *1=16 p. 82; 2=53 p. 35; 3=55 p. 26*

§. 309.

[II I § 453]

Während dem Leben beyder Eheleute hat der Mann, des Ehevermächtnisses wegen, keine besondere Rechte in dem Vermögen der Frau.

M: *1=15 f. 54; 2=57 p. 173; 2=102 p. 28*

§. 310.

[II I § 454, 455]

Bey erfolgtem Absterben der Frau aber, nimmt der Mann solches, nach Abzug der Schulden, aus ihrem Vermögen, als sein Erbtheil. (§. 304. 305.)

M: *1=16 p. 82; 1=43 p. 23; 1=60 f. 22; 2=17 p. 29; 2=70 p. 8; 3=49 p. 15*

§. 311.

[II I § 456]

Gegenvermächtniß.

Was der Mann der Frau, aus seinem Vermögen, auf den Todesfall eigenthümlich aussetzt, heißt das Gegenvermächtniß.

M: *1=15 f.54; 2=38 p.177; 3=53 p. 35; 3=55 p.26; 4=57 p. 173*

§. 312.

[II I § 457]

Leibgedinge.

Wird der Frau nur der Nießbrauch gewisser Grundstücke oder Capitalien angewiesen, so heißt solches das Leibgedinge.

M: *1=16 p. 82*

§. 313.

[II I § 458]

Witthum.

Eine jährliche Summe, die der Frau aus dem Vermögen des

Mannes zu ihrem Unterhalt ausgesetzt worden, wird Witthum genannt.

M: 1=3 f. 16; 1=99 p. 12; 2=14 f. 27; 3=15 f. 54; 4=16 p. 83

§. 314.

[II I § 459-468]

In Ansehung der Rechte, welche der Frau, des Gegenvermächtnisses, Leibgedinges und Witthums wegen, in dem Vermögen des Mannes, bey dessen Leben zustehn, bleibt es bey den Vorschriften des Ersten Buchs Part. IV. Tit. XII. §. 85.

M: 1=2 f. 16; 2=3 f. 16; 3=37 p. 35

§. 315.

[II I § 469]

Nach dem Tode des Mannes, erhält die Frau das Gegenvermächtniß aus seinem Nachlaß eigenthümlich.

M: 1=5 f. 4; 2=12 f. 21; 3=38 p. 177; 4=55 p. 26; 5=49 p. 16

§. 316.

[II I § 470]

Leibgedinge und Witthum fällt, nach dem Tode der überlebenden Frau, an die Erben des Mannes zurück.

§. 317.

[II I § 474-477]

Leibgedinge und Witthum bleiben der Frau bey einer zweyten Heyrath, wenn sie, gegen Aussetzung desselben, ihr Vermögen, ganz oder zum Theil, in der Erbschaft des Mannes zurückgelassen hat.

M: 1=2 f. 16; 1=62 p. 23; 1=94 f. 211; 2=3 f. 16; 3=12 f. 21; 4=16 p. 83

§. 318.

[II I § 471, 472, 473]

Außer diesem Falle, hört Leibgedinge und Witthum bey einer zweyten Verheyrathung auf.

M: 1=1 f. 26; 1=81 p. 21; 1=94 f. 211; 2=37 p. 36; 3=57 p. 174

§. 319.

[-]

Alles, was vorstehend (§. 311 = 318.) vom Gegenvermächtniß, Leibgedinge und Witthum verordnet ist, findet nur alsdenn Anwendung, wenn nicht Verträge oder Provinzialgesetze und Statuten ein andres bestimmen.

M: 1=10 f. 25; 2=2 f. 16; 2=20 p. 56; 2=57 p. 174

§. 320.

Erbschatz.

[II I § 478]

Durch Erbverträge, die bey Einschreitung der Ehe geschlossen worden, können auch Eheleute einen Theil ihres Vermögens, zum Besten der Familie, als einen Erbschatz aussetzen.

***M:** 1=8 f. 20; 1=66 p. 21/22; 2=16 p. 84; 2=93 p. 7; 3=38 p. 178; 4=43 p. 24; 5=38 p. 177; 5=73 p. 8; 6=53 p. 35*

§. 321.

[-]

Wird der Erbschatz aus dem Vermögen der Frau bestellt, so hat derselbe während der Ehe, mit dem Eingebrachten gleiche Rechte.

§. 322.

[II I § 542]

Ist solcher aus dem Vermögen des Mannes bestellt, so hat die Frau, wenn sie den Mann überlebt, auf den Nießbrauch des Erbschatzes eben die Rechte, welche ihr, zufolge §. 314 = 318., auf Leibgedinge und Witthum zustehn.

***M:** 1=9 f. 64; 1=37 p. 37*

§. 323.

[II I § 479]

Wenn beyde Eheleute einig sind, so können sie den von ihnen selbst bestellten Erbschatz, auch ohne Einwilligung der Kinder, wieder aufheben.*)

***M:** 1=8 f. 21; 2=57 p. 174*

§. 324.

[-]

Nach getrennter Ehe, wird der von einem Ehegatten bestellte Erbschatz eben so behandelt, als wenn er von einem Dritten ausgesetzt worden.

***M:** 1=37 p. 37*

§. 325.

[II I § 479]

Der Erbschatz, der, während der Ehe, von einem der Ehegatten einseitig bestellt worden, kann von ihm einseitig wiederrufen werden.

***M:** 1=2 f. 16; 1=73 p. 8; 2=11 f. 30; 2=102 p. 28; 3=10 f. 26; 4=57 p. 175*

§. 326.

[-]

Für wiederrufen wird er geachtet, wenn das dazu gewiedme-

---

*) Weil die Bestellung des Erbschatzes, welche von den Eltern geschieht, in Beziehung auf die Kinder, eine bloße *donatio mortis causa* ist.

te Grundstück veräußert, oder das ausgesetzte Capital eingezogen, und der Erbschatz nicht ausdrücklich anderweit von neuem bestellt worden.

M: 1=4 f. 30; 1=102 p. 29; 2=20 p. 87; 3=57 p. 175

§. 327.

[II I § 480]

Ist bis zum Ableben des bestellenden Ehegatten kein Wiederruf erfolgt, so gilt von einem solchen Erbschatz eben das, was bey einem jeden andern Rechtens ist.

§. 328.

[-]

Doch stehn demselben, in Ansehung der Schulden des bestellenden Ehegatten, keine mehrere Rechte zu, als einer bloßen Schenkung unter Eheleuten. (§. 211. sq.)

M: 1=2 f. 16; 2=4 f. 30; 3=9 f. 64; 4=37 p. 39

II. Aus Testamenten.

§. 329.

[II I § 481, 482]

Sind keine Verträge, wodurch die Erbfolge bestimmt wird, vorhanden, so dient die von dem verstorbenen Ehegatten hinterlaßne letzte Willensverordnung zur Richtschnur.

M: 1=57 p. 175; 1=62 p. 24-26

§. 330.

[II I § 483-494]

Was zur Gültigkeit einer solchen letzwilligen Disposition erforderlich sey, wird im dritten Buche[28] vorgeschrieben.

M: 1=58 f. 12

III. Nach den Gesetzen.
a) nach Provinzialgesetzen.

§. 331.

[II I § 495,496]

Haben Eheleute die künftige Erbfolge weder durch Verträge, noch letze Willensverordnungen bestimmt; so wird nach den Statuten oder Provinzialgesetzen verfahren.

M: 1=16 p. 85; 2=20 p. 90; 3=37 p. 39; 4=57 p. 176

§. 332.

[II I § 497-499]

Die dadurch dem überlebenden Ehegatten ausgesetzte Portion kann durch Testamente vermehrt, vermindert, oder gar genommen werden; wenn nicht die Provinzial= oder statutarischen

---

[28] *Das dritte Buch entfällt schon im Entwurf, die Regelung erfolgt daher im zweiten Buch des Entwurfs (II IX §§ 3 ff.).*

Gesetze ein anderes ausdrücklich verordnet haben.

***M:** 1=3 f. 16; 1=92 f. 173; 2=20 p. 91; 2=71 p. 11; 3=27 p. 9; 3=61 p. 24; 3=93 p. 7; 4=38 p. 178; 5=3 p. 1; 5=20 p. 91; 5=23 p. 8; 5=43 p. 25; 6=49 p. 16; 7=57 p. 176; 7=58 f. 12*

§. 333.

[II I § 500]

b) Nach gemeinen Rechten.

Sind wegen der Erbfolge der Eheleute, in den Provinzial=Gesetzbüchern oder Statuten keine, oder nicht hinreichende Bestimmungen vorhanden, so soll nach folgenden allgemeinen Vorschriften verfahren werden.

***M:** 1=16 p. 86*

§. 334.

[II I § 501]

Absonderung der zur Erbschaft nicht gehörigen Stücke.

Zuförderst werden die in dem Nachlaß befindlichen Lehne, Majorate und Fideicommisse, mit Zubehör, demjenigen verabfolgt, auf welchen sie durch den Tod des letzten Besitzers gediehen sind.

***M:** 1=16 p. 86*

§. 335.

[II I § 502]

Gleichergestalt nehmen diejenigen, welchen nach Provinzialgesetzen oder Statuten, Gerade, Niftel oder Heergeräthe zukommt, die dazu gehörigen Stücke.

***M:** 1=87 f. 135; 2=94 p. 212*

§. 336.

[II I § 503-507]

Heergeräthe verläßt nur eine Person männlichen Geschlechts, dem nächsten Anverwandten, von männlicher Seite und Geschlecht.

***M:** 1=14 f. 28; 1=87 f. 135; 1=91 f. 169; 2=38 p. 179; 2=94 p. 212*

§. 337.

[II I § 508]

Gerade nimmt die überlebende Frau aus dem Nachlaß des Mannes.

***M:** 1=91 f. 169*

§. 338.

[II I § 509-512]

Niftel gebührt der nächsten Anverwandtin einer mit Tode abgegangenen Frauensperson.

***M:** 1=16 p. 86; 1=91 f. 169; 2=101 p. 29; 3=38 p. 181*

§. 339.

[II I § 513]

Den Personen, welchen ein Recht auf Heergeräthe, Gerade

und Niftel zukommt, kann solches durch letztwillige Dispositionen nicht genommen werden.

M: 1=38 p. 182; 2=17 p. 29 (beide auch §. 340); 1=73 p. 8; 2=44 p. 21

§. 340.

[II I § 514-516]

Sie können aber auch dieses Recht nur in so fern ausüben, als Stücke, welche dazu gehören, in dem Nachlaß würklich vorhanden sind.

M: 1=38 p. 182; 2=17 p. 29 (beide auch §. 339); 1=101 p. 21; 2=Angabe fehlt; 3=Angabe fehlt

§. 341.

[II I § 537]

Sind diese Stücke in den Gesetzen oder Statuten bestimmt, so bleibt es genau bey den Worten dieser Bestimmung, und es findet keine ausdehnende Erklärung statt.

M: 1=62 p. 26/27

Niftel.

§. 342.

[II I § 525,526]

Bey ermangelnder ausdrücklicher Bestimmung solcher Gesetze, sollen zur Niftelgerade nur gerechnet werden, die zum weiblichen Gebrauch allein gewiedmeten Geräthe, Kleidungsstücke, Wäsche und Kostbarkeiten, nebst den dazu gehörigen Behältnissen.

M: 1=16 p. 87; 1=91 f. 169; 2=38 p. 185; 2=98 f. 1; 3=61 f. 4; 3=73 p. 8; 4=102 p. 29

§. 343.

[II I § 527]

Sachen dieser Art, welche der Mann der Frau zum Gebrauch gegeben hat, und die nach §. 216, als geliehen angesehen werden, gehören nicht zur Niftelgerade.

Gerade.

§. 344.

[II I § 528]

Die volle Gerade begreift alles unter sich, was nach §. 342. zur Niftel gerechnet wird.

§. 345.

[II I § 529, 530, 531]

Außerdem gehört dazu, alles Leinenzeug, und was zum alltäglichen Gebrauche der Hauswirthschaft bestimmt ist.

M: 1=38 p. 185 (auch §. 347); 1=73 p. 8; 1=101 p. 29; 2=Angabe fehlt

§. 346.

[II I § 533]

Mobilien, die bloß zur Pracht dienen, sind unter der Gerade nicht mit begriffen.

***M:** 1=3 f. 17; 1=101 p. 29*

§. 347.

[II I § 532]

Eben so wenig soll dasjenige, was zum Stall und Keller gehört, darunter gerechnet werden.

***M:** 1=38 p. 185 (auch §. 345)*

§. 348.

[II I § 534]

Nur bei Adlichen werden Kutsch und Pferde, deren sich die Eheleute, zu ihrem persönlichen Gebrauch, gewöhnlich bedient haben, zur vollen Gerade gerechnet.

***M:** 1=3 f. 17; 2=38 p. 186*

§. 349.

[II I § 523] Heergeräthe.

Das Heergeräthe soll, wo andre Bestimmungen ermangeln, nichts unter sich begreifen, als das beste Pferd; den Degen, dessen sich der Verstorbene zum täglichen Gebrauch bedient hat, einen vollständigen Anzug von dessen täglichen Kleidern; ein Gebett Betten, nächst dem besten, und zwey Bettücher; ein Tischtuch; und zwo Schüsseln von Zinn, oder andrem gemeinen Metall.

***M:** 1=14 f. 27; 2=38 p. 186*

§. 350.

[II I § 524]

Bey Militairpersonen werden außerdem noch die beste Scherpe, und der Ringkragen, zum Heergeräthe gerechnet.

***M:** 1=3 p. 8; 1=16 p. 88; 2=58 f. 12*

§. 351.

[II I § 517]

Diejenigen, welchen nach Provinzialgesetzen und Statuten, Heergeräthe oder Niftel zukommt, müssen sich innerhalb Jahresfrist, nach dem Tode, zur Ausübung ihres Rechts, bey Verlust desselben melden.

***M:** 1=14 f. 28; 1=43 p. 25*

§. 352.

[II I § 518]

Wer kein Heergeräthe oder Niftel verlassen kann, der kann

auch dergleichen von andern nicht ziehn.

M: 1=38 p. 188; 2=20 p. 180; 3=56 p. 4; 3=58 f. 12 (alle auch §§. 353, 354); 1=64 p. 26/27

§. 353.

[II I § 519]

Nach Provinzen oder Oertern, wo keine Niftel oder Heergeräthe gegeben wird, darf auch dergleichen nicht verabfolgt werden.

M: 1=38 p. 188; 2=20 p. 180; 3=56 p. 4; 3=58 f. 12 (alle auch §§. 352, 354); 1=73 p. 8; 2=93 p. 7; 3=101 p. 29

§. 354.

[II I § 520, 521]

In allen Fällen, wo Heergeräthe und Niftel den Personen, welchen sie nach den Provinzial oder statutarischen Gesetzen zu kommen, nicht gegeben werden dürfen, bleiben solche in dem Nachlasse.

M: 1=38 p. 188; 2=20 p. 180; 3=56 p. 4; 3=58 f. 12 (alle auch §§. 352, 353); 1=a. f.; 2=1 p. 31

§. 355.

[II I § 522]

Wo das Vermögen durch Schulden erschöpft wird, findet weder Niftel, Gerade, noch Heergeräthe statt.

M: 1=94 f. 213

§. 356.

[II I § 536, s. a. 538, 539]

Vorstehende Verordnungen gelten insgesammt nur auf den Fall, wenn in den Provinzial oder statutarischen Gesetzen ein andres nicht ausdrücklich disponirt ist.[*)]

M: 1=1 f. 27; 1=3 f. 16; 1=62 p. 27; 2=8 f. 21; 3=9 f. 65; 4=10 f. 26; 5=16 p. 87; 6=17 p. 30; 7=20 p. 92; 8=2 f. 16; 8=4 f. 30; 8=20 p. 92; 8=37 p. 41; 8=58 f. 13; 9=48 p. 10; 10=49 p. 18; 11=53 p. 35; 11=54 p. 18; 12=55 p. 27; 12=61 p. 11; 13=57 p. 177; 13=72 p. 2

M:** 1=64 p. 29-31 **zu den §§. 357 - 361

---

*) Ob es nicht rathsam seyn mögte, Heergeräthe, Niftel und Gerade auch in den Provinzen, wo solche noch hergebracht sind, gänzlich abzuschaffen, darüber wird die Erklärung, oder das Gutachten der Stände und Justizcollegien erwartet. Inzwischen hat man, da Niftel, Gerade und Heergeräthe in vielen Königl. Provinzen üblich sind und zu vielen Streitigkeiten Anlaß geben, obige subsidiarische Bestimmungen nöthig gefunden. [*Hier verlagert sich die Leitfadenfunktion vom Gesetz in die Anm.*]

M: 1=62 p. 28/29; 1=85 f. 115; 1=88 f. 146; 1=95 f. 231; 1=96 f. 236; 2=89 p. 156; 2=90 f. 163; 3=98 f. 1; 4=88 f. 145

§. 357.

[II I § 540] Erbschatz.

Ferner wird der Erbschatz, wenn dergleichen vorhanden, von dem Nachlaß abgesondert.

§. 358.

[II I § 289]

Sind aus der getrennten Ehe keine Nachkommen vorhanden, so wird der Erbschatz, in so fern der Besteller keine andre Bedingung beygefügt hat, das freye Eigenthum des überlebenden Ehegatten.

***M:** 1=43 p. 25; 1=60 f. 20; 2=49 p. 18*

§. 359.

[II I § 290]

Sind eheliche Nachkommen vorhanden, so erhält der überlebende Ehegatte den Nießbrauch auf Lebenslang.

***M:** 1=72 p. 2; 2=101 p. 32*

§. 360.

[II I § 290]

Das Eigenthum hingegen fällt an die sämmtlichen aus der Ehe vorhandnen Nachkommen; ohne Rücksicht, ob sie vor oder nach Bestellung des Erbschatzes erzeugt worden.

***M:** 1=4 f. 30*

§. 361.

[II I § 541]

In allen Fällen, wo der überlebende Ehegatte den von dem Verstorbnen, oder einem Dritten bestellten Erbschatz eigenthümlich überkommt, kann ihm solcher auf sein gesetzmäßiges Erbtheil nicht angerechnet werden.

M:** 1=44 p. 40; 1=61 f. 4* ***M:** 1=66 p. 22-23 **zu §§. 362 - 370

§. 362.

[II I § 621] Ordnung der Erbfolge.

Wenn nun nach obigen Regeln, von dem Vermögen des verstorbnen Ehegatten, die zu dessen Erbschaft nicht gehörigen Stücke abgesondert worden, (§. 334=361.) so kommt es, wegen Bestimmung der Erbfolge selbst, darauf an: ob der Verstorbne nahe Verwandten hinterlasse, oder nicht*).

***M:** 1=17 p. 31; 1=62 p. 30; 2=55 p. 27; 2=75 p. 20; 3=57 p. 178.*

---

*) Der Natur des genauen, innigen und festen Bündnisses, welches nach unsern Gesetzen zwischen Eheleuten, nicht nur in Rücksicht auf ihre Person und Neigungen, sondern auch auf ihre äußern Schicksale und Intresse vorwalten soll, ist es gemäß, daß sie, auch bey der gesetzli-

§. 363.

[II I § 622]

Für nahe Verwandten werden alle diejenigen geachtet, welche von dem Erblasser nicht weiter, als im sechsten Grade, voller oder halber Geburt, entfernet sind.

***M:** 1=2 f. 16; 1=102 p. 29; 2=3 f. 17; 3=16 p. 90; 4=19 p. 2; 5=20 p. 94; 6=53 p. 36*

§. 364.

a) Wenn keine nahe Verwandten,

[II I § 623]

Sind dergleichen nahe Verwandten nicht vorhanden, so erbt der überlebende Ehegatte den ganzen Nachlaß des Verstorbnen.

***M:** 1=55 p. 27; 1=73 p. 9*

§. 365.

b) wenn Kinder,

[II I § 624]

Hinterläßt der Verstorbne dergleichen nahe Verwandten in absteigender Linie, so ist der überlebende Ehegatte nur Erbe zum vierten Theile.

***M:** 1=8 f. 21; 1=78 p. 5; 2=15 f. 54; 2=61 f. 4; 3=44 p. 42; 3=81 p. 22; 4=55 p. 27; 5=52 p. 2; 6=2 f. 16; 6=4 f. 31; 6=54 p. 19; 6=67 p. 12; 7=37 p. 84*

§. 366.

c) wenn Eltern,

[-]

Sind keine Verwandten in absteigender Linie vorhanden, so erbt der überlebende Ehegatte die Mobilienstücke des Verstorbnen voraus.

***M:** 1=2 f. 16; 1=63 p. 56; 1=75 p. 23; 2=16 p. 91; 2=81 p. 23; 3=52 p. 2*

§. 367.

[-]

Von dem übrigen Vermögen erbt er den vierten Theil, wenn Verwandten in aufsteigender Linie vorhanden sind.

***M:** 1=2 f. 17; 1=63 p. 56; 1=75 p. 23; 2=4 f. 31; 2=81 p. 23; 3=8 f. 22; 4=52 p. 3; 5=55 p. 28*

§. 368.

d) wenn Geschwister,

[II I §. 625]

Nehmen Geschwister, voller oder halber Geburt, oder deren Kinder, an der Erbschaft Theil, so gebührt dem überlebenden Ehegatten ein Drittel.

***M:** 1=4 f. 31; 1=63 p. 56; 1=75 p. 23; 2=10 f. 26; 2=81 p. 23; 2=101 p. 34; 3=52 p. 3; 4=58 f. 13*

---

chen Erbfolge, mehr, als nach bisherigen gemeinen Rechten begünstigt, und entferntern Seitenverwandten, die mit dem Erblasser durch kein so inniges Band verbunden waren, vorgezogen werden.

§. 369.

[II I §. 626]

Sind nur Verwandte in entferntern Graden vorhanden, so erbt der überlebende Ehegatte die Hälfte.

e) wenn Seitenverwandte vorhanden sind.

M: *1=8 f. 22; 1=63 p. 57; 1=75 p. 23; 2=10 f. 26; 2=81 p. 23; 2=101 p. 34; 3=17 p. 31; 3=58 f. 13; 4=2 f. 17*

§. 370.

[-]

Zu dem Mobiliarvermögen, welches der überlebende Ehegatte, in dem Falle des §. 366., zum Voraus erbt, sollen baare Gelder und ausstehende Capitalien nicht gerechnet werden.

Was zum Mobiliarnachlaß gerechnet werde.

M: *1=3 f. 17; 1=78 p. 6; 2=15 f. 55; 2=38 p. 190; 2=93 f. 186*

§. 371.

[-]

Auch sind davon ausgenommen, bey Landwirthschaften, das vorhandne Acker= und Wirthschaftsgeräthe; alles auf dem Gute erzeugte Getreyde, oder andre Naturalien, es sey auf dem Halme, oder in den Scheuren, oder auf den Böden; alles zum Gebrauch bey der Wirthschaft oder zum Verkauf bestimmte Vieh; ingleichen die sämmtlichen Wirthschaftsbestände und Vorräthe aller Art.

M: *1=38 p. 190*

§. 372.

[-]

Alle auch bewegliche Pertinenzstücke der Häuser, Gebäude oder Gerechtigkeiten, werden ebenfalls zu den Mobiliarnachlaß, welchen der überlebende Ehegatte zum Voraus erbt, nicht gerechnet.

M: *1=168 p. 55*

§. 373.

[-]

Gleiche Bewandniß hat es mit den Kaufmannswaaren, und denen zur Handlung gehörigen Gefässen und Geräthschaften.

M: *1=37 p. 48; 1=48 p. 11; 1=49 p. 18; 1=68 p. 12; 1=73 p. 9; 1=102 p. 29; 2=57 p. 179; 3=17 p. 31*

§. 374.

[II I § 543]

Wenn nun, nach vorstehenden Grundsätzen, die Erbtheilung zwischen dem überlebenden Ehegatten, und den Anverwandten des Verstorbnen erfolgen soll; so muß vor allen Dingen der Nachlaß von dem eigenthümlichen Vermögen

Grundsätze der Erbtheilung.

des Ueberlebenden abgesondert werden.

M: 1=62 p. 31

§. 375.

Absonderung des Vermögens des überlebenden Ehegatten.

[II I § 544]

Bey dieser Absonderung kommt dem Ehemanne und dessen Erben die Vermuthung zu statten, daß das vorhandne zu seinem Vermögen gehöre.

M: 1=8 f. 22; 2=16 p. 92; 3=20 p. 97; 4=44 p. 44; 5=2 f. 17; 5=48 p. 11; 5=73 p. 9; 6=57 p. 180

§. 376.

1) Des vorbehaltnen Vermögens der Frau.

[II I § 545]

Das vorbehaltene Vermögen der Frau, muß bey der Erbtheilung, der Regel nach, in dem Zustande angenommen werden, in welchem es zur Zeit der Trennung der Ehe sich befindet.

M: 1=17 p. Sa. f.

§. 377.

[II I § 546]

Hat der Mann von diesem vorbehaltnen Vermögen etwas unterschlagen, oder sonst gefährlicherweise abhanden gebracht, so muß er dafür vollständigen Ersatz leisten.

M: 1=3 f. 18; 1=64 p. 31; 2=9 f. 66; 3=16 p. 92; 4=27 p. 9

§. 378.

[II I § 546]

Hat er sich einer Disposition über dergleichen vorbehaltnes Vermögen, ohne Vorbewust, oder wieder den Willen der Frau angemaßt, so muß er für jedes auch geringe Versehen, und den daraus entstandnen Schaden haften.

§. 379.

[II I § 547]

Hat die Frau ihm ihr vorbehaltenes Vermögen, ganz oder zum Theil, zur Verwaltung, oder sonstigen Disposition übergeben, so hat dasselbe mit dem Eingebrachten gleiche Rechte.

M: 1=9 f. 66; 2=16 p. 93; 3=58 f. 13; 3=70 p. 5

§. 380.

2) Des Eingebrachten; a) an baarem Gelde.

[II I § 548-552]

Das baar eingebrachte Vermögen der Frau, muß in der nemlichen Münzsorte, in welcher es der Mann empfangen hat, zurück gegeben oder in Anschlag gebracht werden.

M: 1=3 f. 18; 2=8 f. 23; 2=15 f. 55; 3=17 p. 31

§. 381.

[II I § 553, 550]

Hat der Mann das baar eingebrachte Geld auf der Frauen Nahmen ausgeliehen, so ist er und seine Erben nur zur Auswortung der darüber vorhandnen Urkunden verpflichtet.

***M:** 1=8 f. 23; 2=16 p. 93; 3=17 p. 31*

§. 382.

b) an Capitalien.

[II I § 552]

Ein gleiches geschieht, wenn die Frau ausstehende Capitalien eingebracht hat.

***M:** 1=64 p. 33*

§. 383.

[II I § 554, 555]

Sind dergleichen Capitalien (§. 381. 382.) ohne grobes Verschulden des Mannes schlechter geworden, oder verloren gegangen, so trift der Verlust die Frau oder deren Erben.

***M:** 1=15 f. 55; 1=64 p. 33; 1=66 p. 23; 2=3 f. 18; 2=8 f. 24; 2=17 p. 3; 3=20 p. 99; 4=38 p. 191*

§. 384.

[II I § 556 s.a. § 557, 558]

Hat der Mann die baar eingebrachten Gelder oder eingezognen Capitalien auf seinen Nahmen ausgeliehen, so trift der Verlust ihn oder seine Erben.

***M:** 1=2 f. 17; 1=64 p. 33; 2=16 p. 93*

§. 385.

c) an Mobilien.

[II I § 559]

Bey den Mobilien der Frau kommt es darauf an, ob solche dem Manne zu einem bestimmten Werthe eingebracht worden, oder nicht.

***M:** 1=16 p. 93; 1=75 p. 23; 2=27 p. 10*

§. 386.

Wenn solche zu keinem bestimmten Werthe;

[II I § 559]

Sind die Mobilien zu keinem bestimmten Werth eingebracht, so gehören nur die zur Zeit der getrennten Ehe erweislich vorhandnen Stücke zu der Frau Vermögen.

***M:** 1=8 f. 24; 1=78 p. 1*

§ 387.

[II I § 560]

Die alsdenn nicht mehr vorhandnen Stücke können nicht gefordert werden, wenn auch, während der Ehe, andre an deren Stelle angeschaft worden.

***M:** 1=3 f. 18; 1=93 p. 8; 2=17 p. 32; 3=38 p. 192; 3=78 p. 7; 4=29 p. 9*

§. 388.

[II I § 562]

Mobilien, welche die Frau von ihrem vorbehaltenen Vermögen angeschaft, und zum gemeinschaftlichen Gebrauch hergegeben hat, werden den eingebrachten gleich geachtet.

§. 389.

[II I § 561]

Hat aber der Ehemann eingebrachte Mobiliarstücke vorsätzlich vernichtet, veräußert, oder sonst abhanden gebracht, so tritt der Verkaufspreis, oder der sonst erweißliche Werth, an deren Stelle.

M: *1=15 f. 55; 2=16 p. 94; 3=17 p. 32; 4=29 p. 7; 5=38 p. 192*

§. 390.

[II I § 563]

Hat die Frau ihre Mobilien dem Ehemanne zu einem gewissen Werthe ausdrücklich verkauft, so gebühret ihr, oder ihren Erben, der bedungene Verkaufpreis.

M: *1=2 f. 17*

§. 391.

Wenn sie unter einer bestimmten Taxe eingebracht worden.

[II I § 564]

Sind die Mobilien dem Manne nicht verkauft, sondern nur nach einer gewissen Taxe eingebracht worden; so haben die Frau oder deren Erben die Wahl, zwischen den Mobilien selbst, und dem angeschlagnen Werthe.

M: *1=20 p. 101; 1=75 p. 24*

§. 392.

[II I § 565]

Fällt die Wahl auf die Mobilien, so gelten die §. 386. sqv, vorgeschriebnen Grundsätze.

M: *1=17 p. 32*

§. 393.

[II I § 566]

Fällt die Wahl auf den angeschlagnen Werth, so findet daran kein Abzug statt, wenn auch die Mobilien selbst, ganz oder zum Theil, nicht mehr vorhanden wären.

M: *1=38 p. 194; 1=73 p. 9*

§. 394.

[II I § 567]

Hat jedoch die Frau ein oder andres Stück vorsetzlich vernichtet, oder ohne Vorwissen des Mannes veräußert; oder sonst abhanden gebracht; so ist der Abzug des bestimmten Werths zuläßig.

M: *1=15 f. 55; 1=38 p. 194*

§. 395.

[II I § 568]

Sind nur gewisse einzle Stücke zu einem bestimmten Werthe eingebracht worden, so steht bey einem jeden solchen Stück der Frau oder ihren Erben die Wahl zu: ob sie solches zurück nehmen, oder den angeschlagnen Werth fordern wollen.

§. 396.

[II I § 569]

In jedem Falle gilt, wegen solcher einzlen Stücke das, was oben wegen der Mobilien überhaupt verordnet ist.

***M:** 1=15 f. 56; 2=17 p. 32*

§. 397.

[II I § 570]

d) An Grundstücken, wenn die Frau zuerst stirbt.

Hat die Frau dem Manne Grundstücke oder Gerechtigkeiten eingebracht, so ist sie solche nach dessen Tode zurück zu nehmen berechtigt.

***M:** 1=19 p. 2*

§. 398.

[II I § 570]

Stirbt die Frau zuerst, so hat der Mann die Wahl: ob er das Grundstück zur Verlassenschaft zurück geben, oder dafür den Werth bezahlen wolle.

***M:** 1=8 f. 24; 1=75 p. 25; 1=78 p. 7; 2=2 f. 17; 2=15 f. A. f.; 2=17 p. 33; 2=53 p. 37; 2=78 p. 7; 3=57 p. 180*

§. 399.

[II I § 571]

Ist das Grundstück dem Manne zu einem gewissen Werth angeschlagen, so muß der Mann, wenn er solches behalten will, diesen Werth zur Masse vergütigen.

***M:** 1=2 f. 17; 1=75 p. 25; 2=9 f. 67; 2=78 p. 7; 3=15 f. 56; 4=19 p. 3*

§. 400.

[II I § 572]

Ist kein angeschlagner Werth vorhanden, so müssen die Erben der Frau denselben bestimmen; und alsdenn steht es in der Wahl des Mannes: ob er das Grundstück dafür annehmen, oder solches den andern Erben überlassen wolle.

***M:** 1=3 f. 19; 1=75 p. 25; 2=38 p. 194; 2=78 p. 7; 3=15 f. 57; 3=49 p. 19; 4=57 p. 181*

§. 401.

[II I § 574]

Wählt der Mann den Werth, so müssen sich die Erben das Grundstück, nach der von ihnen bestimmten Taxe, anrechnen lassen.

§. 402.

[II I § 573]

Wählt der Mann das Grundstück, so muß er bey der Theilung die von den Erben gesetzte Taxe einwerfen.

§. 403.

[II I § 575-580]

Doch steht in beyden Fällen, es mag ein angeschlagner Werth vorhanden seyn, oder nicht, dem überlebenden Ehemanne, und den Erben der verstorbenen Frau frey, sich zu vereinigen, daß das Grundstück verkauft, und der dafür gelößte Werth zur Masse gezogen werden solle.

***M:** 1=8 f. 25; 2=16 p. 96*

§. 404.

Wenn der Mann zuerst stirbt.

[II I § 581]

Stirbt der Mann zuerst, und ist ein Anschlag des Grundstücks vorhanden, so steht es in der Wahl der Frau: ob sie das Grundstück zurücknehmen, oder den Werth aus dem Nachlaß des Mannes fordern wolle.

***M:** 1=8 f. 25; 1=101 p. 34; 2=9 f. 69; 3=19 p. 3; 4=53 p. 37; 5=57 p. 183*

§. 405.

[II I § 582-584]

Hat der verstorbne Mann solches zu keinem angeschlagnen Werthe übernommen, so muß die Frau sich mit der Zurücknahme des Grundstücks selbst begnügen.

***M:** 1=57 p. 183*

§. 406.

Was bey Zurückgabe des Grundstücks, wegen Verbesserungen und Verringerungen desselben stattfinde.

[II I § 585]

In allen Fällen, wo das Grundstück selbst der Frau, oder ihren Erben zurück gegeben wird, muß solches in dem Zustande gewährt werden, in welchem es sich zur Zeit der getrennten Ehe befunden hat.

***M:** 1=19 p. 3; 2=29 p. 12; 3=55 p. 29; 4=57 p. 183*

§. 407.5

1) Verbesserungen

[II I § 586-591]

Verbesserungen werden dem Ehemanne, oder dessen Erben nur alsdenn vergütet, wenn die Frau schriftlich in den Aufwand gewilliget, und sich zu dessen Wiedererstattung verbunden hat.

***M:** 1=2 f. 17; 1=3 f. 19; 1=15 f. 27; 1=73 p. 9; 2=8 f. 26; 2=10 f. 26; 2=Angabe fehlt; 3=9 f. 70; 3=64 p. 34; 3=66 p. 12/24; 3=78 p. 7; 3=86 f. 137; 4=12 f. 22; 4=101 p.35; 5=16 p.97; 6=29 p.9; 7=32 p.17; 8=38 p.195; 9=43 p.25; 9=101 p. 35; 10=48 p.11; 11=44 p.44; 11=73 p. 9*

§. 408.

[II I § 586-591]

Hat die Frau bey dieser Bewilligung zugleich eine gewisse Summe bestimmt, welche dazu verwendet werden könne, so verbleibt es lediglich bey dieser Bestimmung.

***M:** 1=29 p. 12; 1=73 p. 9; 2=8 f. 27; 2=57 p. 184; 2=Angabe fehlt; 3=86 f. 137; 4=101 p. 35*

§. 409.

[II I § 586-591]

Hat die Frau, nach schon gemachter Verbesserung, eine gewisse Summe als darin verwendet, anerkannt, so ist sie und ihre Erben an dies Anerkenntniß gebunden.

***M:** 1=8 f. 27; 1=67 p. 12; 1=73 p. 9; 2=16 p. 97; 2=Angabe fehlt; 3=57 p. 186; 3=86 f. 137; 4=101 p. 35*

§. 410.

[II I § 586-591]

Steht keine solche gewisse Summe durch Bestimmung oder Anerkenntniß der Frau fest, so muß ihr oder ihren Erben, über die aufgewendeten Verbesserungskosten, ordentliche Rechnung gelegt werden.

***M:** 1=27 p. 10; 1=73 p. 9; 2=38 p. 199; 2=Angabe fehlt; 3=43 p. 25; 3=86 f. 137; 4=19 p. 3; 4=101 p. 35; 5=57 p. 186*

§. 411.

[II I § 592]

Hat der Mann, mit oder ohne Einwilligung der Frau, Pertinenzstücke zugekauft, welche von ihrem Grundstück, vor dessen Einbringung, abgekommen waren, so muß ihm oder seinen Erben der Kaufpreis vergütet werden.

***M:** 1=8 f. 27; 2=57 p. 187*

§. 412.

[II I § 593, 594]

Sind aber neue Pertinenzstücke, ohne der Frau Einwilligung, zugekauft worden, so haben die Frau oder deren Erben die Wahl: ob sie solche dem Manne oder dessen Erben überlassen; oder, gegen Vergütung des bezahlten Kaufpreises, bey dem Gute behalten wollen.

***M:** 1=9 f. 72; 1=60 f. 24; 1=68 p. 55; 2=15 f. 57; 3=37 p. 49; 4=8 f. 27; 4=57 p. 188; 5=38 p. 200*

§. 413.

[II I § 595] 2) Verringerungen.

Verringerungen dürfen von dem Ehemanne, oder dessen Erben, nur alsdenn vergütet werden, wenn Pertinenzstücke veräußert worden.

M: 1=3 f. 19; 1=60 f. 24; 2=15 f. 58; 2=61 f. 5; 2=64 p. 30; 3=19 p. 3; 4=29 p. 13; 5=38 p. 200; 6=8 f. 28; 6=37 p. 50; 7=43 p. 26; 8=48 p. 17; 9=57 p. 189

§. 414.

[II I § 596]]

Ist die Veräußerung mit Einwilligung der Frau geschehen, so tritt der dafür gelösete Werth an dessen Stelle.

M: 1=29 p. 13; 1=67 p. 12

§. 415.

[II I § 597-600]

Hat jedoch der Mann diesen Betrag zur Abstoßung einer auf dem Grundstücke gehafteten, oder einer andern die Frau allein angehenden Capitalsschuld verwendet; oder solchen auf ihren Nahmen ausgeliehen, so hat es dabey sein Bewenden.

M: 1=16 p. 98

§. 416.

[II I § 597-600]

Ist die Veräußerung des Pertinenzstücks ohne die Einwilligung der Frau geschehen, so steht ihr oder ihren Erben die Wahl zu, solches von dem gegenwärtigen Besitzer zurück zu fordern; oder sich, wegen des erweißlichen wahren Werths, an den Mann oder dessen Nachlaß zu halten.

M: 1=15 f. 58; 1=66 p. 25; 2=16 p. 98; 2=67 p. 12; 2=94 f. 214; 3=19 p. 3; 3=67 p. 12; 4=37 p. 57; 4=99 p. 14; 4=101 p. 35; 5=43 p. 26

§. 417.

[II I § 597-600]

Ist jedoch das veräußerte Pertinenzstück nicht selbst ein Grundstück, so kann die Frau oder deren Erben solches nicht zurück fordern, sondern sie müssen an der von dem Manne, oder aus dessen Nachlaß, zu suchenden Schadloßhaltung sich begnügen.

M: 1=8 f. 28; 2=10 f. 16; 3=54 p. 19; 4=2 f. 17; 4=15 f. 58; 4=20 p. 180; 4=57 p. 159

§. 418.

Veräußerungen.

[II I § 597-600]

Was 413 = 416. von Pertinenzstücken verordnet ist, gilt auch von eingebrachten Grundstücken selbst, wenn solche mit oder ohne Einwilligung der Frau veräußert worden.

M: 1=67 p. 12; 2=94 p. 214

§. 419.

[II I § 597-600]

Das Recht der Frau, oder ihrer Erben, ein solches Grund= oder Pertinenzstück, von dem dritten Besitzer zurück zu fordern, geht nicht verlohren, wenn auch die Frau Miterbin von dem Nachlaß ihres Mannes geworden ist.

***M:** 1=16 p. 99*

§. 420.

[II I § 597-600]

Nur muß sie alsdenn, nach Verhältniß ihrer Erbportion, zur Schadloßhaltung des dritten Besitzers, dem das Grundstück solchergestalt entzogen wird, mit beytragen.

***M:** 1=13 f. 5; 1=61 f. 5*

§. 421.

[II I § 597-600]

Hat der Mann, mit dem gelöseten Werthe eines ohne die Einwilligung der Frau, veräußerten Grund= oder Pertinenzstücks, eine Schuld der Frau bezahlt; oder solchen auf ihren Nahmen ausgeliehen; so bleibt ihm und seinen Erben die Compensation auf den der Frau, oder zu deren Masse, zu erstattenden wahren Werth vorbehalten.

***M:** 1=61 f. 5*

§. 422.

[II I § 597-600]

Hält hingegen die Frau oder deren Erben, sich an das Grundstück selbst, und der dritte Besitzer fordert von dem Manne oder dessen Erben Entschädigung, so muß, zu deren Bestreitung, dasjenige zu Hülfe genommen werden, was von dem bey der Veräußerung gelöseten Werthe, auf die Schulden der Frau bezahlt, oder auf deren Nahmen ausgeliehen worden.

***M:** 1=13 f. 5*

§. 423.

[II I § 601]

Was bey Entrichtung des Werths, wegen dessen

In allen Fällen, wo statt des Grundstücks, ein bey dessen Einbringung angeschlagner Werth gefordert oder genommen wird, muß derselbe der Frau oder deren Erben, in den bedungnen Münzsorten, oder in dem zur Zeit der Einbringung, im Gange gewesenen Courantgelde, vergütet werden.

***M:** 1=3 f. 19; 2=38 p. 201*

§. 424.

[II I § 602]

Vermehrung, oder

Verbesserungen, welche durch Natur, Fleiß, oder landesherrliche Gnade entstanden sind, begründen, bey der Auseinandersetzung, keine Erhöhung des vorhin bestimmten Werths.

M: 1=2 f. 17; 1=8 f. 28; 1=61 f. 5; 2=9 f. 73; 2=73 p. 9; 3=19 p. 3; 4=19 p. 14

§. 425.

[II I § 603]

Auch durch zugekaufte Pertinenzien, in sofern solche von dem Manne erworben worden, wird der angeschlagne Werth zu seinem, oder seiner Erben Nachtheil, nicht erhöhet.

M: 1=15 f. 58; 1=61 f. 5; 2=19 p. 4; 3=43 p. 26; 3=75 p. 23

§. 426.

[II I § 604]

Ist aber außerdem, während der Ehe, dem Eingebrachten eine neue Gerechtigkeit, oder ein für sich selbst bestehendes Grundstück zugewachsen, so wird dieser Zuwachs als ein besondres Eingebrachtes betrachtet.

§. 427.

[II I § 605, 606]

Doch steht es bey dem Manne, oder dessen Erben: ob sie dergleichen Zuwachs der Frau, oder deren Erben zurück geben; oder solchen, gegen Vergütung des Erwerbungswerths, oder bey dessen Ermangelung, einer aufzunehmenden Ertragstaxe, bey dem Hauptgrundstück behalten wollen.

M: 1=8 f. 25: 2=43 p. 26

§. 428.

Verminderung statt finde.

[II I § 608]

Verringerungen berechtigen den Mann, oder dessen Erben, zu einem Abzuge von dem angeschlagnen Werthe, nur in dem einzigen Falle, wenn ein Theil von der Substanz des eingebrachten Grundstücks, ohne Verschulden des Mannes, verlohren gegangen.

M: 1=3 f. 19; 2=16 p. 100

§. 429.

[II I § 609]

Haben in dem Falle des §. 400. der Mann oder die Erben der Frau das Grundstück, zu dem von letzern bestimmten Werthe angenommen, so kommen dem Manne die gemachten Verbesserungen, unter den §. 407. sqv. bestimmten Umständen, zu gute.

M: 1=16 p. 100; 2=38 p. 202

§. 430.

[II I § 610]

Auch Verringerungen muß er sich in den §. 413 sqv. bestimmten Fällen anrechnen lassen.

§. 431.

[II I § 611]

Mit dem Grundstück, oder der Gerechtigkeit, muß dem Uebernehmer derselben alles gewährt werden, was nach den Gesetzen; als Pertinenzstück oder Zubehör zu betrachten ist.

Wie die Auseinandersetzung wegen der Pertinenz= und

§. 432.

[II I § 612, 613]

Insonderheit muß ein Landgut, mit dem Inventario an Vieh und Ackergeräthe, wie solches zur Zeit der getrennten Ehe beschaffen ist, übergeben werden.

M: 1=15 f. 59; 2=19 p. 4; 3=38 p. 202

Inventarienstükke, und

§. 433.

[II I § 615]

In Ansehung der Nutzungen, sind die des Sterbejahres, und die aus frühern Jahren noch vorhandnen, von einander zu unterscheiden.

M: 1=2 f. 17; 2=13 f. 5; 3=20 p. 116

wegen der Nutzungen erfolge.

§. 434.

[II I § 616, 617]

Die noch vorhandnen Nutzungen früherer Jahre, verbleiben dem Ehemanne oder dessen Erben.

M: 1=3 f. 19; 1=101 p. 36; 2=38 p. 203; 2=61 p. 5

Wegen der Nutzungen früherer Jahre.

§. 435.

[II I § 616, 617]

Dagegen müssen aber auch alle von frühern Jahren noch rückständige Lasten, Abgaben und Zinsen aller Grund= oder andrer, das Eingebrachte der Frau allein treffenden Capitalsschulden, von dem Manne, oder aus dessen Nachlaß getragen werden.

§. 436.

[II I § 616, 617]

Zu den Nutzungen früherer Jahre wird auch das in selbigen geschlagne und verkaufte Holz gerechnet, wenn gleich solches noch nicht abgeführt worden.

§. 437.

[II I § 616, 617]

Ist das in frühern Jahren geschlagne Holz zwar noch nicht verkauft, aber doch bereits abgeführt, so verbleibt solches dem Manne oder dessen Erben.

M: 1=37 p. 52; 2=29 p. 14; 2=54 p. 19; 3=19 p. 4, 3–57 p. 190

§. 438.

[II I § 616, 617]

Ist endlich das Holz zwar in frühern Jahren geschlagen, aber weder verkauft noch abgeführt, so gehört solches der Frau oder deren Erben.

***M:** 1=2 f.18; 1=60 f.26; 1=78 p.7; 2=11 f.17; 3=15 f.59; 4=33 p. 14; 5=8 f. 29; 5=10 f. 26; 5=43 p. 27; 5=60 p. 56; 6=57 p. 190*

§. 439.

Wegen der Nutzungen des Sterbejahrs.

[II I § 614-617]

Wegen der Nutzungen des Sterbejahrs, kommt es darauf an: ob das eingebrachte Grundstück ein Landgut sey, oder nicht.

§. 440.

1) Wenn das Grundstück ein Landgut ist.

[II I § 614-617]

Ist solches ein Landgut, so muß es, bis zum Ende des Wirthschaftsjahres, für Rechnung des überlebenden Ehegatten, und der Anverwandten des Verstorbnen, verwaltet werden.

***M:** 1=2 f. 18; 2=20 p. 107*

§. 441.

[II I § 614-617]

Das Wirthschaftsjahr wird vom 1ten Junius bis zum folgenden letzten May gerechnet.

***M:** 1=15 f. 60; 1=67 p. 12; 2=16 p. 102; 2=73 p. 10; 3=38 p. 203; 3=84 f. 98; 3=88 f. 146; 3=92 p. 174; 3=98 f. 2*

§. 442.

[II I § 614-617]

Die Verwaltung behält der überlebende Ehegatte, und die Verwandten des Verstorbenen können ihm allenfalls nur einen Rechnungsführer, auf ihre Kosten, an die Seite setzen.

***M:** 1=16 p. 102*

§. 443.

[II I § 614-617]

Doch steht den Interessenten frey, sich auch wegen eines gemeinschaftlich zu bestellenden Verwalters, zu einigen.

***M:** 1=57 p. 191*

§. 444.

[II I § 614-617]

Aller Ertrag des Gutes, von Anfang des Wirthschaftsjahres an, muß dabey in Einnahme kommen.

***M:** 1=38 p. 204*

§. 445.

[II I § 614-617]

Doch darf der Werth solcher Naturalien, die noch während

der Ehe, oder von dem die Verwaltung fortsetzenden Ehegatten verzehrt worden, nicht berechnet werden.

M: 1=2 f. 18; 1=101 p. 37; 2=16 p. 103; 3=19 p. 4; 4=38 p. 204; 5=15 f. 61; 5=43 p. 27; 6=54 p. 20

§. 446.

[II I § 614-617]

Zur Ausgabe gehören zuförderst alle, in dem Laufe des ganzen Wirthschaftsjahres, zu entrichtende Abgaben.

M: 1=38 p. 204; 1=67 p. 12

§. 447.

[II I § 614-617]

Ferner die Zinsen der auf dem Grundstück haftenden, oder auch andrer, das Eingebrachte der Frau allein angehenden Capitalsschulden, in sofern deren Zahlungstermine in dasselbe Wirthschaftsjahr treffen.

M: 1=15 f. 62; 2=38 p. 205

§. 448.

[II I § 614-617]

Endlich alle und jede, zu einer ordentlichen gewöhnlichen Führung und Fortstellung der Wirthschaft erforderliche Ausgaben.

M: 1=15 f. 62; 1=101 p. 37

§. 449.

[II I § 614-617]

Diesen werden in dem Falle des §. 443, auch die Kosten des gemeinschaftlich bestellten Verwalters beygerechnet.

§. 450.

[II I § 614-617]

Zu außerordentlichen Verbesserungen darf aus den Einkünften dieses Wirthschaftsjahrs, nichts verwendet werden.

M: 1=2 f. 18; 1=88 f. 146; 1=98 f. 1; 2=8 f. 29; 2=73 p. 10

§. 451.

[II I § 614-617]

Am Ende des Wirthschaftsjahres ist zwar das bis zur nächsten Erndte erforderliche Brodgetreyde und Futterung, so weit solches vorhanden, auf dem Gute zurück zu lassen.

M: 1=32 f. 53; 2=94 f. 214

§. 452.

[II I § 614-617]

Es muß aber solches nach den mittlern Preisen des nächsten

Marktplatzes, so wie dieselben in der letzten Woche des Wirthschaftsjahres stehen, angeschlagen, und der baaren Einnahme zugerechnet werden.

M: *1=16 p. 104; 1=68 p. 58; 2=73 p. 10; 3=82 f. 85*

§. 453.

[II I § 614-617]

Wegen der Einnahmen und Ausgaben, welche in die Zeiten vor getrennter Ehe treffen, soll den Angaben des Mannes, oder den von ihm zurückgelaßnen Rechnungen und Anzeichnungen, so lange geglaubt werden, bis deren Unrichtigkeit nachgewiesen ist.

M: *1=8 f. 29; 1=88 p. 147; 2=16 p. 104; 3=57 p. 191*

§. 454.

[II I § 614-617]

Der, nach Abzug aller Ausgaben, übrig bleibende reine Ertrag wird, nach Verhältniß der vor und nach Trennung der Ehe verfloßnen Zeit, zwischen dem Manne oder dessen Erbschaftsmasse, und der Frau, oder deren Verlassenschaftsmasse getheilt.

M: *1=38 p. 106 (auch §. 455); 1=88 f. 147; 2=102 p. 30*

§. 455.

[II I § 614-617]

In gleichem Verhältniß muß auch der Schaden getragen werden, wenn die Ausgabe die Einnahme überstiegen hat.

M: *1=38 p. 106 (auch §. 454)*

§. 456.

[II I § 614-617]

Ist das Gut zur Zeit des eintretenden Sterbefalls verpachtet, so muß das nach Abzug aller §. 446 = 448. beschriebnen Ausgaben, übrig bleibende reine Pachtgeld, in eben diesem Verhältniß getheilt werden.

M: *1=16 p. 104; 1=88 f. 147*

§. 457.

[II I § 614-617]

Doch muß dem Pachtgelde der Betrag des, von dem Pächter, bey seinem künftigen Abzuge, zurück zu lassenden Brodgetreydes und Futterung, nach den §. 452. bestimmten Sätzen, beygerechnet werden.

M: *1=2 f. 18; 1=88 f. 147; 1=98 f. 2; 2=15 f. 62; 2=102 p. 31*

§. 458.

[II I § 614-617]

Von Grundstücken, welche keine Landgüter sind, ingleichen von Gerechtigkeiten, werden alle Nutzungen und Lasten, bis zum Ablauf des Vierteljahrs, in welchem der Sterbefall erfolgt ist, zum Vermögen oder Nachlaß des Mannes gerechnet.

2) bey andern Grundstücken.

***M:** 1=2 f. 18; 1=101 p. 38; 2=3 f. 19; 3=15 f. 62; 4=16 p. 105; 5=17 p. 39; 6=38 p. 207; 7=34 p. 2; 8=43 p. 27; 8=101 p. 32/38/102*

§. 459.

[II I § 614-617]

Uebrigens soll in dem vorhandnen Hause, es gehöre solches zum Nachlaß des Mannes oder der Frau, dem überlebenden Ehegatten die bis daher inne gehabte Wohnung, bis zum Ablauf des nächsten Vierteljahres, nach demjenigen, in welchem der Sterbefall erfolgt ist, jedesmal frey verstattet werden.

***M:** 1=2 f. 18; 1=3 f. 20; 2=16 p. 105; 3=17 p. 33; 4=38 p. 208*

§. 460.

[II I § 614-617]

Hat die Frau dem Manne eine Handlung eingebracht, so werden die bey Trennung der Ehe noch unvollendete Geschäfte, von ihr oder ihren Erben, mit dem Manne oder dessen Erben, nach den Gesetzen der Handlungsgesellschaften fortgesetzt und beendigt.

Von Auseinandersetzungen, wenn eine Handlung eingebracht worden.

***M:** 1=2 f. 18; 1=101 p. 38; 2=15 f. 63; 3=49 p. 20*

§. 461.

[II I § 618]

Von der nach obigen Regeln (§. 374 = 460.) ausgemittelten Verlassenschaft des verstorbenen Ehegatten, müssen, noch vor der Theilung, die Schulden desselben berichtigt werden.

Von Bezahlung der Schulden des verstorbnen Ehegatten.

***M:** 1=2 f. 18; 2=15 f. 64*

§. 462.

[II I § 619]

Doch darf der überlebende Ehegatte von den Mobilien, die er im Falle des §. 366. voraus erbt, wie auch in Ansehung der Geradestücke, zur Bezahlung der Schulden nur in so fern beytragen, als der übrige Nachlaß dazu nicht hinreicht.

§. 463.

[II I § 620]

Schulden, welche die Frau, während der Ehe, auf ihr vorbehaltenes Vermögen, einseitig gemacht hat, (§. 217.) dürfen nur so weit bezahlt werden, als das bey ihrem Ableben noch vorhandne vorbehaltne Vermögen hinreicht.

M: *1=1 f. 29; 1=75 p. 10; 2=9 f. 74; 2=107 p.* 43

M: *1=68 p. 25/26; 2=102 p. 32* ***zu den §§. 464 - 490***

§. 464.

Von der Erbfolge bey obwaltender Gütergemeinschaft.

[-]

Haben Eheleute in Gemeinschaft der Güter gelebt, so kommt es, wegen Bestimmung der Erbfolge unter ihnen, zwar hauptsächlich auf das Provinzial= oder statutarische Gesetz, oder auf die Verträge, wodurch die Gemeinschaft gegründet worden, an.

M: *1=10 f. 26; 2=38 p. 208; 3=44 p. 49; 4=53 p. 37; 5=55 p. 29*

§. 465.

[II I § 628-634]

Sind aber in diesen, wegen der künftigen Erbfolge, gar keine, oder doch keine hinreichende Bestimmungen vorhanden, so soll darüber nach folgenden Grundsätzen verfahren werden.

M: *1=43 p. 28; 1=62 p. 31*

§. 466.

[II I § 647]

Hinterläßt der verstorbne Ehegatte keine, nach dem §. 363. zur Erbfolge berechtigte nahe Verwandte, so verbleibt dem überlebenden das gesammte gemeinschaftliche Vermögen eigenthümlich.

M: *1=43 p. 28; 2=53 p. 38; 3=55 p. 30*

§. 467.

[II I § 635]

Sind aber dergleichen Verwandten vorhanden, so muß zuförderst dasjenige, was nicht in die Gemeinschaft gekommen ist, von dem gemeinschaftlichen Vermögen abgesondert werden.

M: *1=43 p. 28*

§. 468.

[II I § 636-637]

Das unter diesem abgesonderten mit begrifne eigenthümliche Vermögen, des überlebenden sowohl als des verstorbnen Ehegatten, wird so behandelt, als wenn keine Gemeinschaft der Güter unter den Eheleuten obgewaltet hätte.

M: *1=3 f. 32; 2=8 f. 29; 3=15 f. 64; 4=43 p. 29*

§. 469.

[-]

Sind keine Verwandte in absteigender Linie vorhanden, so erbt der überlebende Ehegatte das gesammte Mobiliarvermögen voraus.

M: *1=4 f. 3; 2=53 p. 39; 3=54 p. 20; 4=55 p. 30; 5=57 p. 191*

§. 470.

[-]

Dies Mobiliarvermögen, wird jedoch nur nach den §. 370. vorgeschriebnen Grundsätzen bestimmt.

M: *1=57 p. 53; 1=73 p. 10*

§. 471.

[II I § 639-648]

Sind Verwandte in absteigender Linie vorhanden, so nimmt der überlebende Ehegatte nur die zu seinem eignen persönlichen Gebrauche bestimmten Kleidungsstücke, Betten und Leibwäsche voraus, und das Mobiliarvermögen bleibt in der gemeinschaftlichen Masse.

M: *1=2 f. 18; 2=53 p. 40; 3=55 p. 30*

§. 472.

[II I § 639-648]

Von dieser gemeinschaftlichen Masse behält der überlebende Ehegatte die Hälfte, und die andere Hälfte fällt den Erben des Verstorbnen zu.

M: *1=2 f. 18; 1=75 p. 25; 2=3 f. 20; 3=38 p. 216*

§. 473.

[II I § 639-648]

Sind vor oder während der Ehe, einige Vermögensstücke, mit beyder Ehegatten Einwilligung, zu einem bestimmten Werthe angeschlagen, so hat der überlebende die Wahl: ob er solche zur Theilung bringen, oder den bestimmten Werth zur Masse entrichten wolle.

M: *1=2 f. 19; 1=60 f. 29; 2=9 f. 76; 3=19 p. 4; 4=43 p. 31; 5=57 p. 191*

§. 474.

[II I § 639-648]

In beyden Fällen findet alles statt, was in Ansehung der außer der Gemeinschaft lebenden Eheleute, §. 386 und §. 397. sqv. verordnet ist.

M: *1=38 p. 217; 1=57 p. 26*

§. 475.

[II I § 639-648]

Ist kein angeschlagner Werth bestimmt, so kann, in Ansehung

der Grundstücke und Gerechtigkeiten, der überlebende Ehegatte auf die Anwendung der Vorschriften §. 400. antragen.

M: 1=38 p. 219; 1=57 p. 26; 2=57 p. 2

§. 476.

[II I § 649]

In Ansehung der Mobilien hat der überlebende Ehegatte die Wahl: ob er die zum täglichen Hausgebrauch bestimmten Stücke, gegen eine billige Taxe an sich behalten, oder auch diese zur Theilung bringen wolle.

M: 1=2 f. 19; 2=3 f. 20; 3=16 p. 108

§. 477.

[II I § 650]

In Ansehung aller übrigen Mobilien steht es in seiner Wahl: entweder auf die Naturaltheilung, oder auf den öffentlichen Verkauf anzutragen.

M: 1=2 f. 19; 2=19 p. 4

§. 478.

[II I § 651-654]

Im ersten Falle legen die Miterben die Theile, der überlebende Ehegatte aber wählt.

M: 1=57 p. 25

§. 479.

[II I § 652]

Was nach getrennter Ehe, durch Erbschaften, Glücksfälle, oder Geschenke, einem der Ehegatten zufällt, gehört nicht zur Gemeinschaft.

M: 1=3 f. 20; 2=53 p. 42

§. 480.

[II I § 660]

Was der überlebende Ehegatte, nach dem Tode des verstorbenen, ohne Rücksicht auf den Besitz der Erbschaftsmasse erwirbt, darf er nicht zur Theilung bringen.

§. 481.

[II I § 655]

Die bey Trennung der Ehe schon angefangnen Geschäfte, werden nach den Gesetzen der Handlungsgesellschaft, fortgeführt und beendiget.

§. 482.

[II I § 656, 657]

Bis zur völligen Auseinandersetzung, bleibt der überlebende Ehegatte, mit den Verwandten des Verstorbnen, im Miteigenthum der gemeinschaftlichen Masse.

M: 1=101 p. 43

§. 483.

[II I § 656, 657]
Was also der ungetheilten Masse zuwächst, oder von derselben verlohren geht, trift sämmtliche Miteigenthümer, nach Verhältniß ihres Antheils.

***M:** 1=15 f. 64; 2=38 p. 220; 3=53 p. 30*

§. 484.

[II I § 656, 657]
Zur Ausmittelung der Schulden, welche vor der Theilung, von der Masse in Abzug zu bringen sind, steht den Erbinteressenten frey, ein öffentliches Aufgebot der Gläubiger zu suchen.

***M:** 1=38 p. 121 (auch §§. 485 -487, 490)*

§. 485.

[II I § 656, 657]
Dies Aufgebot erstreckt sich jedoch nur auf die gemeinschaftlichen Gläubiger.

***M:** 1=38 p. 121 (auch §§. 484 -487, 490)*

§. 486.

[II I § 656, 657]
Schulden des einen Ehegatten, welche vor der Heyrath gemacht, und auch während der Ehe nicht gemeinschaftlich geworden sind, (§. 263. 267.) werden unter diesem Aufgebot nicht mit begriffen.

***M:** 1=38 p. 121 (auch §§. 484 -487, 490)*

§. 487.

[II I § 656, 657]
Der Nachtheil für die nach dem öffentlichen Aufgebot ausbleibenden Gläubiger, besteht nur darin, daß sie sich, wegen ihrer Forderungen, an jeden der beyderley Erbesinteressenten nur zur Hälfte halten können; und wegen des bey einem derselben etwa erleidenden Ausfalls, der andere ihnen nicht verhaftet ist.

***M:** 1=38 p. 121 (auch §§. 484 -486, 490); 1=57 p. 192; 1=61 f. 5; 2=16 p. 109*

§. 488.

[II I § 656, 657]
Der Termin zur Anmeldung muß, in dergleichen allgemeinem Aufgebot, auf zwölf Monath hinausgesetzt, sonst aber

alles beobachtet werden, was bey dem erbschaftlichen Liquidationsprozesse vorgeschrieben ist.

***M:** 1=2 f. 19; 1=75 p. 11; 2=16 p. 109; 2=33 p. 14; 2=107 p. 33; 3=17 p. 33; 3=101 p. 43; 3=102 p. 33; 4=20 p. 187*

§. 489.

[II I § 656, 657]

Diejenige Gläubiger, welche aus der Anzeige des überlebenden Ehegatten, oder aus den in dem Nachlaß vorgefundenen Briefschaften bekannt sind, müssen durch besondere richterliche Verordnungen nahmentlich vorgeladen werden.

***M:** 1=5 f. 18; 1=73 p. 10; 2=9 f. 76; 2=101 p. 44; 3=16 p. 109; 3=57 p. 193; 3=73 p. 10*

§. 490.

[II I § 656, 657]

Sollen die Erbtheile verabfolgt werden, bevor das Präklusionsurtel rechtskräftig geworden, so kann, wegen der etwa unbekannten Schulden, wechselseitige Caution gefordert werden.

***M:** 1=38 p. 121 (auch §§. 484 -487); 1=57 p. 26*

§. 491.

Erbfolge bey der Gemeinschaft des Erwerbs.

[II I § 662]

Hat zwischen den Eheleuten nur eine Gemeinschaft des Erwerbs obgewaltet, so muß das beyderseitige eigenthümliche Vermögen, nach den §. 270. sqv. vorgeschriebnen Grundsätzen, von dem Erwerb abgesondert werden.

***M:** 1=8 f. 29; 2=53 p. 45*

§. 492.

[II I § 663]

In dem eigenthümlichen Vermögen des Verstorbnen, findet wegen der Erbfolge, eben das statt, was außerhalb der Gütergemeinschaft verordnet ist.

***M:** 1=101 p. 44*

§. 493.

[II I § 664]

In Ansehung des gemeinschaftlichen Erwerbs, wird nach den §. 464. sqv. gegebnen Vorschriften verfahren.

***M:** 1=1 f. 30; 2=4 f. 33; 3=17 p. 34; 4=19 p. 4; 5=38 p. 419; 6=33 p. 12; 7=56 f. 13*

[II I § 665-667]

Achter Abschnitt.
Von Trennung der Ehe durch richterlichen Ausspruch[a].

§. 494.

[II I § 668]

Eine an sich gültige Ehe kann durch richterlichen Ausspruch wieder getrennt werden.

***M:** 1=57 p. 194; 1=81 p. 23/24*

§. 495.

Ursachen der Ehescheidung.

[II I § 669]

Doch sollen Ehescheidungen nicht anders, als aus sehr erheblichen Ursachen, statt finden.

***M:** 1=23 p. 8; 1=63 p. 57; 2=38 p. 232; 3=57 p. 194*

§. 496.

[-]

Die Gerichte sollen dabey mit größter Behutsamkeit verfahren, und zur Wiederherstellung des Vernehmens, unter den in Zwietracht gerathnen Ehegatten, alle Mühe von Amts wegen anwenden.

***M:** 1=8 f. 30; 1=62 p. 32-35; 2=57 p. 194; 3=58 f. 13*

§. 497.

1) Ehebruch.

[II I § 670-672]

Ehebruch, dessen sich ein Ehegatte schuldig macht, berechtigt den andern, auf Scheidung zu klagen.[*)]

***M:** 1=10 f. 27; 1=62 p. 35-37; 2=16 p. 111; 2=68 p. 59; 3=30 p. 17; 3=93 p. 8; 4=57 p. 195; 4=75 p. 27; 5=47 p. 8*

§. 498.

[II I § 673]

Unerlaubter Umgang, in welchem ein Ehegatte dergestalt

---

[a] **E:** 07.73.0004^r-0057^v **Nachtr.E:**07.74.0108^r-0124^r **R:** 07.80.0064-0069 zu §§ 494-609 **M:** 1=64 p. 37; 2=72 p. 2

*) Die Pflicht zur Beobachtung der ehelichen Treue ist für den Mann eben so bindend, als für die Frau. Wenn also die Verletzung derselben, von Seiten der letztern, die Trennung der Ehe begründet, so muß ein gleiches auch in dem umgekehrten Falle angenommen werden. Daß der Grad der Moralität bey beyden nicht immer gleich, und daß die Folgen eines solchen Vergehens, wenn die Frau sich desselben schuldig macht, gewöhnlich nachtheiliger für den Mann, als umgekehrt sind, kann im Grunde der Sache nichts ändern, sondern nur in Nebenbestimmungen. (Cf. §. 531.)

betroffen worden, daß daraus die dringende Vermuthung eines Ehebruchs entsteht, wird dem Ehebruch gleich geachtet.

M: 1=3 f. 30; 1=102 p. 34; 2=12 f. 24; 3=23 p. 8

§. 499.

[II I § 674]

Bloßer Verdacht kann niemals die Trennung der Ehe begründen.

M: 1=57 p. 195

§. 500.

[II I § 675]

Ist jedoch scheinbarer Anlaß zu einem solchen Argwohn vorhanden, so muß dem beschuldigten Ehegatten, der fernere Umgang mit der verdächtigen Person, gerichtlich untersagt werden. (§. 129.)

M: 1=8 f. 30; 2=16 p. 111

§. 501.

[II I § 676]

Setzt derselbe, dieses Verbots ohnerachtet, einen vertrauten Umgang mit der verdächtigen Person fort, so ist solches ein erheblicher Grund zur Ehescheidung.

M: 1=8 f. 30; 1=93 p. 8; 2=23 p. 8

§. 502.

2) Bösliche Verlassung.

[II I § 677-693]

Verläßt ein Ehegatte den andern, ohne dessen Einwilligung, oder rechtsmäßigen Grund der Entfernung; so muß ihn der Richter zur Rückkehr, oder wenn es der Ehemann ist, der einen andern Wohnsitz erwählt hat, zur Annahme der zurückgelaßnen Ehefrau anhalten.

M: 1=5 f. 19; 1=68 p. 60; 2=23 p. 8; 2=67 p. 13; 3=43 p. 32; 4=57 p. 196

§. 503.

[II I § 677-693]

Bleibt die richterliche Verfügung fruchtlos, oder erfolgt eine nochmalige bösliche Verlassung, so kann der verlaßne Theil auf Trennung der Ehe dringen.

M: 1=73 p. 10

§. 504.

[II I § 677-693]

Verläßt ein Ehegatte die Königlichen Lande, oder verheimlicht er seinen Aufenthalt dergestalt, daß der zurückgebliebene Ehegatte solchen nicht ausforschen kann, so ist letzterer, nach Verlauf eines Jahres, öffentliche Vorladung, und wenn dieselbe fruchtlos wäre, die Trennung der Ehe zu suchen berechtigt.

M: *1=1 f. 31; 1=66 p. 27; 2=2 f. 19; 2=92 f. 174; 3=9 f. 77; 3=101 p. 45; 4=38 p. 233; 4=A. f.; 5=38 p. 407; 6=16 p. 112; 6=43 p. 32; 7=17 p. 35*

§. 505.

[II I § 694, 695]

3) Versagung der ehelichen Pflicht

Vorsätzliche und beharrliche Versagung der ehelichen Pflicht, soll der bößlichen Verlassung gleich geachtet werden. (124.125.126.)

M: *1=3 f. 21; 1=100 p. 5; 2=8 f. 30; 2=75 p. 28; 3=57 p. 196*

§. 506.

[-]

Ein während der Ehe entstandnes Unvermögen soll nur alsdann die Ehescheidung begründen, wenn der beschuldigte Theil sich solches durch unerlaubte Handlungen zugezogen hat.

M: *1=2 f. 19; 1=61 f. 5; 2=3 f. 21; 2=93 p. 8; 3=8 f. 30; 3=60 f. 31; 4=10 f. 28; 4=14 f. 29; 4=100 p. 5; 5=11 f. 17; 6=15 f. 65; 7=38 p. 234; 8=40 p. 20; 8=43 p. 33; 9=58 f. 14*

§. 507.

[II I § 699, 700]

4) Nachstellungen und Thätlichkeiten gegen Leben und Gesundheit.

Wenn ein Ehegatte dem andern nach dem Leben getrachtet, oder solche Thätlichkeiten an ihn verübt hat, welche dessen Leben oder Gesundheit in Gefahr setzen, so begründet solches die Ehescheidung.

M: *1=5 f. 30; 2=17 p. 37; 3=57 p. 197*

§. 508.

[II I § 701]

Wegen geringerer Thätlichkeiten, oder bloßer Schimpfworte, sollen Eheleute gemeinen Standes nicht geschieden werden.

M: *1=16 p.113; 1=57 p.197; 1=61 f. 5; 1=62 p. 38; 1=102 p. 34*

§. 509.

[II I § 702]

Auch unter Personen mittlern und höhern Standes kann die Scheidung nur alsdann statt finden, wenn der beleidigende Ehegatte sich solcher Thätlichkeiten oder Beschimpfungen, ohne dringende Veranlassung, vorsetzlich und beharrlich schuldig macht.

M: *1=8 f. 30; 1=66 p. 27; 2=68 p. 63*

§. 510.

[II I § 703]

Unverträglichkeit und Zanksucht werden eine gegründete Scheidungsursach, wenn sie zu einem solchen Grade der Boßheit steigen, daß des unschuldigen Theils Leben oder Gesundheit, durch anhaltenden Gram darüber, in Gefahr gesetzt wird.

M: *1=3 f. 21; 1=75 p. 28; 2=15 f. 66; 2=66 p. 27; 3=54 p. 22; 4=57 p. 198*

§. 511.

5) Grobe und infamirende Verbrechen.

[II I § 704]

Verbrechen, um derentwillen ein Ehegatte, durch Urtel und Recht, mit einer infamirenden Strafe, oder mehr als einjähriger Vestungs- oder Zuchthausarbeit belegt, oder des Landes verwiesen worden, berechtigen den andern, die Scheidung zu suchen.

M: *1=2 f. 19; 1=66 p. 28; 2=3 f. 22; 2=57 p. 198; 2=58 f. 16; 3=4 f. 34; 4=15 f. 66; 5=16 p. 113; 5=64 p. 38; 6=20 p. 108; 7=33 p. 14; 8=43 p. 32*

§. 512.

[II I § 705]

Ein gleiches findet statt, wenn ein Ehegatte den andern solcher Verbrechen, vor Gerichten, fälschlich beschuldigt.

M: *1=2 f. 19; 2=3 f. 22; 3=4 f. 34; 3=62 p. 38; 4=38 p. 234*

§. 513.

[II I § 706, 707]

Ferner, wenn ein Ehegatte, durch vorsetzliche unerlaubte Handlungen, den andern in Gefahr setzt, Leben, Amt, oder Ehre zu verliehren.

M: *1=75 p. 28*

§. 514.

6) Ausschweifende Lebensart und unordentliche Wirthschaft

[II I § 708]

Wegen Trunkenheit, Verschwendung, oder unordentlicher Wirthschaft eines Ehegatten, soll die Ehe nicht sogleich getrennt werden.

M: *1=8 f. 30; 1=102 p. 34; 2=29 p. 14*

§. 515.

[II I § 709]

Der Richter aber soll, auf Anrufen des andern Theils, solche Verfügungen treffen, wodurch der Schuldige gebessert, und den nachtheiligen Folgen einer solchen unordentlichen Lebensart vorgebeuget werden kann.

M: *1=8 f. 30; 1=102 p. 34*

§. 516.

[II I § 710]

Vereitelt der schuldige Theil diese richterliche Veranstaltungen, und fährt in seinen Unordnungen beharrlich fort, so kann, auf ferneres Anrufen des Unschuldigen, eine solche Ehe getrennt werden.

***M:** 1=3 f. 22*

§. 517.

[II I § 711]

7) Versagung des Unterhalts.

Versagung des Unterhalts berechtigt die Frau nicht zur Scheidung, wenn solche aus würklichem Unvermögen des Mannes herrührt.

***M:** 1=58 f. 15; 2=16 p. 114*

§. 518.

[II I § 712]

Ist kein solches Unvermögen vorhanden, so muß der Richter die Verpflegung der Frau nach den Umständen bestimmen, und den Mann dazu durch Zwangsmittel anhalten.

***M:** 1=61 f. 5*

§. 519.

[II I § 713]

Fährt dem ohnerachtet der Mann beharrlich fort, der Frau den Unterhalt zu versagen, so kann letztre zur Ehescheidungsklage verstattet werden.

***M:** 1=93 p. 8; 2=75 p. 28*

§. 520 [a].

[II I § 697]

8) Geheime und eckelhafte Gebrechen.

Ist ein Ehegatte, schon vor der Heyrath, mit geheimen Gebrechen, welche Eckel und Abscheu erregen, oder die Erfüllung der Zwecke des Ehestandes hindern, behaftet gewesen, so wird dadurch die Trennung der Ehe begründet.

***M:** 1=4 f. 34; 1=60 f. 31; 2=8 f. 31; 3=10 f. 26; 4=11 f. 19; 5=12 f. 24; 6=16 p. 115; 7=27 p. 11; 8=43 p. 33; 9=57 p. 198 (auch §. 520b)*

§. 520 [b].

[II I § 697]

Sind dergleichen Gebrechen erst während der Ehe entstanden, so sind sie nur dann eine rechtmäßige Ursach zur Scheidung, wenn der damit behaftete Ehegatte sich solche vorsetzlich, oder durch grobes Verschulden, zugezogen hat.

***M:** 1=4 f. 34; 2=8 f. 31; 3=10 f. 26; 4=11 f. 19; 5=12 f. 24; 6=16 p. 115; 7=27 p. 11; 8=43 p. 33; 9=57 p. 198 (auch §. 520a)*

§. 521.

9) Raserey

[II I § 698]

Raserey, in welche ein Ehegatte verfällt, kann die Scheidungsklage nur alsdann begründen, wenn sie über ein Jahr, ohne wahrscheinliche Hofnung zur Besserung fortdauert, und der andre Theil solche Umstände nachweist, die ihm, zur Abwendung des Verfalls seiner Nahrung oder Gewerbes, eine anderweitige Verheyrathung nothwendig machen.

M: *1=3 f. 22; 1=68 p. 65; 2=8 f. 31; 2=61 f. 5; 3=54 p. 22; 3=68 p. 69; 4=16 p. 115; 5=27 p. 12; 6=43 p. 34; 7=57 p. 199; 8=49 p. 20*

§. 522.

*[II I § **716 AGB** / abw.:§ 716, 717-718 b ALR]*

Wegen bloß einseitig behaupteter unüberwindlicher Abneigung, soll keine Ehe getrennt werden.

M: *1=6 f. 28; 1=14 f. 31; 1=62 p. 39; 1=66 p. 28; 2=57 p. 199*

§. 523.

10) Wechselseitige Einwilligung bey kinderlosen Ehegatten

*[II I § **717 AGB** / abw. § 716 ALR]*

Auch die Einwilligung beyder Theile, ihre Verbindung aufzuheben, ist keine rechtmäßige Scheidungsursach.

M: *1=4 f. 35; 1=15 f. 67; 1=62 p. 40; 1=63 p. 57; 1=66 p. 28; 2=8 f. 31; 2=64 p. 38-39; 3=27 p. 12; 3=58 f. 15; 4=30 p. 5; 5=57 p. 199*

§. 524.

*[II I § **718 AGB** / 718 b ALR]*

Haben jedoch Eheleute mehrere Jahre hindurch in unfruchtbarer Ehe gelebt, und behaupten sie gegenseitig eine persönliche Abneigung, so kann der Richter, nach Bewandniß der Umstände, auf die Scheidung erkennen.

M: *1=3 f. 22; 1=81 p. 24; 2=8 f. 31; 2=102 p. 35; 3=16 p. 115; 4=17 p. 34; 5=20 p. 109*

§. 525.

Compensation wechselseitiger Scheidungsursachen

[II I § 719]

Kein Ehegatte soll, wegen solcher Vergehungen des andern, deren er sich seines Orts ebenfalls schuldig gemacht hat, auf Trennung der Ehe zu dringen berechtiget seyn.

M: *1=10 f. 29; 1=102 p. 35; 2=15 f. 67; 3=38 p. 400; 3=102 p. 95; 4=16 p. 115; 4=62 p. 58; 5=17 p. 38; 6=23 p. 9; 7=58 f. 16; 7=102 p. 35*

§. 526.

[II I § 671]

Nur wegen Ehebruchs der Frau, kann der Mann auf die Scheidung klagen, wenn er sich gleich selbst eines solchen

Vorwurfs schuldig gemacht hätte.

M: *1=3 f. 22; 1=54 p. 22; 1=61 f. 5; 1=68 p. 66; 1=73 p. 10; 2=4 f. 36; 3=11 f. 24; 4=15 f. 67; 5=38 p. 236; 6=30 p. 13; 7=57 p. 199*

§. 527.

[II I § 720]

Remißion der Beleidigungen.

Beleidigungen, die einmal ausdrücklich verziehen worden, können in der Folge nicht weiter als Ehescheidungsursachen gerügt werden.

M: *1=3 f. 22; 2=57 p. 100 od. 200*

§. 528.

[II I § 721]

Einer ausdrücklichen Verzeihung wird gleich geachtet, wenn der beleidigte Ehegatte, nach erhaltener Wissenschaft, die Ehe ein Jahr hindurch friedlich fortgesetzt hat.

M: *1=2 f. 19; 2=3 f. 22; 3=10 f. 29; 4=13 f. 6; 4=14 f. 29; 5=57 p. 201; 6=58 f. 16; 6=68 p. 66*

§. 529.

[II I § 722]

Blos aus Leistung der ehelichen Pflicht, wozu beyde Theile, während der Ehe, verbunden sind, soll keine Verzicht auf das Recht zur Ehescheidungsklage gefolgert werden.

M: *1=4 f. 36; 1=38 p. 237; 1=68 p. 66-68; 2=93 p. 9; 3=99 p. Angabe fehlt*[*)]

[II I § 715, 723-730]

---

*) Die Gründe, warum hier von der bisherigen Disposition der gemeinen Rechte abgewichen worden, bestehen darinn: 1) weil es gleich bedenklich ist, einem Ehegatten die Erfüllung seiner Pflicht zum Nachtheil anzurechnen; oder ihn zum Richter zu setzen: in welchen Fällen er sich von Beobachtung dieser Pflicht dispensiren könne; 2) weil der Umstand: ob der unschuldige Ehegatte, zur Zeit des Beyschlafs, von der Beleidigung würkliche Wissenschaft, und nicht etwa nur bloße Vermuthung gehabt, nicht füglich anders, als durch den Eyd desselben ausgemittelt werden kann; Eyde aber, besonders in Scheidungsprozessen, wegen der dabey gewöhnlich obwaltenden Verbitterung der Gemüther, und daraus entstehenden Besorgniß der Meineyds, möglichst vermieden werden müssen; 3) weil die Furcht vor dem Einwande der stillschweigenden Remißion, den unschuldigen Ehegatten nöthigt, bey dem ersten Fehltritte des andern Theils, wenn auch noch Hoffnung zur Besserung vorhanden wäre, dennoch so fort allen vertrauten Umgang mit ihm aufzuheben; wodurch viele Gelegenheiten zur Aussöhnung und Wiederherstellung des guten Vernehmens verlohren gehn.

§. 530.

Würkungen der Ehescheidung.

[II I § 731]

Die Trennung der Ehe durch richterliches Erkenntniß erfolgt von dem Zeitpunct an, wo das Scheidungsurtel seine Rechtskraft erlangt hat.

***M:** 1=101 p. 45*

§. 531.

[II I § 732, 733, 734, 738-742]

Dergleichen Urtel würkt eine gänzliche Aufhebung des Ehebündnisses, in Ansehung beyder Theile.

***M:** 1=16 p. 117; 2=38 p. 238; 3=16 p. 117; 4=33 p. 15; 5=53 p. 45; 6=54 p. 23; 7=17 p. 44; 8=23 p. 9 (alle auch §. 532)*

§. 532.

1) In Rücksicht der anderweitigen Verheyrathung.

[II I § 735]

Dem Gewissen eines jeden der geschiednen Ehegatten bleibt es überlassen, ob und in wie fern er, nach den Grundsätzen seiner Religion, von dieser gänzlichen Trennung, zur Vollziehung einer andern Heyrath, Gebrauch machen könne und dürfe.

***M:** 1=16 p. 117; 2=38 p. 238; 3=16 p. 117; 4=33 p. 15; 5=53 p. 45; 6=54 p. 23; 7=17 p. 44; 8=23 p. 9 (alle auch §. 531); 1=94 f. 214; 2=101 p. 46*

§. 533.

[II I § 736]

Wenn eine des würklichen oder wahrscheinlichen Ehebruchs wegen geschiedne Person, sich anderweit zu verehelichen gesonnen ist; so muß sie zuvor nachweisen, daß die Person, welche sie zu heyrathen gedenkt, an der Mißhelligkeit, welche die Ehescheidung veranlaßt, keinen Theil habe.

***M:** 1=2 f. 19; 1=53 p. 47; 1=58 f. 16; 1=62 p. 42; 1=63 p. 28; 1=67 p. 19; 1=75 p. 29; 2=3 f. 24; 2=49 p. 6; 2=102 p. 36; 3=4 f. 57; 3=20 p. 110; 3=33 p. 13; 3=68 p. 68; 4=8 f. 31; 5=15 f. 68; 6=16 p.117; 6=17 p.40; 7=29 p. 16; 8=43 p.34; 9=57 p. 202*

§. 534.

2) In Rücksicht der Auseinandersetzung des Vermögens.

[II I § 743-750]

Nach getrennter Ehe, muß die Auseinandersetzung wegen des Vermögens der geschiednen Eheleute erfolgen.

§. 535.

I. Wenn kein Theil für schuldig erklärt ist.

[II I § 751, 752-758, 759-761, 762-765]

Ist bey dem Scheidungsprozesse kein Uebergewicht der Schuld des einen Ehegatten ausgemittelt, oder ist die Trennung der Ehe, bloß wegen unheilbarer Raserey (§. 521.) oder auf gegenseitigen Antrag (§. 524.) erkannt worden, so erfolgt die Auseinandersetzung nach den Vorschriften §. 374. sq.

***M:** 1=3 f. 22; 1=62 p. 42; 2=9 f. 78; 2=73 p. 10; 3=10 f. 30; 3=Angabe fehlt; 4=38 p. 249; 5=16 p. 118; 6=44 p. 49*

§. 536.

[II I § 752]

Bey einer solchen Auseinandersetzung entscheidet das Loos in allen Fällen, wo die Gesetze dem überlebenden Ehegatten ein Wahlrecht beylegen.

***M:** 1=3 f. 25; 2=9 f. 79; 3=15 f. 68; 4=19 p. 5; 5=20 p. 182; 6=44 p. 49*

§. 537.

[II I § 766-774]

Ist bey dem Scheidungsprozesse ein Uebergewicht der Schuld des einen Ehegatten ausgemittelt, so sind bey der Auseinandersetzung nachstehende Grundsätze zu beobachten.

***M:** 1=101 p. 47*

§. 538.

II. Wenn der Mann für den schuldigen Theil erklärt ist.

[II I § 772]

Ist der Ehemann der schuldige Theil, so muß er der geschiednen Frau alles herausgeben, was sie ihm bey oder nach der Verheyrathung eingebracht hat.

§. 539.

a)Herausgabe des eignen Vermögens der Frau.

[II I § 766-774]

Alles, was davon nicht mehr vorhanden ist, muß nach dem Werthe vergütet werden, welchen es zur Zeit des Einbringens gehabt hat.

***M:** 1=3 f. 25; 1=101 p. 47; 2=38 p. 251; 2=101 p. 47; 3=2 f. 19; 4=9 f. 80*

§. 540.

[II I § 766-774]

Hat der schuldige Mann Vermögensstücke der Frau vorsetzlich, oder durch ein grobes oder mäßiges Versehen, am Werthe verringert; so muß er den dadurch verursachten Schaden ersetzen.

§. 541.

[II I § 766-774]

Dagegen kann er, wegen gemachter Verbesserungen, niemals Vergütung fordern.

***M:** 1=2 f. 19; 1=9 f. 81; 1=67 p. 14; 2=3 f. 25; 3=8 f. 31; 4=10 f. 30; 4=38 p. 253; 5=19 p. 5; 6=29 p. 16; 6=57 p. 202*

§. 542.

[II I § 766-774]

Nur in dem einzigen Falle, wenn eingebrachte Grundstücke, oder wenn Capitalien, welche auf der Frau Nahmen geschrieben sind, während der Ehe ohne grobes oder mäßiges Verschulden des Mannes, durch einen bloßen Zufall oder sonst, ganz oder zum Theil verlohren gegangen, ist derselbe zu keinem Ersatz verbunden.

***M:** 1=43 p. 34; 1=60 f. 31*

§. 543.

[II I § 766-774]

Die Morgengabe, wenn sie bloß versprochen worden, wird dem Eingebrachten gleich gerechnet.

§. 544.

[II I § 766-774]

Von dem Vermögen der Frau können nur solche Schulden abgerechnet werden, die in die Güter derselben, oder sonst zu deren alleinigen, daurenden Nutzen, würklich verwendet worden.

***M:** 1=10 f. 30; 1=101 p. 48; 2=15 f. 69; 2=Angabe fehlt; 3=37 p. 54; 3=Angabe fehlt*

§. 545.

[II I § 769]

Der schuldige Ehemann verliert den Nießbrauch des Eingebrachten, von dem Zeitpunkt an, wo das Scheidungsurtel rechtskräftig geworden.

***M:** 1=101 p. 49; 2=60 f. 32*

§. 546.

[II I § 770,771]

Hat er diesen Zeitpunkt durch eingewandte Rechtsmittel verzögert, so wird das erste Erkenntniß von der Zeit seiner Publikation an, für rechtskräftig angenommen.

***M:** 1=2 f. 19; 1=101 p. 49; 1=102 p. 36; 2=60 f. 32*

§. 547.

[II I § 772]

Sind Grundstücke oder Gerechtigkeiten eingebracht worden, so geschieht die Auseinandersetzung wegen der Nutzungen, nach den §. 433. sq. vorgeschriebnen Grundsätzen.

***M:** 1=38 p. 256*

§. 548.

[II I § 772]

Doch hängt es von der Wahl der Frau ab: ob sie die Bewirthschaftung des eingebrachten Landguts sofort selbst übernehmen, oder einen gemeinschaftlichen Verwalter, auf Kosten des Mannes, bestellen wolle.

§. 549.

[-]

Besteht das der Frau herauszugebende Vermögen in baarem Gelde oder Capitalien, so muß der Mann solches, vom Tage der rechtskräftigen Scheidung an, landüblich verzinsen.

M: *1=102 p. 36*

§. 550.

[II I § 783-786]

b) Abfindung der Frau aus dem Vermögen des schuldigen Mannes.

Ist die künftige Erbfolge unter den geschiednen Eheleuten durch Verträge nicht bestimmt, so muß der schuldige Ehemann, der Frau, außer dem ihrigen, noch den vierten Theil seines eigenen Vermögens, als Ehescheidungsstrafe herausgeben.

M: *1=1 f. 32; 1=102 p. 36; 2=3 f. 25; 2=75 p. 30; 3=16 p. 120; 4=25 p. 9*

§. 551.

[II I § 787-789]

Bey der Ausmittelung dieses vierten Theils, kommen Lehne und Fideicommiße nicht in Anschlag.

M: *1=5 f. 19; 1=67 p. 14; 2=37 p. 55; 2=101 p. 49; 3=49 p. 20; 3=Angabe fehlt; 4=53 p. 48; 4=A. f.; 5=15 f. 69*

§. 552.

[II I § 790, 791]

Die von beyden Ehegatten gemeinschaftlich, oder von dem Manne allein, vor angemeldeter Ehescheidungsklage, gemachte Schulden, werden bey dieser Berechnung, von dem gesammten Vermögen des Mannes abgezogen.

M: *1=3 f. 25; 2=38 p. 256*

§. 553.

[II I § 792]

Ist die künftige Erbfolge durch Verträge bestimmt, so erhält die Frau zu ihrer Abfindung alles das, was ihr darinn auf den Todesfall des Mannes verschrieben worden.

M: *1=3 f. 26; 1=102 p. 37; 2=15 f. 69; 3=19 p. 5; 3=25 p. 9; 4=37 p. 56*

§. 554.

[-]

Hat der Mann einen Erbschatz bestellt, so erlangt die Frau, nach dem Unterschied der §. 358. sq. bestimmten Fälle, das Eigenthum, oder den Nießbrauch desselben, eben so, als ob sie den Mann überlebt hätte.

M: 1=3 f. 26; 2=19 p. 5; 3=20 p. 111

§. 555.

[II I § 793]

Betragen die, nach den vorhandnen Verträgen, der Frau zukommende Vortheile weniger, als den vierten Theil von dem Vermögen des Mannes, so kann sie diesen vierten Theil statt jener Vortheile wählen.

§. 556.

[II I § 778]

Hat ein Dritter einen Erbschatz bestellt, und es sind Kinder aus der Ehe vorhanden; so überkommen diese das Eigenthum, und die unschuldige Frau den Nießbrauch auf Lebenslang.

M: 1=19 p. 5

§. 557.

[II I § [II I § 780]

Sind keine Kinder vorhanden, und derjenige, welcher den Erbschatz bestellt hat, ist noch am Leben, so kann derselbe solchen zurücknehmen, oder sonst nach Gutfinden drüber disponiren.

M: 1=3 f. 26; 2=9 f. 83

§. 558.

[II I § 781]

Ist der Besteller des Erbschatzes nicht mehr am Leben, so erlangt, bey Ermangelung der Kinder, die unschuldige Ehefrau das volle Eigenthum desselben.

M: 1=102 p. 37; 2=75 p. 30

§. 559.

[II I § 791]

Ein solcher Erbschatz wird ihr auf die Abfindung, aus dem Vermögen des schuldigen Ehemannes, nicht angerechnet.

§. 560.

[-]

Hat die Frau den Erbschatz selbst bestellt, so bleibt ihr der Nießbrauch, und das Eigenthum fällt an die Kinder.

M: 1=57 p. 203

§. 561.

[-]

Sind keine Kinder vorhanden, so fällt der Erbschaft gänzlich an die unschuldige Frau zurück.

M: 1=53 p. 119; 1=67 p. 14

§. 562.

[II I § 811]

Hat unter den geschiednen Eheleuten eine Gemeinschaft aller Güter obgewaltet; so gebührt der Frau die Wahl, ob sie die Hälfte des gemeinschaftlichen Vermögens fordern; oder ihr Eingebrachtes zurücknehmen, und außerdem den vierten Theil von dem Vermögen des schuldigen Ehemannes verlangen wolle.

***M:** 1=3 f. 25; 1=60 f. 32; 1=73 p. 10; 2=38 p. 257; 3=43 p. 34; 4=57 p. 204; 5=53 p. 49; 6=44 p. 51*

§. 563.

[II I § 812-820]

Wählt sie das letztere, so wird mit der Auseinandersetzung verfahren, als wenn keine Gemeinschaft obgewaltet hätte.

§. 564.

[II I § 812-820]

Wählt sie die Hälfte des gemeinschaftlichen Vermögens, so werden davon zuförderst alle, vor angemeldeter Scheidungsklage, entstandene Schulden beyder Eheleute abgezogen.

***M:** 1=15 f. 69; 1=64 p. 39/40; 2=38 p. 258; 3=53 p. 51*

§. 565.

[II I § 812-820]

Die Theilung selbst geschieht nach den §. 464. sq. auf den Todesfall bestimmten Grundsätzen.

***M:** 1=43 p. 35*

§. 566.

[II I § 812-820]

Wo daselbst dem überlebenden Ehegatten eine Wahl gelassen ist, gebührt solche dem unschuldigen Theile.

§. 567.

[II I § 821]

Haben Eheleute nur in der Gemeinschaft des Erwerbs gelebt, so geschieht die Absonderung des eigenthümlichen Vermögens beyder Theile, nach der Vorschrift §. 491. sq.

§. 568.

[-]

Der Erwerb wird getheilt, und die dem schuldigen Ehemann zufallende Hälfte wird dem Vermögen beygerechnet, wovon der Frau der vierte Theil zur Abfindung gebühret.

§. 569.

[II I § 822]

Statt des der Frau nach §. 550. sq. aus dem Vermögen des schuldigen Ehemannes, zukommenden vierten Theils, kann dieselbe eine standesmäßige Verpflegung, bis zu ihrem Tode, oder anderweitigen Verheyrathung, fordern.

***M:** 1=20 f. 20; 1=66 p. 29; 2=4 f. 39; 2=75 p. 30; 3=38 p. 259; 4=16 p. 122; 5=49 p. 21*

§. 570.

[II I § 799]

Diesen standesmäßigen Unterhalt müssen die Gerichte, nach Verhältniß des Gewerbes, oder Verdienstes, oder der sonstigen Einkünfte des schuldigen Ehemanns bestimmen.

***M:** 1=3 f. 27; 1=162 p. 37; 2=4 f. 39; 3=15 f. 70*

§. 571.

[II I § 799]

Der Mann ist verbunden, der Frau diesen Unterhalt aus seinem bereitesten Vermögen anzuweisen und zu versichern.

§. 572.

[II I § 799]

Gelangt der Ehemann nach der Zeit in beßre Vermögensumstände, so kann die geschiedne Frau auf billige Erhöhung und beßre Versicherung ihrer Verpflegungsgelder antragen.

***M:** 1=3 f. 27; 1=67 p. 14; 2=13 f. 31; 2=60 f. 33; 2=102 p. 38; 3=15 f. 70; 4=16 p. 123; 5=19 p. 5; 6=30 p. 6; 7=43 p. 36; 8=57 p. 204*

§. 573.

III. Wenn die Frau für den schuldigen Theil erklärt ist.

[II I § 807, 808]

Ist die Ehefrau der schuldige Theil, so kann sie ihr Eingebrachtes nur so zurückfordern, wie es zur Zeit der getrennten Ehe würklich vorhanden ist.

***M:** 1=9 f. 83; 2=15 f. 70; 3=38 p. 260; 4=16 p. 6; 5=47 p. 8; 6=57 p. 205*

§. 574.

a) Auseinandersetzung wegen des Vermögens.

[-]

Dem unschuldigen Ehemann gebührt die Wahl, ob er das vorhandne Eingebrachte selbst, oder dessen Werth, herausgeben wolle.

§. 575.

[-]

Ist bey der Einbringung ein Werth bestimmt worden, so wird dieser zur Richtschnur angenommen.

§. 576.

[-]

Ist kein solcher Anschlag vorhanden, so muß die Frau den Werth bestimmen, und der Mann wählt alsdenn: ob er das Eingebrachte für diesen Preiß behalten, oder ob er es zurück geben wolle.

***M:** 1=19 p. 6; 1=75 p. 31; 2=32 p. 18*

§. 577.

[-]

Giebt der Mann das Eingebrachte zurück, so wird solches, bey Ausmittelung der ihm aus dem Vermögen der schuldigen Frau gebührenden Abfindung, zu dem von ihr selbst gesetzten Preise angeschlagen.

***M:** 1=3 f. 27*

§. 578.

[-]

Verbesserungen und Verringerungen eingebrachter Grundstücke, werden nach eben den Grundsätzen beurtheilt, als bey einer, nach dem Tode der Frau, zwischen dem überlebenden Manne und ihren Erben, erfolgenden Auseinandersetzung.

***M:** 1=38 p. 262*

§. 579.

[-]

Hat der Mann eingebrachte Grundstücke, oder andre Haabseeligkeiten der Frau verkauft, so tritt der Verkaufspreiß an deren Stelle.

***M:** 1=9 f. 84; 2=38 p. 262; 3=57 p. 206*

§. 580.

[-]

Auch den Verkaufspreiß darf der Mann nicht verteten, in so fern er solchen zu der Frau alleinigen daurenden Nutzen verwendet hat, oder wenn derselbe durch Unglücksfälle verlohren gegangen ist.

***M:** 1=3 f. 27; 2=38 p. 264; 3=11 p. 11; 4=57 p. 206*

§. 581.

[-]

Ein gleiches findet in Ansehung der eingebrachten Capitalien statt, welche der Mann, während der Ehe eingezogen, und auf den Nahmen der Frau, anderweitig belegt hat.

***M:** 1=38 p. 265*

§. 582.

[II I § 774]

Die Morgengabe wird nicht zum Eingebrachten gerechnet;

sondern der unschuldige Mann nimmt sie zurück; oder bringt, wenn sie nicht mehr vorhanden ist, den Betrag von dem Eingebrachten in Abzug.

M: 1=13 f. 6; 2=57 p. 206

§. 583.

[-]

Wegen des Nießbrauchs finden die Vorschriften §. 433. sq. Anwendung.

M: 1=15 p. 71; 1=49 p. 22; 2=17 p. 42; 3=38 p. 271

§. 584.

[-]

Doch kann dem unschuldigen Ehemanne die Verwaltung des eingebrachten Landguts, bis zum Ablauf des Wirthschafts-jahres, wider seinen Willen nicht genommen werden.

M: 1=19 p. 6

§. 585.

b) Abfindung des unschuldigen Ehemannes.

[II I § 785]

Ist die Erbfolge unter den geschiednen Eheleuten durch Verträge nicht bestimmt; so gebührt dem Manne der vierte Theil von dem Vermögen der schuldigen Ehefrau.

M: 1=38 p. 271; 1=44 p. 52; 2=57 p. 207

§. 586.

[-]

Zu diesem Vermögen gehört nicht bloß das Eingebrachte, sondern auch das Vorbehaltene.

M: 1=15 p. 71; 2=57 p. 207

§. 587.

[II I § 787]

Lehne und Fideicommiße sind jedoch davon ausgeschlossen.

M: 1=53 p. 48; 1=67 p. 14

§. 588.

[-]

Nicht aber die der schuldigen Ehefrau zugefallne Lehnsab-findung.

§. 589.

[II I § 790, 824-826]

Vor der Theilung werden, von dem Vermögen der Frau, nur solche Schulden abgezogen, zu deren Bezahlung sie, schon vor angemeldeter Scheidungsklage, rechtlich verbunden war.

§. 590.

[II I § 792]

Ist die Erbfolge durch Verträge bestimmt, so wird nach den

Vorschriften §. 553. verfahren.

***M:** 1=19 p. 6; 1=60 f. 33; 1=67 p. 14; 1=73 p. 11; 2=38 p. 271*

§. 591.

[-]

Eben so finden, bey obgewalteter Gütergemeinschaft, die Vorschriften §. 562. sqv. zum Besten des unschuldigen Ehemannes Anwendung.

***M:** 1=38 p. 272; 2=43 p. 36; 2=53 p. (unl.)*

§. 592.

[II I § 809, 810]

Ist der unschuldige Ehemann, wegen Alters, Krankheit oder andrer Unglücksfälle, sich seinen Unterhalt selbst zu verdienen, nicht im Stande; so kann er, statt der aus dem Vermögen der Frau ihm gebührenden Vortheile, standesmäßige Verpflegung wählen.

***M:** 1=15 f. 71; 2=38 p. 274; 3=17 p. 42; 4=57 p. 208*

§. 593.

[II I § 810]

Solchenfalls gilt für ihn alles, was zum Besten der unschuldigen Ehefrau §. 570. sq. verordnet ist.

***M:** 1=57 p. 209*

§. 594.

[-]

Von dieser Verbindlichkeit wird die Frau durch anderweitige Verheyrathung ihres abgeschiednen unvermögenden Mannes nicht befreyt.

***M:** 1=57 p. 209; 1=73 p. 11*

§. 595.

[-]

Es wird aber auch die Frau, nach ihrer anderweitigen Verheyrathung, in keinem Falle zu einem höhern Beytrage, als vorhin festgesetzt war, verpflichtet.

***M:** 1=4 f. 37; 1=73 p. 11; 2=15 f. 71; 3=44 p. 52; 4=57 p. 209*

§. 596.

[II I § 773] Von Braut= und

In allen Fällen behält der unschuldige Theil, es sey solches der Mann oder die Frau, die empfangenen Brautgeschenke; und kann die gegebnen, in so fern solche noch vorhanden sind, zurück fordern.

***M:** 1=73 p. 11*

§. 597.

[II I § 776] Hochzeit=geschenken.

Die von einem Dritten zur Hochzeit, oder sonst während der

Ehe, beyden Eheleuten gemeinschaftlich gemachten Schenkungen, verbleiben dem unschuldigen Theile allein.

M: 1=3 f. 28; 1=73 p. 11; 2=19 p. 6; 2=73 p. 11; 2=Angabe fehlt; 3=20 p. 112; 3=99 p. 16; 4=57 p. 210

§. 598.

[II I § 775]

Auch kann der unschuldige Theil die, während der Ehe, dem Schuldigen gemachte Schenkungen, bey der Auseinandersetzung wiederrufen.

M: 1=4 f. 38; 1=10 f. 31; 1=101 p. 50; 1=102 p. 38; 2=17 p. 45; 3=57 p. 211

§. 599.

[-]

Der Schuldige ist zu einem solchen Wiederruf seiner Schenkung nicht berechtigt.

M: 1=57 p. 112; 1=102 p. 38

§. 600.

Von der Competenz des schuldigen Theils[29].

[-]

Geräth durch die nach obigen Regeln erfolgte Auseinandersetzung, der schuldige Theil in solche Umstände, daß er sich weder von dem Ueberrest seines Vermögens, noch durch eignen Fleiß und Arbeit ernähren kann; so muß ihm eine nothdürftige Competenz vorbehalten werden.

M: 1=2 f. 20; 1=63 p. 59; 2=9 f. 84; 3=16 f. 126; 4=57 p. 212

[II I § 823, 824]

§. 601.

[-]

Diese Competenz muß nach billigem Ermessen des Richters bestimmt werden; doch muß solche die Hälfte der, dem unschuldigen Theile, aus dem Vermögen des Schuldigen zugefallenen Abfindung, niemals übersteigen.

M: 1=55 p. 32; 1=102 p. 38

§. 602.

[-]

Gelangt der schuldige Theil in beßre Vermögensumstände, so fällt das zu seiner Competenz ausgesetzte Capital an den unschuldigen Theil zurück.

M: 1=102 p. 39

§. 603.

[-]

Ein gleiches findet statt, wenn der schuldige Theil mit Tode abgeht.

---

[29] *Competenz=Unterhalt*

§. 604.

[II I § 827]

Die Erben des beleidigten Ehegatten sind befugt, die bereits angemeldete Scheidungsklage, zum Behuf der Auseinandersetzung des Vermögens, zu verfolgen.

Von den Erben des unschuldigen Theils.

***M:** 1=4 f. 38; 1=64 p. 40/41; 2=9 f. 85; 2=104 p. 51; 3=16 p. 127; 4=17 p. 43; 5=57 p. 214*

§. 605.

[II I § 828]

Auch können sie selbst auf die Herausgabe des gesammten Vermögens ihres Erblassers klagen, wenn der überlebende Ehegatte den Tod des Erblassers verursacht, oder ihn durch gewaltsame Mittel zu klagen verhindert hat.

***M:** 1=54 p. 214; 1=75 p. 31*

§. 606.

[II I § 829]

In beyden Fällen muß die Absonderung des Vermögens nach den Vorschriften §. 538 & 574. erfolgen, und der schuldige Ehegatte verliert alle Vortheile, die er sonst aus dem Nachlasse des Verstorbnen zu erwarten gehabt.

***M:** 1=38 p. 274*

§. 607.

[II I § 830, 831]

Dagegen können die Erben des unschuldigen Theils nur alsdann die Strafe der Ehescheidung fordern, wenn das Urtel, wodurch solche dem Erblasser zuerkannt worden, vor dessen Ableben die Rechtskraft erlangt hat.

***M:** 1=3 f. 28; 1=67 p. 14; 2=5 f. 20; 2=60 f. 34; 3=15 f. 72; 4=17 p. 43; 5=38 p. 389; 6=43 p. 36; 7=57 p. 115*

§. 608.

[II I § 832, 833]

Ist, statt der Abfindung, auf standesmäßigen Unterhalt erkannt, so können die Erben nur die bis zum Ableben des Erblassers etwa verbliebnen Rückstände nachfordern.

§. 609.

[II I § 834]

Was bey Ehescheidungen, wegen Erziehung und Versorgung der Kinder statt finde, wird im folgenden Titel verordnet.

***M:** 1=17 p. 44; 1=57 p. 216; 1=102 p. 39; 2=38 p. 274; 3=37 p. 58; 4=57 p. 215; 5=58 f. 16*

Neunter Abschnitt.
Von der Ehe zur linken Hand*)a .

§. 610.

Welchen Personen.

*[II I § **835, 836** , **s.a.** § **844 AGB** / 835 ALR]*

Ehen zur linken Hand können nur Mannspersonen von Adel, oder solche schliessen, die in Königlichen Diensten den Rathscharakter erlangt haben.

M: *1=3 f. 29; 1=4 f. 38; 1=63 p. 59-61; 2=7 f. 15; 2=68 p. 68; 3=10 f. 32; 3=81 p. 25; 4=56 p. 115; 4=93 p. 9; 5=102 p. 39*

---

a **E:**07.73.0058r-0081v **Nachtr.E:**07.74.0124v-0141v
R: 07.80.0070-0072 zu §§ 610-695
M: 1=1 f. 33; 1=64 p. 41; 2=12 f. 25; 2=65 p. 4; 3=14 f. 37; 3=65 p. 8; 3=66 p. 32; 3=67 p. 14; 4=15 f. 72; 4=61 f. 6; 5=20 p. 113; 5=Angabe fehlt; 6=21 p. 14; 6=67 p. 16; 7=47 p. 2; 7=99 p. 18; 7=101 p. 52; 8=19 p.1; 8=53 p. 52; 8=99 p. 18; 9=54 p. 23; 9=73 p. 11; 10=57 p. 218; 10=74 f. 10; 11=16 p. 128; 11=63 p. 61; 11=65 p. 1; 11=67 p. 14; 12=58 f. 16; 12=65 p. 25

*) Der täglich höher steigende Luxus ist unstreitig eine Hauptursach der unter den obern Ständen des Staats überhand nehmenden Ehelosigkeit. Ein sogenannter Wohlstand, gegründet auf herrschende Vorurtheile, die durch Verboths- oder Aufwandsgesetze vergeblich bekämpft werden würden, verbindet Männer vom Adel und andre, die in höhern Bedienungen stehn, zu einem Aufwande, der sehr oft der Beschaffenheit ihres Vermögens, und den Einkünften ihrer Aemter nicht angemessen ist. Dieser Aufwand steigt ins doppelte, drey= und vierfache, wenn sie heyrathen und eheliche Kinder zeugen. Die Unmöglichkeit, Frau und Kinder standesmäßig unterhalten, versorgen und etabliren zu können, schröckt sie vom Heyrathen ab, und nöthigt sie, ihren Beytrag zur Bevölkerung entweder zu unterdrücken; oder an feile Dirnen zu verschwenden; oder den Frieden fremder Ehen zu stöhren; oder im besten Falle sich mit Maitressen zu behelfen. Wie wenig Verbindungen dieser letztern Art geschickt sind, dem Staate den aus der überhand nehmenden Ehelosigkeit entstehenden Schaden zu ersetzen, lehrt die Erfahrung.

Die gemeine Meynung des Volks, welches zwischen Maitressen und Huren keinen Unterschied kennt; und die durchaus willkührliche Auflösbarkeit solcher Bündnisse, würdigen die sogenannten Maitressen nicht nur in der Achtung andrer, sondern auch in ihrer eignen, und eben dadurch in ihrer Denkart und Gesinnungen so tief herab, daß so wenig die Fähigkeit, als die Neigung, den Pflichten einer guten Hausfrau und einer sorgfältigen Mutter Genüge zu leisten, von ihnen erwartet werden kann. Eben dieser meist gegenseitige Mangel der Achtung, und die Ungewißheit der Paternität von Kindern, die aus einem eben so leichtsinnig aufgelösten, als geknüpften Bande entspringen, würkt bey den Vätern Kaltsinn und Sorglosigkeit in Absicht der Erziehung und Bildung solcher Kinder. Das Maitressenhalten, so wie es in unsern Tagen so sehr üblich ist, befördert folglich nicht nur

§. 611.

*[II I § **837 AGB** / 836, 838, 839 ALR]*

Auch diesen wird die Ehe zur linken Hand nur aldenn gestattet, wenn sie aus einer vorhergehenden vollgültigen Ehe Kinder am Leben, oder kein zum standesmäßigen Unterhalt einer Familie hinreichendes Vermögen haben.

in was für Fällen, und

***M:** 1=2 f. 20; 1=63 p. 61; 2=4 f. 39; 2=99 p. 20; 3=16 p. 129; 3=65 p. 24; 3=93 p. 9; 4=56 p. 5; 4=73 p. 23; 5=57 p. 218; 5=102 p. 40; 6=60 p. 34*

§. 612.

*[II I § **838, 839 AGB** / 836, 837, 840, 841 ALR]*

Wer eine solche Ehe schließen will, muß seine Befugniß dazu bey dem Landes=Justizcollegio der Provinz ausweisen, und dessen Erlaubniß nachsuchen.

***M:** 1=16 p. 130; 1=73 p. 13; 2=17 p. 18; 2=93 p. 9*

§. 613.

*[II I § **840, 841, 842 AGB** / 842 ALR]*

Alles, was zur Schließung einer vollgültigen Ehe gehört, wird auch bey der Ehe zur linken Hand erfordert.

unter welchen Umständen die Ehe zur linken Hand erlaubt sey.

***M:** 1=37 p. 218; 1=73 p. 13*

§. 614.

*[II I § **843-845 AGB** / 843-845 ALR]*

Nur allein die Ungleichheit des Standes macht hier kein Hinderniß.

***M:** 1=3 f. 29; 1=93 p. 9; 2=10 f. 32; 3=57 p. 219*

---

keinesweges eine dem Staate vortheilhafte Bevölkerung; sondern ist ihr auch in den meisten Fällen schädlich.

Es mußte daher auf ein andres Mittel, der aus dem Luxus entspringenden Ehelosigkeit abzuhelfen, gedacht werden; und dazu hat man die bey den alten Römern sowohl, als bey unsern deutschen Vorfahren, unter dem Nahmen des Konkubinats bekannte Ehe zur linken Hand, als das schicklichste angesehn.

Man hat sie aber nur als Ausnahme von der Regel, und nur in solchen Fällen zugelassen, wo würklich überwiegende, oder doch Nachsicht verdienende Motiven da sind, die einen Mann von Einschreitung einer vollgültigen Ehe zurückhalten können. Denn daß, an und für sich betrachtet, diese letztre, sowohl in Absicht auf Sitten und Grundsätze, als im Verhältniß gegen das äußre Wohl des Staats, der Ehe zur linken Hand weit vorzuziehen sey, ist keinem Zweifel unterworfen.

§. 615.

Von Errichtung des Ehecontrakts.

[II I § 846]

Die Schließung einer Ehe zur linken Hand setzt einen schriftlichen Contract nothwendig voraus.

§. 616.

[II I § 847]

Bey dessen Errichtung muß alles beobachtet werden, was wegen der Ehegelöbnisse §. 58. sqv. verordnet ist.

§. 617.

[II I § 848]

In dem Ehecontrakt muß der Verlobten jedesmal eine gewisse Abfindung, zu ihrem auskömmlichen Unterhalt, auf den Fall der wieder getrennten Ehe, bestimmt seyn.

M: *1=4 f. 39; 1=73 p. 14; 2=10 f. 32; 3=16 p. 230; 4=19 p. 6; 5=57 p. 219*

§. 618.

[II I § 849]

Diese Abfindung kann in jährlichen Verpflegungsgeldern, oder auch in einer ein für allemahl zu entrichtenden Capitalssumme bestehen.

§. 619.

[II I § 850]

In dem Contrakt muß zugleich bestimmt seyn: wie der Verlobten diese Abfindung versichert werden solle.

M: *1=16 p. 131*

§. 620.

*[II I § **851 AGB** / 851 ALR]*

Ist darin nichts bestimmt, so finden in Ansehung dieser Forderung eben die Rechte statt, welche dem Gegenvermächtnisse bey einer vollgültigen Ehe (§. 311. 314.) zugeeignet worden.

§. 621.

[II I § 852]

Vor Einreichung eines solchen Contrakts, in welchem die Abfindung der Verlobten bestimmt worden, soll die Erlaubniß zur Vollziehung der Ehe nicht ausgefertigt werden.

M: *1=16 p. 131*

§. 622.

*[II I § 853, § **854 AGB** / 854 ALR]*

Wenn, nach würklich geschloßnem Ehecontrakte, einer oder beyde Theile wiederum davon abgehen wollten, so findet eben das statt, was §. 70. sq. bey Ehegelöbnissen verordnet ist.

§. 623.

[II I § 855-857 ALR]

Von der Proklamation.

Der Vollziehung der Ehe zur linken Hand muß, wie bey der vollgültigen Ehe, ein dreymaliges Aufgeboth in der Parochie beyder Verlobten vorangehn.

M: 1=16 p. 131; 1=102 p. 40; 2=57 p. 219

§. 624.

*[II I § **856 AGB** / 856, 857ALR]*

Es ist aber genug, wenn dadurch nur in Ansehung jeden Theils besonders bekannt gemacht wird, daß er eine Ehe zur linken Hand eingehen wolle, ohne daß des andern Theils nahmentlich Erwehnung geschehen darf.

M: 1=50 p. 119; 1=75 p. 32; 1=93 p. 9; 2=14 f. 39; 2=19 p. 6; 2=23 p. 9; 2=25 p. 11; 3=57 p. 230

§. 625.

*[II I § **857-861 AGB** / 858, 859, 870, 871=860, 861 ALR]*

Von Vollziehung der Ehe zur linken Hand.

Die Vollziehung der Ehe zur linken Hand geschieht dadurch, daß beyde Theile, vor dem Landesjustizcollegio der Provinz, oder einer von ihm ernannten Gerichtsperson, den Inhalt des Ehecontrakts persönlich genehmigen; dessen Festhaltung, mittelst Handschlags, angeloben; und alsdenn der Contrakt feyerlich bestätigt, auch den Gerichtsprotokollen einverleibt wird.

M: 1=16 p. 131; 1=73 p. 14; 2=17 p. 48

§. 626.

*[II I § **857-861 AGB** / 858, 859, 870, 871= 860, 861 ALR[30]]*

Nach dieser gerichtlichen Vollziehung können die Verlobten, wenn sie es gut finden, ihre Verbindung auch durch einen Prediger einsegnen lassen; es erlangt aber solche dadurch keine größre Würksamkeit.

M: 1=2 f. 20; 1=72 p. 3; 2=7 f. 15; 2=73 p. 14; 3=19 p. 5; 3=102 p. 40; 4=16 p. 132; 4=71 f. 13; 4=75 f. 32; 5=57 p. 221; 5=65 p. (unl.); 5=75 p. 32

---

30 *Bei der Änderung verringerte sich die Zahl der §§ gegenüber dem AGB, das ALR übersprang die §§ 860 - 869, 922 und 923. Ab 1806 wurden die §§ durchgezählt, später aber die ursprüngliche Zählung in Klammern wieder beigefügt.*

§. 627.

*[II I § **862 AGB** / - ALR]*

Die Verlobte erhält, durch die gerichtliche Vollziehung der Ehe zur linken Hand, den Nahmen der Hausfrau.

***M:** 1=2 f. 20*

Persönliche Rechte und Pflichten der Ehegatten.

§. 628.

*[II I § **863 AGB** / 872 ALR]*

Alle persönliche Pflichten, welche bey den, in vollgültiger Ehe lebenden Personen statt finden, gelten der Regel nach, auch von denjenigen, die eine Ehe zur linken Hand geschlossen haben.

§. 629.

*[II I § **864, 865 AGB** / 873, 874 ALR]*

Die Hausfrau erlangt jedoch weder den Nahmen, noch den Stand und Rang ihres Mannes; sondern behält denjenigen, welchen sie vor der Ehe gehabt hat, bey.

***M:** 1=93 p. 14; 2=Angabe fehlt*

§. 630.

*[II I § **866 AGB** / 875 ALR]*

Sie tritt nicht in die Familie des Mannes, und darf sich seines Wappens nicht bedienen.

***M:** 1=16 p. 132*

§. 631.

*[II I § **867 AGB** / 876 ALR]*

Doch geht sie in diejenige Gerichtsbarkeit über, welcher der Mann unterworfen ist.

***M:** 1=4 f. 39; 2=10 f. 33; 3=57 p. 222*

§. 632.

*[II I § **868 AGB** / 877 ALR]*

Ist sie minderjährig, so bleibt sie ferner unter der Curatel ihres Vaters, oder des ihr vorher bestellt gewesenen Vormundes.

***M:** 1=10 f. 40; 1=16 p. 132*

§. 633.

*[II I § **869 AGB** / 878 ALR]*

Nach erlangter Volljährigkeit wird sie, in Ansehung der Befugniß, mit andern verbindliche Geschäfte vorzunehmen, eben so wie eine unverheyrathete volljährige Frauensperson betrachtet.

***M:** 1=3 f. 30*

§. 634.

*[II I § **870 AGB** / 879 ALR]*

Doch kann sie, ohne des Mannes Einwilligung, keine Verbindungen eingehn, wodurch ihre Person verhaftet wird.

§. 635.

*[II I § **871 AGB** / 880 ALR]*

Die Hausfrau kann von dem Manne nur einen ihrem Stande gemäßen Unterhalt fordern.

§. 636.

*[II I § **872 AGB** / 881 ALR]*

Auch Cur= aber nicht Prozeßkosten, sind unter diesem Unterhalt mit begriffen.

***M:** 1=2 f. 20; 2=14 f. 40; 3=57 p. 222*

§. 637.

*[II I § **873 AGB** / 882 ALR]*

Den Mann macht die Hausfrau nur in sofern verbindlich, als er durch die Handlungen der Ehefrau, nach §. 220=222. verhaftet wird.

§. 638.

*[II I § **874, 875 AGB** / 883, 884 ALR]*

Rechte und Pflichten in Ansehung des Vermögens.

Der Hausfrau verbleibt die uneingeschränkte Verwaltung ihres gesammten Vermögens.

***M:** 1=2 f. 20; 1=101 p. 60; 2=57 p. 222*

§. 639.

*[II I § **876 AGB** / 885 ALR]*

Der Mann kann auf den Nießbrauch desselben keinen Anspruch machen.

***M:** 1=57 p. 222*

§. 640.

*[II I § **877 AGB** / 886 ALR]*

Die nach Statuten oder Provinzialgesetzen unter Eheleuten obwaltende Gemeinschaft der Güter, entsteht nicht durch eine Ehe zur linken Hand.

***M:** 1=10 f. 33; 1=67 p. 17*

§. 641.

*[II I § **878 AGB** / 887 ALR]*

Auch durch Verträge kann unter solchen Eheleuten eine Gütergemeinschaft nicht eingeführt werden.

***M:** 1=3 f. 30; 1=62 f. 32; 2=57 p. 223*

§. 642.

*[II I § **879 AGB** / 888 ALR]*

Hat die Hausfrau dem Manne etwas von ihrem Vermögen zum Gebrauch, Gewahrsam, oder Verwaltung überlassen, so hat sie aus einem solchen Geschäfte eben die Rechte gegen ihn, als gegen einen Fremden.

M: 1=57 p. 223

§. 643.

*[II I § **880 AGB** / 889 ALR]*

Hat der Mann sich etwas von ihrem Vermögen angemaßt, so kann sie solches noch in stehender Ehe zurück fordern.

§. 644.

*[II I § **881-883 AGB** / 890-892 ALR]*

Geräth der Mann in Verfall des Vermögens, so hat die Hausfrau wegen solcher von ihm eigenmächtig an sich genommnen Vermögensstücke, eben die Rechte, wie die Ehefrau, wegen der von dem Manne an sich genommnen Receptitien, (Lib. I. Part. IV. Tit. XII. §. 84.)

M: 1=16 p. 134; 2=37 p. 60

§. 645.

*[II I § **881-883 AGB** / 890-892 ALR]*

Der Werth solcher von dem Manne veräusserten, oder zu dessen Besten in der Wirthschaft abgenutzten Vermögensstücke, muß als neu vergütet werden.

§. 646.

Geschenke.

*[II I § **884, 885 AGB** / 893, 894 ALR]*

Während der Ehe kann der Mann seiner Hausfrau keine gültigen Geschenke machen, so lange Kinder oder Enkel aus einer vollgültigen Ehe vorhanden sind.

M: 1=2 f. 20; 1=73 p. 14; 2=3 f. 30; 2=13 p. 14; 2=65 p. 25; 2=102 p. 40; 3=4 f. 39; 4=16 p. 134; 5=57 p. 224

§. 647.

*[II I § **886 AGB** / 895 ALR]*

Sind dergleichen Kinder oder Enkel nicht vorhanden, so sind die Geschenke unter solchen Eheleuten eben so gültig, wie unter Fremden.

§. 648.

*[II I § **887 AGB** / 896 ALR]*

Was die Hausfrau von dem Manne an Juwelen, Kostbarkeiten, und überhaupt zur Pracht erhält, wird im zweifelhaften Falle nur für geliehen geachtet.

M: 1=3 f. 30; 2=16 p. 134; 3=57 p. 224

§. 649.

*[II I § **888 AGB** / 897 ALR]*

Der Mann kann solches zu jeder Zeit, nach Gutfinden, von

ihr, nicht aber von einem Dritten zurück fordern.

M: 1=2 f. 20; 1=65 p. 25; 2=23 p. 9; 3=57 p. 225

§. 650.

*[II I § **889, 890 AGB** / 898, 899 ALR]*

Auch gültige Geschenke fallen, in so fern sie noch vorhanden sind, an den Mann zurück, wenn die Hausfrau vor dem Manne verstirbt; und keine mit ihm erzeugte Kinder hinterläßt.

M: 1=2 f. 20; 1=102 p. 41; 2=3 f. 30; 3=57 p. 225

§. 651.

*[II I § **891 AGB** / 900 ALR]*

Alles, was wegen der Geschenke des Mannes an die Hausfrau §. 646. sqv. verordnet ist, findet gegenseitig auch in Ansehung derjenigen statt, welche dem Manne von der Hausfrau gemacht worden.

M: 1=57 p. 226

§. 652.

*[II I § **892 AGB** / 901 ALR]* Bürgschaften.

Will die Hausfrau sich für den Mann verbürgen, so müssen die Vorschriften §. 232. beobachtet werden.

M: 1=17 p. 48; 2=37 p. 61

§. 653.

*[II I § **893 AGB** / 902 ALR]*

Wegen Bürgschaften für andre bleibt es bey der Vorschrift des §. 633.

§. 654.

*[II I § **894, 895 AGB** / 903, 904 ALR]* Trennung der Ehe durch den Tod.

Wird die Ehe zur linken Hand durch den Tod getrennt, so muß der überlebende Mann die Hausfrau ihrem Stande gemäß begraben lassen.

M: 1=10 f. 33; 2=57 p. 227

§. 655.

[-]

Es bleibt seinem Gutfinden überlassen: ob er die Trauer als Wittwer anlegen wolle.

M: 1=73 p. 14

§. 656.

*[II I § **895 AGB** / 904 ALR]*

Die Hausfrau hingegen muß, wie eine andere Wittwe ihres eignen Standes, trauern.

M: 1=13 f. 33; 1=101 p. 60; 2=3 f. 30; 2=16 p. 133; 2=73 p 14; 3=20 p. 113; 4=2 f. 21; 4=57 p. 227; 4=73 p. 14

Erbfolge.

§. 657.

*[II I § **896 AGB** / 905 ALR]*

An der Hausfrau Nachlaß kann der überlebende Mann sich keines Erbrechts anmaßen.

M: *1=57 p. 228*

§. 658.

*[II I § **897-899 AGB** / 906-908 ALR]*

Sie kann aber darüber zum Besten des Mannes, eben so wie zum Besten eines Fremden, letztwillig verordnen.

M: *1=15 f. 72; 2=37 p. 62; 3=43 p. 47*

§. 659.

*[II I § **900-902 AGB** / 909-911 ALR]*

Nach dem Tode des Mannes, erhält die überlebende Hausfrau die ihr in dem Ehecontrakt verschriebne Abfindung.

M: *1=10 f. 33*

§. 660.

*[II I § **903 AGB** / 912 ALR]*

Auch wenn die Abfindung in jährlichen Verpflegungsgeldern besteht, verliehrt sie solche nicht durch ihre anderweitige Verheyrathung.

§. 661.

*[II I § **904 AGB** / 913 ALR]*

Außer der Abfindung, hat die Hausfrau an dem Nachlaß des Mannes kein gesetzliches Erbrecht.

§. 662.

*[II I § **905 AGB** / 914 ALR]*

Durch einen letzten Willen kann der Mann, zum Vortheil der Hausfrau so, wie für einen Fremden verordnen, wenn er keine aus vollgültiger Ehe erzeugte Kinder oder Enkel hinterläßt.

M: *1=30 f. 30; 1=73 p. 14; 2=10 f. 33; 2=102 p. 41; 3=16 p. 136; 4=57 p. 229*

§. 663.

*[II I § **906 AGB** / 915 ALR]*

Hinterläßt er aber dergleichen Verwandten in absteigender Linie, so kann er der Hausfrau durch seinen letzten Willen nicht mehr zuwenden, als der zehnte Theil seines eigenthümlichen freyen Nachlasses beträgt.

M: *1=4 f. 39; 1=67 p. 13; 2=43 p. 37*

§. 664.

*[II I § **907-908 AGB** / 916-918 ALR]*

In dieses Zehntheil wird jedoch die im Ehecontrakt verschriebne Abfindung nicht mit eingerechnet.

M: 1=57 p. 229

§. 665.

*[II I § **909 AGB** / 918 ALR]*

Beträgt das Vermächtniß mehr als diesen zehnten Theil des Nachlasses, so muß dasselbe auf so weit herunter gesetzt werden.

M: 1=67 p. 18

§. 666.

*[II I § **909 AGB** / 918 ALR]*

Sind zu der Zeit, da die letzte Willensverordnung errichtet worden, eheliche Nachkommen vorhanden gewesen, so gilt dieselbe dennoch nur bis auf ein Zehntel; obschon bey dem Absterben des Erblassers keine dergleichen Verwandte mehr am Leben sind.*)

M: 1=23 p. 9; 1=67 p. 18; 2=29 p. 17; 3=56 p. 5; 4=57 p. 229

§ 667.

Verwandlung der Ehe zur linken Hand in eine vollgültige.

*[II I § **910-918 AGB** / 919-930 ALR]*

Wo keine Ungleichheit des Standes gesetzmäßig entgegen steht, kann die Ehe zur linken Hand, mit Bewilligung beyder Theile, zu allen Zeiten, durch priesterliche Copulation, ohne daß es eines nochmaligen Aufgeboths bedarf, in eine vollgültige Ehe verwandelt werden.

M: 1=11 f. 24; 1=93 p. 10; 2=15 f. 73; 2=75 p. 32; 3=16 p. 137; 3=19 p. 6; 3=57 p. 231; 4=47 p. 8; 5=3 f. 31

§. 668.

Trennung der Ehe zur linken Hand durch richterlichen Ausspruch.

*[II I § **919 AGB** / 931 ALR]*

Die Trennung der Ehe zur linken Hand durch richterlichen Ausspruch, ist in allen den Fällen zuläßig, in welchen nach §. 497. sqv. eine vollgültige Ehe getrennt werden kann.

§. 669.

*[II I § **920 AGB** / 932, 933 ALR]*

Vergehungen, die nach §. 510. nur in einem höhern Grade die Trennung einer vollgültigen Ehe begründen, berechtigen auch in einem niedrigern Grade den Mann, die Aufhebung einer Ehe zur linken Hand zu suchen.

M: 1=3 f. 31; 2=14 f. 41; 3=17 p. 48 (alle auch §§. 670-681)

---

*) Was von Anfang an nichtig ist, kann in der Folge nicht gültig werden. Ueberdem könnte es der Sicherheit der aus einer vorhergehenden vollgültigen Ehe erzeugten Kinder leicht nachtheilig werden, wenn die Hausfrau ein Interesse dabey hätte, daß dieselben den Mann nicht überleben.

§. 670.

*[II 1 § **919-932 AGB** / 931-933 ALR]*

Thätlichkeiten oder Beschimpfungen, womit die Hausfrau sich gegen den Mann vergeht, berechtigen denselben auf Scheidung zu klagen.

M: 1=3 f. 31; 2=14 f. 41; 3=17 p. 48 (alle auch §§. 669-681)

§. 671.

*[II 1 § **919-932 AGB** / 931-933 ALR]*

Eine gleiche Befugniß steht der Hausfrau zu, wenn der Mann sich eine üble Behandlung gegen sie zur Gewohnheit werden läßt.*)

M: 1=3 f. 31; 2=14 f. 41; 3=17 p. 48 (alle auch zu §§. 669-681); 1=2 f. 21; 2=3 f. 31

§. 672.

*[II 1 § **919-932 AGB** / 931-933 ALR]*

Krankheiten und Gebrechen, welche Eckel und Abscheu erregen, oder die Erfüllung der Zwecke des Ehestandes hindern, begründen die Scheidung, auch wenn sie erst während der Ehe unverschuldet entstanden sind.

M: 1=3 f. 31; 2=14 f. 41; 3=17 p. 48 (alle auch zu §§. 669-681); 1=65 p. 26; 2=100 p. 5

§. 673.

*[II 1 § **919-932 AGB** / 931-933 ALR]*

Doch müssen dergleichen Krankheiten und Gebrechen, über ein Jahr, ohne scheinbare Hoffnung zur Besserung, fortgedauert haben.

M: 1=3 f. 31; 2=14 f. 41; 3=17 p. 48 (alle auch §§. 669-681)

§. 674.

*[II 1 § **919-932 AGB** / 931-933 ALR]*

Sterben die Kinder, zu deren Gunsten der Mann nur eine Ehe zur linken Hand geschlossen hat, und will er nunmehr eine vollgültige Ehe schliessen; so kann erstere auf sein Ansuchen getrennt werden.

M: 1=3 f. 31; 2=14 f. 41; 3=17 p. 48 (alle auch §§. 669-681); 1=9 f. 88; 2=10 f. 33; 2=65 p. 26; 3=15 f. 73; 4=19 p. 4; 5=16 p. 138; 6=57 p. 231 (alle auch §. 675); 1=101 p. 60 (auch §. 676)

---

*) In dem Verhältnisse zwischen Eheleuten zur linken Hand findet nicht diejenige Gleichheit, wie bey einer vollgültigen Ehe statt. Fast immer ist die Hausfrau von niedrerm Stande und Erziehung. Nicht alles daher, was für den Mann empfindliche, einen begründnen Widerwillen würkende Kränkung ist, wird eben dergleichen Eindruck auch bey der Hausfrau hervor bringen.

§. 675.

*[II I § **919-932 AGB** / 931-933 ALR]*

Ein gleiches findet alsdenn statt, wenn der Mann, durch Erbschaften oder andre Glückfälle, zu dem Vermögen, eine Familie standesmäßig zu unterhalten, gelangt ist.

M: *1=3 f. 31; 2=14 f. 41; 3=17 p. 48 (alle auch §§. 669-681); 1=9 f. 88; 2=10 f. 33; 2=65 p. 26; 3=15 f. 73; 4=19 p. 4; 5=16 p. 138; 6=57 p. 231 (alle auch zu §. 674)*

§. 676.

*[II I § **919-932 AGB** / 931-933 ALR]*

Doch ist in beyden Fällen die Trennung der Ehe zur linken Hand nur alsdenn zuläßig, wenn der Mann die Hausfrau, wegen Ungleichheit des Standes, nicht vollgültig ehelichen kann; oder diese zu einer solchen vollgültigen Ehe sich nicht bequemen will.

M: *1=3 f. 31; 2=14 f. 41; 3=17 p. 48 (alle auch §§. 669-681); 1=9 f. 91; 2=10 f. 34; 3=15 f. 73; 1=101 p. 60 (auch §. 674)*

§. 677.

*[II I § **919-932 AGB** / 931-933 ALR]*

Auch die Hausfrau kann die Trennung der Ehe zur linken Hand suchen, wenn ihre Vermögensumstände durch Erbschaften oder Glücksfälle, sich dergestalt verbessern, daß sie nunmehr eine vollgültige Ehe schliessen kann.

M: *1=3 f. 31; 2=14 f. 41; 3=17 p. 48 (alle auch zu §§. 669-681); 1=2 f. 21; 2=15 f. 73*

§. 678.

*[II I § **919-932 AGB** / 931-933 ALR]*

Dergleichen Ehe kann sie aber mit einem andern nur alsdenn eingehn, wenn der vorige Mann die vollgültige Ehe mit ihr zu schliessen verweigert, oder daran durch die Gesetze verhindert wird.

M: *1=3 f. 31; 2=14 f. 41; 3=17 p. 48 (alle auch §§. 669-681); 1=3 f. 11*

M: *1=68 p. 69; 2=102 p. 42* ***zu den §§. 679 - 687***

§. 679.

Trennung der Ehe zur linken Hand durch wechselseitige Einwilligung.

*[II I § **933 AGB** / - ALR]*

Mit beyder Theile Bewilligung kann die Ehe zur linken Hand zu jeder Zeit getrennt werden.

M: *1=3 f. 31; 2=14 f. 41; 3=17 p. 48 (alle auch zu §§. 669-681); 1=3 f. 32; 1=65 p. 26; 2=10 f. 34; 2=93 f. 187; 3=62 f. 33*

§. 680.

[-]

Es bedarf dazu keines Prozesses noch Erkenntnisses, sondern nur einer Erklärung, welche beyde Theile vor dem Landesjustizcollegio der Provinz, oder dessen Commissario, persönlich abgeben.

M: *1=3 f. 31; 2=14 f. 41; 3=17 p. 48 (alle auch zu §§. 669-681); 1=16 p. 139; 1=65 p. 26; 2=93 f. 187; 3=62 f. 33*

§. 681.

[-]

Ueber diese Erklärung wird ein gerichtliches Attest ausgefertigt, und der Ehecontrakt dadurch für aufgehoben erkannt.

M: *1=3 f. 31; 2=14 f. 41; 3=17 p. 48 (alle auch §§. 669-680)*

§. 682.

Ehescheidungsstrafen.

[II I § ***934 AGB*** */ 934 ALR]*

Wird die Ehe zur linken Hand, auf Antrag des Mannes, durch Urtel und Recht getrennt; und die Hausfrau für den schuldigen Theil erklärt, so verliert sie die aus dem Ehekontrakt ihr zukommende Abfindung.

M: *1=43 p. 37*

§. 683.

a) Wenn die Hausfrau der schuldige Theil ist.

[-]

Hat sie solche bereits erhalten, so ist der unschuldige Mann dieselbe aus ihrem Vermögen zurück zu fordern berechtiget.

§. 684.

[II I § ***935, 936 AGB*** */ 935, 936 ALR]*

Auch muß die schuldige Hausfrau die Brautgeschenke, und alles, was sie, während der Ehe, von dem Manne erhalten hat, in sofern solches noch vorhanden ist, zurück geben.

M: *1=57 p. 232*

§. 685.

[II I § ***937 AGB*** */ 937 ALR]*

Kommt der Anlaß zur Scheidung zwar von Seiten der Hausfrau, aber ohne ihr Verschulden; so erhält sie die in dem Ehecontrakt verschriebne Abfindung.

M: *1=57 p. 232*

§. 686.

[-]

Sucht die Hausfrau die Scheidung bloß aus dem §. 677. bestimmten Grunde, so verliert sie nicht nur die Abfindung, sondern muß auch alles, was sie davon, oder sonst an Geschenken, während der Ehe, von dem Manne erhalten hat, demselben vergütigen.

M: *1=2 f. 21; 1=75 p. 32; 2=57 p. 233*

§. 687.

*[II I § **938 AGB** / 938ALR]*

Ist der Mann der schuldige Theil, so muß die der Hausfrau gebührende Abfindung, nach richterlichem Ermessen bestimmt, und kann bewandten Umständen nach, bis auf das Doppelte der in dem Ehecontrakt verschriebnen Summe erhöht werden.

b) Wenn der Mann der schuldige Theil ist.

M: *1=3 f. 32; 2=15 f. 73; 3=16 p. 140; 4=17 p. 52; 5=44 p. 53*

§. 688.

*[II I § **939 AGB** / 939 ALR]*

Ein gleiches findet statt, wenn der Mann auf die Scheidung bloß aus den §. 674. 675. bestimmten Gründen anträgt.

M: *1=67 p. 18; 1=102 p. 42*

§. 689.

*[II I § **940 AGB** / 940 ALR]*

Ist der Mann zwar, aber ohne moralisches Verschulden, Anlaß zur Scheidung, so kann die Hausfrau, außer der im Ehecontrakt verschriebnen Summe, keinc weitere Abfindung fordern.

M: *1=67 p. 18*

§. 690.

[-]

Doch verbleibt ihr auch das, was sie während der Ehe von dem Manne bereits erhalten hat.

M: *1=16 p. 141; 2=15 f. 73*

§. 691.

[II I § 941]

In allen Fällen, wo der Hausfrau, statt der Abfindung, Verpflegungsgelder zuerkannt sind, behält sie solche, auch nach geschlossener anderweitigen Ehe.

M: *1=67 p. 18*

§. 692.

[II I § 942]

Der Mann ist schuldig, ihr wegen der künftigen Verpflegungsgelder Sicherheit zu bestellen.

M: *1=16 p. 141*

§. 693.

[II I § 943]

Ist keine besondre Sicherheit bestellt, so haben dergleichen

Verpflegungsgelder nur gleiche Rechte, mit den aus einem Vertrage entspringenden Alimenten.

M: *1=19 p. 6; 2=50 p. 119; 3=57 p. 234*

§. 694.

[II I § 944]

Von den Rechten und Pflichten der aus einer Ehe zur linken Hand erzeugten Kinder, wird im Achten Abschnitt des folgenden Titels gehandelt.

M: *1=44 p. 54; 2=50 p. 120*

Zehnter Abschnitt.

Von ungültigen und unverbindlichen Ehen[a]

§. 695.

[II I § 945]

Ehen, welche gegen die Vorschriften der Gesetze geschlossen worden, sind nichtig.

Was nichtige und unverbindliche Ehen sind.

***M:** 1=2 f. 21; 1=73 p. 15; 2=15 f. 74; 2=16 p. 142; 2=58 f. 18; 3=57 p. 235*

§. 696.

[II I § 946]

Nach der Beschaffenheit des übertretnen Ehegesetzes muß beurtheilt werden: ob die Ehe von Anfang an nichtig sey, oder erst durch richterlichen Ausspruch dafür erklärt werden müsse.

***M:** 1=1 f. 33; 1=58 f. 18; 2=3 f. 32; 3=38 p. 277; 4=53 p. 54; 4=57 p. 236; 5=55 p. 33; 6=57 p. 237*

§. 697.

[II I § 983]

Ehen, bey deren Schließung die freye Einwilligung nur von einer Seite ermangelt, sind auch bloß von dieser Seite unverbindlich.

***M:** 1=15 f. 74; 1=73 p. 15; 2=38 p.277; 2=75 p.33; 3=16 p. 142*

§. 698.

[-]

Aus Eheverträgen, die von Anfang an nichtig sind, können niemals eheliche Rechte oder Pflichten entstehen.

***M:** 1=4 f. 40; 2=15 f. 74; 3=25 p. 14*

§. 699.

[-]

In Fällen, wo die Ehe nur nach erfolgtem richterlichen Ausspruch nichtig wird, nehmen die Rechte und Pflichten der Eheleute, mit dem Tage des rechtskräftig gewordenen Urtels ein Ende.

***M:** 1=57 p. 237; 2=16 p. 142*

§. 700.

[II I § 985]

Unverbindliche Ehen können nur auf Anregung desjenigen

---

[a] **E:** 07.73.0082^{r}-0103^{v} **Nachtr.E:**07.74.0142^{r}-0148^{r}
R: 07.80.0073-0075 zu §§ 696-746
M: 1=38 p. 275, 1=58 f. 16; 2=57 p. 234; 3=53 p. 54

Theils, von dessen Seite der Mangel der Verbindlichkeit obwaltet, wieder aufgehoben werden.

M: 1=53 p. 55; 1=75 p. 33; 2=57 p. 237

§. 701.

Würkungen der Vernichtung einer Ehe.

[-]

Die bürgerlichen Würkungen einer als nichtig aufgehobnen Ehe, müssen bloß nach den Gesetzen des Staats beurtheilt werden.

M: 1=2 f. 21; 1=58 f. 18; 2=16 p. 142

§. 702.

1) Ehen in verbotnen Graden.

[II I § 985]

Ehen, die innerhalb der § 3. verbothnen Grade geschlossen worden, muß der Richter von Amtswegen trennen.

M: 1=10 f. 35; 1=60 f. 35; 2=15 f. 75; 3=27 p. 14; 4=57 p. 238; 5=43 p. 38

§. 703.

[-]

Haben beyde Theile bey Schliessung der Ehe die Verwandtschaft gewußt, so ist solche, von Anfang an, nichtig.

§. 704.

[-]

Ist die Verwandtschaft einem oder beyden Theilen unbekannt gewesen, so wird die Ehe erst durch den richterlichen Ausspruch nichtig.

M: 1=57 p. 238

§. 705.

[-]

Hat ein Theil dem andern die Verwandtschaft vorsetzlich verschwiegen, so ist der schuldige dem unschuldigen zu der, im Falle der Ehescheidung bestimmten Abfindung verpflichtet.

M: 1=1 f. 34; 2=3 f. 32; 3=15 f. 75

§. 706.

[-]

Ist von katholischen Glaubensgenossen die bischöfliche Dispensation, oder deren Landesherrliche Bestätigung nachzusuchen verabsäumt worden, so findet nur eine verhältnißmäßige Bestrafung statt. (§. 6.)

M: 1=38 p. 278; 1=67 p. 18; 1=99 p. 22; 2=44 p. 55; 2=Angabe fehlt; 3=55 p. 33

§. 707.

[II I § 989, 990]

Hat ein Vormund seine Pflegbefohlne, während der Vormundschaft, ohne obrigkeitliche Genehmigung geheyrathet, (§. 8.) so muß der Richter von Amtswegen untersuchen: ob die Pflegbefohlne die Ehe fortsetzen wolle, oder nicht.

2) Ehen zwischen Vormündern und Pflegbefohlnen.

***M:** 1=3 f. 32; 2=57 p. 241*

§. 708.

[II I § 991-994]

Will die Pflegbefohlne die Ehe nicht fortsetzen, so muß solche für nichtig erklärt werden.

***M:** 1=1 f. 34; 1=58 f. 18; 2=15 f. 75; 2=16 p. 143; 3=53 p. 55*

§. 709.

[-]

Der Vormund wird alsdenn mit den Strafen der Ehescheidung belegt.

§. 710.

[II I § 996]

Will die Pflegbefohlne die Ehe fortsetzen, so bleibt ihr dennoch, bis zur erlangten Großjährigkeit, das Recht, diese Erklärung zurück zu nehmen, und auf Vernichtung der Ehe zu dringen.

***M:** 1=16 p. 144; 1=67 p. 18; 2=19 p. 7; 2=99 p. 22; 3=20 p. 114; 3=60 f. 35; 4=43 p. 38*

§. 711.

[-]

In jedem Falle muß der Vormund der Vormundschaft entsetzt werden, und verfällt in die durch Uebertretung des Ehegesetzes verwürkten Strafen.

***M:** 1=16 p. 19/144; 1=75 p. 11; 2=57 p. 442*

§. 712.

[II I § 995]

Die Rechte eines Ehemannes auf das Vermögen der Frau, erlangt er nicht eher, als bis die Pflegbefohlne, bey ihrer Erklärung, die Ehe fortsetzen zu wollen, auch nach erreichter Volljährigkeit beharret.

***M:** 1=2 f. 21; 1=64 p. 47; 2=16 p. 144; 2=67 p. 19*

§. 713.

[-]

Hat der Vormund eins seiner Kinder, mit der seiner Pflege anbefohlnen Person verheyrathet, so finden die Vorschriften §. 707=712. Anwendung.

***M:** 1=2 f. 21, 2=14 f. 12; 3=30 p. 115*

§. 714.

[II I § 997-1000]

Hat jemand eine an Kindes statt angenommene Person ohne Erlaubniß geheyrathet, (§. 7.) so ist nach eben diesen Vorschriften zu verfahren.

***M:** 1=15 f. 75; 2=20 p. 183; 3=57 p. 442*

§. 715.

[II I § 1001]

Doch findet alsdenn kein Wiederruf statt, wenn das angenommene Kind volljährig ist, und die Ehe fortsetzen zu wollen, einmahl gerichtlich erklärt hat.

***M:** 1=16 p. 144; 1=73 p. 15; 2=38 p. 280; 2=67 p. 19*

M:** 1=81 p. 25; 2=60 f. 36 **zu den §§. 716 - 719

§. 716.

3) Polygamie.

[II I § 948, 962, 963]

Ist vor aufgehobner ersten Ehe eine zweyte geschlossen worden, (§. 9.) so muß der Richter eine solche unerlaubte Verbindung von Amts wegen trennen.

***M:** 1=16 p. 144; 2=43 p. 39; 3=57 p. 243*

§. 717.

[II I § 948, 962, 963]

Haben beyde Theile bey Schließung der zweyten Ehe gewußt, daß die erste Ehe noch bestehe, so ist die zweyte von Anfang an nichtig.

***M:** 1=16 p. 145; 1=67 p. 19 (beide auch §. 719)*

§. 718.

[II I § 948, 962, 963]

Ist das Daseyn einer noch geltenden ersten Ehe, zur Zeit der geschloßnen zweyten, einem oder beyden Theilen unbekannt gewesen; so wird die Ehe erst durch richterlichen Ausspruch nichtig.

***M:** 1=57 p. 244; 1=75 p. 33*

§. 719.

[II I § 948, 962, 963]

Wer wissentlich eine zwiefache Ehe eingegangen ist, muß den unschuldigen Theil durch Erlegung der Ehescheidungsstrafe schadlos halten.

***M:** 1=16 p. 145; 1=67 p. 19 (beide auch §. 717); 1=1 f. 34; 2=5 f. 20; 3=14 f. 43; 4=43 p. 39*

§. 720.

[II I § 1013, 1014]

Schreitet jemand zu einer fernern Ehe, ohne sich zuvor mit seinen Kindern voriger Ehe auseinander zu setzen, (§. 11.) so verliehrt er das Recht zur Vormundschaft, und den Nießbrauch des Vermögens dieser Kinder.

Strafen derjenigen, welche zur zweyten Ehe schreiten, ohne sich mit den Kindern erster Ehe auseinander zu setzen.

M: *1=5 f. 21; 1=58 f. 18; 2=16 p. 145; 3=17 p. 53; 4=57 p. 244; 5=58 f. 18*

§. 721.

[II I § 1015]

Der Richter muß die Auseinandersetzung des Vermögens, zwischen den zur zweyten Ehe schreitenden Eltern, und ihren Kindern, von Amtswegen betreiben.

M: *1=58 f. 18*

§. 722.

[II I § 1016, 1017]

Biß diese berichtigt worden, kann der neue Ehegatte, in dem Vermögen des andern, keine Rechte, zum Nachtheil der Kinder aus voriger Ehe, erlangen.

M: *1=38 p. 280; 2=57 p. 245*

§. 723.

[II I § 1016, 1017]

Nicht nur die Eheleute, sondern auch der Pfarrer, welcher, dieses Ehehindernisses ohnerachtet, die Trauung vorgenommen hat, verfallen in die bestimmte Strafen.

M: *1=3 f. 32; 2=55 p. 33; 3=57 p. 245; 3=67 p. 19; 3=102 p. 43*

§. 724.

[II I § 1018]

Wenn verwittwete oder geschiedne Personen früher heyrathen, als es ihnen die Gesetze erlauben (§. 12.), so werden sie, nebst dem copulirenden Pfarrer, fiskalisch bestraft.

Strafen der zu frühzeitig heyrathenden Wittwer oder Wittwen.

M: *1=3 f. 32; 2=57 p. 245; 2=67 p. 19*

§. 725.

[II I § 1019]

Ist die zu frühzeitig heyrathende Wittwe oder Geschiedene schwanger gewesen, so bleiben dem Kinde seine Rechte vorbehalten.

§. 726.

[-]

Schreitet eine geschiedene Person, welcher ohne Dispensation zu heyrathen verbothen war, (§. 533.) eigenmächtig zur zweyten Ehe, so ist solche im Falle des §. 16. 17. als ganz un-

4) Heyrathen zwischen Personen, die mit einander im Ehebruch gelebt.

gültig anzusehn; und sollen die Interessenten, nebst dem copulirenden Pfarrer, gesetzmäßig bestraft werden.

M: 1=16 p. 146; 1=67 p. 19; 2=27 p. 15; 2=Angabe fehlt; 3=38 p. 281; 3=58 f. 19; 4=14 f. 43; 4=53 p. 53; 5=57 p. 245

§. 727.

[-]

Ungleiche Ehen (§. 18.) sind, der priesterlichen Copulation unerachtet, nur für Ehen zur linken Hand zu achten.

M: 1=3 f. 32; 1=62 p. 42; 2=15 f. 75; 2=58 f. 19; 3=16 p. 146; 4=26 p. 11; 5=37 p. 62; 6=2 f. 21; 6=53 p. 56;

§. 728.

[-]

Wer dergleichen Ehen ohne die nach §. 612. erforderte Erlaubniß vollzieht; ingleichen der Prediger, welcher dabey die Copulation verrichtet, machen sich der gesetzlichen Strafe schuldig.

M: 1=67 p. 19

§. 729.

[-]

Hat ein Theil dem andern, die Ungleichheit des Standes, und das daraus entstehende gesetzliche Hinderniß verheimlicht, so hat der Unschuldige die Wahl: ob er die Ehe zur linken Hand fortsetzen, oder die Verbindung gänzlich aufheben wolle.

M: 1=53 p. 56; 1=101 p. 61; 2=16 p. 146

§. 730.

[-]

Wählt er letzteres, so treffen den schuldigen Theil die Ehescheidungsstrafen.

M: 1=38 p. 281; 1=64 p. 47; 2=49 p. 22; 2=53 p. 56

§. 731.

6) Ehen der Militairpersonen ohne Erlaubniß.

[II I § 950]

Ehen der Militairpersonen, die ohne gehörige Erlaubniß geschlossen worden, (§. 21.) sind von Anfang an nichtig.

M: 1=17 p. 53; 1=68 p. 70; 2=1 f. 34; 2=53 p. 56; 2=102 p. 43; 3=57 p. 246

§. 732.

[-]

Ist der andre Theil durch falsche Vorspiegelungen hintergangen worden, so überkommt derselbe, zu seiner Schadloshaltung, die Ehescheidungsstrafen.

M: 1=16 p. 147

§. 733.

[II I § 951]

Ehen, die wegen Unterschieds der Religion nicht statt finden können, (§. 23.) sind von Anfang an nichtig.

7) Ehen zwischen Personen verschiedner Religion.

***M:** 1=38 p. 281/411; 1=93 p. 10; 2=43 p. 39; 2=60 p. 36; 3=53 p. 57*

§. 734.

[-]

Ist die Schuld, daß dergleichen nichtige Ehe geschlossen worden, nur auf einer Seite, so gebührt dem andern Theile Entschädigung. (§. 732.)

***M:** 1=16 p. 147; 2=57 p. 246*

§. 735.

[II I § 1002-1004]

Personen, die vor erreichtem mannbaren Alter zu heyrathen verleitet worden, (§. 24.) sind denen gleich zu beurtheilen, welche mit ihren Vormündern, oder deren Kindern, ohne die erforderliche Dispensation verheyrathet werden.

8) Heyrathen der Personen von unreifem Alter.

***M:** 1=3 f. 32; 1=64 p. 48; 2=10 f. 35; 2=99 p. 22; 3=38 p. 281; 3=58 f. 19; 4=53 p. 57; 5=55 p. 34; 6=57 p. 247*

§. 736.

[II I § 951]

Mängel an der zur Ehe nothwendigen freyen Einwilligung (§. 25.) berechtigen den leidenden Theil, die Vernichtung der Ehe zu suchen.

9) Ehen, die durch Irrthum, Zwang oder Betrug veranlaßt worden.

***M:** 1=4 f. 40; 1=101 p. 61; 2=26 p. 13; 2=58 f. 19; 3=27 p. 15; 4=38 p. 282; 5=57 p. 247*

§. 737.

[II I § 951]

Ist der andre Theil des Betruges oder Zwanges schuldig, so treffen ihn die Strafen der Ehescheidung.

***M:** 1=10 f. 35; 1=64 p. 49; 2=16 p. 147; 2=75 p. 34; 3=102 p. 43*

§. 738.

[II I § 1006]

Ehen, die ohne erhaltne oder nachgebrachte Bewilligung des Vaters geschlossen worden, (§. 33.) müssen, auf desselben Antrag, als von Anfang an nichtig erklärt werden.

10) Ehen, die ohne väterlichen Consens geschlossen worden.

***M:** 1=1 f. 34; 1=75 p. 34; 1=81 p. 25; 2=3 f. 33; 2=60 f. 37; 2=69 p. 4; 3=9 f. 92; 3=59 p. 11; 4=10 f. 35; 5=38 p. 284; 5=69 p. 4; 6=27 p. 15; 7=44 p. 57; 8=53 p. 57; 9=52 p. 4; 9=55 p. 34; 10=57 p. 247*

§. 739.

[-]

Fällt dem andern Theile an der Verabsäumung dieses Erfordernisses keine Schuld zur Last, so kann er von dem Schuldigen Schadloshaltung fordern. (§. 732.)

M: 1=16 p. 148; 1=75 p. 34

§. 740.

[II I § 1007]

Rügt der Vater den Mangel der Einwilligung nicht, so behält die Ehe ihre volle Würkung.

M: 1=16 p. 148; 1=75 p. 34

§. 741.

[II I § 1008-1010]

Doch ist er auch alsdenn das ungehorsame Kind, bis auf die Hälfte des Pflichttheils, zu enterben berechtiget.

M: 1=2 f. 21; 1=81 p. 25; 1=92 f. 175; 2=3 f. 33; 2=61 p. 8; 2=67 p. 19; 3=29 p. 17; 3=73 p. 15; 4=38 p. 289; 4=60 f. 37; 5=43 p. 40; 6=57 p. 248

§. 742.

[II I § 1011]

Fehlt die Einwilligung andrer Personen, von welchen dieselbe nach §. 37. erfordert wird, so muß auf deren Antrag, mit der §. 707. verordneten Untersuchung verfahren werden.

M: 1=81 p. 25; 2=61 p. 8; 3=73 p. 15; 4=60 f. 37

§. 743.

[-]

Bleibt es aldenn bey der Fortsetzung der Ehe, so muß dennoch die Uebertretung des Gesetzes an dem schuldigen Theile, fiskalisch geahndet werden.

M: 1=14 f. 46; 1=67 p. 19; 1=81 p. 25; 2=53 p. 58; 2=61 p. 8; 3=73 p. 15; 4=60 f. 37

§. 744.

[II I § 1012]

Wegen Enterbung eines ohne ihre Einwilligung heyrathenden Kindes, hat die Mutter, wenn das Kind auf Fortsetzung der Ehe besteht, mit dem Vater gleiche Rechte. (§. 711.)

M: 1=3 f. 32; 1=81 p. 25; 2=14 f. 46; 2=61 p. 8; 3=16 p. 148; 3=73 p. 15; 4=27 p. 15; 4=60 f. 37; 5=16 p. 148; 5=38 p. 289; 5=43 p. 40; 5=67 p. 19; 5=68 p. 71; 5=102 p. 43; 6=49 p. 23; 7=57 p. 249

§. 745.

Die unterlaßne Einholung der grundherrschaftlichen Genehmigung (§. 54.) würkt auch an Orten, wo solche erforderlich ist, nicht Aufhebung der Ehe, sondern nur Bestrafung.

M: 1=17 p. 54; 1=68 p. 71; 1=92 f. 175; 2=32 p. 19; 3=38 p. 290

§. 746.

[II I § 1026]
Was die Vernichtung oder Aufhebung einer Ehe, in Ansehung der daraus erzeugten Kinder, für Folgen habe, wird im Ersten Abschnitt des folgenden Titels verordnet.

***M:** 1=38 p. 291/413; 2=44 p. 62; 3=57 p. 249; 4=58 f. 17*

Eilfter Abschnitt. Von den rechtlichen Folgen des unehelichen Beyschlafs*)[a].

Allgemeine Verbindlichkeit aus dem unehelichen Beyschlaf[b]

§. 747.

[II I § 1027]

Wer eine Person außer der Ehe schwängert, muß die Geschwächte entschädigen, und das Kind versorgen.

M: 1=16 p. 149; 2=50 p. 121; 3=53 p. 59; 4=57 p. 251; 5=57 p. 253

---

a **E:** 07.73.0104-131 **Nachtr.E:**07.74.0148^{v}-0161^{v}
R: 07.80.0076-0079 zu §§ 747-811
M: 1=62 p. 43-50; 2=66 p. 38-46; 3=73 p. 15

b **M:** 1=63 p. 64-66 **zu den §§. 747, 751 - 761, 772 - 774**

*) Die Mittel, den Kindermord zu verhüten, sind in neuern Zeiten eine wichtige Aufgabe für die Gesetzgebung geworden. Durch Aufhebung der auf den unehelichen Beyschlaf gesetzten Kirchen= und andrer positiven Strafen; durch verordnete genaue Aufsicht über die der Schwangerschaft verdächtige Personen; und durch strenge Ahndung aller Verheimlichungen solcher Schwangerschaften, ist in unsrem Staat zwar etwas ausgerichtet worden; allein die Erfahrung hat gelehrt, daß diese Mittel noch nicht hinreichend gewesen, dem Uebel gänzlich vorzubeugen. Soll dies geschehen, so scheint kein andrer Weg übrig zu seyn, als daß man der außer der Ehe geschwängerten Person die Motiven, welche sie zur Verwahrlosung des Kindes bewegen können - Furcht der Schande, und Furcht des erschwerten künftigen Unterhalts - so viel als möglich entziehe, und ihr dagegen andre gebe, welche sie für die Erhaltung des Kindes intereßiren. Dieß ist alles, was die Gesetzgebung dabey thun kann; das übrige ist Sache der Erziehung.

Da eingewurzelte Begriffe von Ehre und Schande sich durch positive Gesetze nicht ändern lassen; so ist es nicht genug, wenn der Staat befiehlt, daß eine außer der Ehe geschwängerte Person für unbescholten geachtet und angesehn werden solle. So lange sie ihren vorigen Stand beybehält, bleibt ihre Lage, aller gesetzlichen Verordnungen ohnerachtet, äußerst peinlich, und das Publikum verwechselt, nach wie vor, das verführte Mädchen mit der feilen schaamlosen Dirne. Der Gesetzgeber muß also jene aus ihrer bisherigen Lage ganz herausziehn; er muß ihr einen minder zweydeutigen Standpunkt anweisen, aus welchem sie selbst und das Publikum sie betrachten können. Eben so muß die Entschädigung, welche die Geschwächte von dem Verführer zu erwarten hat, der Größe des Nachtheils, den jene durch die unerlaubte Handlung des letztern, in Rücksicht ihres künftigen Fortkommens erleidet, besser, als nach bisherigen Vorschriften, proportionirt seyn.

Endlich muß die Entschädigung einer solchen Person, sowohl in Ansehung der Ehre, als des Vermögens, nur auf den Fall eingeschränkt werden, wenn eine würkliche Entbindung mit einem leben-

§. 748.

Von ersterem wird hier, von letztrem im folgenden Titel gehandelt.

§. 749.

[II I § 1026]

Welche Frauenspersonen keine Schadloshaltung fordern können.

Frauenspersonen, die sich in öffentlichen Hurenhäusern aufhalten;
Oder, die sich Mannspersonen gegen Bezahlung zur Wollust überlassen;
Oder, welche eine Mannsperson zum Beyschlaf verführen;
haben bey erfolgender Schwängerung, kein Recht, Schadloßhaltung zu fordern.

***M:** 1=3 f. 34; 1=62 p. 50; 2=4 f. 40; 2=81 p. 26; 3=10 f. 37; 3=73 p. 15; 4=15 f. 76; 4=93 p. 10; 5=16 p. 157; 6=27 p. 17; 7=40 p. 25; 8=48 p. 18; 9=50 p. 121*

§. 750.

[II I § 1039]

Ehefrauen, die bey ihren Männern leben, können an den, mit welchem sie Ehebruch getrieben haben, keinen Anspruch machen.

***M:** 1=2 f. 22; 1=73 p. 15; 2=57 p. 254; 2=Angabe fehlt; 3=58 f. 19*

§. 751.

[II I § 1028]

Der Schwängerer muß die Kosten der Niederkunft und des Wochenbettes tragen.

Außer diesen §. 749. 750. bestimmten Fällen, kann jede Geschwächte, von dem Schwängerer, Niederkunfts und Taufkosten, ingleichen sechs wöchentliche ihrem Stande gemäße Verpflegung fordern.

***M:** 1=1 f. 37; 1=62 p. 51; 2=2 f. 22; 2=61 p. 8; 3=3 f. 34; 3=67 p. 20; 4=16 p. 151; 4=99 p. 22; 5=33 p. 16; 5=49 p. 23; 5=80 f. 200/201; 6=57 p. 254*

---

digen Kinde erfolgt; damit die Geschwängerte in die Nothwendigkeit, für die Erhaltung des Kindes zu sorgen, gesetzt sey. Bey allem diesem aber muß die gehörige Vorsicht angewendet werden, daß Maaßregeln, die zur Verhütung der üblen Folgen des unehelichen Beyschlafs abzielen, nicht in Aufmunterungen zu dem den Sitten und dem Wohl des Staats gleich schädlichen Laster der Hurerey ausarten.

Personen, welche keine Ehre mehr zu verlieren haben, werden durch die Furcht der Schande nicht so heftig zum Kindermord angereitzt; und verdienen also auch in dieser Rücksicht weniger Schonung.

Aus diesen Gesichtspunkten müssen die Vorschriften des gegenwärtigen Abschnitts angesehn und beurtheilt werden.

§. 752.

[II I § 1029]

Entsteht bey Gelegenheit der Entbindung eine Krankheit, so muß der Schwängerer die Curkosten übernehmen, und die Geschwächte so lange verpflegen, bis sie im Stande ist, ihre gewöhnlichen Geschäfte zu verrichten.

M: *1=62 p. 51; 2=68 p. 72; 2=102 f. 41*

§. 753.

[II I § 1030]

Verstirbt die Geschwächte an dieser Krankheit, und hinterläßt kein Vermögen, so muß sie der Schwängerer auf seine Kosten beerdigen lassen.

M: *1=62 p. 52; 2=67 p. 20*

§. 754.

[II I § 1031]

Die §. 751. beschriebne Kosten und Verpflegungsgelder kann die Geschwächte noch vor der Niederkunft einklagen.

M: *1=20 p. 116*

§. 755.

[II I § 1039]

Ist die Schwangerschaft ausgewiesen, und der Beyschlaf überhaupt eingestanden, so muß der Richter die Summe dieser Kosten durch ein vorläufiges Dekret festsetzen.

M: *1=9 f. 94; 1=62 p. 52; 2=16 p. 151; 3=20 p. 116*

§. 756.

[II I § 1033]

Doch steht dem Beklagten frey, den festgesetzten Betrag, bis zur erfolgenden Entbindung, gerichtlich niederzulegen.

M: *1=9 f. 94; 2=16 p. 152*

§. 757.

[II I § 1033]

Erfolgt keine Entbindung, so kann er die niedergelegte Summe zurückfordern.

M: *1=4 f. 40; 2=16 p. 152; 3=48 p. 19; 4=57 p. 255*

§. 758.

[II I § 1034, 1035]

Der Vorwand, daß die Geschwächte auch andern den Beyschlaf gestattet habe, befreyt den Beklagten nicht von dieser ersten Art der Entschädigung.

M: *1=4 f. 40; 2=9 f. 95; 3=14 f. 46; 4=16 p. 152; 5=12 f. 26; 5=49 p. 23*

§. 759.

[II 1 § 1036]

Mit dieser ersten Art der Entschädigung müssen diejenigen für ihre Person sich begnügen, die vorher schon außer der Ehe geschwängert worden.

Welche Personen mit dieser Art der Entschädigung sich begnügen müssen.

§. 760.

[II 1 § 1041]

Ferner die Ehefrauen, welche zwar noch in der Ehe, aber von ihren Männern getrennt leben.

M: *1=15 f. 76; 2=16 p. 152; 3=50 p. 122*

§. 761.

[II 1 § 1042]

Endlich diejenigen, welche sich vormals in Hurenhäusern aufgehalten haben, oder wegen eines unzüchtigen Lebenswandels berüchtigt sind.

M: *1=10 f. 37; 2=17 p. 54; 2=58 f. 20; 3=50 p. 122; 4=40 p. 28*

§. 762.

[II 1 § 1044]

Wer eine unbescholtne Person außer der Ehe schwängert, ist schuldig, ihr deßhalb vollständige Schadloßhaltung zu leisten.

Was Rechtens sey, wenn eine unbescholtene Person

M: *1=2 f. 22; 2=17 p. 56; 3=57 p. 255*

§. 763.

[II 1 § 1045]

Wittwen werden in ähnlichen Fällen den Jungfrauen gleich geachtet.

§. 764.

[II 1 § 1046]

Auch geschiedne Frauen haben gleiche Rechte, wenn sie nicht begangnen Ehebruchs halber (§. 497.) geschieden worden.

M: *1=3 f. 34; 1=73 p. 16; 2=14 f. 47*

§. 765.

*[II 1 § **1047 AGB** / 1048 ALR]*

Steht nach den Gesetzen nichts entgegen, was eine vollgültige Ehe zwischen dem Schwängerer und der Geschwächten hindern könnte, so ist letztre die Vollziehung der Ehe, durch die Trauung, zu fordern berechtigt.

M: *1=1 f. 35; 1=62 p. 53; 2=2 f. 22; 2=73 p. 16; 3=15 f. 77; 3=67 p. 20; 4=16 p. 153; 5=57 p. 255*

§. 766.

*[II I § **1048 AGB** / 1047 ALR]*

unter dem Versprechen der Ehe; oder

Hat der Verführer der Geschwächten die Ehe versprochen, und weigert sich dennoch der Vollziehung; so muß die Geschwächte, dieser Weigerung ohnerachtet, durch Urtel und Recht für seine Ehefrau erklärt werden.

***M:** 1=1 f. 35; 1=67 p. 20; 2=2 f. 22; 2=101 p. 62; 3=16 p. 153; 4=20 p. 117; 5=27 p. 16; 6=49 p. 24; 7=55 p. 35*

§. 767.

*[II I § **1049 AGB** / 1049-1052 ALR]*

Durch ein dergleichen Erkenntniß, erlangt die Geschwächte alle Rechte einer förmlich angetrauten Ehefrau des Verführers.

***M:** 1=3 f. 34*

§. 768.

*[II I § **1050 AGB** / 1049-1052 ALR]*

Der Verführer hingegen erlangt, über die Person und das Vermögen der Geschwächten, die Rechte eines Ehemannes nicht eher, als bis er sich zur Vollziehung der Ehe, durch die Trauung, bequemt hat.

***M:** 1=101 p. 64*

§. 769.

*[II I § **1051 AGB** / 1048 ALR]*

Will er sich dazu nicht bequemen, so muß er die gesetzmäßigen Ehescheidungsstrafen entrichten; und alsdenn kann die gerichtlich erkannte Eheverbindung, durch ein Scheidungsurtel, wieder aufgehoben werden.

***M:** 1=3 f. 34; 1=80 f. 201; 2=16 p. 153*

§. 770.

*[II I § **1052-1054 AGB** / 1049-1052 ALR]*

Wenn aber auch ein solches Urtel ergangen ist; so behält dennoch die Geschwächte den Nahmen, Stand und Rang des Verführers, und überhaupt alle Rechte einer geschiednen Ehefrau.

***M:** 1=10 f. 37; 1=14 f. 18; 1=64 p. 52-54; 2=73 p. 16*

§. 771.

*[II I § **1054 AGB** / - ALR]*

Kann in dem Falle des §.109., die Vollziehung der Ehe durch die Trauung nicht statt finden, so bedarf es keines besondern Scheidungsurtels.

***M:** 1=50 p. 123; 1=102 p. 47*

§. 772.

*[II I § **1071 AGB** / 1073 ALR]*

Hat der Verführer der Geschwächten die Ehe nicht versprochen, so kann wider seinen Willen, auf deren Vollziehung durch die Trauung, nicht erkannt werden.

ohne dies Versprechen geschwängert worden; ferner

M: *1=16 p. 154; 2=57 p. 256; 3=41 p. 10*

§. 773.

*[II I § **1071 AGB** / 1073 ALR]*

Er ist aber schuldig, die Geschwächte, nach den unten §. 787. 788. folgenden Bestimmungen auszustatten; und sie ist berechtigt, bis zu ihrer würklichen anderweitigen Verheyrathung, seinen Nahmen zu führen.

M: *1=2 f. 22; 1=64 p. 54-56; 2=3 f. 34; 2=73 p. 16; 3=10 f. 39; 3=60 f. 37; 3=101 p. 64; 3=102 p. 47; 4=12 f. 27; 5=16 p. 154; 6=27 p. 17; 7=41 p. 9; 8=55 p. 35; 8=58 f. 20; 9=57 p. 257*

§. 774.

*[II I § **1071 AGB** / 1073 ALR]*

Will der Verführer sich solches nicht gefallen lassen, so ist er schuldig, die Geschwächte deßhalb besonders abzufinden.

M: *1=17 p. 57; 1=74 p. 12; 2=56 p. 5*

§. 775.

*[II I § **1055 AGB** / 1066 ALR]*

Kann zwischen der Geschwächten, und dem Verführer, wegen Ungleichheit des Standes, (§. 18.) keine vollgültige Ehe statt finden, so ist letzterer schuldig, die erstere zur linken Hand zu heyrathen.

wenn wegen Ungleichheit des Standes; oder

M: *1=3 f. 34; 1=64 p. 56; 2=14 f. 49; 2=102 p. 47; 3=16 p. 154; 4=33 p. 16; 5=44 p. 63; 6=55 p. 36; 7=58 f. 20*

§. 776.

*[II I § **1056-1063 AGB** / 1067-1070 ALR]*

Weigert er sich dessen beharrlich, so müssen ihr dennoch, durch rechtliches Erkenntniß, die Vortheile und Befugnisse seiner rechtmäßigen Hausfrau beygelegt werden.

§. 777.

*[II I § **1056-1063 AGB** / 1067-1070 ALR]*

Die Geschwächte ist alsdenn von dem Verführer eben den Unterhalt, wie eine Frau zur linken Hand, zu fordern berechtigt.

§. 778.

*[II I § **1056-1063 AGB** / 1067-1070 ALR]*

Auch muß ihr in dem Urtel, eine solche Abfindung auf den Todesfall ausgesetzt werden, als nach richterlichem Ermessen, auf den Fall der wiedergetrennten Ehe, zu ihrem nöthigen Unterhalt erforderlich seyn würde. (§. 617. sq.)

M: *1=2 f. 23; 1=102 p. 48; 2=56 p. 5*

§. 779.

*[II I § **1056-1063 AGB** / 1067-1070 ALR]*

Das Urtel vertritt alsdenn die Stelle des Ehecontrakts, und muß, statt dessen, den Gerichtsprotokollen einverleibt werden.

§. 780.

*[II I § **1056-1063 AGB** / 1067-1070 ALR]*

In jedem Falle, wo der Verführer sich, durch seine unerlaubte Handlung, in die Nothwendigkeit, ohne vorhergängige Erlaubniß eine Ehe zur linken Hand einschreiten zu müssen, gesetzt hat, ist er, wegen dieser Verletzung des Gesetzes, zu einer besondern fiskalischen Strafe verhaftet.

M: *1=2 f. 23; 1=67 p. 20; 2=16 p. 155; 2=60 f. 37*

§. 781.

*[II I § **1056-1063 AGB** / 1067-1070 ALR]*

Die durch Urtel und Recht erkannte Ehe zur linken Hand, kann auf die §. 769. beschriebne Art wieder aufgehoben werden, wenn der Verführer der Geschwächten die bestimmte Abfindung würklich entrichtet.

§. 782.

*[II I § **1056-1063 AGB** / 1067-1070 ALR]*

Aber auch alsdenn behält die Geschwächte alle Rechte einer geschiednen Hausfrau.

M: *1=33 p. 16*

§. 783.

obwaltender Ehehindernisse wegen keine Heyrath statt finden kann.

*[II I § **1064-1070 AGB** / 1053-1065 ALR]*

Kann zwischen der Geschwächten und dem Verführer, gesetzlicher Ehehindernisse wegen, gar keine Ehe, weder vollgültig noch zur linken Hand, statt finden, so muß zwar die Geschwächte sich mit einer Ausstattung begnügen.

M: *1=3 f. 34; 2=10 f. 40; 2=24 f. 40; 3=44 p. 63*

§. 784.

*[II I § **1072, 1073 AGB** / 1057, 1062, 1063 ALR]*

Ist ihr aber die Ehe versprochen worden, so kann sie, bis zu ihrer würklichen Verheyrathung, den Nahmen des Schwängerers führen.

M: *1=64 p. 57; 2=67 p. 20*

§. 785.

*[II I § **1074 AGB** / 1064 ALR]*

Adlichen Nahmens und Wappens kann jedoch die Geschwächte, wenn sie ungleichen Standes ist, in keinem Falle sich anmaßen.

M: 1=2 f. 23; 1=10 f. 40; 2=16 p. 156; 3=29 p. 19

M:** 1=64 p. 57 **zu den §§. 786 - 794

§. 786.

Grundsätze, wornach die Ausstattung einer Geschwächten zu bestimmen.

[II I § 1077]

Die Ausstattung muß in allen Fällen, wo darauf erkannt wird, nach dem Stande der Geschwächten, und dem Vermögen des Verführers bestimmt werden.

M: 1=3 f. 34; 1=62 p. 55-58; 1=80 f. 201; 2=56 p. 5; 2=58 f. 21; 2=80 f. 201

§. 787.

[II I § 1078]

Bey Bestimmung dieser Ausstattung muß noch besonders darauf gesehen werden, daß die Geschwächte Hoffnung erhalte, eine ihren Umständen gemäße Heyrath zu finden.

M: 1=27 p. 17; 1=62 p. 55-58; 1=80 f. 201

§. 788.

[II I § 1079-1082]

Ist nur die beharrliche Weigerung des Verführers, die Geschwächte zu ehelichen, der Grund, warum Ausstattung gegeben werden muß, (§. 772.) so ist solche höher zu bestimmen, als wenn gesetzliche Ehehindernisse im Wege stehn.

M: 1=3 f. 34; 1=80 f. 201; 2=29 p. 19

§. 789.

*[II I § **1069, 1070 AGB** / 1071, 1072 ALR]*

Sind Ehehindernisse, von welchen die Geschwächte keine Wissenschaft gehabt, die Ursache, warum die Ehe nicht vollzogen werden kann, so gebührt ihr eine höhere Ausstattung, als wenn ihr solche bekannt gewesen.

M: 1=1 f. 37; 2=3 f. 34; 3=55 p. 36

§. 790.

[-]

Ist das Vermögen des Verführers nicht hinreichend, die Geschwächte vollständig auszustatten, so ist er schuldig, ihr aus seinen Einkünften oder Erwerb, einen jährlichen Beytrag zu ihrem standesgemäßen Unterhalt zu reichen.

M: 1=3 f. 35; 1=80 f. 202; 2=49 p. 24; 2=92 f. 175

§. 791.

[II I § 1084]

Diesen Beytrag muß er in monathlichen Antheilen, und zwar zu Anfang jeden Monaths voraus, bezahlen.

M: 1=80 f. 202; 1=93 p. 10

§. 792.

[II I § 1085]

Er muß der Geschwächten aus den sichersten und bereitesten Einkünften oder Erwerbnissen des Verführers angewiesen werden.

M: 1=80 f. 202

§. 793.

[II I § 1086]

Die Geschwächte verliert diesen Beytrag nicht, wenn sie sich gleich würklich verheyrathet.

M: 1=27 p. 18; 1=80 f. 202; 2=92 f. 175; 3=102 p. 48

§. 794.

[II I § 1087]

Gelangt der Verführer zu bessern Vermögensumständen, so kann die Geschwächte Erhöhung des Beytrags, oder an dessen Stelle, Bezahlung eines Capitals, zu ihrer vollständigen Ausstattung fordern.

M: 1=10 f. 40; 1=86 f. 127; 2=16 p. 157

§. 795.

[II I § 1088]

Die Eltern des Verführers sind nur alsdenn schuldig zur Ausstattung beyzutragen, wenn die Geschwächte nach §. 773. seinen Nahmen zu führen berechtigt ist, und sie sich solches nicht gefallen lassen wollen.

M: 1=3 f. 35; 1=80 f. 202; 2=16 p. 157; 2=75 p. 37; 3=55 p. 36; 3=102 p. 48; 4=55 f. 22; 4=57 p. 257; 4=61 f. 8; 4=69 p. 57

§. 796.

*[II I § **1075 AGB** / 1074 ALR]*

Alles Vorstehende gilt nur von dem Falle, wenn aus dem Beyschlaf ein Kind erzeugt worden.

Das Recht, die Vollziehung der vollgültigen oder der Ehe zur linken Hand zu fordern, steht der Geschwächten, in jedem Falle, nur alsdenn zu, wenn aus dem Beyschlaf ein lebendiges Kind zur Welt gebohren worden.

M: 1=3 f. 35; 1=67 p. 20; 2=15 f. 78; 3=49 p. 25

§. 797.

*[II I § **1076 AGB** / 1075 ALR]*

Ist das Kind unzeitig zur Welt gekommen, oder in, oder binnen 24 Stunden nach der Geburt verstorben, so kann die Geschwächte nur Ausstattung fordern.

***M:** 1=13 f. 7; 1=62 p. 59; 2=17 p. 58; 2=61 f. 8*

§. 798.

[II I § 1091-1103]

In welchen Fällen die Geschwächte ihre Rechte verliere.

Die Geschwächte verliert ihr Recht, auf Ehelichung oder Ausstattung zu klagen, wenn sie nach der Zeit des mit dem Verführer gepflogenen Beyschlafs, sich solcher Handlungen schuldig gemacht hat, die nach den Gesetzen, die Trennung, selbst einer gültigen Ehe, begründen können.

***M:** 1=4 f. 41; 2=27 p. 17; 2=33 p. 17*

§. 799.

[II I § 1089, 1090]

Zeit der Niederkunft.

Vorstehende gesetzliche Entschädigungen kann die Geschwächte fordern, wenn die Niederkunft innerhalb des 225ten und des 285ten Tages nach dem Beyschlaf erfolgt ist.

***M:** 1=2 f. 23; 2=3 f. 35; 2b=13 f. 7; 3=17 p. 58; (4=fehlt); 5=19 p. 7; 6=20 p. 119; 7=43 p. 40*

§. 800.

[II I § 1104-1108]

Grundsätze, wornach bey Ausmittelung eines abgeleugneten unehelichen Beyschlafs zu verfahren.

Wird der Beyschlaf selbst geleugnet, so muß ein vorhergegangner vertrauter Umgang nachgewiesen werden.

***M:** 1=2 f. 23; 1=6 p. 59; 1=16 p. 158; 1=17 p. 61; 1=58 f. 22; 1=101 p. 65; 2=99 p. 24*

§. 801.

[II I § 1108, s.a. 1120, 1121]

Ist dieser nachgewiesen, so muß die Klägerin zum Erfüllungseyde gelassen werden, wenn dieselbe sonst von unbescholtner Aufführung, und dagegen der bisherige Lebenswandel des Beklagten so beschaffen gewesen, daß man sich zu ihm einer solchen Handlung wohl versehen kann.

***M:** 1=5 f. 6; 1=61 p. 60; 1=67 p. 21; 1=68 p. 79; 2=20 p. 120; 2=102 p. 49*

§. 802.

[II I § 1111]

Ein gleiches findet statt, wenn der Beklagte sich unzüchtiger Vertraulichkeiten mit der Klägerin berühmt hat.

§. 803.

[II I § 1109, 1110]

Ferner, wenn er den Beyschlaf außergerichtlich eingestanden

hat, obwohl die Zeit desselben nicht genau angegeben worden.

M: 1=74 p. 12

§. 804.

[II I § 1112]

Der Einwand, daß dergleichen Aeußerungen (§. 802. 803.) nur Scherz gewesen, soll diese gesetzliche Vermuthung nicht entkräften.

§. 805.

[II I § 1113]

Zum Reinigungseyde muß der Beklagte vornehmlich alsdenn gelassen werden, wenn er bis dahin einen unbescholtnen Wandel geführt, die Klägerin aber sich einer schlechten Aufführung verdächtig gemacht hat.

M: 1=2 f. 23; 1=102 p. 49

§. 806.

[II I § 1114]

Der Verdacht einer schlechten Aufführung (§. 801. 805.) trift diejenigen, die eines vorher mit andern gepflognen unehelichen Beyschlafs überführt sind.

M: 1=61 f. 8

§. 807.

[II I § 1115]

Ferner diejenigen, welche unzüchtige Häuser besuchen, ohne daß ihr Beruf sie dazu veranlaßt.

M: 1=43 p. 40

§. 808.

[II I § 1116]

Desgleichen diejenigen, welche mehrmalen an einsamen Orten, mit verdächtigen Personen betroffen worden.

§. 809.

[II I § 1117]

Endlich diejenigen, welche sich unanständige und freche Reden oder Handlungen zur Gewohnheit werden lassen.

M: 1=40 p. 29; 1=61 f. 8; 2=17 p. 61; 2=92 f. 175; 3=93 p. 10; 4=102 p. 49

§. 810.

Wie das Eheversprechen auszumitteln sey.

[II I § 1122-1131]

Wenn die Schwängerung zwar eingestanden oder bewiesen, das Ehevesprechen aber geleugnet worden; so gelangt die Klägerin, in Ermanglung anderer Beweißmittel, zum Erfüllungseyde, wenn der Verführer sie für seine Braut ausgegeben, oder sich gegen andre, sie heyrathen zu wollen, hat verlauten lassen.

M: *1=4 f. 41; 1=61 f. 9; 2=16 p. 159*

§. 811.

[II I § 1106]

Außer dem bleibt es dem Ermessen des Richters anheimgestellt, ob bewandten Umständen nach, die unbescholtne Klägerin zum Erfüllungs= oder der Beklagte zum Reinigungseyde zugelassen werden solle.

M: *1=3 f. 35; 1=62 p. 61; 2=17 p. 63; 2=73 p. 16; 3=37 p. 64; 3=102 p. 43; 4=57 p. 258; 4=102 p. 51*

Zweyter Titel. Von den wechselseitigen Rechten und Pflichten der Eltern und Kinder[a] .

§. 1.

[II II § 1]

Das Verhältniß zwischen Eltern und Kindern entsteht durch die Zeugung und Geburt.

***M:** 1=68 p. 75*

Erster Abschnitt. Von den in rechtmäßiger Ehe erzeugten Kindern[b] .

§. 2.

Gesetzliche Vermutung für die rechtmäßige Geburth der Kinder.

*[II II § **2 AGB** / 2 ALR]*

Die Gesetze gründen die Vermuthung, daß Kinder, die während einer Ehe erzeugt oder gebohren werden, von dem Ehemanne erzeugt sind.

***M:** 1=16 p. 160; 1=63 p. 71; 2=67 p. 21; 3=63 p. 67*

§. 3.

Beweiß des Gegentheils.

[II II § 2]

Gegen diese gesetzliche Vermuthung soll der Ehemann nur alsdenn gehört werden, wenn er innerhalb Jahres Frist, nach erlangter Wissenschaft von der Geburt des Kindes, zum Nachweiß, daß solches von ihm nicht erzeugt seyn könne, sich gerichtlich erbietet.

***M:** 1=51 p. 3; 1=62 f. 37; 2=2 f. 23; 2=57 p. 260; 3=27 p. 18*

§. 4.

Wegen Unvermögens.

[II II § 3]

Gründet er sich in einem Zeugungsunvermögen, so muß er nachweisen, daß er schon 302 Tage vor der Geburt des Kindes, der zur Zeugung erforderlichen Gliedmaßen beraubt gewesen.

***M:** 1=2 f. 23; 1=62 p. 6; 1=67 p. 21; 1=68 p. 73; 1=81 p. 20; 2=27 p. 19; 2=61 f. 9; 3=49 p. 25; 3=73 p. 16; 4=16 p. 161; 4=27 p. 19; 4=50 p. 123; 4=57 p. 261; 4=63 p. 67*

---

a **E:** 07.73.0132[r] **Nachtr.E:**07.74.0162[r]
R: 07.80.00081 **M:** 1=1 f. 38; 2=16 p. 160

b **E:**07.73.0132[v]-0143[v] **Nachtr.E:**07.74.0162[v]-0168[v]
R: 07.80.0082[r] zu §§ 2-27

§. 5.

Wegen Abwesenheit.

[II II § 4, 5]

Gründet er sich in der Abwesenheit, so muß ausgemittelt werden: daß er vom 302ten bis zum 310ten Tage, vor der Geburt des Kindes, dergestalt beständig von der Mutter entfernt gewesen, daß er ihr die ehliche Pflicht nicht leisten können.*)[31]

***M:** 1=13 f. 8; 1=14 f. 54; 1=68 p. 76; 2=16 p. 161; 2=62 p. 62; 2=71 p. 14; 3=17 p. 65; 3=11 f. 25; 3=33 p. 17; 3=63 p. 67-69; 3=73 p. 16; 4=27 p. 19; 4=61 f. 9; 5=37 p. 71; 5=67 p. 21; 6=40 p. 30; 6=73 p. 16; 7=37 p. 292; 7=47 p. 8; 8=43 p. 41; 8=71 p. 14; 9=53 p. 60*

§. 6.

[II II § 6-8]

Das Zeugniß der Mutter soll, weder für noch wider die Rechtmäßigkeit, eines in stehender Ehe erzeugten oder gebohrnen Kindes, etwas beweisen.

***M:** 1=1 f. 38; 1=63 p. 69; 2=2 f. 24; 2=102 p. 51; 3=13 f. 9; 4=20 p. 122; 4=62 p. 64; 5=57 p. 262*

§. 7.

[II II § 9]

Dem Kinde, dessen eheliche Geburt angefochten wird, muß zu seiner Vertheydigung ein Curator bestellt werden.

***M:** 1=23 p. 10; 2=57 p. 262*

§. 8.

[II II § 10]

Während des Prozesses muß der klagende Ehemann das Kind verpflegen.

***M:** 1=51 p. 4; 1=63 p. 69; 2=57 p. 263*

§. 9.

[II II § 11, 12]

Wird das Kind durch richterlichen Ausspruch für unehelich

---

*) Die Ursach, warum bey Beurtheilung der Legitimität der Kinder, andre Termine, als im vorigen Titel §. 799. angenommen worden, liegt darinn, weil dem Staat alles daran gelegen ist, die Geburt und den Stand seiner künftigen Bürger, wovon das Schicksal, nicht nur ihrer selbst, sondern auch aller folgenden Generationen abhängt, zu sichern; und also schon die bloße Möglichkeit, daß ein Kind die Frucht einer rechtmäßigen Ehe seyn könne, ihn bewegen muß, für diese Rechtmäßigkeit so lange zu präsumiren, bis das Gegentheil außer allem Zweifel gesetzt worden.

31 Vgl. Inhaltsverzeichnis: "Nota, Pag. 161. § 5. in der zweyten und dritten Zeile muß gelesen werden: *daß er vom Zweyhundert zehnten bis zum Dreyhundert zweyten Tage etc.*"

erklärt, so fallen zwischen ihm und dem Ehemann, alle Rechte und Pflichten, welche zwischen Eltern und Kindern statt finden, hinweg.

M: 1=80 f. 202

§. 10.

[II II § 13-18]

In Ansehung der Mutter hingegen, und des natürlichen Vaters, bleiben dem Kinde seine Rechte vorbehalten. (Cf. Sect. VIII.)

M: 1=17 p. 66; 1=63 p. 70; 1=80 f. 202

§. 11.

Von Kindern, welche nach dem Tode des Ehemannes; oder

[II II § 19]

Ist die Ehe durch den Tod des Mannes getrennt, so wird das nachgebohrne Kind für ehelich geachtet, wenn es bis zum 302ten Tage, nach des Ehemannes Tode, zur Welt gekommen.

M: 1=4 f. 42; 1=62 p. 64; 1=68 p. 76; 1=74 p. 13; 2=17 p. 67; 2=74 p. 13; 3=11 f. 25; 3=27 p. 19; 3=43 p. 41; 4=49 p. 25

§. 12.

[II II § 20-26]

Die Erben des Mannes können die eheliche Geburt eines solchen Kindes nur aus denjenigen Gründen anfechten, aus welchen der Erblasser selbst dazu berechtigt gewesen wäre. (§. 3. 4. 5.)

M: 1=63 p. 70

§. 13.

[II II § 27]

Fünf Monath nach des Mannes Tode, können die Erben von der Wittwe die Anzeige fordern, ob sie sich schwanger befinde.

M: 1=63 p. 71; 2=102 f. 51

§. 14.

[II II § 27-29]

Behauptet oder vermuthet die Witwe eine Schwangerschaft, so muß sie auf Verlangen der Erben, Untersuchung durch eine Hebamme gestatten.

M: 1=10 f. 41; 1=73 p. 17; 1=60 f. 36; 1=64 p. 59-60; 2=42 p. 42

§. 15.

[II II § 30]

Findet die Hebamme keine Zeichen einer vorhandenen Schwangerschaft, so können die Erben verlangen, daß auf ihre Kosten der Wittwe eine anständige weibliche Gesellschafterin beygegeben werde.

M: 1=12 f. 28; 1=61 f. 10; 1=64 p. 59-60; 2=75 p. 38

§. 16.

[II II § 31]

Die Aufsicht dieser Gesellschafterin dauert so lange, bis die Angaben der Wittwe und der Hebamme übereinstimmen.

M: 1=16 p. 162; 1=64 p. 59-60; 2=27 p. 20

§. 17.

[II II § 32]

Außerdem können die Erben verlangen, daß eine von dem Gericht auf ihre Kosten zu bestellende ehrbare Matrone, bey der Entbindung zugegen sey.

§. 18.

[II II § 33-35]

In beyden Fällen (§. 15. 17.) muß das Gericht eine solche Person wählen, mit welcher die Wittwe nicht in Feindschaft und Widerwillen lebt.

M: 1=57 p. 263; 1=63 p. 72; 2=16 p. 163; 2=93 p. 10; 2=94 f. 214

§. 19.

[II II § 36]

Der Hebamme muß zur Pflicht gemacht werden, die von dem Gericht bestellte Matrone von der herannahenden Entbindung zu benachrichtigen.

M: 1=16 p. 163

§. 20.

[II II § 37, 38]

Doch soll die Verabsäumung dieser Vorschriften noch nicht hinreichend seyn, die für die Rechtmäßigkeit eines solchen Kindes streitende Vermuthung des Gesetzes aufzuheben.

M: 1=1 f. 39; 1=63 p. 72

§. 21.

[II II § 39]

Sollte eine Wittwe ihre Schwangerschaft und Niederkunft aus Vorsatz verheimlichen, so wird sie, zum Besten des Kindes, aller Vortheile verlustig, die ihr sonst aus dem Nachlasse des Mannes zugefallen wären.

M: 1=17 p. 69; 1=63 p. 75; 1=75 p. 38

§. 22.

[II II § 40]

nach erfolgter Scheidung gebohren worden.

Ist die Ehe durch richterlichen Ausspruch getrennt, so hat

das nachgebohrne Kind die Rechte eines ehelichen, wenn es bis zum 302ten Tage, nach rechtskräftig erkannter Scheidung, zur Welt gekommen.

M: 1=42 p. 42; 1=68 p. 76; 2=55 p. 37; 2=75 p. 39; 3=49 p. 25

§. 23.

[II II § 41]

Will der geschiedne Mann das Kind nicht für das seinige erkennen, so findet alles das Anwendung, was §. 3=8. verordnet ist.

§. 24.

[II II § 42-49]

Auch steht dem Manne frey, die den Erben im §. 13=19. nachgelaßnen Sicherheits=Maßregeln vorzukehren.

M: 1=64 p. 60

§. 25.

[II II § 43]

Haben Eheleute, während des Scheidungsprozesses, unter richterlicher Erlaubniß, von einander getrennt gelebt, so wird der Zeitpunkt, innerhalb dessen das Kind für ehelich gebohren zu achten, von dem Tage der erfolgten Absonderung an gerechnet.

M: 1=38 p. 394; 1=60 f. 39; 1=61 f. 10; 1=62 p. 66; 2=16 p. 164; 2=63 p. 74; 3=20 p. 124

§. 26.

[II II § 50-55]

Wird eine Ehe von Anfang an für nichtig erklärt, so haben die daraus gebohrnen Kinder, nur die Rechte der Kinder aus einer Ehe zur linken Hand.

M: 1=17 p. 70; 1=63 p. 74; 2=4 f. 42; 2=27 p. 20; 2=44 p. 64; 2=73 p. 11/17; 3=101 p. 65

§. 27.

[II II § 50-55]

Wird die Ehe zwar für nichtig, aber nicht von Anfang an erklärt, so findet alles statt, was bey den Ehescheidungen §. 22=25. verordnet ist.

M: 1=38 p. 386

Zweyter Abschnitt.

Von den Rechten und Pflichten der Eltern und der aus vollgültiger Ehe erzeugten Kinder, so lange die letztern unter väterlicher Gewalt stehen[a].

§. 28.

[II II § 58]

Allgemeine Rechte und Pflichten.

Kinder aus einer vollgültigen Ehe führen den Nahmen des Vaters.

M: *1=81 p. 26; 2=63 p. 75*

§. 29.

[II II § 59, 60]

Sie erlangen die Rechte seiner Familie und seines Standes, in so fern letztrer durch die bloße Geburt fortgepflanzt wird.

M: *1=38 p. 417; 1=63 p. 75; 1=81 p. 26; 2=57 p. 264; 2=63 p. 75*

§. 30.

[II II § 61]

Kinder sind beyden Eltern Ehrfurcht und Gehorsam schuldig.

§. 31.

[II II § 62, 63]

Vorzüglich aber stehen sie unter der Gewalt des Vaters.

M: *1=73 p. 17*

§. 32.

[II II § 64]

Verpflegung.

Beyde Eheleute müssen, für standesmäßigen Unterhalt und Erziehung der Kinder, mit vereinigten Kräften Sorge tragen.

M: *1=1 f. 39; 1=62 f. 37; 2=27 p. 20; 2=60 f. 39; 3=43 p. 43*

§. 33.

[II II § 65]

Hauptsächlich liegt es dem Vater ob, die Kosten zur Verpflegung der Kinder herbey zu schaffen.

M: *1=17 p. 71*

§. 34.

[II II § 66]

Körperliche Pflege und Wartung, so lange die Kinder deren

---

[a] **E:** 07.73.0014^{r}-0163^{v} **Nachtr.E:**07.74.0169^{r}-178^{v}
R: 07.80.0082^{v}-0084 zu §§ 28-107 **M:** 1=6 f. 28

bedürfen, muß die Mutter selbst, oder unter ihrer Aufsicht besorgen.

M: 1=23 p. 10 (auch §§. 35-38)

§. 35.

[II II § 67]

Eine gesunde Mutter kann sich der Pflicht, ihr Kind selbst zu säugen, nicht entziehn.

M: 1=23 p. 10 (auch §§. 34, 36-38); 1=10 f. 41; 1=63 p. 76; 1=67 p. 21; 1=101 p. 65; 2=57 p. 264; 2=101 p. 65; 3=101 p. 67; 4=100 f. 6

§. 36.

[II II § 68]

Hält der Vater es nicht für rathsam, daß die Mutter selbst dem Kinde die Brust reiche, so muß sie sich dessen Anordnung gefallen lassen.

M: 1=2 f. 24; 1=23 p. 10 (auch §§. 34, 35, 37, 38); 1=52 p. 4; 1=63 p. 76; 1=64 p. 61; 1=67 p. 21; 1=101 p. 65; 2=53 p. 61; 2=55 p. 37; 2=61 f. 10; 2=101 p. 65; 3=57 p. 264; 3=101 p. 67; 4=100 f. 6

§. 37.

[II II § 69]

Vor zurückgelegtem vierten Jahre, kann der Vater das Kind wider den Willen der Mutter ihrer Aufsicht und Pflege nicht entziehn.

M: 1=23 p. 10 (auch §§. 34 - 36, 38)

§. 38.

[II II § 70]

Es wäre denn, daß es der Mutter an Kräften oder am Willen fehlte, ihrer Obliegenheit ein Genüge zu leisten.

M: 1=23 p. 10 (auch zu §§. 34 - 37); 1=57 p. 264

§. 39.

[II II § 72, 73]

Entsteht darüber ein Streit unter den Eheleuten, so soll das bloße Gutachten des Stadt= oder Creyß=Arztes, ohne weitern Prozeß entscheiden.

M: 1=20 p. 183; 1=51 p. 6; 1=92 f. 176; 1=101 p. 67; 2=53 p. 61; 3=55 p. 37; 4=57 p. 265

§. 40.

Erziehung.

[II II § 74]

Die Anordnung der Art: wie das Kind erzogen werden soll, kommt hauptsächlich dem Vater zu.

M: 1=53 p. 61

§. 41.

[II II § 75]
Dieser muß vornemlich dafür sorgen, daß die Kinder in der Religion und nützlichen Kenntnissen, nach seinem Stande und Umständen unterrichtet werden.

***M:** 1=63 p. 76*

§. 42.

[-- vgl. aber II II § 83] Religion.
Bis zum vollendeten vierzehnten Jahre müssen die Kinder in der Religion ihrer Eltern erzogen werden.

***M:** 1=16 p. 166; 2=38 p. 292 (auch §. 43)*

§. 43.

[II II § 76]
Sind die Eltern verschiednen Glaubensbekenntnissen zugethan, so müssen, bis nach zurück gelegtem vierzehnten Jahre, die Söhne in der Religion des Vaters, und die Töchter in dem Glaubensbekenntnisse der Mutter unterrichtet werden.

***M:** 1=16 p. 166; 2=38 p. 292 (beide auch §. 42) ; 1=61 f. 10*

§. 44.

[II II § 77, 78]
Von dieser gesetzlichen Bestimmung können die Eltern weder vor noch nach geschlossener Ehe abweichen.

***M:** 1=1 f. 24; 1=63 p. 76; 1=81 p. 27; 2=4 f. 42; 2=73 p. 17; 3=16 p. 166; 3=33 p. 17; 3=57 p. 265; 3=59 p. 13; 3=62 p. 67; 3=73 p. 17; 3=102 p. 52*

§. 45.

[II II § 79-82]
Die Verschiedenheit des kirchlichen Glaubensbekenntnisses benimmt jedoch keinem der Eltern, die ihm sonst zustehende Befugniß wegen der Erziehung.

***M:** 1=57 p. 266; 1=80 f. 202; 2=73 p. 17*

§. 46.

[II II § 83, 84, 85]
Nach zurückgelegtem vierzehnten Jahre steht es in der Wahl der Kinder, welches Glaubensbekenntniß sie annehmen wollen*).

***M:** 1=16 p. 167; 1=92 f. 176; 2=33 p. 18; 2=93 f. 187; 3=4 f. 42; 3=14 f. 56; 3=43 p. 43; 3=101 p. 67; 4=60 f. 40*

---

*) Diese §§. 42 = 46. enthaltne Vorschriften gründen sich auf schon vorhandne Landesgesetze.

§. 47.

Rechte der Eltern in Ansehung der Zucht.

[II II § 86]

Die Eltern sind berechtigt, zur Bildung der Kinder alle ihrer Gesundheit unschädliche Zwangsmittel zu brauchen.

***M:** 1=63 p. 77; 2=101 p. 68*

§. 48.

[II II § 87]

Finden sie solche nicht hinreichend, so muß ihnen die Obrigkeit, auf gebührendes Anmelden, hülfreiche Hand leisten.

§. 49.

[II II § 88]

Die Obrigkeit muß das Verhalten der Eltern sowohl, als des Kindes, summarisch und ohne Zulassung irgend eines Prozesses untersuchen.

***M:** 1=43 p. 44; 2=16 p. 167*

§. 50.

[II II § 89]

Nach Befinden der Umstände, muß alsdenn die Art und Dauer der anzuwendenden Besserungsmittel von ihr bestimmt werden.

***M:** 1=80 f. 203; 2=101 p. 68*

§. 51.

[II II § 90]

Sollten Eltern ihre Kinder grausam mißhandeln, oder zum Bösen verleiten, oder ihnen den nochdürftigen Unterhalt versagen; so ist die Obrigkeit schuldig, sich der Kinder anzunehmen.

***M:** 1=57 p. 266; 1=101 p. 69 (auch §. 52)*

§. 52.

[II II § 91]

Nach Bewandniß der Umstände kann den Eltern, in einem solchen Falle, die Erziehung entzogen, und auf ihre Kosten, andern zuverläßigen Personen anvertraut werden.

***M:** 1=101 p. 69 (auch §. 51)*

§. 53.

Von Erziehung der Kinder aus geschiednen Ehen.

[II II § 92]

Sind die Eltern geschieden worden, so gebührt, der Regel nach, die Erziehung der Kinder dem unschuldigen Theile, auf Kosten des Schuldigen.

***M:** 1=67 p. 22*

§. 54.

[II II § 93]

Ist der Vater zwar der schuldige Theil; die Ursache der Scheidung aber nicht so beschaffen, daß daraus ein gänzliches Verderbniß seines moralischen Charakters erhellet; so kann er verlangen, daß ihm die Erziehung der Söhne auf seine Kosten gelassen werde.

***M:** 1=12 f. 24; 1=63 p. 77 (auch §. 55); 1=101 p. 69*

§. 55.

[II II § 103-107]

Die Töchter aber sind der für unschuldig erklärten Mutter, so bald sie darauf anträgt, auf Kosten des Vaters, zur Erziehung zu übergeben.

***M:** 1=63 p. 77 (auch §. 54)*

§. 56.

[II II § 103-107]

Ist die Mutter der schuldige Theil, so bleibt zwar dem Vater zunächst die Verbindlichkeit, für die Erziehung der Kinder auf seine Kosten zu sorgen.

***M:** 1=14 f. 57*

§. 57.

[II II § 103-107]

Er kann aber diese Kosten von der schuldigen Mutter wieder fordern; in so fern sie dieselben, nach richterlichem Ermessen, aus ihren Mitteln, oder durch ihren Erwerb aufzubringen vermögend ist.

***M:** 1=20 p. 126; 1=63 p. 78; 2=73 p. 17*

§. 58.

[II II § 93]

Ist keines von beyden geschiednen Ehegatten für den schuldigen Theil erklärt worden, so bleibt der Regel nach, die Erziehung der Kinder dem Vater.

***M:** 1=4 f. 42; 1=63 p. 79; 2=102 p. 53 (beide auch §. 59)*

§. 59.

[II II § 96, 97]

Doch kann, wenn Töchter darunter sind, deren Erziehung, nach richterlichen Ermessen, der Mutter anvertrauet werden.

***M:** 1=63 p. 79; 2=102 p. 53 (beide auch §. 58)*

§. 60.

[II II § 103-107]

In beyden Fällen (§. 58. 59.) muß der Vater für die Erziehungskosten hauptsächlich sorgen.

§. 61.

[II II § 103-107]

Er kann aber von der Mutter einen Beytrag fordern, wenn diese dergleichen aus ihren Mitteln oder Erwerb aufzubringen vermögend ist.

***M:** 1=20 p. 126; 1=63 p. 79*

§. 62.

[II II § 94]

Sind die Kinder noch unter vier Jahren; und die Mutter ist nicht für den schuldigen Theil erklärt, oder ihre Verschuldung rührt nicht aus einer gänzlichen Verderbniß ihres moralischen Charakters her; so müssen ihr die Kinder, bis nach zurückgelegten vierten Jahre, auf alle Fälle gelassen werden.

***M:** 1=63 p. 79; 2=101 p. 69*

§. 63.

[II II § 94]

Ist sie der schuldige Theil, so fallen ihr die Kosten zur Last, sonst aber sind solche von dem Vater zu tragen.

***M:** 1=67 p. 22; 2=102 p. 53*

§. 64.

[II II § 98]

Hat sich, bey der Scheidung, ein solches Verderbniß der Gemüthsart und Sitten beyder Eheleute veroffenbaret, daß keinem von ihnen die Bildung der Kinder anvertrauet werden kann, so muß der denselben bestellte Curator wegen ihrer Erziehung Vorschläge machen.

***M:** 1=101 p. 69*

§. 65.

[II II § 99]

Der Richter muß alsdenn das nöthige deshalb von Amtswegen verordnen.

***M:** 1=101 p. 69*

[II II § 100]

§. 66.

[II II § 103-107]

Die Kosten dazu müssen auf die §. 60. 61. bestimmte Art, von beyden Eltern getragen werden.

***M:** 1=51 p. 7, 1=63 p. 80; 2=67 p. 22*

§. 67.

[II II § 103-107]

Ist der Vater die Erziehungskosten aufzubringen ganz unvermögend, so bleibt allemal und ohne Unterschied der

Fälle, den Kindern ihr Recht deshalb an die auch unschuldige Mutter, vorbehalten.

***M:** 1=63 p. 80*

§. 68.

[II II § 101]

Sind beyde Eltern, oder eins derselben von der Erziehung ausgeschlossen, so soll ihnen doch der Zutritt zu den Kindern nicht gänzlich versagt werden.

§. 69.

[II II § 102-107]

Es bleibt aber richterlichem Ermessen vorbehalten: wie oft, und unter welcher Aufsicht dergleichen Besuche zu gestatten sind.

***M:** 1=102 p. 53*

§. 70.

Wahl der künftigen Lebensart für die Kinder.

[II II § 108]

Die Eltern sind schuldig, ihre Kinder zu künftigen brauchbaren Mitgliedern des Staats, in irgend einer nützlichen Wissenschaft, Kunst oder Gewerbe vorzubereiten.

***M:** 1=2 f. 24; 2=14 f. 58*

§. 71.

[II II § 109]

Die Bestimmung der künftigen Lebensart der Söhne, hängt hauptsächlich von dem Ermessen des Vaters ab.

***M:** 1=101 p. 70*

§. 72.

[II II § 110]

Er muß aber dabey auf die Neigung, Fähigkeiten, und körperlichen Umstände des Sohnes vorzügliche Rücksicht nehmen.

§. 73.

[II II § 111]

Bis nach zurückgelegtem vierzehnten Jahre, muß sich der Sohn der Anordnung des Vaters schlechterdings unterwerfen.

***M:** 1=16 p. 170 (auch §. 76); 1=66 p. 47; 2=64 f. 214; 3=101 p. 70*

§. 74.

[II II § 112]

Bey alsdenn fortdauernder gänzlicher Abneigung des Sohnes, gegen die von dem Vater gewählte Lebensart, muß das obervormundschaftliche Gericht, mit Zuziehung der Verwandten und Lehrer des Sohnes, die beyderseitigen Gründe prüfen.

***M:** 1=64 p. 62-63; 2=102 p. 53*

§. 75.

[II II § 113]

Das Gericht muß solche Einleitungen zu treffen bemüht

seyn, daß die der Neigung und Fähigkeit des Sohns, so wie dem Stande und Vermögen des Vaters gemäßeste Lebensart erwählt werde.

§. 76.

[II II § 114]

In zweifelhaften Fällen ist dem Gewerbe des Vaters der Vorzug zu geben.

M: *1=16 p. 170 (auch §. 73)*

§. 77.

[II II § 115]

Doch soll der Sohn, wider seinen Willen, zum Studiren nicht angehalten, noch dazu, wider des Vaters Willen, verstattet werden.

M: *1=2 f. 24; 1=62 f. 37; 1=66 f. 236; 2=58 f. 22; 2=93 p. 10; 2=102 p. 54; 3=20 p. 184; 4=29 p. 20; 4=63 p. 80; 5=43 p. 44; 5=14 f. 58; 5=57 p. 267; 6=57 p. 267*

§. 78.

[II II § 116]

Will der Sohn, ohne erhebliche Ursach, von der einmal gewählten Bestimmung zu einer andern übergehen, so ist der Vater die Kosten herzugeben nicht schuldig.

M: *1=63 p. 80; 2=62 f. 37*

§. 79.

[II II § 118]

In wie fern, nach des Vaters Tode, der Mutter ein Einfluß auf die Wahl der Lebensart der Kinder gebühre, wird in dem Titel von Vormundschaften verordnet.

§. 80.

Verheyrathung der Kinder.

[II II § 119]

Die Wahl des künftigen Ehegatten müssen die Eltern dem freyen Willen der Kinder überlassen.

M: *1=63 p. 81; 2=64 p. 63*

§. 81.

[II II § 120]

Die Kinder müssen aber die väterliche Einwilligung sich erbitten.

M: *1=2 f. 24; 1=75 p. 39; 2=16 p. 172; 3=14 f. 59; 3=53 p. 61; 3=55 p. 37*

§. 82.

[II II § 120]

In welchen Fällen diese mit Grunde versagt werde, ist Tit. I. §. 45. seq. verordnet.

§. 83.

[II II § 120]

In welchen Fällen die Einwilligung der Mutter erforderlich sey, ist eben daselbst §. 37. 38. versehen.

***M:** 1=2 f. 24; 2=38 p. 298; 3=43 p. 44*

§. 84.

[II II § 121]

Pflicht der Kinder zu häuslichen Diensten.

Die Kinder sind schuldig, den Eltern in deren Wirthschaft und Gewerbe, nach ihren Kräften hülfreiche Hand zu leisten.

***M:** 1=14 f. 59; 1=63 p. 82*

§. 85.

[II II § 122]

Es darf aber den Kindern dadurch die zu ihrem Unterricht und Ausbildung nöthige Zeit nicht entzogen werden.

***M:** 1=102 p. 54*

§. 86.

[II II § 123]

Wie weit Kinder den Eltern erwerben, oder sich und sie verbindlich machen.

Was die Kinder bey solchen Gelegenheiten erwerben, das erwerben sie dem Vater.

***M:** 1=16 p. 172; 2=29 p. 21; 3=49 p. 27; 4=53 p. 61; 4=55 p. 38*

§. 87.

[II II § 124]

Vermögen und Gerechtsame können die Kinder ohne Beytritt des Vaters für sich erwerben.

***M:** 1=20 p. 127; 2=17 p. 71 (beide auch §. 88)*

§. 88.

[II II § 125]

Wenn aber damit zugleich Lasten und Verbindlichkeiten übernommen werden, so hängt die Rechtsbeständigkeit der Handlung des Kindes, von der vorhergehenden oder hinzukommenden Einwilligung des Vaters ab.

***M:** 1=20 p. 127; 2=17 p. 71 (beide auch §. 87); 1=63 p. 83*

§. 89.

[II II § 126]

Kinder, die noch unter väterlicher Gewalt stehn, können ohne des Vaters Auftrag oder Genehmigung, denselben nicht verbindlich machen.

***M:** 1=27 p. 21; 1=63 p. 83*

§. 90.

[-]

Doch muß der Vater die Handlungen der Kinder in so fern

vertreten, als er ihnen einen Theil seines Gewerbes aufgetragen hat.

M: 1=16 p. 173; 1=63 p. 83-84; 2=27 p. 21; 2=101 p. 70; 3=51 p. 9; 3=60 f. 42

§. 91.

[II II § 127]

Auch muß der Vater die Verträge der Kinder in so fern anerkennen, als er sie, außer seinem Hause, zu einer Bestimmung gewiedmet hat, die sie, ohne dergleichen Verträge zu schliessen, nicht erfüllen können.

M: 1=16 p. 173; 1=63 p. 83-84; 2=17 p. 71; 2=101 p. 70; 3=43 p. 44; 3=60 f. 42

§. 92.

[II II § 128]

Außerdem wird die Einwilligung oder Genehmigung des Vaters, bey den von den Kindern geschlossenen Verträgen, oder gemachten Schulden, niemals vermuthet.

M: 1=63 p. 84

§. 93.

[-]

Auch alsdenn nicht, wenn der Vater schon mehrmals die Schulden der Kinder bezahlt hat.

M: 1=4 f. 43; 2=12 f. 29; 3=17 p. 72; 4=32 p. 19

§. 94.

[II II § 130]

Auch für Sachen und Gelder, die zu würklichen Bedürfnissen der Kinder gegeben und verwendet worden, ist das Vermögen des Vaters nicht verhaftet.

M: 1=16 p. 173; 1=69 p. 4

§. 95.

[II II § 129]

Nur alsdenn muß der Vater solche Schulden aus seinem Vermögen erstatten, wenn die Kinder keine Gelegenheit gehabt, die nöthige Unterstützung von ihm selbst zu erhalten.

M: 1=1 f. 39; 1=63 p. 85; 2=14 f. 63; 2=60 f. 42; 3=16 p. 173; 4=17 p. 72; 4=29 p. 22; 4=66 p. 40; 5=43 p. 44

§. 96.

[II II § 131]

In allen Fällen, wo die Handlungen und Verträge der Kinder, in Ansehung des Vaters unverbindlich sind, sind sie auch der Regel nach in Ansehung ihrer selbst ungültig.

M: 1=2 f. 24; 1=63 p. 85-86; 2=27 p. 22

§. 97.

[II II § 132, 133]

Ausnahmen von dieser Regel bestimmt der folgende Abschnitt. (§. 121. sqqv. 149. sqqv.)

§. 98.

[II II § 134]

Der Vorwand, daß sie sich für Personen ausgegeben, die nicht mehr unter väterlicher Gewalt stehen, macht den Vertrag oder die Schuld nicht gültig.

***M:** 1=23 p. 10; 1=63 p. 86 (auch §. 99); 1=99 p. 24; 2=27 p. 23; 3=32 p. 20; 4=51 p. 9; 5=45 p. 38; 6=57 p. 267*

§. 99.

[II II § 135]

Doch soll ein dadurch begangner Betrug, mit Gefängniß, oder sonst am Leibe, verhältnißmässig bestraft werden.

***M:** 1=55 p. 38; 1=63 p. 86 (auch §. 98); 2=57 p. 268*

§. 100.

[II II § 136]

Auch nach aufgehobner väterlichen Gewalt, sind die Kinder, solche von Anfange an ungültige Schulden zu bezahlen, nicht verbunden.

***M:** 1=4 f. 43; 1=44 p. 64; 1=62 f. 37; 2=51 p. 9; 2=60 f. 42; 3=57 p. 269; 4=13 p. 45; 5=7 f. 16*

§. 101.

[II II § 137, 138]

Die Schulden werden aber verbindlich, wenn sie der Schuldner, nach aufgehobner väterlicher Gewalt, ausdrücklich oder stillschweigend anerkennt.

***M:** 1=51 p. 11*

§. 102.

[II II § 137, 138]

Für ein stillschweigendes Anerkenntniß soll nur geachtet werden, wenn der Schuldner die Verschreibung prolongirt; ein neues Instrument ertheilt; Sicherheit bestellt; oder Zinsen bezahlt.

***M:** 1=14 f. 62; 1=63 p. 88; 2=16 p. 174; 2=17 p. 73; 2=62 f. 37; 3=17 p. 74; 4=23 p. 11; 5=17 p. 73; 5=44 p. 66; 5=63 p. 98; 6=57 p. 270; 7=57 p. 270; 8=57 p. 268; 9=57 p. 269; 10=57 p. 270.*

---

*) Die in den §. 89=102. vorgetragne Lehre von den Schulden der noch unter väterlicher Gewalt stehenden Kinder gründet sich auf die Vorschriften des Römischen Rechts. Allein dieses Recht, und noch mehr dessen Ausleger, lassen so viel Ausnahmen zu, daß dadurch die Regel

§. 103.

[II II § 139]

Unerlaubte Handlungen der Kinder, und den daraus entstehenden Schaden, darf der Vater aus eigenem Vermögen, der Regel nach, nicht vertreten.

***M:** 1=64 p. 64*

§. 104.

[II II § 140, 141]

Er muß sie aber vertreten, wenn er die unerlaubte Handlung veranlaßt, genehmigt, oder die Kinder durch sein Beyspiel dazu verleitet hat.

***M:** 1=51 p. 12; 2=16 p. 175*

§. 105.

[II II § 142]

Desgleichen, wenn er die unerlaubte Handlung nicht verhindert hat; da doch solches in seinem Vermögen gestanden.

***M:** 1=101 p. 71*

§. 106.

[II II § 143-145]

Endlich, wenn er den Unterricht, die Erziehung, und Aufsicht über die Kinder, gröblich vernachläßigt hat.

***M:** 1=16 p. 175; 1=60 f. 43; 2=43 p. 45; 3=51 p. 13*

§. 107.

[II II § 146]

Das Kind selbst bleibt zum Schadensersatz verhaftet, wenn es eigenthümliches Vermögen hat, oder nach aufgehobner väterlichen Gewalt dazu gelanget.

***M:** 1=10 f. 42; 1=63 p. 87-88; 2=16 p. 175; 2=61 f. 10; 3=57 p. 269*

---

selbst fast ganz aufgehoben wird. Dahin gehören die Sätze: Daß das *Sctum* [*Senatus consultum=Senatsbeschluß*] *Macedonianum* nur von Darlehnen gelte, die in baarem Gelde gemacht worden. Nichts ist bey dieser Einschränkung leichter, als daß verschmitzte Wucherer die ganze Disposition und Absicht des Gesetzes vereiteln können. Ferner, daß dieß *SCtum* nicht statt finde, wenn der Gläubiger die Qualität seines Schuldners nicht gewußt; oder wenn der Vater schon vorhin Schulden für den Sohn bezahlt hat.

Da nach §. §. 154. 55. 61 die Kennzeichen der aufgehobnen väterlichen Gewalt so sichtbar sind, daß niemand darinn ohne grobe Unvorsichtigkeit sich irren kann; und da für den einzigen Fall, wo ein solcher Irrthum schuldlos seyn könnte, in dem §. 91. hinlänglich gesorgt ist; so haben jene Ausnahmen unbedenklich aufgehoben werden können.

Dritter Abschnitt.
Von dem eigenthümlichen Vermögen der Kinder[a].

§. 108.

[II II § 147]
Das eigenthümliche Vermögen der Kinder ist entweder der väterlichen Verwaltung und Nutzung unterworfen; oder es ist von beyden frey.

***M:** 1=2 f. 25; 2=57 p. 272; 3=51 p. 19*

§. 109.

[II II § 148]
Zum freyen Vermögen der Kinder gehört alles, was dieselben, außerhalb des Betriebs des väterlichen Gewerbes, durch Fleiß und Geschicklichkeit verdienen. Was zum freyen Vermögen der Kinder,

***M:** 1=57 p. 272; 1=63 p. 88-89; 2=16 p. 176*

§. 110.

[II II § 149, 150]
Desgleichen dasjenige, was sie in Kriegesdiensten erwerben, oder bey Gelegenheit derselben, von ihren Eltern oder andern, zur Ausrüstung oder Beyhülfe erhalten.

***M:** 1=58 f. 23; 1=63 p. 89; 2=16 p. 176*

§. 111.

[II II § 151]
Ferner die Belohnungen ihres Fleisses und Geschicklichkeit, die ihnen von ihren Eltern oder andern ertheilt werden.

***M:** 1=57 p. 272*

§. 112.

[II II § 152]
Alle Geschenke, die ihnen aus Erkenntlichkeit für geleistete Dienste, oder erwiesene Gefälligkeit zufliessen.

***M:** 1=58 f. 23; 1=66 p. 77*

§. 113.

[II II § 153]
Alles, was sie von demjenigen ersparen, so ihnen von den Eltern, zu ihrem Unterhalt außer dem väterlichen Hause, oder sonst zu ihren Ausgaben angewiesen worden.

***M:** 1=50 f. 38*

---

[a] **E:** 07.73.0164^{r}-0181^{v} **Nachtr.E:** 07.74.0179^{r}-0185^{v}
R: 07.80.0085-0086 zu §§ 108-153 **M:** 1=66 p. 48-52

§. 114.

[II II § 154, 155]

Endlich alles, was ihnen von Eltern, Verwandten oder Fremden, unter der ausdrücklichen Bestimmung, daß solches dem väterlichen Nießbrauch nicht unterworfen seyn solle, zugewendet wird.

***M:** 1=27 p. 23; 1=38 f. 38; 1=63 p. 89; 2=101 p. 71; 3=62 f. 38*

§. 115.

Was zu ihrem nicht freyen Vermögen gehöre.

[II II § 156]

Alles andre, was den Kindern durch bloße Schenkungen, Erbschaften, Vermächtnisse oder Glücksfälle zukommt, gehört nicht zu ihrem freyen Vermögen.

***M:** 1=14 f. 64; 2=53 p. 62; 3=55 p. 38*

§. 116.

[II II § 157]

Auch die Pathengeschenke werden dem freyen Vermögen nicht beygerechnet.

***M:** 1=14 f. 64; 1=61 f. 10; 2=20 p. 128; 2=60 f. 43; 3=55 p. 38; 4=53 p. 62; 5=57 p. 272*

§. 117.

Rechte der Kinder in Ansehung des freyen Vermögens

[II II § 158]

Ueber das freye Vermögen haben die Kinder ein uneingeschränktes Eigenthum.

***M:** 1=17 p. 75; 1=63 p. 19; 2=101 p. 71*

§. 118.

[II II § 159]

So lange sie noch minderjährig sind, steht dasselbe unter des Vaters vormundschaftlicher Aufsicht.

***M:** 1=4 f. 45*

§. 119.

[II II § 160]

Der Vater hat dabey die Rechte und Pflichten eines andern Vormundes.

***M:** 1=16 p. 177; 1=58 f. 23*

§. 120.

[II II § 160-162]

Doch steht es bey demjenigen, von welchen dergleichen Vermögen den Kindern, unter Lebendigen oder von Todes wegen, zugewendet worden, zu bestimmen: wie es, während der Minderjährigkeit der Kinder, mit dessen Verwaltung und Nutzung gehalten werden solle.

§. 121.

[II II § 163]
Nach erlangter Großjährigkeit, haben die Kinder die willkührliche Disposition über ihr freyes Vermögen.

***M:** 1=7 f. 18; 1=63 p. 90; 2=16 p. 177*

§. 122.

[II II § 165, 166]
Alle Verträge und Verbindungen, die sie in Ansehung desselben schliessen, sind, auch ohne Beytritt des Vaters, gültig.

***M:** 1=17 p. 75; 1=63 p. 91; 2=37 p. 71*

§. 123.

[-]
Sind ihnen jedoch Gelder oder Sachen, zur Ueppigkeit, Schwelgerey oder Verschwendung geliehen oder geborgt worden; so ist die Schuld, auch in Ansehung des freyen Vermögens, ungültig.

***M:** 1=2 f. 25; 1=80 f. 203; 2=58 f. 23; 2=59 p. 13; 2=60 p. 77; 2=101 p. 72; 3=17 p. 76; 3=53 p. 67; 4=9 f. 38; 4=57 p. 14; 4=62 p. 22; 4=63 p. 91; 5=57 p. 223; 6=59 f. 38*

§. 124.

[-]
Vielmehr soll in einem solchen Falle der Gläubiger, noch außerdem, mit empfindlicher Geld- oder Leibesstrafe belegt werden.

***M:** 1=57 p. 223; 1=80 f. 203; 2=62 f. 38*

§. 125.

[II II § 167]
Der Ersatz des von einem Kinde durch unerlaubte Handlungen verursachten Schadens, muß hauptsächlich aus dessen freyem Vermögen erfolgen.

***M:** 1=16 p. 178; 1=63 p. 91*

§. 126.

[II II § 168, 169]
Von dem nicht freyen Vermögen der Kinder.

Das nicht freye Vermögen der unter väterlicher Gewalt stehenden Kinder, ist der Vater, gleich seinem eignen, zu verwalten berechtigt.

***M:**1=55 p. 62 (auch §§. 127 - 144); 1=63 p. 92*

§. 127.

[-]
Von der väterlichen Verwaltung desselb.

Doch kann er, wenn die Kinder großjährig sind, die ihnen

zugehörigen Grundstücke und Gerechtigkeiten, ohne ihre Beystimmung, nicht veräußern.

M:1=55 p. 62 (auch §§. 126, 128 - 144); 1=63 p. 92; 2=101 p. 72

§. 128.

[II II § 170, 171]

Soll dergleichen Veräußerung während ihrer Minderjährigkeit erfolgen; so muß die Einwilligung des obervormundschaftlichen Gerichts dazu eingeholt werden.

M:1=55 p. 62 (auch §§. 126 - 127, 129 - 144); 1=63 p. 92; 1=64 p. 65; 2=67 p. 22

§. 129.

[II II § 172]

Das Gericht darf die Einwilligung nicht versagen, wenn der Vater die Nothwendigkeit der Veräußerung, oder einen den Kindern daraus entstehenden erheblichen Nutzen nachweist.

M:1=51 p. 15; 1=55 p. 62 (auch §§. 126 - 128, 130 - 144); 1=63 p. 92

§. 130.

[II II § 173-175]

Außer dieser Einwilligung sind, zur Gültigkeit des Geschäftes, keine weitere Förmlichkeiten nothwendig.

M:1=55 p. 62 (auch §§. 126 - 129, 131 - 144); 1=63 p. 92; 1=80 f. 203

§. 131.

[-]

Alles, was vorstehend wegen Veräußerung der zum eigenthümlichen Vermögen der Kinder gehörenden Grundstücke verordnet ist, gilt auch von deren Verpfändung, und von Auflegung andrer bleibenden Reallasten.

M:1=55 p. 62 (auch §§. 126 - 130, 132 - 144); 1=80 f. 203

§. 132.

[-]

Verbesserungen kann der Vater, in den Grundstücken der Kinder und deren Substanz, nach Belieben vornehmen.

M:1=55 p. 62 (auch §§. 126 - 131, 133 - 144)

§. 133.

[-]

Will er aber die Kinder zur Kostenerstattung verpflichten, so muß die Verbesserung mit deren Einwilligung, wenn sie großjährig sind, vorgenommen werden.

M:1=55 p. 62 (auch §§. 126 - 132, 134 - 144); 1=57 p. 274; 1=64 p. 66

§. 134.

[-]

Sind sie noch minderjährig, so muß der Vater den Consens des vormundschaftlichen Gerichts einholen.

M:1=55 p. 62 (auch §§. 126 - 133, 135 - 144); 1=64 p. 66/67; 2=73 p. 17; 3=59 p. 13

§. 135.

[-]

In beyden Fällen muß, zur Vermeydung künftigen Streits, der Betrag der Kosten, entweder noch vor, oder gleich nach bewürkter Verbesserung, mit Zuziehung der Kinder, oder des vormundschaftlichen Gerichts, festgesetzt werden.

M:1=43 p. 45; 1=55 p. 62 (auch §§. 126 - 134, 136 - 144); 1=63 p. 93; 1=101 p. 73; 2=57 p. 274; 2=68 p. 77; 3=60 f. 43

[II II § 176]

§. 136.

[II II § 178]

Der Vater ist, nach der Regel, nicht schuldig, für das seiner Verwaltung anvertrauete Vermögen der Kinder, besondre Sicherheit zu bestellen.

M:1=20 p. 130; 1=55 p. 62 (auch §§. 126 - 135, 137 - 144); 2=57 p. 275

§. 137.

[II II § 177]

Dagegen bleibt es bey dem, diesem Vermögen, in den Gütern des Vaters, durch die Gesetze angewiesenen Vorzugsrechte. (Lib. I. Part. IV. Tit. XII. §. 27. 68. 69. 72.)

M:1=2 f. 25; 1=55 p. 62 (auch §§. 126 - 136, 138 - 144)

§. 138.

[II II § 179-186]

Besondre Sicherstellung kann dem Vater nur alsdenn abgefordert werden, wenn er in Verfall seines Vermögens zu gerathen anfängt; oder ein Königliches Amt oder Pacht übernommen hat; oder in einer Königlichen Cassenbedienung steht.

M: 1=4 f. 44; 1=55 p. 62 (auch §§. 126 - 137, 139 - 144); 1=63 p. 93; 1=94 f. 214; 2=58 p. 32; 2=63 p. 11; 3=16 p. 180; 3=38 p. 299; 3=101 p. 73; 4=57 p. 275

§. 139.

[II II § 187, 188]

Schreitet ein Vater, welcher liegende Gründe oder Gerechtigkeiten besitzt, zur anderweitigen Verehelichung, so kann er auf dergleichen Immobilien eher nichts eintragen lassen, als bis das mütterliche Vermögen der Kinder aus voriger Ehe gehörig sicher gestellt worden.

M:1=5 f. 21; 1=55 p. 62 (auch §§. 126 - 138, 140 - 144); 1=101 p. 74; 2=16 p. 180; 2=Angabe fehlt; 3=43 p. 46; 3=102 p. 54; 4=59 f. 38; 4=62 f. 37

§. 140.

[II II § 189]

Auf dergleichen besondre Sicherstellung (§. 138. 139.) können nur die Kinder selbst, wenn sie großjährig sind, antragen.

M:1=55 p. 62 (auch §§. 126 - 139, 141 - 144); 1=57 p. 275; 1=73 p. 17

§. 141.

[II II § 190-193]

Sind sie noch minderjährig, so ist die Mutter, und in deren Ermangelung derjenige, welchem nächst dem Vater das Erbrecht zusteht, für die Sicherstellung zu sorgen befugt und verpflichtet.

M:1=1 f. 39; 1=55 p. 62 (auch §§. 126 - 140, 142 - 144); 1=63 p. 95; 2=11 f. 26; 2=101 p. 74; 3=17 p. 76; 4=33 p. 18; 5=51 p. 16

§. 142.

[II II § 194-200]

Ist dieser selbst noch minderjährig, so tritt der nächste nach ihm an seine Stelle.

M:1=16 p. 181; 1=55 p. 62 (auch §§. 126 - 141, 143 - 144); 1=63 p. 95; 2=101 p. 74

§. 143.

[-]

Ist den Kindern ein besondrer Curator zugeordnet, so liegt diesem ob, für die Sicherstellung zu sorgen.

M:1=55 p. 62 (auch §§. 126 - 142, 144); 1=57 p. 276; 1=63 p. 95; 1=68 p. 78; 2=101 p. 74[*)]

---

*) Es kommt hier darauf an, die nöthige Vorsorge des Staats für die Sicherheit des Vermögens der Unmündigen, mit der Pflicht zu vereinigen, nach welcher er seine Bürger nicht mit unnöthigen Hindernissen und Einschränkungen in dem Betrieb ihrer Nahrung und ihres Gewerbes belasten muß. Die Sicherstellung der Maternorum setzt Väter, die ein weitläuftiges Verkehr treiben, besonders Kaufleute, wenn sie ihrer häuslichen Umstände wegen, oft selbst um der Kinder willen, zur zweyten Ehe schreiten wollen, oft in die größte Verlegenheit. Die Schwierigkeiten, welche bey solchen Gelegenheiten den Vätern gemacht zu werden pflegen, sind im Grunde Folgen des vormaligen *Odit secundarum nuptiarum*, und wahre Ehehindernisse. Der Vater hat doch immer die Vermuthung für sich, daß er seine Kinder nicht um das Ihrige bringen werde. Das Gesetz sorgt dafür, daß nicht leicht andre Schulden, selbst nicht die Forderungen der zweyten

§. 144.

[II II § 204-209]

Vom väterlichen Nießbrauch

Außer der Verwaltung, gebührt auch dem Vater, von dem nicht freyen Vermögen der Kinder, der Nießbrauch.

M:1=4 f. 43; 1=55 p. 62 (auch §§. 126 - 143); 1=73 p. 14; 2=43 p. 46; 2=60 f. 44; 3=57 p. 277

§. 145.

[-]

Was er von den Einkünften dieses Vermögens erspart, wird sein Eigenthum.

M: 1=14 f. 66; 1=63 p. 95; 2=57 p. 277; 2=101 p. 71

§. 146.

[-]

So lange der Nießbrauch dauert, ist derselbe auch den Gläubigern des Vaters verhaftet.

M: 1=4 f. 44

§. 147.

[-]

Doch bleiben den Kindern, wegen der ihnen daraus vorzüglich gebührenden Verpflegungs- und Erziehungskosten, ihre Rechte vorbehalten.

M: 1=1 f. 40; 2=16 p. 182; 3=19 p. 7; 4=14 f. 66; 4=51 p. 18; 5=55 p. 40

§. 148.

[II II § 201, 202]

So lange die Kinder unter väterlicher Gewalt stehen, können sie, ohne des Vaters Einwilligung oder Genehmigung, auch in Ansehung des nicht freyen Vermögens, keine gültige Verträge schliessen.

M: 1=17 p. 77; 2=53 p. 66; 3=57 p. 278

§. 149.

[-]

Nur alsdenn sind dergleichen Verträge, in Ansehung des nicht freyen Vermögens gültig, wenn sie die dadurch erhalt-

---

Frau, dem mütterlichen Vermögen der Kinder vorspringen können. Nur wenn der Vater dem Fisco verhaftet ist, oder wenn er Immobilien besitzt, durch deren gerichtlich eingetragene Verpfändung er der zweyten Frau, oder auch einem andern Gläubiger, vorzügliche Sicherheit, zum Nachtheil der Kinder, verschaffen könnte, muß für letztere, wie in den §. §. 198.199. geschehen ist, besonders gesorgt werden.

nen Gelder oder Sachen, zu ihrer Nothdurft oder zu ihrem Nutzen erweißlich verwendet haben.

M: *1=17 p. 78; 2=20 p. 131; 3=43 p. 47; 4=51 p. 20*

§. 150.

[-]

Ist die Verwendung zur Nothdurft der Kinder geschehen, so kann der Gläubiger die Erstattung, aus ihrem eigenthümlichen nicht freyen Vermögen, sofort fordern.

M: *1=14 f. 66; 2=23 p. 10; 3=51 p. 21*

§. 151.

[-]

Ist die Verwendung bloß nützlich gewesen, so kann der Gläubiger die Erstattung erst alsdenn fordern, wenn der dem Vater zukommende Nießbrauch aufhört.

M: *1=1 f. 40; 1=102 f. 55; 2=43 p. 47; 3=51 p. 20*

§. 152.

[II II § 203]

Haben Kinder durch unerlaubte Handlungen jemand Schaden zugefügt, so muß der Ersatz, in Ermangelung eines freyen Vermögens, aus dem nicht freyen, so weit es hinreicht, erfolgen.

M: *1=16 p. 183; 2=57 p. 278*

§. 153.

[-]

Doch kann in Fällen, wo dem Vater keine eigne Vertretung zur Last fällt (§. 104.105.106.) der ihm gebührende Nießbrauch durch dergleichen Schadensersatz nicht geschmälert werden.

M: *1=1 f. 40; 1=67 p. 23; 1=73 p. 17; 1=101 p. 75; 2=2 f. 25; 2=102 p. 55; 3=10 f. 42; 4=14 f. 67; 5=17 p. 78; 5=63 p. 96; 6=57 p. 278; 7=57 p. 279; 8=51 p. 20*

Vierter Abschnitt.
Von Aufhebung der väterlichen Gewalt[a].

§. 154.

[II II § 210-213]

Wenn der Sohn ein eigenes, von dem Vater unabhängiges Gewerbe anfängt, durch welches er sich, ohne fernere väterliche Unterstützung, den standesmäßigen Unterhalt verschaffen kann; so geht er dadurch aus der väterlichen Gewalt.

Die väterliche Gewalt wird aufgehoben 1) durch Anstellung einer besondern Wirthschaft bey den Söhnen.

***M:** 1=2 f. 25; 1=17 p. 78; 1=62 f. 39; 1=63 p. 96-98; 2=57 p. 281; 2=67 p. 23; 3=59 f. 39*

§. 155.

[II II § 212 a.]

Ein gleiches geschieht, wenn er ein Amt übernimmt, von dessen Einkünften er eine eigne Wirthschaft unterhalten kann.

***M:** 1=16 p. 183; 1=62 f. 39; 1=63 p. 96-98; 2=17 p. 79; 2=67 p. 23; 3=48 p. 48*

§. 156.

[II II § 214-227]

So lange der Sohn noch minderjährig ist, kann er, ohne des Vaters Einwilligung, keine abgesonderte Wirthschaft anstellen.

***M:** 1=16 p. 183; 1=63 p. 98-100; 1=66 p. 52; 2=29 p. 24; 2=59 f. 41; 2=93 p. 11; 3=53 p. 68; 3=99 p. 26; 4=12 f. 29; 4=57 p. 281; 5=50 p. 125*

§. 157.

[-]

Nach erlangter Volljährigkeit, kann ihm der Vater seine Einwilligung dazu, ohne erhebliche Gründe, nicht versagen.

***M:** 1=63 p. 98-100*

§. 158.

[-]

Für erheblich ist die Weigerung zu achten, wenn schwache Verstandskräfte des Sohnes, oder dessen unordentliches, verschwendrisches oder sonst leichtsinniges Betragen, es bedenklich machen, ihm die Führung einer eignen Wirthschaft zu überlassen.

***M:** 1=5 f. 8; 1=60 f. 46; 1=63 p. 98-100; 2=16 p. 184; 3=43 p. 48*

§. 159.

[-]

Entsteht ein Streit darüber, so muß das obervormundschaft-

---

[a] **E:** 07.73.0182^{r}-0196^{v} **Nachtr.E:** 07.74.0186^{r}-0192^{v}
R: 07.80.0087-0088^{r} zu §§ 154-200

liche Gericht solchen, ohne Zulassung eines förmlichen Prozesses, mit Zuziehung der nächsten Verwandten, oder in deren Ermangelung, zweyer Standes- oder Zunftgenossen des Vaters, von bekannter Einsicht und Redlichkeit, schlichten.

M: *1=63 p. 98-100; 1=64 p. 67-69; 2=102 p. 55*

§. 160.

[-]

Will einer oder der andre Theil sich dabey nicht beruhigen, so muß nach der Anweisung des Ersten Buchs Part. II. Tit. XV. §. 5. 6. verfahren werden.

M: *1=63 p. 98-100*

2) durch Verheyrathung bey den Töchtern.

§. 161.

[II II § 228-230]

Sobald eine Tochter mit Einwilligung des Vaters sich verheyrathet, hört die väterliche Gewalt auf.

M: *1=7 f. 22; 2=16 p. 184; 2=63 p. 100; 3=17 p. 78; 4=57 p. 281*

§. 162.

[II II § 228-230]

Aus welchen Gründen der Vater seine Einwilligung versagen, und in wiefern dieselbe von dem Richter ergänzt werden könne, ist im Ersten Titel verordnet.

Folgen dieser Aufhebung der väterlichen Gewalt:
a) Herausgabe des eigenthümlichen Vermögens der Kinder.

§. 163.

[II II § 231]

Wenn die Söhne, durch angestellte besondre Wirthschaft, oder übernommnes Amt, und die Töchter durch ihre Verheyrathung, aus der väterlichen Gewalt gekommen sind, so ist der Vater schuldig, ihnen das unter seiner Verwaltung bisher gestandne eigenthümliche Vermögen heraus zu geben.

M: *1=16 p. 185; 1=63 p. 101; 2=57 p. 182; 2=66 p. 78*

§. 164.

[II II § 232]

Doch ist er berechtigt, sich einen Theil des Nießbrauchs, bis zur Hälfte desselben, auf eine gewisse Zeit, oder auch auf Lebenslang, vorzubehalten.

M: *1=11 f. 26; 1=80 f. 203; 2=12 f. 29; 2=62 p. 69; 2=64 p. 69; 2=93 p. 11; 3=23 p. 11; 3=99 p. 28; 4=33 p. 23; 4=101 p. 77; 5=27 p. 25; 5=102 f. 56; 6=16 p. 185; 6=43 p. 49; 6=62 f. 41; 6=76 p. 40; 6=96 f. 236; 7=51 p. 23; 8=1 f. 41; 8=14 f. 67; 8=20 p. 131; 8=33 p. 18; 8=53 p. 68; 8=58 f. 23; 8=68 p. 76; 8=73 p. 40; 8=101 p. 77; 9=2 f. 25; 9=14 f. 45; 9=16 p. 185; 9=40 p. 31*

§. 165.

[II II § 232]

Söhne, welche eine abgesonderte Wirthschaft anfangen, müssen zu deren ersten Einrichtung, und zur Anschaffung der Geräthschaften, welche der Betrieb ihres Gewerbes nothwendig erfordert, mit einer Ausstattung versehen werden. b) Ausstattung der Kinder.

***M:** 1=16 p. 185*

§. 166.

[II II § 233]

Auch den heyrathenden Töchtern gebührt dergleichen Ausstattung, so weit solche zur Hochzeit, und zur ersten Einrichtung ihres Hauswesens nothwendig ist.

***M:** 1=5 f. 9; 1=63 p. 101; 2=58 f. 24*

§. 167.

[II II § 234]

Haben die Kinder eignes Vermögen, so können die Kosten der Ausstattung aus diesem genommen werden.

***M:** 1=61 f. 10*

§. 168.

[II II § 235, 236]

Haben sie kein eignes, oder doch kein hinreichendes Vermögen; so ist es die natürliche Pflicht des Vaters, die Kinder, bey dieser ihrer ersten Einrichtung, aus seinen Mitteln, nach Möglichkeit zu unterstützen.

***M:** 1=16 p. 185; 1=62 f. 41; 2=55 p. 41; 3=57 p. 287; 4=59 f. 41*

§. 169.

[II II § 237]

Wieweit er diese väterliche Hülfe erstrecken wolle, kann ihm von den Kindern auf keine Weise vorgeschrieben werden.

***M:** 1=33 p. 19; 2=57 p. 182*

§. 170.

[II II § 238, 239]

Sollte deswegen, wider Verhoffen, Streit entstehn, so muß das vormundschaftliche Gericht die Sache, mit Zuziehung der nächsten Verwandten, oder in deren Ermangelung, zweyer Standes- oder Zunftgenossen des Vaters, ohne Prozeß vermitteln.

***M:** 1=58 f. 24; 1=64 p. 69; 2=93 p. 11*

§. 171.

[II II § 239]

Auch das Gericht kann den Vater nicht nöthigen, den Kindern mehr, als die eigentlichste Nothdurft, zur Ausstattung zu bewilligen.

M: 1=14 f. 68; 2=16 p. 186; 3=55 p. 41

§. 172.

[II II § 240]

Der Vater kann, unter dem Vorwand der zu bestimmenden Ausstattung, niemals gezwungen werden, seinen Vermögenszustand zu offenbaren.

M: 1=44 p.70; 1=63 p. 101; 2=16 p. 186; 2=51 p. 24; 2=58 f. 24; 2=92 f. 176

§. 173.

[II II § 241-248]

Bey der Bestimmung des vormundschaftlichen Gerichts muß das Kind sich schlechterdings beruhigen.

M: 1=64 p. 70; 2=68 p. 78-79; 3=102 p. 57

§. 174.

[II II § 241-248]

Dem Vater aber steht dagegen der im Ersten Buche Part. II. Tit. XV. §. 5. 6. beschriebene Rekurs offen.

M: 1=11 f. 81; 1=64 p. 70; 2=68 p. 78-79; 3=102 p. 57

§. 175.

3) Freywillige Entlassung aus der väterlichen Gewalt.

[II II § 216]

Will der Vater ein noch minderjähriges Kind aus seiner Gewalt entlassen, so muß er zugleich bewürken, daß solches von der Behörde für großjährig erklärt werde.

M: 1=63 p. 101/102; 2=101 p. 77

§. 176.

[-]

Es müssen also dabey eben die Erfordernisse beobachtet werden, welche die Gesetze, in dem Titel von Vormundschaften, bey jeder Majorennitäts=Erklärung vorschreiben.

§. 177.

[-]

Außerdem muß untersucht werden, ob das Kind gehörig ausgestattet, und in den Stand gesetzt worden, der fernern väterlichen Unterstützung entbehren zu können.

M: 1=16 p. 187

§. 178.

[-]

Durch dergleichen Majorennitätserklärung gehen die Kinder aus der väterlichen Gewalt.

M: 1=62 f. 42

§. 179.

[-]

Sie sind berechtigt, von dem Vater die Ausantwortung ihres eignen Vermögens, unter der §. 164. enthaltnen Einschränkung, zu fordern.

***M:** 1=48 p. 19; 1=102 p. 57*

§. 180.

[-]

Bey Handlungen aber, und in Fällen, wo nach den Gesetzen, auch die für großjährig erklärte Pflegbefohlne des Beytritts ihres Vormunds bedürfen, ist hier die Zuziehung des Vaters erforderlich.

***M:** 1=5 f. 10; 1=67 p. 23*

§. 181.

Rechte und Pflichten zwischen Eltern und Kindern, nach aufgehobner väterlicher Gewalt.

[II II § 249]

Auch nach aufgehobner väterlicher Gewalt, sind die Kinder den Eltern kindliche Ehrerbietung schuldig.

§. 182.

[II II § 250]

Die Pflicht, den väterlichen Consens zur Schliessung einer Heyrath einzuholen, wird durch die Endigung der väterlichen Gewalt nicht aufgehoben.

***M:** 1=10 f. 42; 1=68 p. 79; 2=27 p. 24; 2=62 f. 42; 3=38 p. 302; 4=57 p. 283; 5=59 f. 42*

§. 183.

[II II § 251]

Eltern und Kinder bleiben, auch nach geendigter väterlichen Gewalt, sich wechselseitig beyzustehen verpflichtet.

***M:** 1=57 p. 284; 2=51 p. 28*

§. 184.

[II II § 252]

Die Kinder sind hülfsbedürftige Eltern, nach deren Stande und ihrem Vermögen, zu unterhalten schuldig.

§. 185.

[II II § 253]

Sind die Eltern durch eigne Schuld in Vermögensverfall gerathen, so müssen sie sich mit dem nothdürftigen Unterhalte begnügen.

***M:** 1=55 p. 42; 1=61 f. 11*

§. 186.

[-]

Sind mehrere Kinder vorhanden, so müssen solche zur Verpflegung der hülfsbedürftigen Eltern, nach Verhältniß ihres Vermögens, beytragen.

***M:** 1=63 p. 102*

§. 187.

[II II § 252]

Werden Kinder durch Krankheit, Unglücksfälle oder sonst, außer Stand gesetzt, sich ihren Unterhalt selbst zu erwerben, so können sie dergleichen nothdürftigen Unterhalt, auch nach geendigter väterlichen Gewalt, von den Eltern fordern.

***M:** 1=63 p. 103*

§. 188.

[II II § 254]

Dagegen sind sie alsdenn auch verbunden, den Eltern in ihrer Wirthschaft und Gewerbe, nach ihren Kräften, behülflich zu seyn.

***M:** 1=16 p. 188*

§. 189.

[-]

Nur aus solchen Gründen, aus welchen ein Vater sein Kind zu enterben berechtigt ist, (§. 311.) kann er demselben auch den Unterhalt versagen.

***M:** 1=16 p. 188; 2=51 p. 29*

§. 190.

[-]

Doch behält der Staat das Recht, den nothdürftigen Unterhalt, auch solcher Kinder, von dem Vater alsdenn zu fordern, wenn es gar kein andres Mittel giebt, dieselben ohne Belästigung des Publikums zu ernähren.

***M:** 1=2 f. 25; 1=63 p. 103*

§. 191.

[-]

In Ansehung der wechselseitigen Verpflegung, haben die Großeltern mit den Eltern gleiche Rechte und Verbindlichkeiten.

§. 192.

[-]

In zweifelhaften Fällen muß der Richter, nach der Nähe des Grades, und den Vermögensumständen derjenigen, welche die Verpflegung leisten sollen, billig ermessen: wem solche hauptsächlich zukomme, und obliege.

***M:** 1=51 p. 29; 1=59 f. 42; 1=63 p. 104; 2=62 f. 42*

§. 193.

[II II § 255-257, 262-265]

Außer den §. 154. 155. 161. und 175. bestimmten gewöhnlichen Fällen, hört die väterliche Gewalt von selbst auf: Besondre Fälle, wo die väterliche Gewalt aufhört.

1) wenn der Vater in Raserey oder Blödsinn verfällt;
2) wenn er gerichtlich für einen Verschwender erklärt wird;
3) wenn er die Kinder ohne Aufsicht verläßt;
4) wenn er aus den Königlichen Landen entweicht, in der Absicht, sich dem Staat und seinen Unterthanspflichten zu entziehn;
5) wenn er, begangner Verbrechen halber, das Land meyden muß, oder zu zehnjähriger oder lebenswieriger Zuchthaus= oder Festungsstrafe verurtheilt wird.

***M:** 1=14 f. 68; 1=62 p. 70; 2=1 f. 41; 2=2 f. 25; 2=16 p. 189; 2=62 p. 70; 2=63 p. 104; Angabe fehlt p. 285; 3=20 p. 133; 3=102 p. 58; 4=59 f. 42*

§. 194.

[II II § 258-260, 266-269]

Wie die väterliche Gewalt einzuschränken, wenn der Vater die Erziehung der Kinder vernachläßigt, sie zum Bösen verleitet, mißhandelt; oder ihnen den nothdürftigen Unterhalt versagt, ist §. 51. 52. verordnet.

§. 195.

[-]

Geräth der Vater in Conkurs, so verliert er auch die Verwaltung des eignen Vermögens der Kinder.

***M:** 1=16 p. 190*

§. 196.

[-]

Wird er für einen muthwilligen Bankerutirer erklärt, so gehen auch alle übrige Folgen und Würkungen der väterlichen Gewalt verlohren.

***M:** 1=19 p. 7; 1=63 p. 104; 2=62 f. 42*

§. 197.

[-]

Außerdem behält der Vater die mit dieser Gewalt verbundenen persönlichen Rechte.

***M:** 1=16 p. 190*

§. 198.

[-]

Auch bleibt ihm der Nießbrauch von dem eigenen nicht freyen Vermögen der Kinder; jedoch nach Abzug der zur

Verwaltung desselben, ingleichen zur Erziehung und Verpflegung der Kinder erforderlichen Kosten.

M: 1=14 f. 70; 1=63 p. 104; 2=16 p. 190; 2=73 p. 17; 3=51 p. 31

§. 199.

[-]

In allen Fällen, wo nach §. 193=198. die väterliche Gewalt aufhört oder eingeschränkt wird, muß den Kindern, wenn sie noch minderjährig sind, ein Curator bestellt werden.

§. 200.

[II II § 270]

Schließlich hört die väterliche Gewalt durch den Tod des Vaters auf; wovon im folgenden Abschnitt gehandelt wird.

M: post §. 200: 1=57 p. 286; 2=57 p. 189

Fünfter Abschnitt.
Von der Erbfolge der Kinder und andrer Verwandten in absteigender Linie[a] .

§. 201.

[-] Trauer.

Bey dem Absterben der Eltern und andrer Verwandten in aufsteigender Linie, sollen die Kinder, Enkel und Urenkel die Trauer nur auf ein halbes Jahr anlegen.

***M:** 1=2 f. 25; 1=62 p. 71; 1=68 p. 79; 2=17 p. 86; 2=Angabe fehlt; 3=20 p. 135; 3=63 p. 105; 4=57 p. 290; 5=14 f. 70; 5=53 p. 69*

§. 202.

[-]

Schwiegerkinder trauren gleich den leiblichen Kindern.

***M:** 1=57 p. 291; 1=68 p. 79*

§. 203.

[-]

Ein Kind, welches vor zurückgelegtem zehnten Jahre verstirbt, wird von den Eltern gar nicht betrauert.

***M:** 1=10 f. 42; 1=57 p. 291; 1=61 f. 11; 1=68 p. 79*

§. 204.

[-]

Nach dieser Zeit dürfen die Eltern nur drey Monath die Trauer anlegen.

***M:** 1=16 p. 191; 1=68 p. 79*

§. 205.

[II II § 271] Erbfolge.

Die Erbfolge in den Nachlaß der verstorbnen Eltern, wird entweder durch Verträge, oder durch letztwillige Verordnungen, oder durch Statuten und Provinzialgesetze bestimmt.

***M:** 1=10 f. 43; 1=14 f. 71; 1=81 p. 27*

§. 206.

[II II § 272]

Sind weder Verträge, noch letztwillige Dispositionen vorhanden; und sind in den Provinzial= und Statutarischen Gesetzen keine, oder nicht hinreichende Verordnungen enthalten; so soll nach folgenden Vorschriften verfahren werden.

***M:** 1=16 p. 191*

---

a **E:** 07.73.0197^r-242^v **Nachtr.E:** 07.74.0193^r-0209^v
R: 07.80.0088^v-0096^r zu §§ 201-355

§. 207.

Absonderung desjenigen, was zur Erbschaft nicht gehört.

[II II § 273]

Vor allen Dingen muß von dem Nachlaß des Verstorbenen das abgesondert werden, was nicht zu seiner Erbschaft gehört.

§. 208.

[II II § 273]

Lehne, Fideicommiße, und Majorate nehmen diejenigen hinweg, denen solche nach der festgesetzten besondern Succeßionsordnung zufallen.

***M:** 1=16 p. 192; 2=53 p. 69; 2=55 p. 22; 3=57 p. 292*

§. 209.

[-]

Gerade, Niftel und Heergewette werden, nach den Tit. I. §. 335. sqq. enthaltenen Vorschriften, denjenigen ausgeantwortet, welchen sie nach den obwaltenden Provinzial= oder Statutarischen Rechten gebühren.

***M:** 1=50 p. 125*

§. 210.

[II II § 274]

Ist ein überlebender Ehegatte vorhanden, so wird dessen eigenthümliches Vermögen, nach den Anweisungen Tit. I. §. 375. sqq. von dem Nachlaß abgesondert.

***M:** 1=59 f. 15*

§. 211.

Besonders des eigenthümlichen Vermögens der Kinder.

[II II § 275]

Hat der verstorbne Vater eigenes Vermögen der Kinder zur Verwaltung gehabt, so muß einem jeden Kinde das Seinige aus dem Nachlaß voraus verabfolgt werden.

§. 212.

[II II § 276]

Bey dieser Absonderung des eigenen Vermögens der Kinder, von dem väterlichen Nachlaß, finden überhaupt diejenigen Grundsätze statt, welche im Ersten Titel §. 375. sqq. auf den Fall vorgeschrieben sind, wenn die Frau, nach dem Tode des Mannes, ihr Vermögen aus desselben Nachlaß zurück nimmt.

§. 213.

[II II § 277]

Das eigenthümliche freye Vermögen der Kinder, wird dabey dem vorbehaltnen Vermögen der Frau, und das nicht freye dem Eingebrachten gleich geachtet.

***M:** 1=27 p. 26; 1=68 p. 79; 2=23 p. 11; 3=57 p. 292*

§. 214.

[II II § 278]

In allen Fällen, wo der Frau durch jene Vorschriften die Wahl gelassen ist, gebührt solche hier dem Kinde.

M: *1=19 p. 7; 2=57 p. 293*

§. 215.

[II II § 279]

Hat der Vater Mobilien und Effekten des Kindes in Verwahrung gehabt, so muß das Kind solche vollständig zurück erhalten.

§. 216.

[II II § 280-286]

Sind sie nicht mehr vorhanden, oder am Werthe vermindert, so muß dem Kinde der wahre Werth aus dem väterlichen Nachlaß vergütet werden.

M: *1=20 p. 135; 1=33 p. 19; 2=44 p. 71; 2=58 f. 24*

§. 217.

[II II § 280-286]

Dieser wahre Werth wird nach dem Zeitpunkte bestimmt, wo die Mobilien in des Vaters Gewahrsam gekommen sind.

M: *1=16 p. 193; 1=60 f. 4; 1=63 p. 105; 2=43 p. 49; 2=59 f. 42; 2=74 p. 13; 3=57 p. 293*

§. 218.

[II II § 280-286]

Wegen Verbesserung der Grundstücke durch zugekaufte Pertinenzien, bleibt es bey den Vorschriften des Ersten Titels §. 411. 412.

§. 219.

[II II § 280-286]

Andre Verbesserungen darf das Kind nur alsdenn vergüten, wenn dabey die in gegenwärtigem Titel §. 132. sqv. bestimmten Maßregeln beobachtet worden.

M: *1=64 p. 72*

§. 220.

[II II § 280-286]

Hat der Vater diese Maßregeln nicht beobachtet, so wird angenommen, daß er dem Kinde die Verbesserungskosten nicht anrechnen wollen.

M: *1=2 f. 26; 2=19 p. 7; 3=23 p. 11; 3=27 p. 30*

§. 221.

[II II § 287, 288]

Kosten, welche der Vater auf die Kinder verwendet hat,

werden denselben auf ihr eigenthümliches Vermögen, der Regel nach, nicht angerechnet.

M: 1=19 p. 7; 1=68 p. 79; 2=57 p. 294; 3=51 p. 31; 3=63 p. 106

§. 222.

[II II § 289]

Doch kann der Vater dergleichen Anrechnung verordnen.

M: 1=37 p. 72; 1=68 p. 79; 2=49 p. 28; 3=53 p. 69; 3=55 p. 43; 4=27 p. 27

§. 223.

[II II § 290]

Er muß aber seinen Willen darüber deutlich und bestimmt erklärt haben.

M: 1=37 p. 73; 1=68 p. 79-81; 2=61 f. 11; 3=64 p. 73

§. 224.

[II II § 291-293]

Die bloße Anzeichnung der auf ein Kind verwendeten Kosten, ist für eine dergleichen Erklärung nicht zu achten.

M: 1=2 f. 26; 1=63 p. 107; 2=17 p. 86

§. 225.

imgleichen des Erbschatzes.

[II II § 294-296]

Auch der Erbschatz, welcher von den Eltern, oder einem Dritten, zum Besten der Kinder bestellt worden, muß von dem Nachlaß des Verstorbenen abgesondert werden.

§. 226.

[II II § 294-296]

Wie es damit zu halten, wenn ein überlebender Ehegatte vorhanden, ist im Ersten Titel §. 358. 359. verordnet.

M: 1=64 p. 74

§. 227.

[II II § 294-296]

Stirbt der letztlebende Ehegatte, so fällt Eigenthum und Nießbrauch zugleich, an die aus der vorgewalteten Ehe erzeugten Kinder, und deren eheliche Nachkommen.

§. 228.

[II II § 294-296]

Sind eines oder mehrere der zum Erbschatz berufnen Kinder, vor dem letztlebenden Ehegatten, ohne eheliche Nachkommen verstorben, so haben deren anderweitige Erben an den Erbschatz keinen Anspruch.

M: 1=63 p. 108

§. 229.

[II II § 294-296]

Vielmehr wächst ihr Antheil an dem Erbschatz, ihren übrigen Geschwistern, und deren ehelichen Nachkommen zu.

***M:** 1=4 f. 45; 1=53 p. 70*

§. 230.

[II II § 297-299]

Haben einige Kinder aus dem Erbschatz etwas zur Ausstattung erhalten, so muß den andern eben so viel, vor der Theilung, zum voraus, verabfolgt werden.

***M:** 1=2 f. 26*

§. 231.

[II II § 297-299]

Alsdenn wird der Ueberrest in so viel Theile gelegt, als Linien der aus der Ehe herstammenden Nachkommen vorhanden sind.

***M:** 1=94 f. 215*

§. 232.

[II II § 297-299]

Hat der Erbschatz in Capitalien bestanden, so müssen die Erben des letztlebenden Ehegatten den Kindern die Instrumente darüber verabfolgen.

§. 233.

[II II § 297-299]

Sind Grundstücke oder Gerechtigkeiten zum Erbschatz ausgesetzt gewesen, so bleibt den Kindern die Wahl: ob sie die Grundstücke selbst, oder den bey der Bestellung bestimmten Werth fordern wollen. (Tit. I. §. 197.).

***M:** 1=2 f. 26; 1=63 p. 108; 2=20 p. 136*

§. 234.

[II II § 297-299]

Wählen sie die Grundstücke selbst, so müssen sie solche in dem Zustand übernehmen, wie sie bey dem Absterben des letztlebenden Ehegatten beschaffen sind.

***M:** 1=63 p. 108*

§. 235.

[II II § 297-299]

Verbesserungen, die von dem letztlebenden Ehegatten gemacht worden, dürfen die Kinder nur insofern vergüten, als sie sich dazu, vor, bey, oder nach deren Veranstaltung, ausdrücklich verbunden haben.

***M:** 1=2 f. 26; 1=63 p. 108; 1=64 p. 75; 2=27 p. 27; 3=57 p. 294*

§. 236.

[II II § 297-299]

Wegen Verringerungen findet, weil die Nachkommen die Wahl haben, keine Schadloshaltung statt.

***M:** 1=2 f. 26; 1=63 p. 108*

§. 237.

[II II § 297-299]

Wählen die Nachkommen den bestimmten Werth, so kann ihnen davon nur in sofern ein Abzug gemacht werden, als ein Theil von der Substanz des Grundstücks, oder der Gerechtigkeit, ohne Verschulden des letztlebenden Ehegatten, verlohren gegangen.

***M:** 1=2 f. 26; 1=63 p. 108*

§. 238.

[II II § 297-299]

Sollte bey Bestellung des Erbschatzes, die verordnete Bestimmung des Werths, der Vorschrift Tit. §. 197. ohnerachtet, dennoch unterblieben seyn; so erfolgt die Auseinandersetzung zwischen den Nachkommen, und den Erben des letztlebenden Ehegatten, nach den allgemeinen Vorschriften bey dem Nießbrauch.

***M:** 1=63 p. 108; 1=73 p. 17*

Gesetzliche Ordnung der Erbfolge der Descendenten.

§. 239.

[II II § 300]

Wenn nun nach obigen Anweisungen §. 207. sqv. von dem Nachlaß des Verstorbenen dasjenige, was zu seiner Erbschaft nicht gehört, abgesondert worden, so gelangen, in das übrige, die sämmtlichen ehelichen Kinder desselben zur Erbfolge.

§. 240.

[II II § 301]

In wiefern der überlebende Ehegatte mit den Kindern daran Theil nehme, ist oben Tit. I. §. 365. verordnet.

Grundsätze der Erbtheilung.

§. 241.

[II II § 302]

Kinder beerben ihre Eltern zu gleichen Theilen.

***M:** 1=6 f. 29; 1=64 f. 215*

§. 242.

[II II § 303-309]

Haben einige Kinder von dem Erblasser, bey Lebenszeiten, etwas zur Ausstattung erhalten, so muß jedem der übrigen eben so viel, aus der Erbschaft, vor deren Theilung, zum Voraus verabfolgt werden.

M: 1=1 f. 41; 1=63 p. 109; 2=2 f. 26; 2=74 f. 13; 3=16 p. 297; 3=17 p. 88; 3=27 p. (unl.); 4=17 p. 86; 4=27 p. 28; 5=20 p. 138; 5=27 p. 27; 6=48 p. 19; 7=50 p. 126; 8=53 p. 70; 8=55 p. 43; 9=57 p. 294

§. 243.

[II II § 309]

Sind mehrere Kinder ausgestattet, und haben dazu nicht gleich viel erhalten, so können die weniger begünstigten, das zur völligen Ausgleichung erforderliche, aus der Erbschaft voraus verlangen.

M: 1=1 f. 42; 1=63 p. 109; 2=12 f. 32; 3=57 p. 294

§. 244.

[II II § 310]

Wird die Erbschaft durch diese Ausgleichung, der entweder noch gar nicht, oder minder reichlich versorgten Kinder, mit den reichlicher ausgestatteten, erschöpft, so bleiben letztere von der Theilung ausgeschlossen.

M: 1=7 f. 19; 1=63 p. 109

§. 245.

[II II § 311]

Die übrigen entweder noch gar nicht, oder minder reichlich ausgestatteten Kinder, theilen sich alsdenn in die Erbschaft dergestalt, daß unter ihnen die möglichste Gleichheit beobachtet werde.

M: 1=63 p. 109

§. 246.

[II II § 312]

Die von den Eltern bey ihren Lebenszeiten ausgestatteten Kinder, dürfen von dem erhaltenen an ihre Geschwister niemals etwas heraus geben.

M: 1=4 f. 47; 1=80 f. 203; 2=12 f. 30; 2=73 p. 17; 3=13 f. 9; 4=37 p. 73; 5=16 p. 197

§. 247.

[II II § 313]

Haben die Eltern gar kein Vermögen hinterlassen, so müssen die ausgestatteten Geschwister den unausgestatteten so viel geben, als nach §. 169. sq. zur nothdürftigen Ausstattung für letztre erfordert wird.

M: 1=1 f. 42; 1=62 p. 71; 1=64 p. 75; 1=80 f. 203; 2=4 f. 47; 2=63 p. 110; 2=73 p. 17; 3=27 p. 32; 3=52 p. 4; 3=63 p. 110; 3=93 p. 11; 4=49 p. 25; 4=51 p. 32; 4=59 f. 45, 4=67 p. 23; 5=57 p. 245

§. 248.

[II II § 314, 315-326]

Sind mehrere ausgestattete Geschwister vorhanden, so müssen sie, zu dieser Ausstattung der noch unversorgten, nach Verhältniß des Empfangenen beytragen.

M: 1=38 p. 300; 1=64 p. 75; 2=50 p. 126; 3=51 p. 32

§. 249.

[II II § 327]

Alles, was von der Ausgleichung der Kinder und ihrer Ausstattung §. 242. sqv. gesagt worden, gilt auch in Ansehung der von den Eltern denselben gemachten Geschenke.

M: 1=63 p. 110

§. 250.

[II II § 328]

Doch ist dieses nur auf solche Schenkungen zu deuten, die in Grundstücken und Gerechtigkeiten, oder Capitalien, oder solchen Summen baaren Geldes bestehn, welche, nach Vorschrift der Gesetze, gerichtlich verlautbart werden müssen.

M: 1=1 f. 42; 1=78 p. 7; 2=16 p. 198; 3=2 f. 2; 3=17 p. 87; 3=20 p. 136; 3=59 f. 43; 4=27 p. 32; 5=48 p. 20

§. 251.

[II II § 329, 330]

Auf alles übrige, was außer der Ausstattung, und den vorbeschriebnen Schenkungen, ein und andres Kind von den Eltern, bey ihren Lebenszeiten erhalten hat, soll bey der Theilung der Erbschaft keine Rücksicht genommen werden*).

M: 1=5 f. 10; 1=78 p. 18; 2=17 p. 88; 2=102 f. 62; 3=37 p. 37; 3=74 f. 13.

---

*) Durch die Vorschriften §.§. 242=251. wird von der Theorie des Römischen Rechts abgegangen. Die *Querela inofficiosae dotis & donationis* streitet wider den eignen Grundsatz eben dieses Rechts, *quod viventis nulla sit hereditas*; sie enthält eine so wenig in der Natur der Sache, als in dem Zwecke des gemeinen Besten wesentlich gegründete Einschränkung der Freyheit, über sein Eigenthum nach Gutfinden zu disponiren; sie ist, unter dem Scheine der Billigkeit gegen die nicht ausgestatteten Kinder, äußerst unbillig gegen diejenigen, die schon ausgestattet worden, oder die sich mit solchen verheyrathet haben; da diese durch die unvorhergesehene Einwerfung der einmal erhaltnen und verwendeten Mitgabe, ohne ihre Schuld, in die äußerste Verlegenheit gerathen können. Sie ist endlich die Quelle der weitläuftigsten und verderblichsten Prozesse; indem nach der Theorie des Römischen Rechts ausgemittelt seyn muß, daß die Mitgabe &c. schon zur Zeit der Verheyrathung, im Verhältniß gegen die damaligen Vermögensumstände der Eltern übermäßig gewesen, und daß sie, in der

§. 252.

[II II § 331]

Der Betrag von demjenigen, was einige Kinder, bey des Erblassers Lebenszeiten, von ihm zur Ausstattung, oder sonst geschenkt erhalten haben, und was also den übrigen Kindern aus der Erbschaft zum voraus gebühret, soll nach folgenden Grundsätzen bestimmt werden.

§. 253.

[II II § 332, 234-,235]

Sind baare Gelder, oder ausstehende Capitalien, zur Ausstattung oder zum Geschenk gegeben worden, so ist deren eigentlicher Betrag auszumitteln.

***M:** 1=63 p. 110*

§. 254.

[II II § 336]

Besteht die Ausstattung oder das Geschenk in Grundstücken oder Gerechtigkeiten, und der Erblasser hat, bey deren Zuwendung, einen gewissen Werth bestimmt, so dient dieser lediglich zur Richtschnur.

***M:** 1=59 f. 43; 1=62 f. 43; 2=17 p. 90; 2=27 p. 33*

§. 255.

[II II § 337-344]

Auf die Angaben der Interessenten, daß dieser Werth zu hoch oder zu niedrig sey, soll keine Rücksicht genommen werden.

***M:** 1=20 p. 186; 1=27 p. 33; 1=67 p. 23; 1=73 p. 18; 2=2 f. 26*

§. 256.

[II II § 333]

Ist bey der Zuwendung kein Werth bestimmt worden, so muß derjenige Werth, welchen das Grundstück oder die Gerechtigkeit damals würklich gehabt hat, ausgemittelt werden.

***M:** 1=16 p. 200; 1=63 p. 111; 1=64 p. 77; 2=53 p. 74; 2=55 p. 43*

Absicht, die übrigen Kinder zu verkürzen, gegeben worden.
Was in dieser Lehre der natürlichen Billigkeit gemäß ist:
daß für die möglichste Gleichheit unter den Kindern, sobald die Eltern, weder unter Lebendigen, noch von Todes wegen, ein andres disponirt haben, durch das Gesetz gesorgt werde;
und daß um der reichlichern Versorgung eines Kindes willen, die übrigen nicht hülflos gelassen werden,
ist in den §. §. 242 = 245 &. 247 beybehalten.

§. 257.

[II II § 337-344]

Können die Interessenten sich darüber in Güte nicht vereinigen, so muß jeder Theil, nemlich der ausgestattete, und die unausgestatteten Kinder, einen Sachverständigen zur Abschätzung des Grundstücks bestellen.

***M:** 1=63 p. 111; 1=80 f. 204*

§. 258.

[II II § 337-344]

Diesen beyden Sachverständigen muß ein gemeinschaftlich ernannter Obmann beygegeben werden.

***M:** 1=80 f. 204*

§. 259.

[II II § 337-344]

Können die Interessenten sich über die Person dieses Obmanns nicht vereinigen, so muß der Richter solchen von Amtswegen ernennen.

§. 260.

[II II § 337-344]

Der Richter muß aber dazu keinen von denjenigen bestellen, welche von einem oder dem andern Interessenten vorgeschlagen worden.

***M:** 1=80 p. 204; 2=78 p. 11*

§. 261.

[II II § 337-344]

Diese drey Sachverständige müssen den gegenwärtigen wahren Werth des Grundstücks oder der Gerechtigkeit bestimmen.

***M:** 1=16 p. 200; 2=38 p. 309; 3=44 p. 73; 4=55 p. 43*

§. 262.

[II II § 337-344]

Bey dieser Bestimmung soll es lediglich sein Bewenden haben, und keinem der Interessenten sollen weitere Ausstellungen dagegen verstattet werden.

§. 263.

[II II § 337-344]

Von dem solchergestalt ausgemittelten gegenwärtigen Werthe sollen, zum Behuf der Auseinandersetzung unter den Kindern, Verbesserungen nur in soweit abgerechnet werden, als solche durch Zuschlagung neuer Pertinenzstücke bewürkt worden.

***M:** 1=2 f. 26; 2=20 p. 137; 2=64 p. 70; 3=27 p. 33; 4=2 f. 26; 4=27 p. 33; 4=37 p. 74; 4=43 p. 50; 5=43 p. 99; 6=18 p. 21 (alle auch §. 264); 1=63 p. 111/112; 1=78 p. 8; 2=60 f. 48*

§. 264.

[II II § 337-344]

Dagegen sollen auch Verringerungen dem dermaligen Werthe, zur Last des ausgestatteten Kindes, nur in sofern beygerechnet werden, als während seiner Besitzzeit, die Substanz selbst vermindert worden.

***M:** 1=2 f. 26; 2=20 p. 137; 2=64 p. 70; 3=27 p. 33; 4=2 f. 26; 4=27 p. 33; 4=37 p. 74; 4=43 p. 50; 5=43 p. 99; 6=18 p. 21 (alle auch §. 263), 1=14 f. 74; 1=60 f. 48; 1=63 p. 111/112; 1=64 p. 79; 1=78 p. 8; 2=48 p. 21; 2=60 f. 48; 2=67 p. 24*

§. 265.

[II II § 345]

Sind Mobilien zur Ausstattung gegeben, und der Erblasser hat den Werth derselben bestimmt, so dient dieser Anschlag zur alleinigen Richtschnur.

***M:** 1=59 f. 43; 1=67 p. 24; 2=50 p. 127; 2=62 f. 43*

§. 266.

[II II § 346, 347]

Ist von dem Erblasser zwar ein Verzeichniß der mitgegebnen Mobilien vorhanden, aber ohne Bestimmung des Werths; so muß der Werth, welchen dergleichen Sachen zur Zeit der Ausstattung gehabt haben, ausgemittelt werden.

***M:** 1=12 f. 34; 1=63 p. 112; 2=17 p. 91; 3=20 p. 138*

§. 267.

[-]

Die Ausmittelung geschieht durch drey sachverständige Schiedsrichter, nach einem ohngefehren, doch gewissenhaften Ueberschlage.

§. 268.

[-]

Diese Schiedsrichter werden auf eben die Art bestellt, wie bey Abschätzung der Grundstücke §. 257. sqq. verordnet ist.

§. 269.

[-]

Ist auch nicht einmal ein Vermerk des Erblassers, über die zur Ausstattung gegebenen Stücke selbst vorhanden, so muß das ausgestattete Kind ein Verzeichniß derselben vorlegen, und solches auf Erfordern eydlich bestärken.

***M:** 1=73 p. 18; 2=101 p. 77; 2=102 f. 60*

§. 270.

[-]

Mit der Ausmittelung des Werths wird alsdenn nach den

Vorschriften §. 267. 268. verfahren.

M: 1=16 p. 197; 1=17 p. 91; 1=62 p. 72; 2=20 p. 138; 2=63 p. 113

§. 271.

Erbfolge der Enkel.

[II II § 348]

Enkel und Descendenten weiterer Grade, gelangen zur Erbfolge, nach den Linien, in welchen sie von dem Erblasser abstammen.

M: 1=6 f. 29; 1=63 p. 113

§. 272.

[II II § 349]

Wenn also Kinder, und Enkel oder Urenkel &c. von andern vor den Eltern verstorbnen Kindern vorhanden; so müssen so viel Theile gemacht werden, als Linien sind, die von dem Erblasser unmittelbar entspringen.

M: 1=27 p. 34

§. 273.

[II II § 350, 351]

Ein gleiches muß geschehen, wenn gar keine Kinder ersten Grads, sondern nur noch lauter Abkömmlinge weiterer Grade vorhanden sind.

M: 1=7 f. 20; 1=93 p. 12

§. 274.

[II II § 352]

In jeder Linie treten die entferntern Descendenten, aus eignem Rechte, an die Stelle der zwischen ihnen und dem Erblasser befindlichen nähern Descendenten, in allen Fällen, wo diese an der Erbschaft nicht Theil nehmen können, oder wollen.

M: 1=57 p. 296

§. 275.

[II II § 353]

Enkel gelangen also zur Erbfolge der Großeltern, auch wenn sie ihrer vorher verstorbnen Eltern Erben nicht geworden sind.

M: 1=44 p. 74

§. 276.

[II II § 354]

Nicht weniger alsdenn, wenn ihre Eltern von den Großeltern enterbt worden.

M: 1=57 p. 298

§. 277.

[II II § 355]

Imgleichen alsdenn, wenn ihre Eltern der Erbschaft der

Großeltern entsagt haben.

M: 1=17 p. 91; 1=33 p. 28

§. 278.

[II II § 356-358]

Doch sollen Kinder der ihnen aus dem Gesetz einmahl zugefallnen Erbschaft ihrer Eltern, zur Verkürzung ihrer Gläubiger zu entsagen, nicht berechtigt seyn. (Cf. Lib. I. Part. II. Tit. XXVI. §. 30. 35.)

M: 1=14 f. 74; 1=53 p. 75; 1=63 p. 114; 2=7 f. 21; 2=57 p. 298; 2=73 p. 18; 3=101 p. 77; 3=102 f. 60

§. 279.

[-]

Was vorstehend §. 275. sq. von Enkeln gesagt worden, gilt auch von Urenkeln, und andern Abkömmlingen weiterer Grade.

§. 280.

[II II § 359, 360]

Dadurch, daß Descendenten ausgestatteter Kinder, mit Kindern ersten Grads, die noch nicht ausgestattet sind, an der Erbschaft Theil nehmen, verlieren letztre nicht das Recht, die nach §. 242. sq. ihnen gebührende Ausstattung, aus der Erbschaft voraus zu verlangen.

M: 1=57 p. 280; 1=73 p. 18

§. 281.

[II II § 361-365]

Die Ausstattung also, welche die Eltern solcher zur Erbfolge gelangenden Enkel, aus dem Vermögen der Großeltern erhalten haben, muß eben so ausgemittelt werden, als wenn die Eltern selbst an der Erbschaft Theil nehmen.

§. 282.

[II II § 361-365]

Enkel, deren Eltern von den Großeltern nicht ausgestattet worden, haben zusammen genommen, mit diesen ihren Eltern, gegen andre ausgestattete Kinder, gleiche Rechte.

M: 1=16 p. 204; 1=63 p. 114

§. 283.

[II II § 361-365]

Für sich selbst aber, und aus eignem Rechte, können die Enkel eine Ausstattung, aus der Erbschaft der Großeltern, zum voraus nicht verlangen.

M: 1=56 p. 5; 1=63 p. 115; 2=69 p. 5; 3=102 f. 61

§. 284.

[II II § 361-365]

Was vorstehend §. 280 = 283. von Ausstattungen verordnet ist, findet auch auf die §. 250. beschriebne Schenkungen Anwendung.

M: *1=17 p. 93*

§. 285.

Von der Erbfolge der Descendenten bey vorgewalteter Gemeinschaft der Güter.

[II II § 366-368]

Ist an Orten, wo Gemeinschaft der Güter unter den Eheleuten obwaltet, ein Kind von den Eltern, aus ihrem Vermögen, bey Lebenszeiten völlig abgefunden worden; so gebührt demselben, und seinen Nachkommen, an der Erbschaft der Eltern kein Antheil.

M: *1=19 p. 7; 2=23 p. 11; 3=38 p. 310; 4=43 p. 51; 5=20 p. 186; 5=53 p. 75; 6=55 p. 44*

§. 286.

[II II § 369-377]

Dergleichen Abfindung muß jedoch gerichtlich erfolgt seyn.

M: *1=17 p. 93*

§. 287.

[II II § 369-377]

Bey einer solchen Abfindung muß es aber auch lediglich sein Bewenden haben, und auf dem Vorwand einer dabey erlittenen Verkürzung keine Rücksicht genommen werden.

M: *1=27 p. 34; 1=59 f. 43; 1=63 p. 72; 2=101 p. 78; 3=60 f. 43*

§. 288.

[II II § 369-377]

Sind zur Zeit des Todes keine unabgefundnen Kinder vorhanden, so gelangen die abgefundnen dennoch zur Erbschaft.

M: *1=16 p. 204; 1=62 Seitenangabe fehlt; 2=59 f. 43*

§. 289.

[II II § 369-377]

Alsdenn erben die abgefundnen Kinder zu gleichen Theilen, ohne Rücksicht auf den Betrag der erhaltnen Abfindung.

M: *1=43 p. 52*

§. 290.

[II II § 369-377]

Vorstehende Verordnungen §. 285=289. gelten jedoch nur alsdenn, wenn weder Provinzialgesetze oder Statuten ein andres verordnen, noch dergleichen bey der Abfindung selbst festgesetzt ist.

M: *1=1 f. 43; 2=10 f. 43; 3=20 p. 140*

§. 291.

[II II § 378]

Die vorstehend §. 239. sq. bestimmte gesetzliche Erbfolge, können die Eltern durch letztwillige Verordnungen abändern. Von letzten Willensverordnungen der Eltern.

***M:** 1=38 p. 310; 2=57 p. 299*

§. 292.

[II II § 379]

Soll dadurch die Erbfolgeordnung unter den Kindern selbst geändert, oder zu Gunsten irgend eines andern, außer den Kindern, etwas disponirt werden; so muß dergleichen Disposition, mit allen gesetzlichen Erfordernissen einer letzten Willensverordnung überhaupt, versehen seyn.

***M:** 1=4 f. 48; 1=63 p. 116; 2=94 f. 215; 3=62 f. 43*

§. 293.

[II II § 380 a-d, 381-383]

Betrift hingegen eine solche Disposition bloß die Art und Grundsätze der Theilung unter den Kindern, so sind zu deren Gültigkeit gar keine äußere Förmlichkeiten nothwendig.

***M:** 1=1 f. 44; 1=49 p. 28; 1=59 f. 43; 1=63 p. 116; 2=20 p. 140; 2=94 f. 215; 3=62 f. 43*

§. 294.

[II II § 380 a-d, 381-383]

Haben also die Eltern dergleichen Disposition schriftlich abgefaßt; so ist deren Gültigkeit und Glaubwürdigkeit nur nach eben den Grundsätzen zu beurtheilen, wie jede andre schriftliche Urkunde.

***M:** 1=2 f. 26; 1=63 p. 116/117; 2=43 p. 51; 3=57 p. 299*

§. 295.

[II II § 380 a-d, 381-383]

Wollen aber Eltern ihre Willensmeynung nur mündlich erklären, so muß solches zum Protokoll vor Gerichten, oder vor einem Justizcommissario geschehen.

***M:** 1=2 f. 26; 1=63 p. 117/118; 2=16 p. 206; 2=102 f. 61; 3=17 p. 94; 4=53 p. 83*

§. 296.

[II II § 383]

Eltern können durch eine solche letztwillige Disposition ihren Nachlaß unter die Kinder ungleich vertheilen. Wie die Eltern disponiren können.

***M:** 1=16 p. 206; 1=64 p. 80; 2=49 p. 29*

§. 297.

[II II § 384]

Sie können verordnen, daß die noch unausgestatteten Kinder vor den ausgestattteten weniger, als die Ausstattungen oder Schenkungen der letztern betragen, oder auch gar nichts, zum voraus nehmen sollen.

***M:** 1=27 p. 34; 1=63 p. 118*

§. 298.

[II II § 385]

Sie können bestimmen, wie hoch die Ausstattungen oder Schenkungen, die einige Kinder von ihnen erhalten haben, zum Behuf der Theilung mit den übrigen, angeschlagen werden sollen.

§. 299.

[-]

Sie können festsetzen: was von den auf ein Kind verwendeten Kosten, demselben auf sein eigenthümliches Vermögen angerechnet werden solle (§. 222.).

***M:** 1=64 p. 80*

§. 300.

[II II § 386]

Sie können ein oder andres unter den Kindern verpflichten, sich auch solche von ihnen bey Lebenszeiten erhaltne Gelder oder Sachen, oder auf sie verwendeten Kosten auf ihr Erbtheil anrechnen zu lassen, auf welche sonst bey der gesetzlichen Erbfolge keine Rücksicht genommen wird (§. 251.).

§. 301.

[II II § 387]

Wenn jedoch die Eltern dergleichen Anrechnung nach §. 299. 300. verordnen, so müssen sie den Betrag, entweder in der Disposition selbst, oder durch Bezug auf eine von ihnen anderwärts gemachte Anzeichnung, genau bestimmen.

***M:** 1=63 p. 119*

§. 302.

[II II § 388]

Fehlt diese Bestimmung, so wird der Befehl der Anrechnung selbst für nicht geschrieben geachtet.

***M:** 1=2 f. 26*

§. 303.

[II II § 389]

Zur Herausgabe desjenigen, was ein Kind einmal von ihnen erhalten hat, können die Eltern dasselbe, auch in einer letztwilligen Disposition, nicht verpflichten.

***M:** 1=1 f. 45; 1=62 f. 48; 1=63 p. 119; 2=59 f. 43; 2=102 f. 62; 3=16 p. 207; 4=57 p. 300*

§. 304.

[-]

Hat nur eins der Eltern eine letzte Willensverordnung hinterlassen, so findet solche auch nur auf seinen alleinigen Nachlaß Anwendung.

M: *1=63 p. 119*

§. 305.

[II II § 390]

Was in der Disposition nicht bestimmt ist, muß nach den Vorschriften von der gesetzlichen Erbfolge angeordnet werden.

§. 306.

[II II § 391] Vom Pflichttheil.

Alles, was vorstehend §. 291. sq. von der Befugniß der Eltern, über ihr Vermögen unter den Kindern nach Willkühr zu disponiren, verordnet ist, versteht sich jedoch, mit Vorbehalt des den Kindern zukommenden Pflichttheils*).

M: *1=2 f. 26; 1=63 p. 120; 2=4 f. 48; 2=93 f. 187; 3=13 f. 10; 4=16 p. 206; 5=27 p. 35; 6=57 p. 300*

§. 307.

[II II § 392]

Der Pflichttheil ist die Hälfte desjenigen, was jedes Kind zum Erbtheil erhalten haben würde, wenn die gesetzliche Erbfolge statt gefunden hätte.

M: *1=43 p. 51; 1=55 p. 44; 1=62 p. 73; 1=85 f. 112; 2=16 p. 208; 2=72 p. 3*

---

*) Bey der Lehre vom Pflichttheil wird von den Dispositionen des Römischen Rechts hin und wieder abgegangen. Der Pflichttheil selbst gründet sich nicht auf das Naturrecht. Nach diesem erstreckt sich die selbst unvollkommne Pflicht der Eltern nicht weiter, als ihre Kinder zu erziehn, und in den Stand zu setzen, daß sie für ihren Unterhalt selbst sorgen können. Inzwischen ist diese Lehre in allen Königlichen Staaten, selbst da, wo sonst die Provinzialgesetze am meisten abweichen, angenommen; sie enthält nichts, was der natürlichen Billigkeit, oder dem Endzweck des gemeinen Besten zuwider wäre; und es werden dadurch der bey uns wenigstens eben so sehr, als bey den Römern, zu verhütenden Erbschleicherey Gränzen gesetzt. Man hat sie also zwar beybehalten; dabey aber die Befugniß der Eltern, ihre Kinder in der Disposition über den Pflichttheil, zu ihrem eignen und ihrer Nachkömmlinge Besten, einzuschränken, mehr erweitert; und dagegen den Betrag desselben allgemein auf die Hälfte der Intestatportion bestimmt; da die Anzahl der Kinder an und für sich, in dem Verhältniß der Eltern gegen sie nichts ändert, und also auch keinen hinreichenden Grund, den Betrag des Pflichttheils verschieden festzusetzen, enthalten kann.

§. 308.

[II II § 393]

Nur der würkliche Betrag der erhaltnen Ausstattung, und der §. 250. beschriebnen Geschenke; ingleichen dasjenige, was ein Kind auf den Sterbefall, es sey unter welchem Nahmen es wolle, aus der Erbschaft der Eltern zu empfangen hat, kann ihm auf diesen Pflichttheil angerechnet werden.

M: *1=17 p. 94; 1=63 p. 121/126; 2=38 p. 317; 2=62 p. 120; 2=73 p. 18; 3=51 p. 32*

§. 309.

[II II § 394-397]

Durch andre Anrechnungen können die Eltern den Pflichttheil der Kinder nicht schmälern.

M: *1=81 p. 28; 2=74 f. 13*

§. 310.

[II II § 398]

Auch können sie denselben mit Bedingungen oder andern Einschränkungen nicht belasten.

M: *1=57 p. 303; 1=62 p. 121; 2=73 p. 18; 3=101 p. 79; 4=Angabe fehlt*

§. 311[32].

Enterbung.

[II II § 399-409]

Doch sollen die Eltern zur gänzlichen Enterbung eines Kindes berechtigt seyn:

1) wenn dasselbe des Hochverraths schuldig erkannt worden;
2) wenn es einem der Eltern nach dem Leben getrachtet hat;
3) wenn es eins der Eltern eines Verbrechens, (außer dem Hochverrath,) worauf in den Gesetzen Leib= oder Lebensstrafe steht, gerichtlich angeschuldigt hat;
4) wenn es sich an einem der Eltern mit Thätlichkeiten, außer dem Falle einer würklichen Nothwehr, vergriffen hat;
5) wenn es die Ehre des Erblassers mit groben Schmähungen angetastet hat;
6) wenn der Sohn mit der Stiefmutter, oder die Tochter mit dem Stiefvater, während der Ehe, einen ehebrecherischen Umgang gepflogen;
7) wenn das Kind sich gegen den Erblasser, nach erlangten reifen Verstandsjahren, in billigen und erheblichen Dingen, beharrlich ungehorsam und widerspenstig erwiesen hat;

---

[32] *Im Original §. 211.*

8) wenn es den Erblasser, als derselbe nothleidend gewesen, nicht hat unterstützen wollen;
9) wenn es, bey erhaltner anständiger Erziehung, durch die Wahl einer niederträchtigen Lebensart, oder sonst durch schlechte Aufführung, den Eltern öffentlich Schande gemacht hat.

M: *1=16 p. 208; 1=17 p. 95; 1=73 p. 18; 2=17 p. 94; 2=59 f. 4; 2=63 p. 122; 3=17 p. 95; 3=27 p. 35; 3=37 p. 76; 3=60 f. 49; 4=14 f. 75; 4=20 p. 142; 4=66 p. 53; 5=40 p. 35; 5=101 p. 80; 6=44 p. 78; 6=78 p. 8; 7=49 p. 29; 7=59 f. 43; 7=99 p. 28; 8=16 p. 209; 8=20 p. 143; 8=53 p. 83; 8=55 p. 45; 8=93 p. 12; 9=57 p. 303; 9=62 f. 48; 9=6 Seitenangabe fehlt*

§. 312.

[II II § 410, 411]

Aus einer oder der andern dieser gesetzmäßigen Ursachen können die Eltern einem Kinde den Pflichttheil schmälern, oder auch ganz entziehn.

§. 313.

[II II § 414, 415]

Dergleichen Enterbung besteht so lange, als der Enterbende seine Willensmeynung, solche wieder aufzuheben, nicht deutlich erklärt hat.

M: *1=59 f. 44; 1=63 p. 12; 2=17 p. 96; 3=37 p. 76; 4=44 p. 81*

§. 314.

[II II § 416]

Die bloße Versöhnung mit dem Kinde, so wie dessen Wiederaufnehmung in das väterliche Haus, sind für einen Wiederruf der geschehenen Enterbung nicht zu achten.

M: *1=17 p. 96; 1=93 p. 12; 2=44 p. 87*

§. 315.

[II II § 417]

Ein enterbtes Kind wird, bey Berechnung des Pflichttheils der übrigen, nicht mitgezählt.

M: *1=59 f. 44; 1=62 f. 44; 2=16 p. 210; 2=38 p. 423; 2=(unl.) p. 30; 2=102 f. 62*

§. 316.

[II II § 412, 413]

Daß ein Vater das ohne seine ertheilte oder ergänzte Einwilligung heyrathende Kind bis zur Hälfte des Pflichttheils enterben könne, ist im Ersten Titel §. 741. verordnet.

M: *1=2 f. 27; 1=73 p. 18; 2=43 p. 52; 2=60 f. 49; 3=17 p. 97; 3=33 p. 20; 3=73 p. 18*

§. 317.

Belastung des Pflichttheils.

[II II § 418]

Aus welchen Gründen die Eltern den Pflichttheil einem Kinde nehmen oder schmälern können, aus eben denselben können sie auch solchen mit Bedingungen belasten, oder die Disposition des Kindes darüber, unter Lebendigen so wohl, als auf den Todesfall, einschränken.

***M:** 1=49 p. 30*

§. 318.

[II II § 419-426]

Außerdem können die Eltern, der Disposition des Kindes, über den Pflichttheil, unter Lebendigen, Schranken setzen, wenn sich dasselbe einer unordentlichen und verschwenderischen Wirthschaft schuldig gemacht hat.

***M:** 1=17 p. 98; 1=38 p. 312; 1=60 f. 49; 2=14 p. 97; 3=43 p. 52*

§. 319.

[II II § 419-426]

Die Disposition auf den Sterbefall, können sie dem Kinde nur zum Besten seiner Descendenten einschränken.

***M:** 1=43 p. 52; 1=101 p. 80; 2=60 f. 50*

§. 320.

[II II § 419-426, 427, 428]

Sie können ihm aber die Befugniß, den von ihnen ererbten Pflichttheil unter seine Descendenten auch ungleich zu vertheilen, nicht entziehn.

§. 321.

[II II § 430-431]

Verlassen Eltern einem Kinde sein volles Erbtheil, disponiren aber dabey: daß solches für die Enkel conservirt werden solle, so muß das Kind sich dieser Verordnung unterwerfen, und kann statt dessen den Pflichttheil nicht wählen.

***M:** 1=59 f. 49; 1=62 p. 44; 2=17 p. 98; 3=33 p. 20; 4=38 p. 313*

§. 322.

Folgen der Enterbung oder Verkürzung im Pflichttheil.

[II II § 419-426]

Behauptet ein in seinem Pflichttheil enterbtes, verkürztes, oder sonst belastetes Kind, daß ihm ein solcher Nachtheil aus einer nicht gesetzmäßigen, oder nicht gegründeten Ursach zugefügt worden, so muß demselben rechtliches Gehör darüber verstattet werden.

***M:** 1=16 p. 211; 1=44 p. 83; 1=75 p. 40; 2=40 p. 36; 3=57 p. 304*

*)

§. 323.

[II II § 433]

Findet der Richter die Beschwerde gegründet, so muß dem Kinde sein Pflichttheil aus der Erbschaft verabfolgt, oder ergänzt, und die darauf gelegte Last oder Einschränkung, durch Urtel und Recht für aufgehoben erklärt werden.

***M:** 1=38 p. 311; 1=66 p. 57; 1=67 p. 24; 2=52 p. 4; 2=53 p. 87; 2=55 p. 45; 2=93 p. 12; 2=Angabe fehlt; 3=93 p. 12; 4=99 p. 30*

§. 324.

[II II § 434, 435]

Zur Entrichtung oder Ergänzung des einem solchen Kinde zukommenden Pflichttheils, müssen die übrigen Theilnehmer, sowohl Erben, als Legatarien, nach Verhältniß ihrer Portionen, beytragen.

***M:** 1=97 f. 9; 2=63 p. 124/125; 3=92 f. 176*

---

*) Die hier § §. 322=332. folgende Dispositionen weichen hin und wieder von den Vorschriften des Römischen Rechts ab. Nach diesem, und nach der gemeinen Meynung seiner Ausleger ist, wenn ein Kind übergangen, oder ohne gesetzmäßige Ursach enterbt worden, das ganze Testament unkräftig; und ist die Enterbung, aus einer zwar gesetzmäßigen, aber in Facto nicht gegründeten Ursach geschehn, so wird wenigstens die ganze Erbeseinsetzung aufgehoben.

Diese Dispositionen haben in der Natur der Sache keinen Grund. Daraus, daß Eltern den Kindern ihren Pflichttheil nicht sollen entziehn können, folgt offenbar nur so viel: daß, wenn sie solches dennoch thun, die Disposition, so weit sie gesetzwidrig ist, ungültig sey; und also den verkürzten Kindern zu dem, was das Gesetz ihnen anweist, verholfen werden müsse. Nicht aber folgt daraus eine Nichtigkeit der Verordnung, so weit sie dem Gesetz nicht zuwider ist. Noch weniger läßt es sich aus der Natur der Sache herleiten, daß um deßwillen, weil in der Person des Erben eine Veränderung vorgefallen, die im Testament enthaltenen Vermächtnisse &c. unkräftig werden müßten. Nur so viel kann das Gesetz mit Grunde vermuthen, daß der Erblasser, wenn er sich den Fall einer Schwächung der Masse, durch den von dem enterbten Kinde hinweg zu nehmenden Pflichttheil gedacht hätte, den Testamentserben mit Legaten und andern Abgaben weniger belastet haben würde; woraus folgt, daß die Abfindung des Kindes mit seinem Pflichttheil, nicht den Erben allein, sondern auch die Legatarien, nach Verhältniß ihrer Theilnehmung an der Masse, treffen müsse. Nur in den Fällen des §. 329. und 331, wo der Erblasser die Existenz eines Kindes, zur Zeit des errichteten Testaments, nicht gewußt hat, läßt sich mit überwiegender Wahrscheinlichkeit nicht bestimmen: was er gethan haben würde, wenn ihm solches bekannt gewesen wäre. Hier bleibt also nur der Ausweg übrig, die Disposition ganz aufzuheben, und die gesetzliche Erbfolge eintreten zu lassen.

§. 325.

[II II § 436]

In allen andern Stücken bleibt die letztwillige Disposition bey Kräften.

§. 326.

[II II § 437]

Was im Vorstehenden von Enterbung der Kinder gesagt ist, gilt auch von Enkeln und Abkömmlingen weiterer Grade, in so fern diesen ein gesetzliches Erbfolgerecht zusteht.

§. 327.

[II II § 438-441]

Haben Eltern ein Kind oder Enkel zwar enterbt, aber gar keine Ursach der Entwerbung beygefügt, so finden die Vorschriften §. 323. Anwendung.

***M:** 1=59 f. 44; 1=63 p. 125; 1=66 p. 57; 1=67 p. 24; 2=16 p. 327; 2=23 p. 36; 2=53 p. 88; 2=55 p. 46; 2=73 p. 19; 3=49 p. 30; 3=51 p. 33*

§. 328.

[II II § 442, 443]

Ein gleiches findet statt, wenn ein Kind oder Enkel in der letzten Willensverordnung ganz mit Stillschweigen übergangen worden.

***M:** 1=1 f. 27; 1=63 p. 125; 1=66 p. 57; 1=78 p. 9; 2=17 p. 98; 3=49 p. 31*

§. 329.

[II II § 4444-449, 450]

Erhellet aber, daß die Uebergehung nur daher rühre, weil der Erblasser das Daseyn eines solchen Kindes oder Enkels nicht gewußt, oder dasselbe aus Irrthum für todt gehalten hat, so wird die letzte Willensverordnung ganz unkräftig.

***M:** 1=4 f. 48; 1=63 p. 125; 2=37 p. 77; 3=52 p. 6; 4=57 p. 304*

§. 330.

[II II § 451-453]

Alsdenn wird den Kindern die gesetzliche Erbfolge eröfnet.

***M:** 1=63 p. 125*

§. 331.

[II II § 454]

Eben dies gilt auch in dem Falle, wenn den Eltern, nach Errichtung ihres letzten Willens, Kinder oder Enkel, die zur unmittelbaren Erbfolge berechtigt sind, gebohren worden; und sie in Ansehung derselben keine Vorsehung getroffen haben.

***M:** 1=7 f. 23; 1=94 f. 215; 2=17 p. 100; 3=37 p. 77; 3=49 p. 32; 3=52 p. 6; 4=57 p. 304*

§. 332.

[II II § 455, 456]

Sind aber dergleichen nachgebohrne Kinder, vor den Eltern, ohne Hinterlassung ehelicher Leibeserben, wieder verstorben, so bleibt die Disposition der Eltern gültig.

***M:** 1=16 p. 213; 1=63 p. 126/127*

§. 333.

Von Aussetzung des Pflichttheils bey Ehescheidungen

[II II § 457]

Nur in einem einzigen Falle sind Eltern schuldig, ihren Kindern, noch bey Lebenszeiten, einen Pflichttheil auszusetzen.*)

***M:** 1=57 p. 305*

§. 334.

[II II § 458]

Wenn nemlich bey Ehescheidungen einer von den Eltern für den schuldigen Theil erklärt wird, so muß derselbe den aus solcher Ehe erzeugten Kindern, von seinem Vermögen so viel aussetzen, als ihr Pflichttheil betragen haben würde, wenn die Ehe durch seinen Tod wäre getrennt worden.

***M:** 1=2 f. 27; 1=63 p. 127; 2=4 f. 48*

§. 335.

[II II § 459]

Bey der Berechnung dieses Pflichttheils kommt das Vermögen des schuldigen Theils, nur nach Abzug der dem unschuldigen daraus gebührenden Abfindung, in Anschlag.

***M:** 1=63 p. 127*

§. 336.

[II II § 460]

Findet sich bey der Scheidung, daß beyde Eltern in glichem Grade schuldig sind, so muß den Kindern ihr Pflichttheil

---

*) Gegen Kinder, deren Eltern von einander geschieden worden, entsteht in den Gemüthern eines der Eltern, und gemeiniglich beyder, Kaltsinn und Abneigung. Dieß kann die Eltern, besonders im Fall einer anderweitigen Heyrath und daraus erzeugter Kinder, nur allzu leicht disponiren, den Kindern aus der getrennten Ehe ihr Vermögen zu entfremden, und solches entweder dem zweyten Ehegatten, oder den mit selbigem erzeugten Kindern, oder gar einem Fremden zuzuwenden. Diese Besorgniß, die vielleicht an sich noch nicht dringend genug seyn würde, eine Ausnnahme von der Regel: *quod viventis nulla fit hereditas,* zu rechtfertigen, wird es bey dem schuldigen Theile dadurch, weil die von selbigem gegebne Ursach zur Scheidung, allemal einen gewissen Grad des Verderbnisses im moralischen Charakter voraussetzt. Hier muß also der Staat für die Abwendung eines solchen den Kindern aus der Schuld der Eltern bevorstehenden Nachtheils sorgen.

aus Beyder Vermögen angewiesen werden.

M: 1=44 p. 83

§. 337.

[II II § 461]

Dieser den Kindern angewiesene Aussatz wird das wahre Eigenthum derselben.

§. 338.

[II II § 462]

Doch bleibt demjenigen, aus dessen Vermögen solcher geschehen ist, die Verwaltung und der Nießbrauch davon auf Lebenslang.

M: 1=20 p. 144

§. 339.

[II II § 463-464]

Sicherheit darf er dafür nur in denjenigen Fällen leisten, wo ein Vater dergleichen, für das eigenthümliche Vermögen der Kinder überhaupt, zu bestellen schuldig ist.

M: 1=53 p. 88; 1=63 p. 127; 2=55 p. 48

§. 340.

[II II § 467-470]

Sind mehrere Kinder, welchen ein solcher Vermögensaussatz gemacht worden, und eins derselben stirbt, vor den Eltern, ohne Leibeserben, so wächst sein Antheil den übrigen zu.

M: 1=73 p. 19

§. 341.

[II II § 465, 466]

So lange derjenige, aus dessen Vermögen der Aussatz geschehen, noch am Leben ist, können die Kinder darüber, weder unter Lebendigen, noch von Todes wegen, disponiren.

M: 1=7 f. 23; 2=59 f. 44; 3=57 p. 305

§. 342.

[II II § 471]

Durch diesen vorläufigen Vermögensaussatz werden die Kinder von der künftigen Erbfolge der geschiednen Eltern nicht ausgeschlossen.

M: 1=63 p. 127/128

§. 343.

[II II § 472-474]

Selbst derjenige, welcher ihnen dergleichen Aussatz machen müssen, kann unter dem Vorwand, daß sie schon abgefunden wären, ihnen den nach seinem Tode gebührenden Pflichttheil nicht entziehn.

M: 1=1 f. 46; 1=59 f. 45; 1=62 f. 44; 2=4 f. 48; 3=57 p. 306

§. 344.

[II II § 475, 476]

Sie müssen sich aber den Aussatz anrechnen lassen, wenn sie mit Halbgeschwistern an der Erbschaft Theil nehmen.

***M:** 1=59 f. 45; 2=57 p. 306*

§. 345.

[II II § 475, 476]

Außer diesem Falle, darf ihnen der bey der Scheidung angewiesene Aussatz nicht angerechnet werden.

***M:** 1=38 p. 314*

§. 346.

[II II § 477-480]

Für die Ausmittelung, und erforderlichen Falls, für die Sicherstellung dieses den Kindern bey der Scheidung der Eltern gebührenden Vermögensantheils, muß der bey dem Scheidungsprozeß ihnen bestellte Curator sorgen.

***M:** 1=16 p. 216; 2=17 p. 100; 3=57 p. 307*

§. 347.

Von der Erbfolge der Descendenten aus Verträgen.

[II II § 481]

Auch durch Verträge kann die Erbfolge der Kinder bestimmt werden.

***M:** 1=27 p. 25*

§. 348.

[II II § 482]

Ist solches in den gleich bey der Heyrath errichteten Eheverträgen geschehen, so sind die hiernächst aus der Ehe erzeugten Kinder, und deren Nachkommen, daran gebunden.

***M:** 1=62 f. 44; 1=63 p. 128*

§. 349.

[II II § 482]

Doch kann denselben, durch einen solchen Ehevertrag, der aus dem künftigen Nachlaß der Eltern gebührende Pflichttheil nicht entzogen werden.

§. 350.

[II II § 483]

Auch mit den Kindern selbst können die Eltern dergleichen Erbverträge schliessen.

§. 351.

[-]

Zur äußern Gültigkeit derselben ist eben das, was bey andern Erbverträgen, erforderlich.

§. 352.

[II II § 484-488]

Sollen jedoch die Kinder sich darinn ihres künftigen Pflichttheils begeben, so muß der Vertrag nothwendig vor Gerichten geschlossen seyn.

***M:** 1=2 f. 27; 1=74 f. 14; 2=38 p. 315*

§. 353.

[II II § 484-488]

Kindern, welche dem Vertrage nicht beytreten, kann dadurch ihr Pflichttheil nicht genommen, noch geschmälert werden.

***M:** 1=63 p. 129*

§. 354.

[II II § 484-488]

Ein solcher Vertrag kann nur mit beyder Theile Bewilligung wieder aufgehoben werden.

***M:** 1=57 p. 307; 1=73 p. 19; 2=101 p. 81*

§. 355.

[II II § 484-488]

Ein Dritter, zu dessen Gunsten in dem Vertrage etwas festgesetzt worden, kann, wenn er den Vertrag nicht selbst mit geschlossen hat, der Aufhebung desselben nicht widersprechen.

***M:** 1=17 p. 100; 1=63 p. 129; 2=57 p. 307; 2=67 p. 25; 3=57 p. 309*

Sechster Abschnitt.
Von der Erbfolge der Eltern und andrer Verwandten in aufsteigender Linie.*)a

§. 356.

[II II § 489]

In Ermangelung der Verwandten absteigender Linie, gelangen die Eltern zur gesetzlichen Erbfolge.

Erbfolge der Eltern.

***M:** 1=5 f. 11; 1=99 p. 30; 2=6 f. 31; 2=30 p. 7; 2=57 p. 311; 2=62 p. 73; 2=101 p. 81; 3=12 f. 35; 3=71 p. 15*

§. 357.

[-]

Wie es zu halten, wenn ein Ehegatte vorhanden, ist im Ersten Titel §. 366. 67. verordnet.

§. 358.

[II II § 490]

Vater und Mutter erben von den Kindern zu gleichen Theilen.

***M:** 1=14 f. 76*

§. 359.

[II II § 491]

Ist entweder der Vater oder die Mutter schon vor dem

---

*) Das Römische Recht läßt, bekanntermaßen, Geschwister und deren Kinder, mit den Ascendenten zugleich, zur Erbfolge zu; allein es verstößt dadurch gegen seinen eignen Grundsatz. Unstreitig ist das Band zwischen Eltern und Kindern, nach der Natur, und vermöge wechselseitiger Verpflichtungen, enger, als das zwischen Geschwistern. Das Gesetz also, welches bey der Intestat=Erbfolge nur den präsumtiven Willen des Erblassers ergänzen soll, muß vermuthen, daß er seine Eltern mehr, als seine Geschwister, geliebt habe. Hierauf gründet sich der Schooßfall des gemeinen Sachsenrechts. Nur alsdenn, wenn von der einen Linie der Ascendenten niemand mehr vorhanden ist, tritt eine andre Betrachtung ein. In einem solchen Falle hat z.E. die überlebende Mutter, den verstorbnen Vater, und durch ihn, nach dem gewöhnlichen Laufe der Natur, auch seine Ascendenten mit beerbt. Da sie nun bey dieser Succeßion, nach den Verordnungen des Ersten Titels, vielmehr begünstigt worden, als sie es nach bisherigen gemeinen Rechten war, so scheint es billig, die Kinder in einem solchen Falle, zur Theilnehmung an der Succeßion ihrer Geschwister zuzulassen.

a **E:** 07.73.0243r-0252v **Nachtr.E:**07.74.0210r-0214r
R: 07.80.0096v-0097 zu §§ 356-387
M: 1=1 f. 46; 2=16 p. 217; 2=27 p. 27; 2=63 p. 128; 2=99 p. 30

Kinde verstorben, so treten die väterlichen oder mütterlichen Großeltern an deren Stelle.

M: 1=2 f. 27; 2=20 p. 145; 3=25 p. 16; 3=63 p. 130; 3=66 p. 55; 3=73 p. 11; 3=102 p. 63; 4=37 p. 39; 5=43 p. 52; 5=62 p. 74

§. 360.

[II II § 492]

Eben so wird, wenn beyde Eltern verstorben sind, der Nachlaß des Kindes unter die aufsteigende Linie von der Seite des Vaters, und die von der Seite der Mutter, in zwey gleiche Theile getheilt.

M: 1=66 p. 55

§. 361.

[II II § 493-497]

In einerley Linie schließt der im nächsten Grade verwandte Ascendent die entferntern derselben Linie aus.

M: 1=2 f. 27; 1=66 p. 55; 2=43 p. 53

§. 362.

[II II § 498]

Sind zwey gleich nahe Ascendenten in einer Linie vorhanden, so erben dieselben die Portion dieser Linie zu gleichen Theilen.

§. 363.

[II II § 499]

Bey der ganzen Erbfolge in aufsteigender Linie, und bey der Theilung des Nachlasses unter die väter= und mütterlichen Verwandten, macht es keinen Unterschied: woher, und von welcher Seite, das Vermögen dem verstorbenen Kinde zugefallen sey.

M: 1=2 f. 27

§. 364.

In wie fern Geschwister mit den Eltern zugleich erben.

[-]

Ist bey dem Absterben des Kindes eine der aufsteigenden Linie bereits gänzlich erloschen, so treten die vorhandnen Geschwister und Geschwisterkinder des Erblassers, an die Stelle der erloschnen Linie.

M: 1=16 p. 219; 1=62 p. 74; 2=25 p. 18; 2=63 p. 130; 2=86 f. 127; 3=43 p. 53; 3=73 p. 19; 4=57 p. 312; 4=81 p. 28; 5=44 p. 84

§. 365.

[-]

In welcher Ordnung diese zur Erbfolge gelangen, wird im folgenden Titel vorgeschrieben.

§. 366.

[-]

Sind keine Geschwister noch Geschwisterkinder vorhanden, so verbleibt die Erbschaft den Verwandten in aufsteigender Linie, auch nur von einer Seite, allein.

***M:** 1=44 p. 84; 1=94 f. 215; 2=69 p. 6*

§. 367.

Letzte Willensverordnungen der Kinder.

[II II § 500]

Die Kinder sind berechtigt, diese gesetzliche Erbfolge der Ascendenten durch letzte Willensverordnungen zu ändern.

***M:** 1=49 p. 32; 1=63 p. 131; 2=66 p. 56*

§. 368.

[II II § 500]

Sie müssen aber das nach den Gesetzen zur Errichtung einer letztwilligen Disposition erforderliche Alter erreicht haben.

***M:** 1=4 f. 48*

§. 369.

[II II § 500]

Auch müssen sie, bey deren Errichtung, die gesetzlichen Förmlichkeiten einer jeden andern letzten Willensverordnung beobachten.

***M:** 1=4 f. 48*

§. 370.

Pflichttheil der Eltern.

[II II § 501]

Auch durch eine solche letzwillige Disposition, können Kinder den Eltern, und übrigen durch das Gesetz zur Erbfolge berufnen Ascendenten, den Pflichttheil nicht entziehn.

***M:** 1=2 f. 27; 1=53 p. 87; 1=57 p. 312*

§. 371.

[II II § 502]

Der Pflichtteil ist, bey jedem Ascendenten, die Hälfte des ihm nach der gesetzlichen Erbfolge zukommenden Antheils.

***M:** 1=10 f. 43; 1=62 p. 74; 2=38 p. 425; 2=94 f. 215; 3=43 p. 53; 3=101 p. 83*

§. 372.

[II II § 503-505]

Diesen Pflichttheil können die Kinder nicht schmälern, noch durch Bedingungen einschränken, oder mit Lasten beschweren.

***M:** 1=38 p. 316*

§. 373.

Enterbung.

[II II § 506-513]

Doch können Kinder die Eltern und weitern Ascendenten

auch am Pflichttheil enterben:

1) wenn dieselben des Hochverraths schuldig erkannt worden;
2) wenn sie dem Kinde nach dem Leben getrachtet haben;
3) wenn sie das Kind zur Zeit der Noth nicht unterstützen wollen;

M: 1=64 p. 82/83; 2=101 p. 84; 3=81 p. 28

4) wenn Eltern die Erziehung des Kindes gänzlich vernachläßigt haben;

M: 4=64 p. 83; 5=101 p. 84; 6=5 Seitenangabe fehlt; 6=60 f. 50

5) wenn der Vater mit der Schwiegertochter, oder die Mutter mit dem Schwiegersohne, während der Ehe, ehebrecherischen Umgang gepflogen hat.

M: 1=2 f. 27; 1=16 p. 220; 1=40 p. 39; 1=62 p. 74; 2=10 f. 43; 3=14 f. 77; 4=16 p. 220; 5=17 p. 100; 6=20 p. 188; 7=43 p. 53; 7=51 p. 32; 8=44 p. 85; 9=53 p. 91; 9=55 p. 49; 10=55 p. 49

§. 374.

[II II § 514-515]

Aus eben diesen Ursachen kann das Kind den Pflichttheil der Eltern schmälern, durch Bedingungen einschränken, oder mit Lasten beschweren.

§. 375.

[II II § 506-613]

Außerdem kann das Kind nur alsdenn, wenn der zur Erbfolge berufne Ascendent in Schulden versunken ist, Verfügungen treffen, daß demselben der Nießbrauch des Pflichttheils, bey Lebenszeiten, von den Gläubigern nicht entzogen werde.

M: 1=19 p. 100; 1=63 p. 131

§. 376.

[-]

Auch kann es in diesem Falle, einem solchen Ascendenten seine Geschwister, selbst im Pflichttheile, substituiren.

M: 1=63 p. 131; 1=66 p. 57

§. 377.

[-]

Hat das Kind dergleichen Disposition (§. 373. sqq.) nicht getroffen, so sind die zur Erbfolge berufnen Ascendenten nicht befugt, dem Pflichttheil, zum Schaden ihrer Gläubiger, zu entsagen. (§. 278)

M: 1=2 f. 27; 1=102 p. 63; 2=23 p. 11; 2=60 f. 50; 3=63 p. 132; 3=101 p. 87

§. 378.

[-]

Haben Kinder, obigen Vorschriften zuwider, den Pflichttheil der Eltern eingeschränkt oder belastet, so sind dergleichen Bedingungen und Beschwerden für nicht geschrieben zu achten.

***M:** 1=63 p. 132*

§. 379.

[II II § 506-613]

Haben Kinder solche Ascendenten, denen nach den Gesetzen ein Pflichtteil gebühret, ohne Anführung einer Ursach enterbt; oder ist die angeführte Enterbungsursach nicht gesetzmäßig, oder nicht gegründet;

So muß einem solchen Ascendenten sein Pflichttheil, aus dem Nachlaß des Kindes, angewiesen werden.

***M:** 1=16 p. 221; 1=63 p. 132; 1=66 p. 57; 1=67 p. 25; 2=49 p. 32; 2=73 p. 19; 3=53 p. 92; 3=55 p. 49; 4=52 p. 6*

§. 380.

[-]

Ein gleiches muß geschehen, wenn ein Ascendent, dem der Pflichttheil gebührt, in der letztwilligen Disposition gänzlich übergangen worden.

***M:** 1=63 p. 132*

§. 381.

[-]

Ist einem solchen Ascendenten sein Pflichttheil nur geschmälert worden, so muß ihm derselbe aus dem Nachlasse ergänzt werden (cf. §. 324.)

***M:** 1=63 p. 132*

§. 382.

[-]

In allen diesen Fällen (378=381.) bleibt der übrige Inhalt der letztwilligen Disposition gültig.

***M:** 1=63 p. 132*

§. 383.

[-]

Dagegen verliert sie alle Kraft, wenn erhellet, daß der Erblasser den Ascendenten bloß um deswillen übergangen habe, weil er denselben irriger Weise für tod gehalten.

***M:** 1=14 f. 77; 1=63 p. 132; 2=17 p. 100; 3=37 p. 77; 4=44 p. 85*

§. 384.

Erbfolge der Eltern bey der Gemeinschaft der Güter.

[II II § 519]

An Orten, wo Gemeinschaft der Güter obwaltet, bleibt es, wegen der Erbfolge in den Nachlaß abgefundner Kinder, bey den Vorschriften der Provinzial und statutarischen Gesetze.

***M:** 1=10 f. 44; 2=52 p. 6; 3=52 p. 92*

§. 385.

[II II § 520]

Wo diese Gesetze wegen solcher Erbfolge nichts, oder nur mangelhaft verordnen, gelangen, in den Nachlaß der abgefundnen Kinder, nicht die Eltern, sondern die gleichfalls abgefundenen Geschwister, zur Succeßion.

***M:** 1=2 f. 27; 1=63 p. 132; 1=66 p. 59; 2=17 p. 101; 2=81 p. 28; 3=25 p. 20; 3=78 p. 9; 4=43 p. 54*

§. 386.

[-]

Sind dergleichen nicht vorhanden, so erben die noch unabgefundnen Geschwister.

***M:** 1=55 p. 92; 1=62 p. 74; 1=63 p. 132*

§. 387.

[-]

Erst in deren Ermangelung, gelangen die Eltern zur Erbfolge.

***M:** 1=63 p. 132*

Siebenter Abschnitt.
Von der Pupillarsubstitution[*)a].

§. 388.

[II II § 521]
Eltern sind berechtigt, über das Vermögen, welches die Kinder von ihnen erben, auf den Fall, wenn letztre die Jahre der Mündigkeit nicht erreichen sollten, letztwillig zu verordnen.

M: 1=2 f. 28; 1=63 p. 132; 2=16 p. 223; 2=33 p. 21; 2=43 p. unl.; 2=58 f. 24; 2=73 p. 19; 3=27 p. 39; 3=74 p. 14; 4=62 f. 45

§. 389.

Substitution für unmündige Kinder.

[II II § 522, 523]
Nur der Vater kann dergleichen Verordnung auch über das eigenthümliche Vermögen des in der Unmündigkeit sterbenden Kindes treffen.

M: 1=2 f. 28; 1=19 p. 19; 1=20 p. 146; 1=27 p. 40; 1=51 p. 108; 1=53 p. 93; 1=57 p. 314; 1=59 p. 15; 1=62 p. 75; 1=63 p. 132; 1=66 p. 60; 1=78 p. 9; 2=16 p. 223; 3=17 p. 101; 4=32 p. 21; 4=53 p. 93

§. 390.

[II II § 524-529]
Er kann solches in seinem eignen letzten Willen thun, oder

---

*) Daß Eltern, ohne Unterschied des Geschlechts, ihren Kindern in dasjenige, was sie denselben hinterlassen, auf den Fall substituiren können, wenn sie unmündig versterben, folglich selbst zu disponiren noch nicht fähig gewesen sind, ist der natürlichen Billigkeit gar nicht zuwider. Daß aber, nach Römischen Rechten, ein Vater dem unmündigen Sohne auch in desselben eignes Vermögen substituiren kann, hat seinen Grund theils in der alten Römischen Theorie, nach welcher ein *filius familias* gar nichts Eigenthümliches haben konnte; theils in der Besorgniß einer Lebensgefahr, die dem Unmündigen von seinem nächsten Verwandten, um sich der Succeßion zu versichern, während seiner schutzlosen Kindheit, zubereitet werden möchte. Beyde Gründe passen nicht mehr auf unsre heutigen Sitten und Verfassungen. Da nun die bißherige Theorie von der Pupillarsubstitution, an und für sich von aller Analogie des Rechts abweicht; und überdem, wegen der Menge von Subtilitäten, mit welchen sie verwebt ist, zu sehr weitläuftigen und verwickelten Prozessen Anlaß geben kann; so ist die dießfällige Befugniß des Vaters nur auf den Fall eingeschränkt worden, da er billige und vernünftige, selbst dem Intresse des Kindes gemäße Gründe haben kann, unter den Verwandten desselben einen vor dem andern zu begünstigen.

a **E:** 07.73.0253[r]-0260[v] **Nachtr.E:** 07.74.0214[v]-0216[v]
R: 07.80.0098 zu §§ 388-405 **M:** 1=53 p. 93; 2=57 p. 314

auch eine besondre Disposition für das Kind errichten.*)

M: 1=16 p. 224; 1=74 p. 14; 2=49 p. 33; 3=57 p. 80; 3=60 p. 132

§. 391.

[-]

Sind beyderley Dispositionen in einer Verordnung enthalten, und dabey die gesetzmäßigen äußern Förmlichkeiten verabsäumt worden, so sind beyde ungültig.

M: 1=64 p. 84; 2=66 p. 6

§. 392.

[-]

Ist die Disposition des Vaters über sein eignes Vermögen, nur wegen eines innern Mangels ungültig, so muß dennoch die Verordnung über den Nachlaß des Kindes bestehen.

§. 393.

Wie der Vater disponiren könne.

[II II § 530-535]

Denjenigen, welchen, nach den Gesetzen, ein Pflichttheil aus dem Nachlaß des Kindes gebühret, kann auch der Vater solchen, in der für das Kind errichteten Disposition, nicht entziehen.

M: 1=55 p. 51; 1=63 p. 133; 2=101 p. 84; 3=102 p. 64

§. 394.

[II II § 537, 538]

Auch kann der Vater fremden zur Familie des Kindes nicht gehörigen Personen den Nachlaß des Kindes nicht zuwenden.

M: 1=14 f. 79; 1=73 p. 19; 2=16 p. 224; 2=99 p. 32; 2=101 p. 84; 3=57 p. 315

§. 395.

[II II § 536]

Wohl aber kann er, statt der nähern, entferntere, oder auch, aus mehrern gleich nahen Verwandten, nur einen, zur Erbfolge des Kindes berufen.

M: 1=62 f. 46

§. 396.

[II II § 537, 538]

Hat der Vater denjenigen, welchen der Pflichttheil von dem

---

*) Es läßt sich kein hinreichender Grund angeben, warum der Vater, welcher dem Unmündigen substituiren will, nothwendig auch für sich selbst, es sey vorher, oder zu gleicher Zeit, ein Testament errichten müßte. Das Römische Recht gibt selbst deutlich zu erkennen, daß *substitutio pupillaris* eine eigne von dem Testament des Vaters ganz verschiedne, und also von selbigem, in Ansehung ihrer Gültigkeit, ganz unabhängige letzte Willensverordnung enthalte.

Kinde gebühret, solchen entzogen oder geschmälert, so muß ihnen derselbe aus dem Nachlaß fördersamst angewiesen oder ergänzt werden.

§. 397.

[II II § 539]

Hat er fremde Personen zur Erbfolge berufen, so ist die ganze Disposition ungültig.

M: *1=1 f. 47; 1=63 p. 123; 2=2 f. 28; 2=5 f. 22; 3=16 p. 225; 4=17 p. 101; 5=23 p. 12*

§. 398.

[II II § 540]

Wie lange die väterliche Disposition gelte.

Eben so verliert dergleichen Disposition ihre Kraft, wenn das Kind, für welches sie errichtet worden, die Jahre der Unmündigkeit zurück gelegt hat.

M: *1=27 p. 49; 2=20 p. 146; 3=37 p. 81; 4=57 p. 315; 5=37 p. 81*

§. 399.

[II II § 541-543]

Es macht dabey keinen Unterschied: ob ein solches Kind selbst letztwillig disponirt hat, oder nicht.*)

M: *1=2 f. 28; 1=63 p. 134; 2=33 p. (Angabe fehlt); 2=63 p. 134*

§. 400.

[II II § 545-550]

Substitution für blödsinnige Kinder.

Für Kinder, welche wegen Raserey oder Blödsinns eine eigne letzte Willensverordnung nicht errichten können, ist der Vater eben so, auf ihren Todesfall, zu disponiren berechtigt.

M: *1=27 p. 49; 2=49 p. 34*

§. 401.

[II II § 544]

Eine gleiche Befugniß steht auch der Mutter zu, wenn der Vater solchergestalt nicht disponirt hat.

M: *1=20 p. 148; 1=73 p. 19; 2=Angabe fehlt; 3=102 p. 64*

§. 402.

[II II § 544]

Es muß dabey eben das beobachtet werden, was vorstehend auf den Fall der Unmündigkeit verordnet ist.

M: *1=16 p. 226*

---

*) Wenn das Kind, nach erlangter Mündigkeit, ohne selbst disponirt zu haben, verstirbt, so könnte es zweifelhaft seyn, ob nach seiner Intention die gesetzmäßige, oder die von dem Vater angeordnete Succeßion in seinem Nachlaß statt finden solle. Diesen Zweifel muß das Gesetz entscheiden; und die Entscheidung muß zum Nachtheil der Pupillar=Substitution, als einer Abweichung von der Regel, ausfallen.

§. 403.

[II II § 551]

Dergleichen Disposition verliert ihre Kraft, wenn das Kind mit Hinterlassung ehelicher Descendenten stirbt.

M: *1=58 f. 24; 1=67 p. 25; 2=16 p. 226; 2=102 f. 65; 3=27 p. 50*

§. 404.

[II II § 552]

Ein gleiches geschieht, wenn das Kind wieder zu Verstande kommt und daher der Vormundschaft entlassen wird.

M: *1=16 p. 226; 2=20 p. 148*

§. 405.

[II II § 553, 554]

Muß, wegen eines Rückfalls, das Kind abermals unter Vormundschaft genommen werden, so gelangt dennoch die letztwillige Verordnung der Eltern nicht wieder zu Kräften; auch alsdenn nicht, wenn das Kind in der Zwischenzeit nicht selbst disponirt hat.

M: *1=10 f. 44; 1=73 p. 19; 1=102 p. 65; 2=44 p. 86; 2=73 p. 20; 3=57 p. 316; 3=101 p. 84*

Achter Abschnitt. Von den Kindern aus einer Ehe zur linken Hand[a].

§. 406.

[II II § 555, 556]

Kinder aus einer Ehe zur linken Hand, werden unter eben den Umständen für rechtmäßig gehalten, wie solches, bey Kindern aus vollgültiger Ehe, im Ersten Abschnitt verordnet ist.

M: *1=14 f. 80; 2=55 p. 51*

§. 407.

[II II § 557]

Stand und Familienrechte solcher Kinder.

Dergleichen aus einer Ehe zur linken Hand erzeugte Kinder führen nicht den Nahmen des Vaters.

M: *1=4 f. 49*

§. 408.

[II II § 558]

Sie treten nicht in seine Familie, und können auf die Vorrechte seines Standes und Charakters keinen Anspruch machen.

M: *1=4 f. 50*

§. 409.

[II II § 559]

Dagegen führen solche Kinder den Nahmen der Mutter.

M: *1=78 p. 10*

§. 410.

[II II § 560]

Sie treten in die Familie der Mutter, so weit, als diese Familienrechte gehabt, und auf sie hat übertragen können.

§. 411.

[-]

Ist die Mutter von Adel, so dürfen dennoch die Kinder sich adlicher Vorrechte und Unterscheidungen nicht anmaßen.

M: *1=2 f. 28; 1=65 p. 26; 1=78 p. 10; 2=10 f. 44; 2=73 p. 20; 3=11 f. 26; 3=74 p. 10*

§. 412.

[II II § 562]

Unterhalt und Erziehung.

Kinder aus einer Ehe zur linken Hand, haben von den Eltern Unterhalt und Erziehung zu fordern.

---

[a] **E:** 07.73.0261^{r}-0265^{r} **Nachtr.E:**07.74.0217^{r}-0219^{v}
R: 07.80.0099 zu § 406-429
M: 1=81 p. 29; 2=72 p. 3 zu §. 406 et sequ.

§. 413.

[II II § 563, 564]

Beydes sind jedoch die Eltern nur so einzurichten verbunden, wie ein Handwerk treibender Bürger, seine in vollgültiger Ehe erzeugte Kinder, zu ernähren und zu erziehen verpflichtet ist.

***M:** 1=11 f. 26; 1=65 p. 27; 2=17 p. 102; 3=49 p. 35; 4=55 p. 51*

§. 414.

[-]

Eben dieses Verhältniß dient auch bey der Wahl der künftigen Lebensart, und bey der Ausstattung solcher Kinder zur Richtschnur.

***M:** 5=18 p. 9*

§. 415.

Persönliche Rechte.

[II II § 565]

Außerdem finden zwischen Eltern und Kindern aus einer Ehe zur linken Hand, eben die persönlichen Rechte und Pflichten statt, wie zwischen denjenigen, die durch Zeugung aus einer vollgültigen Ehe, unter sich verbunden sind.

§. 416.

Rechte in Ansehung des Vermögens.

[II II § 566]

Von dem eigenthümlichen Vermögen solcher Kinder gebührt dem Vater kein Nießbrauch.

***M:** 1=64 p. 84-85; 2=67 p. 25*

§. 417.

[II II § 567]

Wohl aber kommt ihm die Verwaltung desselben zu.

§. 418.

[II II § 568, 569]

Dabey hat er die Rechte und Pflichten eines Vormundes.

***M:** 1=14 f. 81; 1=101 p. 84; 2=16 p. 228; 2=101 p. 84; 3=57 p. 317*

§. 419.

Rechte auf die Erbschaft des Vaters.

[II II § 570-575]

Sind Kinder aus der Ehe zur linken Hand, bey des Vaters Absterben, noch nicht erzogen und ausgestattet, so muß das zu ihrer Verpflegung und Ausstattung erforderliche, aus dem Nachlaß angewiesen, und von den Erben sicher gestellt werden.

***M:** 1=16 p. 228; 1=62 p. 75*

§. 420.

[II II § 576]

Hat der Vater über seinen Nachlaß disponiert, so hat es dabey sein Bewenden.

M: 1=37 p. 81

§. 421.

[II II § 577, 578]

Doch kann er den Kindern, durch eine solche Disposition, die nach §. 419. ihnen gebührende Verpflegung und Ausstattung nicht entziehen.

M: 1=16 p. 228

§. 422.

[II II § 579]

Hat er nichts disponiert, und verläßt Descendenten aus vollgültiger Ehe, so gebührt den Kindern aus der Ehe zur linken Hand kein Erbtheil.

M: 1=50 p. 127; 1=64 p. 83; 1=94 f. 216; 2=33 p. 22; 2=49 p. 55; 3=38 p. 416; 4=49 p. 35

§. 423.

[II II § 580, 581]

Sind keine vollgültige Descendenten vorhanden, so gebührt den Kindern aus der Ehe zur linken Hand, der Sechste Theil der Erbschaft.

M: 1=2 f. 28; 1=67 p. 12; 2=16 p. 228; 2=102 p. 65; 3=17 p. 103; 4=38 p. 316

§. 424.

[II II § 582, 583]

Hat der Vater zwar keine vollgültige eheliche Descendenten, wohl aber eine Ehefrau verlassen; so erhalten die Kinder zur linken Hand ihr Sechstel, erst nach Abzug der der Ehefrau gebührenden Abfindung.

M: 1=10 f. 45; 2=47 p. 9

§. 425.

[II II § 584]

Sind weder eine Ehefrau, noch Descendenten aus vollgültiger Ehe, noch andre nahe Verwandten vorhanden (Tit. I. §. 363.), so gelangen die Kinder zur linken Hand, zur vollen gesetzlichen Erbfolge, in den eigenthümlichen freyen Nachlaß des Vaters.

M: 1=55 p. 22; 1=65 p. 27/28

§. 426.

[II II § 586]

Rechte auf die Erbschaft der Mutter.

In dem Nachlaß der Mutter haben die Kinder gleiches Erbrecht, wie diejenigen, die aus vollgültiger Ehe von ihr gebohren worden.

§. 427.

[II II § 587]

Die mütterlichen Verwandten beerben sie so weit, als die Mutter selbst, wenn sie noch am Leben wäre, dazu berechtigt seyn würde.

M: *1=16 p. 229; 1=78 p. 12*

Erbfolge der Eltern.

§. 428.

[II II § 588]

In dem Vermögen des Kindes gelangt der Vater zu keiner Erbfolge.

M: *1=11 f. 27; 1=50 p. 128; 1=62 p. 75; 1=64 p. 86; 2=57 p. 317; 2=73 p. 20*

§. 429.

[II II § 589-591]

Dagegen finden, wegen der Erbfolge der Mutter und deren Verwandten, eben die Vorschriften statt, wie bey Kindern aus vollgültiger Ehe.

M: *1=17 p. 103; 1=27 p. 50; 1=68 p. 84*

Neunter Abschnitt.
Von den aus unehelichem Beyschlaf erzeugten Kindern[a].

§. 430.

[II II § 613 ff.; § 639-643]

Allgemeine Pflichten des Vaters.

Auch die außer der Ehe erzeugten Kinder, müssen von dem Vater verpflegt und erzogen werden.

***M:** 1=1 f. 48; 2=16 p. 230; 3=50 p. 179; 4=53 p. 53; 5=57 p. 318*

§. 431.

[II II § 613]

Dazu ist er verpflichtet, auch wenn die Mutter, nach den Vorschriften des Eilften Abschnitts im Ersten Titel, entweder gar keine, oder nur die geringere Art der Entschädigung zu fordern hat.

***M:** 1=2 f. 28*

§. 432.

[II II § 614-616]

Weigert sich der Vater, ein solches Kind anzuerkennen, so muß dem Kinde von der Obrigkeit ein Curator bestellt, und durch diesen der Vater zu seiner Schuldigkeit angehalten werden.

***M:** 1=16 p. 230; 2=58 f. 25*

§. 433.

[II II § 617]

Leugnet der angegebne Vater, daß das Kind von ihm erzeugt sey, so muß, bey der Untersuchung, nach eben den Grundsätzen verfahren werden, die im Eilften Abschnitt des Ersten Titels vorgeschrieben sind.

***M:** 1=16 p. 103 **M:** 1=101 p. 84 zu §. 434 sequ.*

§. 434.

*[II II § **592, 593 AGB** / 592, 593 ALR; § 594, 595]*

Legitimation der Kinder durch Heyrath.

In denjenigen Fällen, wo die Geschwächte, durch richterlichen Spruch, für die Ehe= oder für die Hausfrau des Schwängerers erklärt wird, erhält auch das Kind alle Rechte der aus einer vollgültigen oder aus einer Ehe zur linken Hand erzeugten Kinder.

***M:** 1=16 p. 230; 2=43 p. 55*

---

[a] **E:** 07.73.0266r-0277v **Nachtr.E:**07.74.0220r-0225r
R: 07.80.0100-101 zu §§ 430-480

§. 435.

*[II II § **592, 593 AGB** / 592, 593 ALR; § 594, 595]*

Diese Rechte verbleiben ihm, auch wenn die gerichtlich erkannte Ehe zwischen den Eltern wieder aufgehoben wird.

§. 436.

[II II § 596, 597]

Wenn der Schwängerer die Geschwächte freywillig, es sey vollgültig oder zur linken Hand, heyrathet, so erlangt das aus dem unehelichen Beyschlaf erzeugte Kind, alle Rechte und Verbindlichkeiten eines ehelichen.

***M:** 1=13 f. 10; 1=67 p. 25; 2=16 p. 231; 2=102 f. 65; 3=17 p. 104*

§. 437.

*[II II § **598 AGB** / 598 ALR]*

Bey vollzogner vollgültigen Ehe bestimmt die Trauung; bey der Ehe zur linken Hand, die gerichtliche Vollziehung; und in dem Falle des §. 434. der richterliche Ausspruch, den Zeitpunkt, wo diese Rechte und Pflichten des Kindes ihren Anfang nehmen.

***M:** 1=2 f. 28; 1=68 p. 85; 2=10 f. 45; 2=102 f. 65; 3=27 p. 51*

§. 438.

[II II § 600]

Ist zur Zeit der unter den Eltern geschloßnen Ehe, das aus dem unehelichen Beyschlaf erzeugte Kind bereits verstorben; hat aber eheliche Descendenten hinterlassen; so erlangen diese, in Ansehung der Großeltern, alle Rechte und Pflichten ehelicher Abkömmlinge.

§. 439.

Landesherrliche Legitimation.

[II II § 601, 602]

Hat unter den Eltern keine Ehe statt gefunden, so kann dennoch der Vater auf die Legitimation des unehelich erzeugten Kindes antragen.

***M:** 1=4 f. 51; 1=62 f. 46; 2=13 f. 10; 3=14 f. 82; 4=20 p. 191; 5=55 p. 53; 6=59 f. 46*

§. 440.

[-]

Dergleichen Gesuch muß bey dem Landesjustizcollegio der Provinz angebracht werden.*)

---

*) In wie fern die Landes=Justizcollegia die Legitimation selbst ertheilen können, oder nach instruirtem Gesuch, bey Hofe darüber anfragen müssen, gehört nicht in das allgemeine Gesetzbuch.

§. 441.

[-]

Sind eheliche Descendenten vorhanden, so findet die Legitimation, mit der Würkung einer Erbfolge, nicht statt.

M: *1=2 f. 28; 1=73 p. 20; 2=10 f. 45; 3=20 p. 192; 4=37 p. 83; 5=57 p. 318*

§. 442.

[-]

Hat der Vater, welcher die Legitimation nachsucht, noch Verwandten in aufsteigender Linie, so muß von diesen die Einwilligung beygebracht werden.

M: *1=43 p. 55; 2=57 p. 318*

§. 443.

[-]

Wird diese Einwilligung nicht beygebracht, so bleibt den Ascendenten ihr Recht auf den Pflichttheil, von dem künftigen Nachlaß des legitimirenden Sohnes, vorbehalten.

M: *1=16 p. 232; 1=102 f. 66*

§. 444.

[II II § 603]

Durch die Legitimation erhält das Kind, in Ansehung des Vaters, alle Rechte und Pflichten eines ehelichen Kindes.

M: *1=16 p. 232; 2=17 p. 104; 3=55 p. 54*

§. 445.

[II II § 604]

Es tritt aber dadurch nicht in die Familie des Vaters.

M: *1=49 f. 46*

§. 446.

[II II § 605-608]

Soll es auch in diese aufgenommen werden, so muß solches durch einen Familienvertrag geschehen.

M: *1=59 f. 47; 1=62 f. 46; 1=101 p. 86*

§. 447.

[II II § 609, 610]

Auch Kindern, die aus einer Ehe zur linken Hand erzeugt worden, können, durch landesherrliche Legitimation, die Rechte eines in vollgültiger Ehe erzeugten Kindes, in Ansehung des Vaters, beygelegt werden.

M: *1=37 p. 84; 1=61 p. 11; 2=102 f. 66*

§. 448.

[II II § 611]

Sie können aber nur durch Familienverträge in die Familie

des Vaters aufgenommen werden.

M: 1=61 p. 11

§. 449.

Rechte der unehelichen Kinder.

[II II § 612]

Unehelich gebohrne Kinder, welche weder durch eine nachfolgende Verheyrathung der Eltern, noch durch richterlichen Ausspruch, noch durch Legitimation, die Rechte der ehelichen erlangt haben, können von dem Vater bloß nothdürftigen Unterhalt und Erziehung fordern.

M: 1=14 f. 84; 2=38 p. 414; 3=51 p. 34; 4=57 p. 318; 5=55 p. 54

§. 450.

Erziehung.

[-]

Es hängt von der Wahl des Vaters ab: dem Kinde diese Erziehung und Verpflegung unmittelbar zu geben, oder der Mutter die Erziehungskosten zu reichen.

M: 1=16 p. 233; 1=80 f. 204; 1=110 p. 88; 2=17 p. 105; 3=49 p. 35; 4=55 p. 54; 5=58 f. 25

§. 451.

[II II § 623]

Dem Vater kann die Erziehung wider seinen Willen nicht entzogen werden; außer wenn die Mutter solche auf ihre alleinige Kosten übernehmen will.

M: 1=20 p. 148; 1=64 p. 87; 2=38 p. 317; 2=80 f. 205; 3=55 p. 55; 3=73 p. 20

§. 452.

[II II § 624]

Findet jedoch die Obrigkeit, daß dem Vater, wegen seiner schlechten Aufführung, die Erziehung nicht anvertrauet werden könne, so kann sie solche, auf seine Kosten, der Mutter übertragen.

M: 1=58 f. 26

§. 453.

[II II § 625]

Ist die Aufführung beyder Eltern, nach richterlichem Ermessen, so beschaffen, daß keinem von ihnen die Erziehung des Kindes anvertrauet werden kann, so muß die Obrigkeit nach der Vorschrift §. 64. sq. oben verfahren.

§. 454.

[-]

Die Kosten müssen alsdann hauptsächlich von dem Vater getragen werden.

§. 455.

[II II § 626]

In allen Fällen, wo die Verpflegungs= und Erziehungskosten der Kinder nach Gelde bestimmt werden sollen, ist nur auf das zu rechnen, was Leuten des gemeinsten Standes, der Unterhalt und die Bekleidung eines Kindes, nebst dem Schul= und Lehrgelde, kosten würde.

***M:** 1=11 f. 27; 1=33 p. 23; 1=51 p. 34; 1=61 f. 11; 1=80 f. 205; 2=62 p. 76; 3=68 p. 85-87; 4=99 p. 32*

§. 456.

[II II § 627]

Dabey muß auf die jeden Orts gewöhnlichen Preise, und auf die mit zunehmenden Jahren sich vermehrenden Bedürfnisse des Kindes, Rücksicht genommen werden.

***M:** 1=58 f. 26; 1=62 p. 76*

§. 457.

[II II § 628]

Ist der Vater für die Verpflegung und Erziehung des Kindes solchergestalt zu sorgen nicht vermögend, so geht diese Pflicht auf die Großeltern von väterlicher Seite über.

***M:** 1=58 f. 26; 1=61 p. 11; 2=57 p. 5/319; 2=75 p. 40; 3=16 p. 234; 3=55 p. 55*

§. 458.

[II II § 629, 630]

Erst in deren Ermangelung ist die Mutter, und sodann die mütterlichen Großeltern, dazu verbunden.*)

***M:** 1=101 p. 86*

§. 459.

[II II § 631, 632]

Kann der Vater eines unehelichen Kindes nicht ausgemittelt werden, so fällt die Pflicht der Verpflegung und Erziehung, unmittelbar auf die Mutter, und deren Eltern.

***M:** 1=4 f. 51; 1=80 f. 205; 2=4 f. 51; 2=37 p. 84; 2=58 f. 27; 3=49 p. 36; 4=49 p. 36*

§. 460.

[-]

Uneheliche Kinder müssen, bis nach zurückgelegtem vierzehnten Jahre, ohne Unterschied des Geschlechts, in dem Glaubensbekenntniß der Mutter unterrichtet werden.

***M:** 1=16 p. 233; 1=37 p. 86; 1=73 p. 20; 2=57 p. 319*

---

*) Um die Motiven zum Kindermord, welche hauptsächlich mit aus der Verlegenheit der Mutter, wegen der Ernährung des Kindes entstehn, möglichst zu schwächen, sind die Eltern des Vaters, vorzüglich vor der Mutter, zur Ernährung eines solchen Kindes verpflichtet worden.

§. 461.

[II II § 644-646]

Sie stehen nicht unter der Gewalt des Vaters; sondern unter einer von der Obrigkeit des Orts bestellten Vormundschaft.

***M:** 1=53 p. 95; 2=55 p. 56; 3=58 f. 27*

§. 462.

[II II § 633]

Die Verbindlichkeit der Eltern, sie zu erziehen und zu verpflegen, dauert nur bis nach zuückgelegtem funfzehnten Jahre.

***M:** 1=29 p. 31; 1=62 p. 77; 1=80 f. 205; 2=33 p. 23; 3=49 p. 36; 3=80 f. 205; 4=55 p. 56; 4=61 p. 11*

§. 463.

[II II § 634]

Von diesem Zeitpunkt an, müssen die Kinder sich ihren Lebensunterhalt selbst zu erwerben bedacht seyn.

§. 464.

[II II § 637]

Werden sie jedoch dazu durch Krankheit, oder sonst fehlerhafte Leibes= oder Gemüthsbeschaffenheit, außer Stand gesetzt, so können sie, von den Eltern oder Großeltern, die nothwendige Verpflegung auch ferner verlangen.

***M:** 1=62 p. 78*

§. 465.

[II II § 638]

Dagegen müssen aber auch uneheliche Kinder die nothleidenden Eltern und Großeltern, nach ihrem Vermögen, unterstützen.

***M:** 1=62 p. 78*

§. 466.

[II II § 635]

Sind unehelich gebohrne Söhne zu einem Handwerk oder Profeßion gegeben worden, und bey zurückgelegtem funfzehnten Jahre noch nicht losgesprochen, so muß der Vater auch das fernere Lehr- und Lossprechgeld berichtigen.

***M:** 1=16 p. 235; 1=62 p. 78; 1=67 Seitenangabe fehlt; 2=29 p. 31; 3=37 p. 86; 4=44 p. 93*

§. 467.

Ausstattung.

[II II § 635, 636]

Finden unehelich gebohrne Söhne Gelegenheit, ein eigenes Gewerbe anzufangen, oder Töchter, sich zu verheyrathen, so ist der Vater schuldig, ihnen dazu nothdürftige Ausstattung zu geben.

***M:** 1=16 p. 235; 1=37 p. 87; 1=62 p. 78; 2=29 p. 32; 3=33 p. 23; 4=44 p. 92; 5=55 p. 56*

§. 468.

[-]

Diese Ausstattung muß, wenn darüber Streit entsteht, nach dem Verhältniß bestimmt werden, wie gemeine Land= oder geringe Handwerksleute ihre Kinder auszustatten pflegen.

***M:** 1=58 f. 28; 1=62 p. 78; 1=102 f. 67*

§. 469.

[II II § 647-654]

Ansprüche auf die Erbschaft des Vaters.

Stirbt der Vater, ehe das uneheliche Kind das funfzehnte Jahr zurückgelegt, oder ehe es Ausstattung erhalten hat, so hat das Kind ein Recht, die Kosten der noch rückständigen Erziehung, ingleichen den Betrag der §. 468. beschriebnen Ausstattung, so wie das noch unberichtigte Lehr= und Lossprechgeld, aus der väterlichen Erbschaft zu fordern.

***M:** 1=16 p. 236; 1=62 p. 78; 1=73 p. 20; 2=102 f. 66*

§. 470.

[II II § 647ff.]

Meldet sich das uneheliche Kind, und dessen Vormund bey der Erbtheilung, so muß die erforderliche Summe von dem Nachlaß abgesondert, und gerichtlich niedergelegt, oder sicher gestellt werden.

***M:** 1=73 p. 20; 2=102 f. 66*

§. 471.

[II II § 647ff.]

Kommen die Ansprüche des unehelichen Kindes erst nach erfolgter Erbtheilung zum Vorschein, so muß sich das Kind an jeden Erben, nach Verhältniß seiner Erbportion, besonders halten.

***M:** 1=10 f. 45*

§. 472.

[II II § 647ff.]

Außerdem gebührt dem unehelichen Kinde kein gesetzliches Erbrecht, auf den väterlichen Nachlaß.

***M:** 1=2 f. 28; 1=81 p. 29*

§. 473.

[II II § 656]

Erbrecht in Ansehung der Mutter.

Hingegen hat das uneheliche Kind, auf den Nachlaß der Mutter, mit den ehelichen Kindern derselben, gleiche gesetzliche Erbrechte.

***M:** 1=61 f. 11*

§. 474.

[II II § 657]

Nur bleibt den ehelichen Kindern dasjenige voraus, was die Mutter aus dem Nachlaß des Vaters derselben, durch Verträge, letztwillige Dispositionen, oder gesetzliche Erbfolge erhalten hat.

***M:** 1=38 p. 317*

Erbfolge der Eltern.

§. 475.

[II II § 658]

An den Nachlaß eines unehelichen Kindes gebührt dem Vater desselben kein Anspruch.

***M:** 1=64 p. 88-89*

§. 476.

[II II § 659]

Die Mutter hingegen beerbt ein solches Kind mit eben dem Rechte, wie jedes andre, das aus rechtmäßiger Ehe gebohren worden.

***M:** 1=58 f. 28*

§. 477.

[II II § 660, 661]

Zwischen unehelichen Kindern, und den Verwandten der Eltern in aufsteigender Linie, findet keine gesetzliche Erbfolge statt.

***M:** 1=16 p. 237; 1=33 p. 24; 1=68 p. 88-89; 1=102 p. 67; 2=19 p. 8; 2=62 f. 47; 3=27 p. 51; 4=43 p. 55; 4=53 p. 96; 4=58 f. 2 (unl.); 5=56 p. 6*

§. 478.

[II II § 662]

In den Angelegenheiten des bürgerlichen Lebens, haben uneheliche Kinder, mit den ehelich gebohrnen, oder für ehelich erklärten, gleiche Rechte.

***M:** 1=16 p. 237; 2=55 p. 57*

Legitimation ohne Würkung der Erbfolge.

§. 479.

[II II § 663]

Wird zum bessern Fortkommen eines solchen Kindes, eine besondre landesherrliche Deklaration darüber erfordert, so kann solche von einem der Eltern, oder auch von dem Kinde selbst, oder von dessen Curator, bey dem Landes= Justizcollegio der Provinz nachgesucht werden.

***M:** 1=10 f. 45; 1=101 p. 89.*

---

*) Die *Legitimatio ad effectum delendae maculae* ist zwar bey uns nicht weiter nöthig, da nach den Grundsätzen unsrer Gesetzgebung, auf den außer der Ehe erzeugten Kindern kein Flecken haftet. Da aber in

§. 480.

[II II § 664, 665]

Eine solche Legitimation aber würkt, in den übrigen Verhältnissen des Kindes gegen die Eltern, keine Veränderung.

***M:** 1=17 p. 105*

---

verschiednen benachbarten Staaten annoch entgegen gesetzte Principia gelten, so kann, zum Fortkommen solcher Kinder, dergleichen landesherrliche Deklaration in ein und andrem Falle von Nutzen seyn.

Zehnter Abschnitt.
Von der Annahme an Kindes statt*)a.

§. 481.

Wie die Adoption geschehen könne.

[II II § 666]

Die Annahme an Kindes statt muß durch einen schriftlichen Vertrag geschehen.

M: *1=1 f. 49; 1=2 f. 29; 2=57 p. 320; 3=57 p. 51*

§. 482.

[II II § 667]

Dieser Vertrag muß dem Landesjustizcollegio der Provinz, zur Prüfung und Bestätigung, vorgelegt werden.

M: *1=16 p. 238; 1=17 p. 106; 2=27 p. 51*

§. 483.

Wer adoptiren könne.

[II II § 668-670]

Nur Personen, die das funfzigste Jahr zurück gelegt haben, soll es erlaubt seyn, andre an Kindes statt anzunehmen.

M: 1=11 f. 27; 1=73 p. 20; 1=81 p. 29; 2=16 p. 238; 2=61 f. 11; 3=20 p. 149; 3=64 p. 90; 4=55 p. 58; 4=61 f. 11; 4=62 p. 74; 5=57 p. 320

§. 484.

[II II § 671]

Haben dieselben eheliche Descendenten am Leben, so ist

---

*) Es versteht sich von selbst, daß in der Lehre von der Adoption alle Sätze wegbleiben müssen, welche bloß aus der Theorie von den *Actibus legitimis*, und dem weiten Umfange der väterlichen Gewalt, nach den ältern Römischen Gesetzen, folgen. Die Adoption kann bey uns keinen andern Endzweck haben, als Personen, die mit Kindern nicht gesegnet sind, Trost und Unterstützung, durch dergleichen angenommne Kinder, zu verschaffen. Sie ist also weiter nichts, als ein bloßer Vertrag, der aber, wegen seiner wichtigen und bleibenden Folgen, auf den Stand und die ganze künftige Bestimmung der Contrahenten gerichtlich geschlossen werden muß. Bey Festsetzung der innern Erfordernisse eines solchen Vertrags, ist man dem Grundsatz: *adoptio imitatur naturam*, treu geblieben; und hat zugleich auf Bestimmungen gedacht, welche verhindern sollen, daß die Beybehaltung der Adoption nicht zur Beförderung der Ehelosigkeit ausschlage; daß sie dem Eigennutze derjenigen, die unter dem Vorwand einer Adoption, das Vermögen bemittelter, besonders elternloser Kinder an sich zu ziehen suchen, nicht zum Deckmantel diene; und daß übrigens dadurch die Familienrechte nicht verwirret oder verdunkelt werden.

a **E:** 07.73.0278r-0282v **Nachtr.E:** 07.74.0225v-0228r
R: 07.80.0102 zu §§ 481-523

die Annahme an Kindes statt nicht zuläßig.

M: 1=2 f. 29; 2=10 f. 46

§. 485.

[-]

Sind jedoch die Descendenten großjährig, und außer der väterlichen Gewalt, so kann die Annahme an Kindes statt, unter ihrer Einwilligung, zugelassen werden.

M: 1=16 p. 239; 2=53 p. 97; 3=57 p. 321

§. 486.

[II II § 672]

Von den Eltern desjenigen, welcher adoptieren will, ist die Einwilligung auch erforderlich.

M: 1=57 p. 321; 1=63 p. 134

§. 487.

[II II § 673]

Ist jedoch diese Einwilligung nicht beygebracht, so bleiben den Eltern ihre Rechte auf den Pflichttheil, von dem künftigen Nachlaß des Adoptirenden, bey dessen Ableben vorbehalten.

M: 1=63 p. 135

§. 488.

[II II § 674]

Auch Personen weiblichen Geschlechts können andre an Kindes statt annehmen.

§. 489.

[II II § 675, 676]

Sind sie aber verheyrathet, so muß solches unter Einwilligung des Mannes geschehen.

M: 1=14 f. 86; 2=2 f. 29; 2=81 p. 29; 3=53 p. 97; 3=93 p.12; 4=56 p. 7

§. 490.

[II II § 677]

Wer adoptirt werden könne.

Derjenige, welcher an Kindes statt angenommen werden soll, muß den Jahren nach jünger seyn, als der Adoptirende.

M: 1=16 p. 239; 1=27 p. 54; 1=62 f. 47; 1=73 p. 10; 2=20 p. 150; 3=57 p. 321; 3=62 p. 135; 3=73 p. 20

§. 491.

[II II § 678]

Hat derselbe die Jahre der Unmündigkeit zurück gelegt, so ist seine freye Einwilligung in die Adoption erforderlich.

M: 1=73 p. 20; 2=102 f. 68

§. 492.

[II II § 679]

Steht derjenige, welcher adoptirt werden soll, noch unter väterlicher Gewalt, so muß der natürliche Vater dem Adoptirenden seine väterlichen Rechte ausdrücklich übertragen.

M: 1=2 f. 29; 1=16 p. 240; 2=20 p. 151 (alle auch §. 493); 1=63 p. 135

§. 493.

[II II § 679]

Ist die väterliche Gewalt bereits aufgehoben, so ist dennoch die Einwilligung des natürlichen Vaters nothwendig.

M: 1=2 f. 29; 1=16 p. 240; 2=20 p. 151 (alle auch §. 492)

§. 494.

[II II § 680]

Steht derjenige, welcher adoptirt werden soll, unter Vormundschaft, so muß die Einwilligung derselben, und die Genehmigung des obervormundschaftlichen Gerichts, beygebracht werden.

§. 495.

Würkungen der Adoption.

[II II § 681]

Durch die Adoption entstehen, zwischen dem angenommenen Vater und Kinde, alle persönliche Rechte und Pflichten, wie zwischen leiblichen Eltern, und den aus vollgültiger Ehe erzeugten Kindern.

M: 1=38 p. 318; 1=67 p. 26; 2=64 p. 90-91

§. 496.

in Ansehung der Person.

[II II § 682]

Das angenommene Kind erhält den Nahmen des adoptirenden Vaters.

M: 1=63 p. 135

§. 497.

[II II § 683]

Es überkommt alle Rechte seines Standes, in sofern solche durch die Geburt aus vollgültiger Ehe fortgepflanzt werden.

M: 1=16 p. 240

§. 498.

[II II § 684, 685]

Ist jedoch der Adoptirende adlichen Standes, und das angenommene Kind nur von bürgerlicher Herkunft, so erhält letztres nicht die Vorrechte und Unterscheidungen des Adels.

M: 1=14 f. 86

§. 499.

[II II § 684, 685]

Doch können ihm solche, durch eine besondre landesherrliche Begnadigung, mitgetheilt werden.

M: 1=63 p. 135

§. 500.

[II II § 686]

Ist der Adoptirende verheyrathet, so entstehen zwischen seiner Frau und dem angenommenen Kinde, keine Verhältnisse, wie zwischen Eltern und Kindern.

***M:** 1=63 p. 135/136*

§. 501.

[II II § 687]

Wohl aber entstehen solche Rechte und Pflichten, wenn die Annahme an Kindes statt, von beyden Eheleuten gemeinschaftlich geschehen ist.

***M:** 1=16 p. 241*

§. 502.

[II II § 688, 689]

Hat eine Person weiblichen Geschlechts jemand adoptirt, so entstehen zwischen ihnen nur die persönlichen Verhältnisse, zwischen einer Mutter und ihrem leiblichen Kinde.

***M:** 1=5 f. 22; 1=63 p. 136; 2=59 f. 47; 2=73 p. 20; 3=73 p. 21; 3=93 p. 19; 4=62 f. 47*

§. 503.

[II II § 691]

In Ansehung des Vermögens des adoptirenden Vaters.

Auch auf das Vermögen der adoptirenden Eltern, so weit, als solches der freyen Disposition derselben unterworfen ist, erlangt das angenommene Kind alle Rechte eines in vollgültiger Ehe erzeugten oder gebohrnen Kindes.

***M:** 1=67 p. 26; 2=64 p. 90-91*

§. 504.

[II II § 692]

Alles daher, was von der Verpflegung, Erziehung, Ausstattung und Erbfolge ehelich gebohrner Kinder verordnet ist, gilt auch von angenommenen Kindern.

§. 505.

[II II § 693]

Hat der Adoptirende, nach der Adoption, noch eheliche Kinder erzeugt, so wird das angenommene, wie ein Kind aus einer vorhergehenden Ehe betrachtet.

***M:** 1=19 p. 8; 1=48 p. 22; 1=63 p. 136*

§. 506.

[II II § 694]

Des angenommenen Kindes.

Hingegen erlangt der adoptirende Vater, über das Vermögen des angenommenen Kindes, die Rechte des natürlichen Vaters, weder unter Lebendigen, noch auf den Todesfall.

***M:** 1=44 p. 94; 1=64 p. 91/92; 1=102 p. 68*

§. 507.

[II II § 695]

Ist das angenommene Kind großjährig, so muß ihm sein eigenthümliches Vermögen zur freyen Verwaltung und Nutzung verabfolgt werden.

***M:** 1=102 p. 69*

§. 508.

[II II § 696]

Ist es noch minderjährig, so bleibt sein eigenthümliches Vermögen unter der bisherigen väterlichen oder vormundschaftlichen Verwaltung.

§. 509.

[II II § 697]

Aber auch der natürliche Vater verliert den ihm sonst zukommenden Nießbrauch.

***M:** 1=20 p. 152; 1=63 p. 136; 2=57 p. 321; 2=73 p. 20*

§. 510.

[II II § 698-700]

Er muß also das Vermögen des Kindes nur für dessen Rechnung verwalten, und die Einkünfte desselben, zur Vermehrung des Hauptstuhls, nützlich anwenden.

***M:** 1=16 p. 242; 1=101 p. 89*

§. 511.

[II II § 701]

Stirbt das angenommene Kind vor den natürlichen Eltern, so wird letztren, und nicht den Adoptirenden, die gesetzliche Erbfolge eröffnet.

***M:** 1=72 p. 4; 2=64 p. 91; 3=102 p. 69*

§. 512.

[II II § 702]

Dagegen bleibt dem angenommenen Kinde sein gesetzliches Erbrecht, auch auf den Nachlaß seiner natürlichen Eltern.

§. 513.

Nähere Bestimmungen durch Verträge.

[II II § 703, 704]

Vorstehende, das Vermögen betreffende Bestimmungen (§. 503=512.) können durch den bey der Adoption geschloßnen Vertrag abgeändert werden.

***M:** 1=16 p. 242*

§. 514.

[II II § 705]

Doch muß, wenn solches geschehen, und das anzunehmende Kind noch minderjährig ist, von dem obervormundschaftlichen Gericht besondes geprüft werden: ob ein solcher Vertrag demselben vortheilhaft sey.

***M:** 1=16 p. 214*

§. 515.

[II II § 706, 707]

Festsetzungen, wodurch einem minderjährigen Kinde, selbst der Pflichttheil von dem künftigen Nachlaß der natürlichen Eltern, entzogen würde, darf das obervormundschaftliche Gericht niemals genehmigen.

***M:** 1=2 f. 29; 1=20 p. 153; 1=63 p. 137; 2=72 p. 4*

§. 516.

[II II § 708, 709] Familienverhältnisse.

Zwischen dem angenommenen Kinde, und der Familie des Adoptirenden, entsteht durch die Adoption gar keine Verbindung.

***M:** 1=72 p. 4*

§. 517.

[II II § 710]

Soll dergleichen Verbindung bewürkt werden, so muß solches durch einen besondern Familienvertrag geschehen.

§. 518.

[II II § 711]

Dagegen verbleibt das angenommene Kind ein Mitglied der Familie, in welcher es gebohren worden.

§. 519.

[II II § 712]

Es bestehen also zwischen ihm, und seinen natürlichen Verwandten, alle gegenseitige Rechte und Pflichten, eben so, als wenn keine Adoption erfolgt wäre.

***M:** 1=16 p. 243*

§. 520.

[II II § 713]

Ist die Familie des angenommenen Kindes adelich, so muß dasselbe, um die Verdunkelung dieser Rechte zu verhüten, mit dem Nahmen des angenommenen Vaters zugleich, seinen angebohrnen Familien Nahmen führen.

***M:** 1=4 f. 51; 2=44 p. 95*

§. 521.

[II II § 714, 715] Aufhebung der Adoption.

Die einmal gesetzmäßig erfolgte Adoption kann nicht anders, als mit freyer Einwilligung sämmtlicher Interessenten, deren Consens zur Rechtsbeständigkeit derselben erforderlich ist, wieder aufgehoben werden.

M: 1=4 f. 51; 1=63 p. 137; 2=16 p. 243

§. 522.

[-]

Einem Minderjährigen steht jedoch, wenn er durch die Adoption verletzt worden, die Wiedereinsetzung in den vorigen Stand, unter den übrigen gesetzmäßigen Erfordernissen derselben, offen.

M: 1=4 f. 52; 2=16 p. 243; 3=20 p. 153

§. 523.

[II II § 716]

Die persönliche Gewalt des adoptirenden Vaters wird auf eben die Art aufgehoben, wie die Gewalt des natürlichen Vaters.

M: 1=16 p. 244

Eilfter Abschnitt.
Von der Einkindschaft[a] .

§. 524.

[II II § 717]

Zwischen Stiefeltern und Stiefkindern entstehen keine Familienverhältnisse.

§. 525.

[II II § 718]

Doch können solche Verhältnisse, in gewissem Maße, durch Einkindschaft begründet werden.

***M:** 1=1 f. 50; 1=2 f. 29; 2=10 f. 46; 3=16 p. 244; 4=33 p. 24; 5=53 p. 99*

§. 526.

[II II § 719, 720]

Wenn und wie Einkindschaft errichtet werde.

Dergleichen Einkindschaft findet statt, wenn von Personen, die einander heyrathen, entweder eine oder beyde, aus einer vorhergehenden Ehe, Kinder am Leben haben.

***M:** 1=4 f. 52*

§. 527.

[II II § 721]

Die Einkindschaft erfolgt durch einen Vertrag.

***M:** 1=16 p. 244*

§. 528.

[II II § 722]

Sie kann in dem Ehevertrage zwischen den sich heyrathenden Eltern, oder auch durch ein besondres Abkommen, nach bereits geschloßner Ehe, errichtet werden.

***M:** 1=101p. 89; 1= 16 p. 244*

§. 529.

[II II § 723]

Die freye Einwilligung, sowohl der Eltern, als der zusammen zu bringenden Kinder, ist dazu erforderlich.

***M:** 1=12 f. 38; 1=63 p. 137-138*

§. 530.

[-]

Sind die Kinder noch minderjährig, so muß denselben ein Curator bestellt werden.

---

a **E:** 07.73.0283^{r}-0290^{v} **Nachtr.E:**07.74.0228^{v}-0230^{v}
R: 07.80.0103 zu §§ 524-552

§. 531.

[II II § 724]

Mit Zuziehung desselben muß das vormundschaftliche Gericht untersuchen: ob die Einkindschaft, und die Bedingungen des darüber geschloßnen Abkommens, den Kindern zuträglich sind.

***M:** 1=101 p. 89*

§. 532.

[II II § 725]

Ist das Vermögen der zusammen heyrathenden Eltern ungleich, so muß das vormundschaftliche Gericht dafür sorgen, daß den Kindern des vermögenden Ehegatten, ein vorzüglicher Antheil an dessen Nachlaß vorbehalten werde.

***M:** 1=16 p. 245; 1=63 p. 138; 1=64 p. 92/93; 2=30 p. 155; 2=101 p. 89; 3=27 p. 52; 3=73 p. 21; 4=37 p. 88*

§. 533.

[II II § 726, 727]

Dieser Antheil muß, nach einem ohngefähren Ueberschlage, so viel betragen, als der Pflichttheil der Kinder, von dem dermaligen Vermögen ihres, die Einkindschaft verlangenden leiblichen Vaters oder Mutter, ausmachen würde.

***M:** 1=29 f. 47; 1=63 p. 78; 2=62 f. 47*

§. 534.

[II II § 728]

Hat der eine von den Ehegatten, welche eine Einkindschaft errichten wollen, keine Kinder am Leben, so muß er die Einwilligung seiner Ascendenten beybringen.

***M:** 1=27 p. 56; 2=27 p. 55; 2=37 p. 90; 3=49 p. 37*

§. 535.

[II II § 729]

Ist diese nicht beygebracht, so kann die Einkindschaft dem Rechte der Ascendenten, wegen des aus dem künftigen Nachlaß ihres Kindes ihnen gebührenden Pflichttheils, nicht schaden.

§. 536.

[II II § 730]

Ist die Ehe, aus welcher die zusammen zu bringenden Kinder herstammen, durch richterlichen Ausspruch getrennt worden, und beyde geschiedne Eltern sind noch am Leben, so findet die Einkindschaft nur unter ihrer beyderseitigen Bewilligung statt.

***M:** 1=57 p. 322; 1=63 p. 138; 1=73 p. 21; 2=33 p. 25*

§. 537.

[-]
In allen Fällen, muß der Vertrag der Einkindschaft gerichtlich vollzogen und bestätigt werden.

***M:** 1=4 f. 52; 1=80 f. 206; 2=14 f. 93*

§. 538.

Würkungen der Einkindschaft.

[II II § 731]
Der Inhalt dieses Vertrags bestimmt hauptsächlich die rechtlichen Folgen der Einkindschaft.

§. 539.

[II II § 732, 733]
Ist in diesem nichts besonders festgesetzt, so erlangen der Stiefvater oder die Stiefmutter, weder über die Person, noch über das Vermögen der zusammen gebrachten Kinder, die Rechte leiblicher Eltern.

***M:** 1=27 p. 57; 1=63 p. 139; 1=102 p. 69*

§. 540.

[II II § 734]
Wohl aber werden dadurch gleiche und gegenseitige Erbrechte, zwischen den Eltern, und den zusammen gebrachten Kindern begründet.

***M:** 1=4 f. 52; 2=53 p. 103*

§. 541.

[II II § 735]
Diese Rechte erstrecken sich jedoch nur über das der freyen Disposition eines jeden Theils unterworfene Vermögen.

§. 542.

[II II § 736]
Auch dasjenige Vermögen, welches den Kindern anderwärts her als von den die Einkindschaft schliessenden Eltern zugefallen, ist derselben nicht unterworfen.

***M:** 1=2 f. 29; 2=23 p. 12*

§. 543.

[II II § 737-742]
Wenn eins der Eltern verstirbt, so erben demselben die leiblichen, und die Stiefkinder, mit gleichem Rechte.

***M:** 1=4 f. 52; 1=101 p. 90; 2=16 p. 246*

§. 544.

[II II § 743-746]
Eben so, wenn eins von den Kindern, ohne eheliche Descendenten stirbt, kommt dem Stiefvater oder der Stiefmutter

ein gleiches Erbrecht, wie den leiblichen Eltern zu.

§. 545.

[II II § 747]

Diese durch den Vertrag begründete Erbfolge, können die Eltern, durch letztwillige Dispositionen, zum Nachtheil der zusammen gebrachten Kinder, nicht ändern.

***M:** 1=63 p. 139*

§. 546.

[II II § 748]

Sie können also nur über dasjenige Vermögen letztwillig disponiren, was bey der Einkindschaft ausgenommen, oder von ihnen nachher erworben worden.*)

***M:** 1=20 p. 156; 1=63 p. 139; 1=102 p. 69; 2=33 p. 24; 2=62 f. 47; 2=69 p. 140; 3=49 p. 37; 4=53 p. 104; 5=59 f. 47*

§. 547.

[II II § 748]

Nur in eben dieser Maaße ist auch den zusammengebrachten Kindern eine letztwillige Disposition verstattet.

***M:** 1=63 p. 139*

§. 548.

[II II § 749, 751]

Doch können zusammengebrachte Eltern und Kinder, das wechselseitige Erbrecht aus eben den Ursachen aufheben, aus welchen nach §. 311 No. 1. 2. 3. 4. 5. 6. 8 und §. 373. No. 1. 2. 3. 5. leibliche Eltern und Kinder einander zu enterben befugt sind.

***M:** 1=2 f. 29; 1=102 p. 70; 2=38 p. 320*

§. 549.

[-]

Das Erbrecht aus der Einkindschaft geht nicht verlohren, wenn auch zur Zeit des Ablebens eines der Eltern, keine leibliche Descendenten desselben vorhanden wären.

***M:** 1=4 f. 52*

Aufhebung der Einkindschaft.

---

*) Der Besorgniß, daß über die Ausmittelung des, den Eltern oder Kindern erst nach der Einkindschaft zugefallnen Vermögens, Prozesse entstehen möchten, ist dadurch vorgebeugt, daß nach §. 531. 32. 33. bey Schließung der Einkindschaft, eine Untersuchung des damaligen Vermögens, wenigstens in Ansehung der Hauptrubriken, ohnehin vorangehn muß.

§. 550.

[II II § 751]

Die Einkindschaft kann nicht anders, als mit gegenseitiger freyer Bewilligung sämmtlicher Interessenten, wieder aufgehoben werden.

***M:** 1=63 p. 140*

§. 551.

[-]

Ist ein Kind, während seiner Minderjährigkeit, durch den Vertrag der Einkindschaft verkürzt worden, so kommt demselben die Wiedereinsetzung in den vorigen Stand, unter den übrigen gesetzlichen Erfordernissen, zu statten.

***M:** 1=2 f. 29; 1=62 f. 48; 2=16 p. 248; 3=20 p. 157; 4=59 f. 48*

§. 552.

[-]

Durch die Einkindschaft entsteht weder eine Verwandtschaft, oder Verbindung der zusammen gebrachten Kinder unter einander, noch mit oder unter ihren wechselseitigen Familien. Familienverhältnisse

***M:** 1=44 p. 96; 1=63 p. 140*

Zwölfter Abschnitt.
Von Pflegekindern[a].

Aufnahme der Pflegekinder.

§. 553.

[II II § 753-754]

Will jemand ein fremdes Kind in Pflege nehmen so ist dazu die Einwilligung der Eltern oder Vormünder des Kindes, weiter aber keine Feyerlichkeit nöthig.

***M:** 1=1 f. 50; 2=16 p. 248; 2=63 p. 140*

Erziehung.

§. 554.

[II II § 755]

Das in Pflege genommene Kind behält den Nahmen des leiblichen Vaters, und kann nur eine seiner Herkunft gemäße Erziehung, von dem Pflegevater verlangen.

***M:** 1=16 p. 248*

§. 555.

[II II § 756-763]

So lange die Pflege dauert, hat der Pflegevater, über die Person des Kindes, die mit der väterlichen Gewalt verbundnen Gerechtsamen.

***M:** 1=27 p. 60; 2=57 p. 323*

§. 556.

[-]

Das Pflegekind muß jedoch, bis nach zurückgelegtem vierzehnten Jahre, in dem Glaubensbekenntniß der leiblichen Eltern unterrichtet werden.

***M:** 1=16 p. 248; 1=81 p. 29; 2=59 f. 49; 2=73 p. 21; 3=102 p. 70*

§. 557.

[-]

Die Pflegeeltern dürfen den leiblichen Eltern den Zutritt zu ihrem Kinde nicht versagen.

***M:** 1=80 f. 206*

§. 558.

[-]

Sie sind aber berechtigt, solche Vorkehrungen zu treffen, daß für das Kind keine Versäumniß, oder andre nachtheilige Folgen daraus entstehen.

***M:** 1=59 f. 49; 1=63 p. 141*

---

[a] **E:** 07.73.0291^{r}-0294^{v} **Nachtr.E:**07.74.0230^{v}-0233^{v}
R: 07.80.0104 zu §§ 553-575

§. 559.

[-]

Sind für die Dauer der Pflege, durch einen Vertrag, gewisse Jahre bestimmt, so können die Pflegeeltern, innerhalb solcher Zeit, das Kind nur alsdenn zurück geben, wenn sie selbst in Vermögensverfall gerathen sind.

***M:** 1=4 f. 53.1; 1=63 p. 141; 1=86 f. 127; 2=58 f. 28*

§. 560.

[-]

Dagegen können auch die natürlichen Eltern das Kind nur alsdenn zurücknehmen, wenn die Pflegeeltern die Erziehung desselben vernachläßigen, oder es zum Bösen verleiten.

***M:** 1=4 f. 53; 1=63 p. 141; 1=86 f. 127*

§. 561.

[-]

Ist keine Dauer der Pflege bestimmt, so können die natürlichen und die Pflegeeltern das Kind, zu jeder Zeit, wieder fordern, und zurückgeben.

***M:** 1=14 f. 95; 1=73 p. 21*

§. 562.

[-]

Haben die Pflegeeltern die Erziehung des Pflegekindes vollendet, und es in den Stand gesetzt, seinen Unterhalt sich selbst zu erwerben, so ist das Kind, in der Folge, zur Unterstützung seiner nothleidenden Pflegeeltern verpflichtet.

***M:** 1=16 p. 249; 2=57 p. 323*

§. 563.

[-] Vermögen.

Von dem Vermögen des Pflegekindes verbleibt dem Vater der Nießbrauch.

***M:** 1=43 p. 55; 1=73 p. 21; 2=16 p. 249; 2=55 p. 58; 2=101 p. 90*

§. 564.

[-]

Ist dieser nicht mehr am Leben, so wird solches durch einen Vormund, für Rechnung des Kindes, verwaltet.

§. 565.

[-]

Diese Vormundschaft muß, wenn sonst kein Anstand obwaltet, vorzüglich dem Pflegevater übertragen werden.

***M:** 1=57 p. 324*

§. 566.

[-]

Zwischen Pflegeeltern und Kindern entsteht kein wechselseitiges gesetzliches Erbrecht.

§. 567.

[-]

Stirbt das Pflegekind zuerst, so können die Pflegeeltern, die außer dem Unterhalt, und der gewöhnlichen Bekleidung, ihm gemachten Geschenke, in so fern solche in dem Nachlaß noch vorhanden sind, zurück nehmen.

***M:** 1=16 p. 250*

§. 568.

Dienstleistungen der Pflegekinder.

[-]

Hat jemand ein Kind gemeiner Herkunft, welches von seinen natürlichen Eltern ganz verlassen worden, auf und in Pflege genommen; so kann er von ihm Dienstleistungen zur Entschädigung fordern.*)

***M:** 1=16 p. 250; 1=63 p. 141; 1=101 p. 91; 2=57 p. 324*

§. 569.

[-]

Das Kind muß alsdenn, nach zurückgelegtem funfzehnten Jahre, so viel Jahre ohne Lohn dienen, als es, vor erreichtem funfzehnten Jahre, verpflegt worden.

***M:** 1=1 f. 51; 1=2 f. 29; 1=94 f. 216; 2=33 p. 25; 2=99 p. 34*

§. 570.

[II II § 766]

Während der Dienstzeit, muß dem Pflegekinde die nothwendige Kleidung, und ein solcher Lebensunterhalt gereicht werden, wie ihn das gleiche Dienste leistende Gesinde erhält.

§. 571.

[II II § 767]

Die Dienste des Kindes dürfen an Fremde nicht überlassen werden.

***M:** 1=86 f. 127*

---

*) Die Absicht dieser Verordnung ist besonders, für diejenigen Kinder zu sorgen, welche die Rechte *vulgo quaesitos* nennen; und begüterte Personen aufzumuntern, daß sie sich solcher verlaßnen Kinder, in Hofnung der künftig von ihnen zu erhaltenden Dienstleistungen, annehmen.

§. 572.

[II II § 768, 769]
Sie hören auf, wenn die Pflegeeltern mit Tode abgehn.
M: *1=11 f. 27; 1=16 p. 251; 1=20 p. 159*

§. 573.

[-]
Entschädigen das Pflegekind, oder andre an dessen Stelle, die Pflegeeltern wegen der gehabten Auslagen, so fällt die Verbindlichkeit des Kindes zu ferneren Dienstleistungen hinweg.
M: *1=73 p. 21*

§. 574.

[-]
Entstehet Streit über den Betrag dieser Entschädigung, so muß der Richter solchen, nach der Dauer und Art der Verpflegung, welche das Kind genossen hat, der Billigkeit gemäß bestimmen.
M: *1=14 f. 96; 2=16 p. 251; 3=57 p. 314*

§. 575.

[II II § 770-773]
Mißbrauchen die Pflegeeltern ihre Rechte dergestalt, daß Leben, Gesundheit, Ehre, Sitten oder Gewissensfreyheit des Kindes darüber in Gefahr kommt, so ist das Kind von fernerer Dienstleistung frey zu sprechen.
M: *1=16 p. 251; 2=57 p. 324*

Dritter Titel.
Von den Rechten und Pflichten der übrigen Mitglieder der Familie[a].

§. 1.

[I III § 1, 2]

Familienverhältnisse werden durch Geburth oder Heyrath begründet.

***M:** 1=67 p. 26*

§. 2.

[I III § 3]

In wiefern durch Heyrath zur linken Hand, aus unehelicher Geburth, durch Legitimation, Annahme an Kindes statt, oder Einkindschaft, Familienverbindungen entstehn oder nicht; ist oben Tit. I. §. 629. 630. und Tit. II. §. 408. 410. 445. 446. 480. 516 = 518. & 554. verordnet.

***M:** 1=16 p. 252*

§. 3.

[I III § 4]

Kinder, die von einerley Vater und Mutter in rechtmäßiger Ehe erzeugt worden, haben unter einander die Rechte vollbürtiger Geschwister.

***M:** 1=49 p. 39*

§. 4.

[I III § 5]

Haben sie nur einen gemeinschaftlichen Vater, oder nur eine gemeinschaftliche Mutter, so sind sie nur als Halbgeschwister miteinander verbunden.

§. 5.

[I III § 6]

Kinder, die von eben derselben Mutter, außer der Ehe, gebohren worden, werden als Halbgeschwister von der Mutterseite angesehn; ohne Unterschied: ob sie von einem oder von verschiednen Vätern erzeugt sind.

***M:** 1=2 f. 30; 1=102 p. 70; 2=19 p. Seitenangabe fehlt; 3=20 p. 160; 4=38 p. 417; 5=53 p. 105*

---

[a] **E:** 07.73.0295r-0304v **Nachtr.E:**07.74.0234r-0239r
R: 07.80.0105-0106 zu §§ 1-46

§. 6.

[I III § 7, 8]
Kinder, die außer der Ehe, von eben demselben Vater, mit verschiednen Müttern erzeugt worden, stehen unter sich in gar keiner bürgerlichen Familienverbindung.

***M:** 1=2 f. 30; 1=16 p. 252; 1=55 p. 60; 2=27 p. 60; 2=38 p. 321; 2=67 p. (unl.)*

§. 7.

Allgemeine Familienrechte und Pflichten.

[II III § 9]
Personen, die zu Einer Familie gehören, müssen das Beste der Familie, und aller Mitglieder derselben, möglichst zu befördern sich angelegen seyn lassen.

***M:** 1=16 p. 253; 2=53 p. 105; 3=57 p. 326*

§. 8.

[II III § 9]
Sie sind schuldig, alles zu vermeyden, was der Familie Schimpf oder Verachtung zuziehn könnte.

***M:** 1=16 p. 253*

§. 9.

[II III § 10]
Vorzüglich müssen sie für die Erziehung der zur Familie gehörigen Kinder besorgt seyn.

***M:** 1=58 f. 28*

§. 10.

[II III § 11]
Wenn die Erziehung von den Eltern vernachläßiget wird, so sind die Verwandten, ohne Rücksicht auf den Grad der Sippschaft, berechtigt, dem Gericht davon Anzeige zu machen, und nähere Untersuchung zu fordern.

***M:** 1=16 p. 253; 2=57 p. 326; 3=58 f. 28*

§. 11.

[II III § 12]
Ihnen kommt es zu, nach dem Tode des Vaters, die Bevormundung minderjähriger zur Familie gehöriger Kinder, bey dem Richter nachzusuchen.

***M:** 1=53 p. 105*

§. 12.

[II III § 12, 13]
In wiefern sie selbst dergleichen Vormundschaft zu übernehmen schuldig, oder deren Führung zu verlangen berechtigt sind, wird im Titel von Vormundschaften verordnet werden.

§. 13.

[-]

Wenn Mitglieder der Familie, in Raserey, Blödsinn oder Verschwendung gerathen, so sind die Verwandten schuldig und befugt, auf deren Bevormundung, und auf die Vorkehrung der nöthigen Anstalten, zur Erhaltung ihres Vermögens, bey der Obrigkeit anzutragen.

***M:** 1=57 p. 326; 2=16 p. 253*

§. 14.

[-]

Auch die Curatel, über das Vermögen abwesender und verschollner Mitglieder der Familie, gehört zu den Familienrechten.

***M:** 1=2 f. 30; 1=63 p. 141*

§. 15.

Gegenseitige Pflichten, einander zu unterstützen.

[II III § 14]

Mitglieder einer Familie, die in ein gänzliches Unvermögen, sich selbst zu ernähren, gerathen sind, können nothdürftigen Unterhalt und Verpflegung, nur von Verwandten in auf und absteigender Linie fordern.

***M:** 1=17 p. 107; 1=101 p. 91; 2=53 p. 105; 3=56 p. 8; 4=57 p. 327*

§. 16.

[II III § 15-21, 22]

Von Seitenverwandten sind sie dergleichen zu verlangen nicht berechtigt.

***M:** 1=12 f. 39; 2=16 p. 254; 3=43 p. 56*

§. 17.

[II III § 15]

Doch kann der Staat wohlhabenden Geschwistern solcher unvermögenden Personen, die sonst dem Publikum zur Last fallen würden, einen billigen Beytrag zu deren nothdürftigen Unterhalt abfordern.

***M:** 1=2 f. 31; 1=11 f. 28; 1=64 p. 95; 2=59 f. 49; 2=101 p. 92; 3=57 p. 327*

§. 18.

[II III § 15]

Wenn bey dem Tode der Eltern, einige Geschwister bereits versorgt sind, andre aber hülflos bleiben; so sind jene schuldig, die Kosten der nothdürftigen Verpflegung und Erziehung der letztern zu übernehmen.

***M:** 1=16 p. 254; 1=68 p. 89; 2=57 p. 327*

§. 19.

[II III § 15]

Diese Verbindlichkeit dauert so lange, bis dergleichen Geschwister in Stand gesetzt worden, sich ihren Unterhalt selbst zu erwerben.

***M:** 1=64 p. 95*

§. 20.

[II III § 23, 24]

Wenn Verwandte, wider ihre natürliche Pflicht, unvermögende Verwandten, die sich selbst nicht ernähren können, hülflos lassen, so verlieren sie das, nach den folgenden Vorschriften, ihnen zukommende gesetzliche Erbrecht.

***M:** 1=16 p. 254*

§. 21.

[II III § 25-30]

Alsdenn treten diejenigen an ihre Stelle, die sich eines solchen hülflosen Menschen angenommen haben; ohne Unterschied: ob es Privatpersonen, oder öffentliche Anstalten sind.

***M:** 1=1 f. 51; 2=17 p. 107; 3=16 p. 255; 3=49 p. 39*

§. 22.

Erbfolge der Geschwister.

[II III § 31]

Unter den Seitenverwandten, werden zuerst die Geschwister zur gesetzlichen Erbfolge berufen.

***M:** 1=17 p. 108*

§. 23.

[II III § 32]

Sie können aber davon, durch Verträge und letztwillige Dispositionen, völlig ausgeschlossen werden.

***M:** 1=16 p. 255; 1=63 p. 142; 2=68 p. 89; 3=102 f. 71; 4=95 p. 17*

M:** 1=81 p. 30; 2=62 p. 79; 2=68 p. 90/93; 2=69 p. 9* ***zu §. 24 sequ.

§. 24.

[II III § 33]

Geschwister haben von einander keinen Pflichttheil zu fordern.*)

***M:** 1=7 f. 24; 2=16 p. 255; 3=53 p. 106; 4=56 p. 8*

§. 25.

[-]

Wie es zu halten, wenn von dem Verstorbnen ein Ehegatte vorhanden ist, wird Tit. I. §. 368. verordnet.

---

*) Die *Legitima fratrum* ist weder in der Natur der Sache, noch in der Analogie der Rechte, noch selbst in der bloßen Billigkeit gegründet; und giebt nur zu unnützen Prozessen: Was *Persona turpis* sey? Anlaß.

§. 26.

[II III § 34]

In welchen Fällen Geschwister mit den Verwandten in aufsteigender Linie zugleich erben, ist Tit. II. §. 364. bestimmt.

M: *1=62 p. 81*

§. 27.

Der vollbürtigen Geschwister

[II III § 35]

Vollbürtige Geschwister und deren Descendenten schliessen die halbbürtigen aus.

M: *1=Angabe fehlt f. 30; 1=7 f. 24; 2=10 f. 46*

§. 28.

[II III § 36]

Sind mehrere vollbürtige Geschwister oder deren Descendenten vorhanden, so erben solche nach den Linien.**)

M: *1=1 f. 52; 1=62 p. 81; 2=16 p. 256; 2=61 f. 11; 3=20 p. 160; 3=69 p. 10; 4=53 p. 106; 4=76 p. 1; 5=55 p. 60; 5=93 p. 13*

§. 29.

[II III § 38]

Es werden folglich so viel Erbportionen gemacht, als Linien von vollbürtigen Geschwistern, oder Geschwisterkindern sind, die sich zu gemeinschaftlichen Eltern mit dem Erblasser ziehn.

M: *1=19 p. 8; 1=62 p. 81; 2=60 f. 83*

§. 30.

[II III § 39]

In den Linien selbst, treten die Descendenten der Geschwister, ohne Unterschied des Grads, aus eignem Rechte, an die Stelle ihrer Eltern, wenn diese vor dem Erblasser verstorben sind.

M: *1=23 p. 12; 1=62 p. 81; 2=45 p. 56.1; 2=60 f. 83; 3=44 p. 96*

**) Das *Jus repraesentationis* ist sowohl bey der Erbfolge in absteigender Linie, als hier, bey der Collateralsucceßion aufgehoben. An sich beruht solches auf einer bloßen Fiktion, und erzeugt viele verwickelte Rechtsfragen, die eine Menge von Bestimmungen nothwendig machen würden. Besonders läßt sich aus der Natur der Sache nicht erklären: warum der zufällige Umstand, daß die Eltern der Geschwisterkinder vor dem Erblasser verstorben sind, in der Art der Erbfolge, und in der Vertheilung des Nachlasses, einen so wesentlichen Unterschied bewürken sollte. Dagegen ist die Succeßion nach Linien, so wie sie hier angenommen werden, die einfachste und natürlichste Art der Erbfolge; und kann am wenigsten zu Streit und Zweifeln Anlaß geben. Man wird sie auch, bey genauerer Prüfung, der Billigkeit, und selbst der Präsumtion von der Liebe des Erblassers zu seiner Familie, die doch bey der ganzen gesetzlichen Erbfolge zum Grunde liegt, am gemäßesten finden.

§. 31.

[II III § 39]
Sie nehmen also, wenn ihrer mehrere sind, von der Portion der Hauptlinie, zu welcher sie gehören, zusammen so viel, als der, an dessen Stelle sie treten, erhalten haben würde, wenn er den Tod des Erblassers erlebt hätte.

***M:** 1=62 p. 81; 2=60 f. 83*

§. 32.

[II III § 39]
Es macht dabey keinen Unterschied: ob sie von demjenigen, an dessen Stelle sie treten, Erben geworden sind, oder nicht.

***M:** 1=44 p. 98*

§. 33.

[II III § 40]
Wenn in einer Linie, ein Geschwister oder Geschwisterkind den Tod des Erblassers zwar erlebt hat; aber sonst dessen Erbe nicht seyn kann oder will; so treten desselben Descendenten, eben so wie §. 30 = 31. verordnet ist, an seine Stelle.

***M:** 1=19 p. 8; 2=33 p. 25; 3=37 p. 92; 4=44 p. 98; 5=57 p. 328*

§. 34.

Der Halbgeschwister.

[II III § 41]
Sind weder vollbürtige Geschwister, noch Descendenten von selbigen vorhanden; so gelangen die Halbgeschwister, und deren Descendenten, zur Erbfolge.

***M:** 1=43 p. 56*

§. 35.

[II III § 42]
Bey diesen, wenn ihrer mehrere sind, findet eben die Succeßionsordnung statt, wie unter den vollbürtigen Geschwistern.

***M:** 1=4 f. 54*

§. 36.

[II III § 43, 44]
Zwischen Halbgeschwistern von väterlicher oder mütterlicher Seite, ist dabey, der Regel nach, kein Unterschied.

***M:** 1=17 p. 108*

§. 37.

[II III § 45]
In wiefern bey Lehnen, Fideicommißen und Stammgütern, Halbgeschwister von väterlicher Seite, mit den vollbürtigen zugleich, zur Succeßion gelangen, und die Halbgeschwister

von Seiten der Mutter ausschliessen, wird gehörigen Orts besonders festgesetzt werden.

§. 38.

Der übrigen Seitenverwandten.

[II III § 46]

Sind weder Verwandten in ab= oder aufsteigender Linie, noch Geschwister, oder deren Descendenten vorhanden, so gelangen die übrigen Seitenverwandten zur Erbfolge.

§. 39.

[II III § 47]

In wiefern diese, mit dem überlebenden Ehegatten zugleich, an der Erbschaft Theil nehmen, oder von demselben ausgeschlossen werden, ist Tit. I. §. 363. 369. verordnet.

§. 40.

[II III § 48, 49]

Seitenverwandten erben, nach der Nähe ihrer Verwandtschaft mit dem Erblasser.

***M:** 1=1 f. 52*

§. 41.

[II III § 50]

Die Grade werden nach den Generationen gezählt, welche zwischen dem Verstorbnen, und den an seinen Nachlaß Anspruch machenden Verwandten, vorhanden sind.

§. 42.

[II III § 51]

Der nähere Grad schließt die entferntern aus.

§. 43.

[II III § 52]

Kinder treten dabey niemals an die Stelle ihrer vorher verstorbnen Eltern.

***M:** 1=50 p. 130*

§. 44.

[II III § 53]

Mehrere Personen gleichen Grades erben zu gleichen Theilen.

***M:** 1=16 p. 258*

§. 45.

[II III § 53]

Es macht dabey keinen Unterschied: ob sie von väter= oder

mütterlicher Seite, durch volle oder halbe Geburt, mit dem Erblasser verwandt sind.

***M:** 1=2 f. 30: 1=11 f. 28; 1=61 f. 12; 2=38 p. 418; 3=53 p. 106; 4=55 p. 60*

§. 46.

[II III § 53]

In wiefern den Verwandten von väterlicher Seite, bey der Succeßion in Lehne, Fideicommiße oder Stammgüter, vor den mütterlichen Verwandten ein Vorrecht zukomme, wird gehörigen Orts besonders festgesetzt.

***M:** 1=16 p. 258; 2=52 p. 329*

Vierter Titel. Von gemeinschaftlichen Familienrechten[a].

§. 1.

[II IV § 1]

An gemeinschaftlichen Familienrechten nehmen sämmtliche Mitglieder der Familie, ohne Unterschied der Art oder des Grades der Verwandtschaft, Antheil.

***M:** 1=4 f. 55; 1=101 p. 92; 2=53 p. 107; 3=56 p. 9*

§. 2.

[II IV § 2]

Wenn von Familienrechten überhaupt die Rede ist, so kommen dieselben auch Personen weiblichen Geschlechts, und denen zu, welche durch Abstammung von solchen Personen, mit der Familie verbunden sind.

***M:** 1=55 p. 62; 1=60 f. 83*

§. 3.

[II IV § 3-6]

An welchen Familienrechten Personen weiblichen Geschlechts, und die von ihnen abstammen, keinen Theil haben, ist in den Gesetzen besonders verordnet.

§. 4.

[II IV § 7]

Gemeinschaftliche Familienangelegenheiten müssen durch Berathschlagungen und Schlüsse der ganzen Familie angeordnet werden.

***M:** 1=43 p. 57; 1=102 p. 71*

§. 5.

[II IV § 7]

Zu dergleichen Berathschlagungen muß derjenige, welcher nach dem Alter, oder nach der Wahl der übrigen Mitglieder, als das Haupt der Familie anzusehn ist, die Familie zusammen berufen.

***M:** 1=2 f. 30; 1=102 p. 71*

§. 6.

[II IV § 8-11]

In wiefern solche Familienangelegenheiten durch die

---

[a] **E:** 07.73.0305 **Nachtr.E:**07.74.0239[rv]
R: 07.80.0107 zu §§ 1-8

Mehrheit der Stimmen, oder nur durch den einhelligen Schluß sämmtlicher Mitglieder angeordnet werden können, ist nach den allgemeinen Grundsätzen, von dem Rechte der Gesellschaften, zu bestimmen.

***M:** 1=20 p. 160; 1=101 p. 94; 2=23 p. 13; 2=55 p. 62; 3=57 p. 330*

§. 7.

[II IV § 12-18]

Dem Haupt der Familie liegt vorzüglich ob: für die Erhaltung der Gerechtsame der Familie zu sorgen.

***M:** 1=16 p. 260; 2=57 p. 331*

§. 8.

[II IV § 19, 20]

Ihm kommt es zu, die der ganzen Familie zugehörigen Urkunden zu verwahren.

***M:** 1=16 p. 260*

Erster Abschnitt.
Von Familienstiftungen und Fideicommissen[a *)].

§. 9.

Wie Familienstiftungen gemacht werden können[b].

[II IV § 21-46]

Familienstiftungen und Fideicommisse können durch Verträge, durch einseitige Dispositionen unter Lebendigen, und durch letzte Willensverordnungen, errichtet werden.

***M:** 1=1 f. 53; 1=63 p. 143-145; 2=2 f. 31; 2=67 p. 26; 3=23 Seitenangabe fehlt; 3=93 p. 13; 4=55 p. 63*

§. 10

[II IV § 21-46]

Was zur äußern Form und Feyerlichkeit solcher Stiftungen erfordert werde, ist im folgenden Theile verordnet.

---

a **E:** 07.73.0306[r]-0320[v] **Nachtr.E:** 07.74.0239[v]-0247[r]
R: 07.80.0107-0109[r] zu §§ 9-56

b **M:** 1=66 p. 62; 2=63 p. 145-146; 3=96 f. 236; 4=81 p. 30 **zu den §§. 9 - 13**
Die Grundsätze, denen man in der Lehre von Familienfideicommissen hauptsächlich gefolgt ist, sind diese:
1. Dergleichen Fideicommisse sind an und für sich dem Flor eines Staats nicht vortheilhaft. Sie hemmen die Lebhaftigkeit des Verkehrs und der Cirkulation; sie sind ein Hinderniß der möglichst gleichen Vertheilung des Staatsvermögens, und liefern dasselbe zuletzt, wenn keine Gränzen gesetzt werden, in die Hände einer kleinen Anzahl von Familien; sie haben, mit einem Worte, fast alles das wider sich, was wider die Verwendung der Güter im Staat zur todten Hand, mit Grunde eingewandt wird. Die Stiftung neuer Fideicommisse kann also nur in dem einzigen Falle zuträglich seyn, wenn es darauf ankommt, dadurch die adlichen Familien, als die gebohrnen Vertheidiger des Staats, welche nach der einmal subsistirenden Verfassung an vielen andern Arten von Gewerben und Indüstrie keinen Theil nehmen können, für den Staat zu conserviren.
2. Wenn liegende Gründe von geringem Ertrage zum Fideicommiß gewidmet werden, so kann der Besitzer auch die gewöhnlichsten Unglücksfälle aus den Revenüen nicht übertragen. Es müßte ihm also entweder das Schuldenmachen erleichtert, oder das Gut in seinem Verfall gelassen werden. Letzteres wäre dem gemeinen Besten, und beydes dem Endzweck der Familienconservation gänzlich zuwider. Folglich sind nur solche Güter zu Fideicommissen qualificirt, deren Ertrag hinreichend ist, um die Wirthschaft, auch bey gewöhnlichen Unglücksfällen, in gehörigem Stand und Betrieb zu unterhalten.
3. Die Fälle, wo es erlaubt ist, Schulden auf das Fideicommiß zu machen, müssen auf die unvermeidlichste Nothwendigkeit, zur Conser-

§. 11.

Substitutionen.

[II IV § 47]

In wiefern ein jeder Bürger des Staats, dem von ihm eingesetzten Erben, seine Verwandten, oder auch Fremde substituiren könne, wird in der Lehre von letzten Willensverordnungen bestimmt werden.

M: *1=16 p. 261*

§. 12.

[II IV § 47]

Was bey Stipendien und andern Fundationen, die allein, oder hauptsächlich, zum Besten einer gewissen Familie gestiftet werden, Rechtens sey, wird in dem Titel vom geistlichen Stande[33] vorkommen.

M: *1=16 p. 261; 1=57 p. 332; 2=57 p. 332*

§. 13.

Familien-Fideicommisse.
1) Wer dergleichen errichten könne.

[-]

Beständige Familienfideicommisse, sollen von nun an nur Personen adlichen Standes zu errichten befugt seyn.

M: *1=14 f. 101; 1=60 f. 83; 1=78 p. 13; 1=95 p. 15; 2=37 p. 92; 2=54 p. 15; 2=63 p. 147; 2=78 p. 13; 2=102 p. 71; 3=44 p. 98; 4=53 p. 107*

§. 14.

[-]

Dergleichen Fideicommiß kann für die eigene Familie des Stifters, oder auch zum Besten einer andern adlichen Familie, errichtet werden.

§. 15.

[-]

Solchen Verwandten, denen nach den Gesetzen ein Pflichttheil gebührt, kann derselbe durch Stiftung eines Fideicommisses nicht entzogen, geschmälert, oder belastet werden.

---

vation der Substanz, und Abwendung ihres gänzlichen Verfalls, so genau, als möglich, eingeschränkt werden. Wenn aber ein solcher Fall würklich eintritt, so muß das Aufnehmen der nöthigen Gelder dem Fideicommißbesitzer, durch weitläuftige Unterhandlungen mit vielen, zerstreuten, und entfernten Anwartern nicht zu sehr erschwert, noch durch den daraus entstehenden Verzug der Hülfe, zur Vergrößerung des Schadens selbst Anlaß gegeben werden.

[33] *Der geistliche Stand wird im Entwurf nicht mehr behandelt, an seine Stelle tritt insofern der Titel über die Schulen, dort findet sich aber keine entsprechende Regelung. Nur im Titel „Von Gesellschaften überhaupt“ ist von Stiftungen die Rede.*

§. 16.

[-]

Doch muß ein solcher Verwandter, wenn er zur unmittelbaren Succeßion in das Fideicommiß berufen wird, sich die Disposition des Stifters gefallen lassen.

M: *1=38 p. 321; 1=99 p. 34; 2=43 p. 57; 2=60 f. 84; 3=47 p. 9; 4=55 p. 65; 4=62 p. 83*

§. 17.

2) Was dazu gewidmet werden könne.

[II IV § 48-50]

Nur aus eigenthümlichen freyem Vermögen kann ein Familienfideicommiß errichtet werden.

M: *1=37 p. 93*

§. 18.

[-]

Wie hoch ein neues Fideicommiß bestimmt werden könne, bleibt der Beurtheilung des Landesherrn, in einzlen Fällen, nach den Verhältnissen der Familien, vorbehalten.

M: *1=16 p. 162; 1=58 f. 28; 1=63 p. 147/148; 1=102 p. 72; 2=17 p. 109; 2=68 p. 93; 3=20 p. 163; 3=60 f. 84*

§. 19.

[II IV § 48-50]

Doch müssen, wenn dasselbe aus Grundstücken bestehen soll, diese Grundstücke wenigstens funfzigtausend Thaler an Wert betragen.

M: *1=2 f. 31; 1=63 p. 148; 1=95 p. 17; 2=4 f. 55; 2=78 p. 13; 3=11 f. 29; 3=101 p. 94; 4=16 p. 262; 4=102 p. 72; 5=38 p. 323; 5=49 p. 40; 5=101 p. 94; 6=57 p. 332*

§. 20.

[II IV § 51-58]

Besteht das Fideicommiß nur in gewissen Gerechtsamen oder Vorrechten, so kommt es dabey auf einen bestimmten Werth nicht an.

M: *1=2 f. 31*

§. 21.

[II IV § 59]

Soll nur ein Capital zum Familienfideicommiß gewiedmet werden, so muß solches wenigstens zehntausend Thaler ausmachen.

M: *1=2 f. 31*

§. 22.

[II IV § 60]

Soll aber ein Geldfideicommiß nur einem andern, welches in Grundstücken besteht, zugeschlagen werden, so ist solches an keine Summe gebunden.

§. 23.

[II IV § 61]

Aus bloßen Häusern und Gebäuden, ingleichen aus Mobilien und Kostbarkeiten allein, kann kein Familienfideicommiß errichtet werden. Wohl aber können dergleichen Gebäude und Kostbarkeiten einem andern für sich bestehenden Fideicommiß zugeschlagen werden.

M: *1=2 f. 32; 1=5 f. 29; 1=55 p. 60; 1=63 p. 149; 1=102 p. 73; 2=16 p. 263*

§. 24.

[-]

Von den zu einem Fideicommiß gehörenden Pertinenz= und Inventarienstücken, muß, gleich bey dessen Errichtung, ein vollständiges beglaubtes Verzeichniß aufgenommen werden.

M: *1=16 p. 263; 1=101 p. 95; 2=17 p. 109*

§. 25.

[-]

Capitalien, die zum Fideicommiß gewiedmet sind, können nur auf Grundstücke belegt werden.

M: *1=16 p. 263; 1=63 p. 149; 2=27 p. 60*

§. 26.

[II IV § 62-71]

3) Was bey deren Errichtung zu beobachten.

Was bey Abfassung der Fideicommißurkunde bey deren Bestätigung, und bey der Eintragung des Fideicommisses, auf die dazu gewiedmeten Grundstücke oder Capitalien, zu beobachten, ist in den Gesetzen gehörigen Orts verordnet.

§. 27.

[II IV § 72, 73]

4) Rechte des Fideicommißbesitzers.

Dem Fideicommißbesitzer gebührt das nutzbare Eigenthum des Fideicommisses.

M: *1=17 p. 109; 1=73 p. 22; 2=Angabe fehlt; 3=101 p. 95*

§. 28.

[II IV § 74]

Bey Bestimmung der Gränzen dieses Eigenthums, muß hauptsächlich auf den Inhalt des Stiftungsbriefes gesehen werden.

§. 29.

[II IV § 75-77, 79]

Wo der Sinn des Stiftungsbriefes nicht deutlich ist, muß derselbe jedesmal so erklärt werden, wie es dem Endzweck der Erhaltung der Familie am gemäßesten ist.

M: *1=16 p. 260, 2=17 p. 110*

§. 30.

[II IV § 75]

Soweit als der Stiftungsbrief nichts bestimmt, kann der Besitzer das Fideicommiß weder veräußern, noch mit Schulden belasten.

***M:** 1=16 p. 264; 1=63 p. 149/150*

5) Insonderheit wegen Aufnehmung von Schulden.

§. 31.

[II IV § 80, 81-84]

Nur allein, wenn Gebäude, die zum Fideicommiß gehören, durch Brand oder andern Unglücksfall ruinirt worden, kann die zu deren Wiederherstellung nöthige Summe, auf die Substanz des Fideicommisses aufgenommen werden.

***M:** 1=10 f. 47; 1=48 p. 22; 1=55 p. 66; 1=67 p. 27; 1=78 p. 13; 1=101 p. 96; 2=17 p. 110; 2=93 p. 14; 3=27 p. 61; 3=101 p. 96; 4=38 p. 324; 4=68 p. 45; 4=101 p. 96*

§. 32.

[II IV § 85, 86]

Ein gleiches findet statt, wenn das ganze Fideicommißinventarium, oder doch mehr, als die Hälfte desselben, in allen Rubricken, durch Brand, Krieg, oder Wasserfluthen verlohren gegangen.

***M:** 1=2 f. 32; 1=78 p. 14; 2=14 f. 103; 2=101 p. 96; 3=16 p. 264*

§. 33.

[II IV § 87-89]

In beyden Fällen muß die Aufnehmung eines Darlehns, zur Wiederherstellung der Gebäude, oder des Inventarii, mit Bewilligung der nächsten zwey Fideicommißanwarter geschehen.

***M:** 1=16 p. 264; 1=80 f. 206; 2=23 p. 13; 2=37 p. 94; 2=49 p. 4 (unl.); 2=64 p. 27; 2=69 p. 10; 2=101 p. 87; 3=38 p. 325; 3=101 p. 97; 4=37 p. 94*

§. 34.

[II IV § 90]

Unter diese dürfen die Kinder des Fideicommißbesitzers nicht gerechnet werden.

***M:** 1=16 p. 265; 1=55 p. 67; 1=72 p. 4; 2=72 p. 4*)*

---

*) Die Gesetzgebung, welcher an der Unterhaltung und Befestigung der Eintracht in den Familien alles gelegen ist, muß die Fälle, wo wegen des in Collision gerathenden Interesse der Eltern und Kinder, Gelegenheiten zum Zwist unter ihnen entstehn, oder wohl gar die Eltern in eine Art der Abhängigkeit von den Kindern gesetzt werden könnten, möglichst vermeyden. Wo also für die Erreichung des

§. 35.

[II IV § 91]

Steht einer von den nächsten Anwartern unter Vormundschaft, so muß dessen Curator zugezogen, und *obervormundschaftliche* Genehmigung beygebracht werden.

M: *1=16 p. 265; 1=101 p. 97*

§. 36.

[II IV § 92]

Sind keine andre Anwarter, außer den Kindern des Besitzers vorhanden, so müssen diese zugezogen werden.

M: *1=27 p. 61*

§. 37.

[II IV § 93-95]

Sind sie noch minderjährig, oder doch noch unter väterlicher Gewalt, so ist ihnen, zu diesem Geschäfte, ein besondrer Curator oder Beystand zu bestellen.

M: *1=16 p. 265; 1=73 p. 22*

§. 38.

[II IV § 96]

Bey *Aufnehmung* eines solchen *Darlehns*, müssen zugleich allemal gewisse Termine, zu dessen *Rückzahlung*, bestimmt werden.

§. 39.

[II IV § 97]

Der Fideicommißbesitzer ist nicht schuldig, höhere Rückszahlungstermine auf ein Jahr zu übernehmen, als der vierte Theil der gewöhnlichen Einkünfte, nach einem ohngefehren Ueberschlage beträgt.*)

M: *1=4 f. 55; 1=62 p. 84; 2=17 p. 111; 2=63 p. 150; 3=27 p. 61; 3=99 p. 34; 4=102 p. 73*

§. 40.

[II IV § 101]

Wenn nicht durch die Stiftungsurkunde, oder durch

Endzwecks der Conservation des Fideicommisses, auf andre Art gesorgt werden kann, muß den Kindern eine Beurtheilung des Verfahrens und der Anträge der Eltern, weder überlassen, noch angemuthet werden.

*) Weil es unbillig seyn würde, wenn der Fideicommißbesitzer der von dem Stifter ihm zugedachten Wohlthat, auf mehrere Jahre, und vielleicht auf Lebenslang entbehren, und solchergestalt die Last einer Schuld, die doch zum Besten der gesammten Familie gemacht worden, allein tragen sollte.

Provinzialgesetze, ein andres verordnet ist, muß die Regulirung eines solchen Darlehnsgeschäfts gerichtlich erfolgen.

M: 1=17 p. 112

§. 41.

[II IV § 102]

Der Richter muß dabey für die Beobachtung vorstehender Erfordernisse von Amtswegen sorgen.

M: 1=16 p. 266; 1=101 p. 98

§. 42.

[II IV § 103-125]

Giebt der Gläubiger, wegen der bestimmten Rückzahlungstermine, freywillig Nachsicht, so geschieht solches auf seine Gefahr.

M: 1=16 p. 266; 1=73 p. 22; 2=101 p. 98; 3=102 p. 74

§. 43.

6) In wie fern andre Veränderungen mit dem Fideicommiß vorgenommen werden können.

[II IV § 78]

Sollen mit der Substanz der zum Fideicommiß gewiedmeten Güter, durch Tausch oder sonst, Veränderungen vorgenommen werden, so ist dazu der einstimmige Entschluß sämtlicher Mitglieder der Familie erforderlich.

M: 1=12 f. 41; 1=101 p. 99; 2=16 p. 266; 2=73 p. 22; 3=27 p. 61; 4=55 p. 67

§. 44.

[-]

Sind Minderjährige unter denselben, so müssen ihnen, zu solchem Behuf, Vormünder bestellt, und von diesen die *obervormundschaftliche* Genehmigung beygebracht werden.

M: 1=16 p. 266

§. 45.

[-]

Ein Gleiches muß geschehen, auch wenn die Väter solcher minderjährigen Familienmitglieder noch am Leben sind.*)

M: 1=16 p. 217; 1=102 p. 74

§. 46.

[-]

Wenn innerhalb neun Monathen, vom Tage des abgefaßten Schlusses, annoch neue Mitglieder der Familie geboren

---

*) Weil das Recht der Kinder auf das Fideicommiß, von dem Rechte des Vaters ganz unabhängig ist, und gleich diesem, aus der Wohlthat des ersten Stifters entspringt.

werden, so sind, in Ansehung derselben, die Vorschriften §. 44. sqv. zu beobachten.

M: *1=2 f. 32; 1=11 f. 29; 1=73 p. 22; 1=79 p. 22; 2=17 p. 112; 2=38 p. 325; 2=102 p. 75; 3=16 p. 267; 3=68 p. 44; 4=55 p. 67*

§. 47.

[-]

Familienmitglieder, welche später gebohren werden, müssen den vor ihrer Erzeugung abgefaßten Schluß der Familie anerkennen.

M: *1=38 p. 326; 1=73 p. 22*

§. 48.

[-]

Das Fideicommiß selbst kann so wenig, als der wesentliche Inhalt der Stiftungsurkunde, auch durch den einstimmigen Schluß der Familie, aufgehoben oder abgeändert werden.

M: *1=1 f. 53; 1=69 p. 11; 2=23 p. 13; 2=33 p. 26; 2=69 p. 11; 2=101 p. 49; 2=102 p. 75; 3=38 p. 326; 4=53 p. 114; 4=69 p. 151*

§. 49.

[-]

Wo die Stiftungsurkunde oder Provinzialgesetze nicht ein andres verordnen, müssen die Familienschlüsse gerichtlich geprüft, vollzogen, und bestätigt werden.

M: *1=11 f. 47; 2=20 p. 164*

§. 50.

[II IV § 126]

Von Geld=Fideicommissen.

Bey Geldfideicommissen, schränkt sich das Recht des Besitzers, der Regel nach, bloß auf die Erhebung und den Genuß der Zinsen ein.

M: *1=16 p. 267; 2=53 p. 116; 3=56 p. 10*

§. 51.

[II IV § 127]

Er ist nicht berechtigt, das Capital selbst einzuziehn, an andre abzutreten, zu verpfänden, oder sonst zu belasten.

M: *1=16 p. 267*

§. 52.

[II IV § 128]

Ereignet sich etwas, wodurch die Sicherheit des Capitals bedenklich wird, so muß der Fideicommißbesitzer, mit Zuziehung der zwey nächsten Anwarter, für dessen Einziehung, und anderweitige sichre Unterbringung sorgen.

M: *1=55 p. 68; 1=73 p. 22*

§. 53.

[II IV § 129]

Ein Gleiches muß geschehen, wenn der Schuldner das Capital aufzukündigen berechtigt ist, und würklich aufkündigt.

***M:** 1=16 p. 268; 2=55 p. 68*

§. 54.

[II IV § 130-132]

In beyden Fällen muß, wenn nicht ein andres in der Stiftungsurkunde, oder durch Provinzialgesetze verordnet ist, die anderweitige Belegung unter gerichtlicher Aufsicht geschehen.

***M:** 1=16 p. 268; 1=80 f. 206; 2=101 p. 99*

§. 55.

[II IV § 133]

Sollen mit dem Fideicommißstamm andre Veränderungen vorgenommen, oder Grundstücke statt des Capitals dazu gewiedmet werden, so ist dazu, so wie bey liegenden Gründen, die Einwilligung der ganzen Familie erforderlich.

***M:** 1=16 p. 268*

§. 56.

[-]

Hat jedoch der Stifter ein andres bestimmt, so dient seine Bestimmung zur alleinigen Richtschnur.

***M:** 1=57 p. 333*

Zweyter Abschnitt.
Von der Succeßionsordnung in Familienfideicommisse[a].

§. 57.

[II IV § 134, 140-144]

Die Succeßionsordnung in Familienfideicommisse, muß hauptsächlich nach dem Inhalt der Stiftungsurkunde beurtheilt werden.

Grundgesetz der Successionsordnung.

§. 58.

[-]

Um Verdunkelungen derselben zu verhüten, muß der Urkunde ein Stammbaum, der zur künftigen Succeßion berechtigten Personen, beygefügt werden.

***M:** 1=101 p. 99*

§. 59.

[-]

Sämmtliche Interessenten müssen für die Fortsetzung dieses Stammbaums Sorge tragen.

***M:** 1=16 p. 269; 1=101 p. 99*

§. 60.

[-]

Vornemlich aber gehört solches zu den Obliegenheiten des Haupts der Familie.

***M:** 1=101 p. 99*

§. 61.

[-]

Sind in der Stiftungsurkunde, der gewöhnlichen Erbfolge nur Einschränkungen, oder besondre Bestimmungen beygefügt, so dienen in allen nicht bestimmten Punkten, die Provinzial=, und in deren Ermangelung, die allgemeinen Gesetze zur Richtschnur.

Successionsordnung nach gemeinen Rechten.

***M:** 1=4 f. 56; 1=63 p. 152-154; 2=10 f. 47; 2=101 p. 99; 3=37 p. 96*

§. 62.

[-]

Sind die weiblichen Verwandten nicht ausdrücklich mit zur Succeßion gerufen, so werden solche für ausgeschlossen geachtet.

***M:** 1=16 p. 269; 2=23 p. 14; 3=2 f. 33; 3=53 p. 117*

---

[a] **E:** 07.73.0321^r-0326^v **Nachtr.E;** 07.74.0247^v-0250^v
R: 07.80.0109^v-0110 zu §§ 57-108

§. 63.

Seniorat.

[II IV § 150]

Hat der Stifter verordnet, daß jedesmal der Aelteste aus der Familie zur Succeßion gelangen solle, (Seniorat) so haben alle männliche Nachkommen des Stifters darauf Anspruch.

M: *1=16 p. 270; 1=60 f. 85; 2=43 p. 57*

§. 64.

[II IV § 137]

Es succedirt also, bey dem Abgang des jedesmaligen Besitzers, der Aelteste den Jahren nach, ohne Rücksicht auf die Linie, oder den Grad der Verwandschaft.

§. 65.

[II IV § 138]

Machen zwey Mitglieder der Familie, die den Jahren nach die gleich Aeltesten sind, Anspruch, und der genaue Zeitpunkt ihrer Geburt kann nicht ausgemittelt werden, so muß das Looß unter ihnen entscheiden.

M: *1=4 f. 56; 1=86 f. 127/128; 2=47 p. 9*

§. 66.

[II IV § 139]

Ist die männliche Nachkommenschaft gänzlich erloschen, und der Stifter hat auf diesen Fall nicht ausdrücklich disponirt, so wird das Fideicommiß ein freyes Vermögen des letzten Besitzers.

§. 67.

Majorate und Minorate.

[II IV § 145, 146, 148]

Was vorstehend (§. 63=66.) vom Seniorat verordnet ist, findet auch Anwendung, wenn der Stifter die Succeßion nach den Graden, jedoch dergestalt angeordnet hat, daß in gleichem Grade, der ältere den jüngern, (Majorat) oder der jüngern den ältern, (Minorat) ausschliessen solle.

M: *1=67 p. 27*

§. 68.

Primogenituren.

[II IV § 147, 149]

Hat der Stifter eine Succeßion nach Linien, mit dem Rechte der Erstgeburt angeordnet, (Primogenitur) so gelangt zuförderst der erstgebohrne Sohn des Stifters, mit Ausschliessung aller seiner nachgebohrnen Brüder, zum Besitz des Fideicommisses.

§. 69.

[II IV § 150]

Bey dessen, vor oder nach dem Stifter, erfolgendem Abgang, succedirt hinwiederum sein erstgebohrner Sohn.

§. 70.

[II IV § 151]

Nach gleicher Ordnung erfolgt die Succeßion in den weitern Generationen; dergestalt, daß immer der erstgebohrne Sohn des letzten Fideicommißbesitzers, und desselben Descendenz, die nachgebohrnen Brüder, und übrige Verwandten ausschließt.

§. 71.

[II IV § 152]

Geht ein Nebenast in der erstgebohrnen Hauptlinie gänzlich aus, so gelangt die Succeßion an den zweyten Nebenast, so wie sich solcher der Erstgeburt am nächsten zieht.

***M:** 1=56 p. 10*

§. 72.

[II IV § 153]

Auf den Grad der Verwandschaft mit dem letzten Besitzer, kommt es dabey gar nicht an.

§. 73.

[II IV § 154]

Hinterläßt also der letzte Besitzer keine männliche Descendenz, wohl aber Brüder, oder Bruderssöhne, so succedirt unter diesen der ältere Bruder, oder dessen erstgebohrner Sohn, mit gänzlicher Ausschliessung aller nachgebohrnen, so wie der etwa vorhandenen Vatersbrüder.

§. 74.

[II IV § 155, 156]

Eben so, wenn der letzte Besitzer weder Descendenten, noch Brüder, oder Bruderssöhne verläßt, gelangt die Succeßion auf den nächstgebohrnen Bruder seines Vaters, und dessen männliche Descendenz.

§. 75.

[II IV § 157]

So lange von dem erstgebohrnen Sohne des Stifters noch ein männlicher Descendent vorhanden ist, bleibt das Fideicommiß immer in derselben Linie, mit Ausschliessung aller übrigen.

§. 76.

[II IV § 158]

Nach gänzlicher Erlöschung dieser Linie, gelangt die Linie von dem zweyten Sohn des Stifters zum Fideicommiß, und schließt die jüngere Linie aus.

§. 77.

[II IV § 159]

In dieser zweyten Linie gilt, wegen der beständig zu be0bachtenden Ordnung der Succeßion nach der Erstgeburt, ohne Rücksicht auf den Grad der Verwandschaft mit dem letzten Besitzer, eben das, was wegen der ersten Linie vorgeschrieben ist.

§. 78.

[II IV § 160]

Es gelangt also, nach erloschner ersten Linie, unter den männlichen Descendenten von des Stifters zweytem Sohne, derjenige zur Succeßion, welcher von desselben erstgebohrnem Sohne herstammt, und unter den übrigen, sich am nächsten zur Primogenitur ziehet.

***M:** 1=56 p. 10*

§. 79.

[II IV § 161-165]

Nach eben diesen Grundsätzen wird die Succeßionsordnung, auch in der dritten, vierten und folgenden Linien, welche von dem Stifter absteigen, bestimmt.

§. 80.

[II IV § 166]

Wie es mit der Succession zu halten, wenn zwey besondre Fideicommisse in einer Familie sind.

Ist in Familie ein zweytes Fideicommiß, zum Besten der nachgebohrnen Linien errichtet, so gelangt darinn der zweyte Sohn des Stifters, und dessen männliche Descendenz, zur Succeßion.

§. 81.

[II IV § 166]

In der Linie desselben erfolgt die Succeßion nach eben der Ordnung, und nach eben dem Rechte der Erstgeburt, wie in Ansehung des ersten Fideicommisses festgesetzt ist.

§. 82.

[II IV § 166]

Die Descendenten des Stifters aus der ersten Linie, gelangen in dem zweyten Fideicommiß niemals zur Succeßion, so lange noch ein andrer von dem Stifter entsproßner Mannsstamm vorhanden ist.

§. 83.

[II IV § 167]

Geht die zweyte männliche Linie aus; oder gelangt dieselbe, durch Erlöschung der ältern, zur Succeßion in dem ersten Fideicommiß; so verfällt das zweyte Fideicommiß an die Linie des dritten Sohnes von dem Stifter.

§. 84.

[II IV § 168]

Nach gleichen Grundsätzen geht die Succeßion auf die vierte, fünfte, und folgende von dem Stifter entsprossene Linien, in sofern dergleichen vorhanden sind, über.

§. 85.

[II IV § 169]

Sind zuletzt alle von dem Stifter herstammende männliche Linien bis auf eine erloschen, so kommen in dieser beyde Fideicommisse zusammen.

§. 86.

[II IV § 170]

Sind in dieser Linie noch zwey oder mehrere Nebenäste vorhanden, so fällt das zweyte Fideicommiß an denjenigen Ast, welcher nicht im Besitz des ersten, aber zur Succeßion in selbiges, nach dem Grundgesetz der Primogenitur, am nächsten ist.

§. 87.

[II IV § 171]

Dasjenige Mitglied dieses Nebenasts gelangt zur Succeßion, welches sich unter den übrigen, der Erstgeburt, im Verhältniß gegen den Stifter, am nächsten zieht.

§. 88.

[II IV § 172]

Sind in der noch übrigen Linie, keine weitere Abkömmlinge des Stifters mehr vorhanden, als der Besitzer des ersten Fideicommisses und dessen Descendenz, so erhält dieser beyde Fideicommisse.

§. 89.

[II IV § 173]

Sie bleiben alsdenn so lange bey einander, bis wiederum zwey oder mehrere besondre Linien entstehn.

§. 90.

[II IV § 174]

Geschieht dieses, so bleibt das erste Fideicommiß bey der erstgebohrnen Linie; und das zweyte verfällt auf die nächste nach ihr.

§. 91.

[II IV § 175-178; s. a.II IV § 179-188]

Nach eben diesen Grundsätzen ist die Succeßionsordnung

zu bestimmen, wenn in einer Familie drey oder mehrere abgesonderte Fideicommisse vorhanden sind.

M: 1=37 p. 97

§. 92.

Wie es zu halten, wenn der Mannsstamm erlöscht.

[II IV § 189]

Erlöscht die gesammte männliche Descendenz des Stifters, und hat derselbe zum Besten seiner weiblichen Nachkommen nichts verordnet, so wird das Fideicommiß, in den Händen des letzten männlichen Descendenten, freyes eigenthümliches Vermögen.

M: 1=2 f. 32; 2=16 p. 274; 3=53 p. 117

§. 93.

Succeßionsordnung der weiblichen Descendenten.

[II IV § 190]

Hat der Stifter, auch für die weibliche Descendenz, eine Succeßionsordnung bestimmt, so muß diese genau beobachtet werden.

M: 1=16 p. 274

§. 94.

[II IV § 191]

Hat er dergleichen Succeßionsordnung nicht bestimmt, so gelangt das Fideicommiß an die männlichen Descendenten, von der erstgebohrnen Tochter des letzten Besitzers.*)

M: 1=2 f. 32; 2=11 f. 30; 2=92 f. 170; 2=102 p. 76; 3=16 p. 174; 4=37 p. 97; 4=47 p. 9; 4=102 p. 92

§. 95.

[II IV § 192]

Unter diesen gelangt der Erstgebohrne zur Succeßion, und verfället das Fideicommiß ferner auf seine Descendenten, nach eben der Ordnung der Linien, und dem Rechte der Erstgeburt, wie solche in dem Fideicommiß ursprünglich angeordnet ist.

M: 1=20 p. 165; 1=102 p. 76

§. 96.

[II IV § 193-197]

Ist von der erstgebohrnen Tochter des letzten Besitzers kei-

---

*) Es könnte zweifelhaft scheinen: ob die männlichen Descendenten von der Tochter des Stifters, oder die, von der Tochter des letzten Besitzers, vorzüglich zum Fideicommiß gerufen werden sollen. Allein bey Privatsucceßionen, wovon hier nur die Rede, und wo es äußerst selten ist, die Abstammung von dem Stifter, vermittelst einer Person weiblichen Geschlechts, durch einen Zwischenraum, vielleicht von mehrern Jahrhunderten, zuverläßig ausforschen, und rechtlich nachweisen zu können, muß die Sorgfalt für Verhütung weitläuftiger und inextrikabler Prozesse, das Gesetz bestimmen, den Descendenten von der Tochter des letzten Besitzers den Vorzug zu geben.

ne männliche Descendenz vorhanden, so gelangt die männliche Descendenz aus der zweyten Tochter, und so ferner, nach eben den Grundsätzen zur Succeßion.

M: 1=2 f. 32; 1=102 f. 77; 2=59 f. 50; 2=67 p. 27

§. 97.

[II IV § 198]

Mit dem ersten männlichen Descendenten, aus der weiblichen Linie des letzten Besitzers, geht eine neue Succeßionsordnung an; und nach dem Verhältniß gegen ihn, richtet sich die Fideicommißfolge unter seiner Nachkommenschaft.

§. 98.

[II IV § 198]

Diese männliche Descendenten aus der weiblichen Linie müssen, unter Landesherrlicher Erlaubniß, den Nahmen des ersten Stifters annehmen.

M: 1=2 f. 32; 1=16 p. 275; 1=53 p. 117

§. 99.

[II IV § 199-202]

Sie können aber ihren eigenen zugleich beybehalten.

M: 1=16 p. 276

§. 100.

[II IV §199-202]

Descendenten aus weiblicher Linie, die nur bürgerlichen Standes sind, können zur Succeßion in das Fideicommiß nicht gelangen.

M: 1=16 p. 276; 1=102 p. 77; 2=37 p. 99; 3=55 p. 68; 3=64 p. 96; 4=53 p. 118

§. 101.

[II IV § 199-202]

Sind von den Töchtern des letzten Fideicommißbesitzers, keine männliche zum Fideicommiß fähige Descendenten vorhanden, so erlöscht, mit der letztlebenden von diesen Töchtern, das ganze Fideicommiß, und wird ihr freyes eigenthümliches Vermögen.

M: 1=101 p. 100

§. 102.

[II IV § 199-202]

Andre männliche Descendenten, aus der weiblichen Linie des Stifters, haben also keinen Anspruch an das Fideicommiß, wenn sie nicht von dem Stifter dazu ausdrücklich berufen worden.

M: 1=2 f. 32; 1=73 p. 22; 2=49 p. 42; 2=101 p. 100; 3=102 p. 78

§. 103.

Zeitpunct, wornach das Successionsrecht bey jedem Anfall bestimmt wird.

[II IV § 203]

Bey jedem Anfall eines Fideicommisses, bestimmt die Zeit des Absterbens des letzten Besitzers, wer unter den alsdenn vorhandnen Mitgliedern zur Succeßion der nächste sey.

***M:** 1=17 p. 112*

§. 104.

[II IV § 204]

Wenn also auch in einem Minorat, nachdem derjenige, welcher bey dem Ableben des letzten Besitzers der jüngste war, das Fideicommiß bereits erhalten hat, ein noch jüngerer gebohren wird, so kann doch derselbe die bereits erworbnen Gerechtsame des ersten nicht weiter anfechten.

***M:** 1=93 p. 14*

§. 105.

[II IV § 207]

Doch werden in der ganzen Fideicommißsucceßion diejenigen, welche zur Zeit des Ablebens des letzten Besitzers erzeugt sind, wenn sie nachher lebendig zur Welt kommen, als schon gebohren betrachtet.

***M:** 1=2 f. 32; 1=73 p. 23; 2=16 p. 277; 2=67 p. 202; 2=101 p. 100; 3=17 p. 113; 3=38 p. 128; 3=102 p. 79*

§. 106.

Verträge wegen der Successionsordnung.

[-]

Die in der Stiftungsurkunde deutlich bestimmte Succeßionsordnung, kann durch die Vereinigung, auch aller Glieder der Familie, nicht abgeändert werden.

***M:** 1=73 p. 23*

§. 107.

[-]

Dagegen ist die Erklärung einer undeutlichen, oder die Ergänzung einer mangelhaften Vorschrift dieser Urkunde, durch einen einstimmigen Familienschluß zuläßig. (cf. §. 4. 5. 6.)

***M:** 1=13 f. 47; 2=16 p. 277*

§. 108.

[-]

Kann dergleichen einstimmiger Familienschluß nicht zu Stande gebracht werden, so muß die Erklärung nach der Analogie der hier vorgeschriebnen allgemeinen Grundsätze erfolgen.

***M:** 1=16 p. 277; 2=17 p. 113*

Dritter Abschnitt. Von der Auseinandersetzung zwischen den Fideicommißfolgern, und den Erben des letzten Besitzers[a].

§. 109.

[II IV § 206]

Auseinandersetzung.

Das nutzbare Eigenthum des verstorbnen Fideicommißbesitzers geht, mit dem Augenblick seines Todes, auf den Nachfolger über.

***M:** 1=55 p. 68; 1=101 p. 100*

§. 110.

[II IV § 207]

Die Allodialerben sind schuldig, demselben das Fideicommiß so zu verabfolgen, wie solches von dem ersten Stifter auf den Erblasser gediehen ist.

***M:** 1=73 p. 23*

§. 111.

[II IV § 208]

Wegen des Inventarii.

Besteht das Fideicommiß in liegenden Gründen, so müssen solche mit dem vollständigen Fideicommißinventario (§. 24.) gew(ä)hrt werden.

§. 112.

[II IV § 209-211]

Sind in einer Rubricke dieses Inventarii mehrere Stücke derselben Art, als nach der ersten Errichtung dazu geschlagen worden, vorhanden, so sind die nächsten nach dem besten, zum Fideicommißinventario zu rechnen.

***M:** 1=2 f. 32; 1=101 p. 100*

§. 113.

[II IV § 209-211]

Wegen Deteriorationen.

Fehlt daran etwas, so muß solches aus dem übrigen Nachlaß ergänzt werden.

***M:** 1=27 p. 62*

§. 114.

[-]

Die Ergänzung ist auf Stücke von mittlerer Qualität, wie

---

[a] **E:** 07.73.0327^{r}-0334^{v} **Nachtr.E:**07.74.0251^{r}-0255^{v}
R: 07.80.0111-0112^{r} zu §§109-139

solche gewöhnlich bey dergleichen Gütern angetroffen werden, zu richten.

§. 115.

[-]

Der Fideicommißfolger hat deßwegen, in dem freyen Nachlaß des Verstorbnen, die Rechte einer stillschweigenden Hypothek.

***M:** 1=16 p. 278; 2=17 p. 114*

§. 116.

[-]

Ist die Substanz des Fideicommisses, durch das Verschulden des Erblassers, am Werthe vermindert worden, so muß der Schaden aus dem übrigen Nachlaß ersetzt werden.

***M:** 1=49 p. 43*

§. 117.

[-]

Hat der letzte Fideicommißbesitzer Pertinenzstücke, die in liegenden Gründen bestehen, veräussert, so muß der Fideicommißfolger solche von dem dritten Besitzer zurückfordern.

***M:** 1=16 p. 279*

§. 118.

[-]

Der dritte Besitzer kann sich alsdenn, wegen des dafür bezahlten Werths, nur an den übrigen Nachlaß des Verstorbnen halten.

§. 119.

[-]

Auch wenn der Fideicommißfolger zugleich des Verstorbnen Erbe geworden, ist er befugt und schuldig, veräußerte Pertinenzstücke zum Fideicommiß zurück zu fordern*).

***M:** 1=14 f. 107; 2=38 p. 329; 3=16 p. 279.*

---

*) Die Fiktion von der Einheit der Person des Erblassers und Erben, welche aus dem Römischen in das Lehnrecht, und aus diesem in die Lehre von Familienfideicommissen übergetragen worden, ist der einzige Grund des in Praxi hin und wieder angenommenen Satzes: daß ein Sohn die Handlungen des Vaters, auch in Ansehung des Lehns und Fideicommmisses vertreten müsse; und daß es ihm sogar nicht einmal frey stehe, mit Entsagung des Allodialnachlasses, das Lehn oder Fideicommiß allein hinweg zu nehmen. Dieser Satz ist dem Endzweck der Conservation der Familienfideicommisse höchst nachtheilig; er verbreitet Ungewißheit über das Eigenthum der Dinge; (da doch einem künftigen Fideicommißfolger, der kein Descendent ist, das *jus revocandi* nicht verschränkt werden kann,) und in der Natur der Sache liegt nichts, warum nicht der Sohn, welcher sein Recht zum Fideicommiß nicht von dem Vater, sondern von dem ersten Stifter

§. 120.

[-]

Nur muß er alsdenn dem dritten Besitzer für allen Schaden, welcher demselben durch die von dem Erblasser nichtig unternommene Veräußerung erwachsen ist, gerecht werden.

M: 1=16 p. 280; 1=53 p. 122; 1=59 f. 19; 2=44 p. 120; 2=102 p. 79; 3=57 p. 336

§. 121.

Wegen Meliorationen.

[-]

Sind Pertinenzstücke zugekauft worden, und der Erblasser hat seinen Willen, solche dem Fideicommiß für beständig einverleiben zu wollen, ausdrucklich erklärt, so können die Erben keine Vergütigung fordern.

M: 1=1 f. 54; 2=16 p. 280; 2=102 p. 79; 3=53 p. 122; 3=58 f. 29; 3=102 p. 79

§. 122.

[-]

Ist keine dergleichen Erklärung vorhanden, so steht es in der Wahl des Fideicommißfolgers: ob er dergleichen Pertinenzstücke den Allodialerben zurück nehmen lassen, oder ob er sie, gegen Erlegung des von dem Erlasser dafür entrichteten Werths, behalten wolle.

M: 1=2 f. 32; 1=37 p. 100; 1=57 p. 336; 2=49 p. 43

§. 123.

[-]

Wählt er letzteres, so steht den künftigen Fideicommißfolgern, in Ansehung der jedesmaligen Allodialerben, eine gleiche Wahl offen.

M: 1=19 p. 8

§. 124.

[-]

Dies dauert so lange, bis zuletzt die Pertinenzstücke entweder von den Allodialerben zurück genommen, oder durch die ausdrückliche Erklärung eines Fideicommißfolgers, dem Fideicommiß für beständig einverleibt werden.

M: 1=10 f. 47

§. 125.

[-]

Nach eben den Grundsätzen, wie bey zugekauften Pertinenz-

---

hat, in dieser Qualität für die Ergänzung des Fideicommisses zu sorgen berechtigt, und zugleich in der Qualität als Erbe, den dritten Acquirenten aus dem Allodialnachlaß, so weit solcher hinreicht, zu entschädigen verbunden seyn sollte.

stücken, ist auch zu verfahren, wenn der letzte Besitzer bey dem Fideicommiß ein stärkeres Inventarium, als nach der ersten Errichtung dazu gehört, zurück gelassen hat.

M: 1=38 p. 239; 1=69 p. 12; 2=57 p. 337

§. 126.

[-]

Andere Verbesserungen darf der Fideicommißfolger, den Erben des letzten Besitzers, nach der Regel, nicht vergüten*).

M: 1=17 p. 114; 1=92 f. 176; 2=19 p. 9; 2=101 p. 101; 3=44 p. 104; 3=48 p. 23; 4=53 p. 122

§. 127.

[-]

Hat jedoch er, oder sein Erblasser, sich gegen den letzten Besitzer zu dergleichen Vergütung besonders anheischig gemacht, so hat es dabey sein Bewenden.

M: 1=38 p. 330; 1=101 p. 101; 2=102 p. 80

§. 128.

Wegen der Nutzungen.

[II IV § 212]

Wegen der Nutzungen des Jahres, in welchem der letzte Besitzer gestorben ist; ingleichen wegen der noch vorhandnen Früchte, und der noch rückständigen Lasten früherer Jahre, wird nach eben den Grundsätzen verfahren, die im Ersten Titel auf den Fall vorgeschrieben sind, wenn eine Frau sich mit des Mannes Erben, wegen des eingebrachten Grundstücks auseinandersetzt.

M: 1=19 p. 9; 1=63 p. 154-158; 2=20 p. 167; 3=38 p. 333; 4=43 p. 58

§. 129.

[-]

Bey Geldfideicommissen bleiben den Erben nur die Zinsen, wel-

---

*) Prozesse über Meliorationsforderungen, die in bloßen wirthschaftlichen Veranstaltungen gegründet werden, sind die weitläuftigsten und verworrensten; zumalen es sehr schwer, wo nicht gar unmöglich ist, allemal in *hypothesi* genau zu bestimmen: ob durch eine gemachte Anstalt eine würkliche bleibende Verbesserung der Substanz bewürkt worden, oder ob der Nutzen derselben bloß temporell sey; ingleichen: ob und wie weit aus dieser intendirten Melioration, in andrer Rücksicht Deteriorationen entstanden sind, oder noch entstehen werden. Wenn ein Fideicommißbesitzer Wirthschafts=Verbesserungen vornimmt, so thut er es, höchst wahrscheinlicher Weise, hauptsächlich in der Absicht, für sich oder seine Kinder den Nutzen daraus zu ziehn; und der Regel nach erreicht er seinen Endzweck. Will er ein andres, so steht ihm frey, sich wegen der künftigen Erstattung, nach §. 127. zu prospiciren.

che auf das Vierteljahr fallen, in dem der Erblasser gestorben ist.

M: 1=2 f. 33; 1=101 p. 101; 2=16 p. 283; 2=43 p. 58; 2=53 p. 123; 2=57 p. 337; 2=Angabe fehlt; 3=60 f. 86

§. 130.

[II IV § 213]

An Schulden darf der Fideicommißbesitzer nur diejenigen übernehmen, welche schon der Stifter darauf gelegt hat, oder die von vorhergehenden Besitzern, unter Beobachtung der §. 31. sqv. vorgeschriebnen Erfordernisse, gemacht worden. Wegen der Schulden.

M: 1=17 p. 115

§. 131.

[II IV § 214]

Diese letztern muß er auch alsdenn übernehmen, wenn er damals, als das Darlehn aufgenommen worden, unter die zwey nächsten Anwarter nicht gehört hat; und daher seine Einwilligung nicht erfordert worden.

§. 132.

[II IV § 215]

Doch ist er nur zur Entrichtung derjenigen Termine verbunden, welche nach den gleich von Anfang festgesetzten Bestimmungen, (§. 38.) auf die Jahre seiner Besitzzeit treffen.

M: 1=16 p. 28; 2=38 p. 333

§. 133.

[II IV § 216]

Hat der Gläubiger wegen der frühern Termine auf seine Gefahr Nachsicht gegeben, (§. 42.) so kann er sich dieserhalb nur an den übrigen Nachlaß halten.

M: 1=101 p. 101

§. 134.

[II IV § 217-223]

Der Termin desjenigen Jahres, in welchem der letzte Besitzer gestorben ist, muß aus dem Fideicommiß berichtigt werden.

M: 1=38 p. 333; 1=62 p. 84; 1=101 p. 101; 2=56 p. 11; 2=101 p. 102; 3=57 p. 338; 3=102 p. 80

§. 135.

[II IV § 224]

Andre Schulden, die ohne Beobachtung der gesetzlichen Erfordernisse, auf das Fideicommiß gemacht worden, ist der Fideicommißfolger aus selbigem zu bezahlen nicht schuldig.

§. 136.

[-]

Selbst alsdenn nicht, wenn der Gläubiger nachweisen will, daß das Geld in den Nutzen des Fideicommisses verwendet worden.

M: *1=4 f. 56; 1=62 p. 85; 1=69 p. 12; 2=20 p. 168; 2=62 p. 85; 2=69 p. 12*

§. 137.

[II IV § 224]

Auch alsdenn nicht, wenn der Fideicommißfolger zugleich des vorigen Besitzers Erbe geworden.

M: *1=102 p. 80*

§. 138.

[II IV § 225]

Ein solcher Gläubiger muß sich vielmehr lediglich an den übrigen freyen Nachlaß seines Schuldners halten.

§. 139.

[II IV § 226]

Hat jedoch der Fideicommißfolger in eine andre als eigentliche Fideicommißschuld ausdrücklich gewilligt; oder sind die Termine, welche der Erblasser berichtigen sollen, mit seinem Consens prolongirt worden; so ist der Creditor berechtigt, sich dieserhalb an die Nutzungen des Fideicommisses zu halten.

M: *1=16 p. 283; 1=102 p. 81; 2=23 p. 14*

Vierter Abschnitt.
Von dem Näherrechte auf Familiengüter[*)a]

§. 140.

Was das Näherrecht sey.

[II IV § 227]
Aus der blossen Familienverbindung entsteht für die Mitglieder derselben kein Recht, die ehemals bey der Familie gewesenen Güter, von einem dritten Besitzer zurück zu fordern.

M: 1=1 f. 54; 1=2 f. 33; 1=4 f. 56; 1=20 p. 168; 1=37 p. 101; 1=81 p. 30; 1=101 p. 144; 1=102 p. 87; 2=53 p. 123; 3=55 p. 69; 4=57 p. 339

§. 141.

[II IV § 228, 229]
Wo also dergleichen Näherrecht, durch Provinzialgesetze, Statuten, oder gültige Familienverträge nicht bereits eingeführt ist, soll dasselbe künftig nicht ausgeübt werden.

M: 1=2 f. 33; 1=101 p. 102; 2=10 f. 47; 3=14 f. 108; 4=16 p. 284

§. 142.

[II IV § 230]
Wo aber das Näherrecht einmal eingeführt ist, richtet sich die Ausübung desselben, nach den in den Provinzial, oder statutarischen Gesetzen, oder in dem Vertrage enthaltnen Bestimmungen.

M: 1=101 p. 102

§. 143.

Auf was für Güter sich solches erstrecke.

[II IV § 230]
In Ermangelung solcher Bestimmungen, müssen folgende Vorschriften zur Richtschnur dienen.

---

*) Gegen den *Retractum gentilitium* finden eben die Gründe statt, aus welchen die Gesetze Familienfideicommisse, der Regel nach, nicht begünstigen. Dieß Recht würkt überdem Ungewißheit und Dunkelheit in dem Eigenthum der Dinge, und ist eine reiche Quelle weitläuftiger und verwickelter Prozesse, die theils darüber: ob der Fall seiner Ausübung vorhanden; theils, ob der anmaßliche Retrahent würklich der nächste dazu berechtigte Verwandte sey; theils über die ihm entgegen gesetzte Verjährung; theils über das, was er dem dritten Besitzer zu prästiren, und was dagegen dieser von dem Verkäufer und dessen Erben zu fordern habe? entstehn können. Es verdient daher dieß Recht mehr eingeschränkt, als ausgedehnt zu werden.

a **E:** 07.73.0335[r]-0343[v] **Nachtr.E:**07.74.0255[v]-0257[v]
R: 07.80.0112[v]-0113 zu §§ 140-168
M: 1=<u>90</u> f. 164; 2=102 p. 81 zu §. 140 sequ.

§. 144.

[II IV § 231]

Das Näherrecht erstreckt sich nur auf Güter, die schon von zwey Mitgliedern der Familie, außer dem, welcher die Veräußerung vorgenommen hat, besessen worden.

***M:** 1=16 p. 284; 2=27 p. 63; 3=33 p. 26; 4=37 p. 104; 4=47 p. 9; 5=43 p. 59; 6=57 p. 339*

Wenn es statt finde.

§. 145.

[-]

Es findet nur bey Käuffen, nicht aber bey andern Arten der Veräußerung statt.

***M:** 1=27 p. 65; 1=63 p. 158; 2=49 p. 43; 2=64 p. 97/98; 3=57 p. 340*

§. 146.

[II IV § 232]

Es findet nur statt, wenn der Verkauf an einen Fremden, nicht aber, wenn er an ein Mitglied der Familie selbst geschehen ist.

***M:** 1=23 p. 14; 1=33 p. 26; 1=60 f. 86; 2=27 p. 66; 2=43 p. 59; 2=74 Seitenangabe fehlt*

Von wem es ausgeübt werden könne.

§. 147.

[II IV § 233]

Weibliche Mitglieder der Familie, und deren auch männliche Descendenten, können das Näherrecht nicht ausüben.

***M:** 1=2 f. 33; 1=27 p. 66; 1=43 p. 60; 2=13 p. 123; 3=55 p. 70; 4=10 f. 48*

§. 148.

[II IV § 234]

Unter den männlichen Mitgliedern der Familie, richtet sich die Befugniß zu dessen Ausübung, nach der Ordnung der gesetzlichen Erbfolge.

***M:** 1=27 p. 67*

§. 149.

[II IV § 235]

Der nähere Verwandte des Verkäufers schließt die entferntern aus.

***M:** 1=27 p. 67*

§. 150.

[II IV § 236]

Es kommt dabey auf den Zeitpunkt an, wenn der Verkauf zu seiner Vollkommenheit gediehen ist.

***M:** 1=27 p. 68*

§. 151.

[II IV § 237]

Unter mehrern gleich nahen Verwandten, hat derjenige,

welcher sich zuerst gerichtlich meldet, den Vorzug.

***M:** 1=2 f. 33; 1=68 p. 94; 2=16 p. 285; 3=27 p. 70*

§. 152.

[II IV § 238-240]

Melden sich mehrere unter ihnen zu gleicher Zeit, so entscheidet das Looß.

***M:** 1=27 p. 71*

§. 153.

[II IV § 238-240]

Den männlichen Verwandten kommt diese Befugniß aus eignem Rechte zu.

***M:** 1=16 p. 285*

§. 154.

[II IV § 241]

Es hindert also auch die Ausübung desselben nicht, wenn auch der Verwandte zugleich des Verkäufers Sohn oder Erbe wäre.

***M:** 1=23 p. 14; 1=27 p. 71; 2=59 f. 50; 3=5 f. 23*

§. 155.

[II IV § 242-249]

Wenn der nächste Verwandte das Näherrecht nicht ausüben kann oder will, so geht die Befugniß dazu auf den nächsten nach ihm, und so ferner über.

§. 156.

[II IV § 250]

Das Näherrecht kann auf Fremde, weder unter Lebendigen noch durch letztwillige Disposition übertragen werden.

***M:** 1=33 p. 27*

§. 157.

[II IV § 250]

Wenn und wie es verlohren gehe.

Verwandten, welche in den Verkauf eines Familienguts an einem Fremden ausdrücklich willigen, verlieren dadurch ihr Näherrecht.

***M:** 1=16 p. 286; 2=44 p. 104; 2=49 p. 43*

§. 158.

[II IV § 250]

Das Näherrecht muß, bey Verlust desselben, innerhalb Jahresfrist ausgeübt werden.

***M:** 1=16 p. 286*

§. 159.

[II IV § 250]

Diese Frist nimmt jedoch von dem Tage erst ihren Anfang, wo

die gerichtliche Bekanntmachung des geschloßnen Kaufs, und dessen Bedingungen, den Verwandten zugestellt worden.

M: 1=2 f. 33; 2=43 p. 60; 3=57 p. 340; 4=16 p. 280

§. 160.

[II IV § 250]

Bey Verwandten, deren Aufenthalt unbekannt ist, tritt ein offnes Patent, an die Stelle der besondern gerichtlichen Bekanntmachung.

M: 1=43 p. 60; 1=67 p. 28; 2=49 p. 44; 2=60 f. 87

§. 161.

[II IV § 250]

Dergleichen Patent muß an gewöhnlicher Gerichtsstelle angeschlagen, und den Zeitungs= und Intelligenzblättern der Provinz, drey Monath hinter einander, jeden Monath einmal, eingerückt werden.

M: 1=16 p. 286

§. 162.

[-]

Die Verjährungsfrist fängt alsdenn von dem Tage an, wo das Patent in den öffentlichen Nachrichten zum erstenmal gestanden hat.

M: 1=2 f. 33; 1=99 p. 36; 2=78 p. 14

§. 163.

[-]

Auch gegen Unmündige und Minderjährige, welchen Vormünder bestellt sind, läuft die Verjährung.

§. 164.

[-]

Haben die Vormünder das Näherrecht für sie nicht ausgeübt, so kommt ihnen dagegen keine Wiederherstellung in den vorigen Stand zu statten.

M: 1=16 p. 287; 1=68 p. 94-96; 2=53 p. 123; 2=64 p. 90; 2=72 p. 4/5

§. 165.

[-]

Uebrigens finden bey der Verjährung des Näherrechts, die gesetzlichen Vorschriften, von der Verjährung überhaupt, Anwendung.

M: 1=2 f. 33

§. 166.

[II IV § 243]

Auch entferntere Verwandten müssen sich, innerhalb Jahresfrist, zur Ausübung des Näherrechts gerichtlich melden.

M: 1=33 p. 27

§. 167.

[II IV § 244]

Doch muß bis zum Ablauf des Jahres gewartet werden, ob ein näherer Verwandter darauf Anspruch machen wolle.

M: 1=2 f. 33; 2=38 p. 335

§. 168.

[-]

Was der Verwandte, der das Näherrecht ausüben will, zu fordern und zu leisten habe, wird in der Lehre vom Sachenrecht bestimmt werden.

M: 1=16 p. 287; 2=57 p. 341

Fünfter Titel.
Von den Rechten und Pflichten der Herrschaften und des Gesindes[a].

§. 1[34].

[-]

Zur häuslichen Gesellschaft gehören, außer der Familie selbst, auch die zu deren Dienst bestimmte Personen.

***M:** 1=43 p. 60; 1=53 p. 124; 2=57 p. 343*

§. 2.

[-]

Von den gesetzlichen Zwangdiensten der Unterthanen wird im folgenden Bande gehandelt werden.

§. 3.

[-]

Eben daselbst sind auch die Rechte und Pflichten der bey Künstlern, Handwerkern und Profeßionisten in Diensten stehenden Kunst= und Handwerksgenossen vorgeschrieben.

§. 4.

[-]

Sowohl das gemeine Gesinde, als die Hausbedienten, denen ein gewisser Theil der Führung des Hauswesens selbst übertragen ist, werden als Mitglieder der häuslichen Gesellschaft angesehn.

Erster Abschnitt.
Vom gemeinen Gesinde[b].

§. 5.

[II V § 1]

Die Verhältnisse zwischen Herrschaften und Gesinde, entstehen durch einen unter ihnen geschloßnen Vertrag.

***M:** 1=57 p. 343; 1=68 p. 96*

§. 6.

Wer Gesinde miethen und

[-]

So weit jemand überhaupt berechtigt ist, Verträge zu schließen, kann er auch Gesinde miethen.

---

[a] **E:** 07.73.0343[v] **Nachtr.E:** 07.74.0258[r]
R: 07.80.0114 zu §§ 1-4

[34] *Die naturrechtliche Einleitung (§§ 1-4) bleibt im AGB/ALR fort.*

[b] **E:** 07.73.0344[r]-0361[r] **Nachtr.E:** 07.74.0258[r]-0267[r]
R: 07.80.0114-0117[r] zu §§ 5-140

§. 7.

[-]

Auch Kinder, die noch unter väterlicher Gewalt stehn, können in so weit Dienstboten annehmen, als sie nach dem zweyten Titel §. 91. auch ohne des Vaters ausdrücklichen Consens, Verträge einzugehen berechtigt sind.

***M:** 1=14 f. 109*

§. 8.

[II V § 2]

In der ehelichen Gesellschaft kommt es dem Manne zu, das nöthige Gesinde zum Gebrauch der Familie zu miethen.

§. 9.

[II V § 3]

Weibliche Dienstboten kann die Frau annehmen, ohne daß es dazu der ausdrücklichen Einwilligung des Mannes bedarf.

***M:** 1=38 p. 336; 2=10 f. 48; 2=55 p. 71; 3=14 f. 110; 4=58 f. 29; 4=64 p. 94*

§. 10.

[II V § 4]

Doch kann der Mann, wenn ihm das angenommene Gesinde nicht anständig ist, dessen Wegschaffung, nach verfloßner Dienstzeit, verfügen.

***M:** 1=12 f. 42; 1=14 p. 99; 1=63 p. 159; 2=81 p. 31; 3=60 f. 88; 4=102 p. 81*

§. 11.

als Gesinde sich vermiethen könne.

[II V § 5]

Wer sich als Dienstbote vermiethen will, muß über seine Person frey disponiren können.

***M:** 1=58 f. 29*

§. 12.

[II V § 6]

Kinder, die unter väterlicher Gewalt stehn, dürfen ohne Einwilligung des Vaters, und Minderjährige, ohne Genehmigung ihres Vormundes, sich nicht vermiethen.

***M:** 1=4 f. 57; 2=16 p. 289*

§. 13.

[II V § 7]

Ehefrauen dürfen nur mit Consens ihrer Männer, als Ammen, oder sonst, in Dienste gehn.

***M:** 1=14 f. 111; 1=80 f. 207; 2=57 p. 343*

§. 14.

[II V § 14]

Unterthanen dürfen, ohne Erlaubniß der Gutsherrschaft,

nicht in fremde Dienste treten.

M: 1=2 f. 33; 1=102 p. 83; 2=23 p. 15; 2=40 p. 40; 3=37 p. 104; 3=102 p. 83

§. 15.

[II V § 8]

Ist die Einwilligung obbenannter Vorgesetzten (§. 12. 13. 14.) nur auf eine gewisse Zeit, oder zu einer bestimmten Dienstherrschaft ertheilt, so ist zur Verlängerung der Zeit, oder bey einer Veränderung der Herrschaft, die Erneuerung dieses Consenses nothwendig.

§. 16.

[II V § 9]

Dienstboten, welche bereits vermiethet gewesen, müssen die rechtmäßige Verlassung ihres vorigen Dienstes, durch ein schriftliches Zeugniß ihrer gewesenen Herrschaft, oder der Obrigkeit nachweisen. (§. 131. sqv.)

M: 1=14 f. 111; 1=38 p. 336; 1=63 p. 159; 2=32 p. 23

§. 17.

[II V § 10-12]

Einem jeden steht es frey, sich sein Gesinde selbst auszusuchen; und auch Dienstboten können sich, um Gelegenheiten zum Dienste, selbst bewerben.

§. 18.

Gesindemäckler.

[-]

Wollen aber die einen oder die andern sich fremder Vermittelung dazu bedienen, so müssen sie deshalb nur an die jeden Orts bestellten Gesindemäckler sich wenden.

M: 1=2 f. 33; 1=63 p. 159-161; 1=102 p. 84

§. 19.

[II V § 13]

Niemand darf sich mit Gesindemäckeln abgeben, der nicht dazu von der Obrigkeit des Orts ausdrücklich bestellt und vereydet worden.

§. 20.

[II V § 14]

Dergleichen Gesindemäckler müssen sich nach den Personen, die durch ihre Vermittelung in Dienste kommen wollen, sorgfältig erkundigen.

§. 21.

[II V § 15]

Insonderheit müssen sie nachforschen: ob dieselben, nach

den §. 11 = 16. gegebnen Vorschriften, sich zu vermiethen berechtigt sind.

§. 22.

[II V § 16]

Dienstboten, welche würklich schon in Diensten stehn, müssen sie, unter keinerley Vorwand, zu deren Verlassung und Annehmung andrer aufmuntern.

M: 1=2 f. 33; 2=14 f. 112

§. 23.

[II V § 17]

Thun sie solches, so müssen sie deswegen das erstemal mit Geld= oder Gefängnißstrafe angesehn, und im Wiederholungsfall, noch außerdem, von fernerer Treibung des Mäcklergewerbes ausgeschlossen werden.

§. 24.

[II V § 18]

Sie müssen den Herrschaften, die durch ihre Vermittelung Gesinde annehmen wollen, die Eigenschaften der vorgeschlagenen Personen, getreulich und nach ihrem besten Wissen anzeigen.

M: 1=80 f. 207

§. 25.

[II V § 19]

Wenn sie untaugliches oder ungetreues Gesinde, wider beßres Wissen, als brauchbar oder zuverläßig empfehlen; so müssen sie den Herrschaften für den durch dergleichen Gesinde verursachten Schaden selbst haften.

M: 1=55 p. 71

§. 26.

[II V § 20]

Außerdem sollen sie deshalb von der Obrigkeit mit verhältnißmäßiger Geld= oder Gefängnißstrafe belegt werden.

M: 1=80 f. 207

§. 27.

[II V § 22]

Schliessung des Miethscontrakts.

Zur Annehmung des gemeinen Gesindes bedarf es keines schriftlichen Contrakts.

M: 1=11 f. 30; 1=20 p. 170

§. 28.

[II V § 23]

Die Gebung und Annehmung des Miethgeldes vertritt die Stelle desselben.

M: 1=14 f. 112

§. 29.

[II V § 24]

Wo der Betrag des Miethgeldes nicht durch Provinzial= oder statutarische Gesetze bestimmt ist, beruht solcher auf dem Uebereinkommen der Interessenten.

M: *1=11 f. 30; 1=68 p. 97; 1=90 f. 164; 2=20 p. 171; 2=102 p. 84*

§. 30.

[II V § 21]

Der zugezogene Mäckler erhält so viel zur Belohnung, als der halbe Betrag des Miethgeldes ausmacht.

M: *1=57 p. 344*

§. 31.

[II V § 21]

Er hat solches von der Herrschaft und dem Gesinde, zu gleichen Theilen, zu fordern.

§. 32.

[II V § 25]

Das gegebne Miethgeld darf, der Regel nach, auf den Lohn nicht abgerechnet werden.

§. 33.

[II V § 26]

Nur alsdenn kann die Herrschaft abrechnen, wenn das Gesinde, ohne ihr Verschulden, die verabredete Dienstzeit nicht aushält.

M: *1=16 p. 292; 2=55 Seitenangabe fehlt*

§. 34.

[II V § 27]

Hat sich ein Dienstbote bey mehrern Herrschaften zugleich vermiethet, so hat diejenige den Vorzug, von welcher er das Miethgeld zuerst angenommen hat.

M: *1=4 f. 57; 1=63 p. 161; 2=102 p. 85*

§. 35.

[II V § 28]

Die Herrschaft, welche nachstehn muß, oder ihres Anspruchs sich von selbst begiebt, kann das Miethgeld und Mäcklerlohn von dem Dienstboten zurück fordern.

M: *1=37 p. 105; 1=63 p. 161; 2=102 p. 85*

§. 36.

[II V § 30]

Die andre Herrschaft, bey welcher der Dienstbote bleibt, muß auf Verlangen, diesen Betrag von seinem Lohne abziehn, und der erstern zustellen.

M: *1=63 p. 161; 2=102 p. 85*

§. 37.

[II V § 31]

Den Betrag des von der andern Herrschaft erhaltnen Miethgeldes, muß ein solcher Dienstbote, zur Strafe an die Armenkasse des Orts entrichten.

***M:** 1=49 p. 45; 1=62 p. 86; 1=63 p. 161; 1=102 p. 84; 2=64 p. 100; 2=102 p. 85*

§. 38.

[II V § 32]

Lohn und Kost.

Lohn und Kostgeld des Gesindes, welches durch Provinzial= oder statutarische Gesetze bestimmt ist, darf nicht überschritten werden.

***M:** 1=2 f. 33; 1=81 p. 31; 2=11 f. 30; 2=14 f. 112; 3=20 p. 172; 4=37 p. 344*

§. 39.

[II V § 33]

Verabredungen, welche solchem zuwider laufen, sind unverbindlich.

***M:** 1=57 p. 344*

§. 40.

[II V § 35]

Wo keine gesetzliche Bestimmung vorhanden ist, hängt solche von dem bey Schliessung des Miethkontrakts getroffnen Uebereinkommen ab.

***M:** 1=11 f. 30; 1=88 p. 98*

§. 41.

[II V § 34]

Neujahrs= und Weyhnachtsgeschenke kann das Gesinde nicht fordern, wenn sie ihm nicht bey der Annehmung ausdrücklich versprochen worden.

***M:** 1=4 f. 57; 2=16 p. 293; 2=73 p. 23*

§. 42.

[-]

Auch in diesem Falle kann die Herrschaft solche Geschenke zurück halten, wenn ihr das Gesinde, während dem Laufe des Jahres, zum Mißvergnügen über sein Betragen Anlaß gegeben hat.

***M:** 1=16 p. 293; 1=101 p. 102; 2=23 p. 15; 2=101 p. 102*

§. 43.

[II V § 36]

Ist dergleichen Geschenk, während dem Laufe eines Dienstjahres, schon würklich gegeben worden, und der Miethcontrakt muß, noch vor Ablauf dieses Jahres, aus Schuld des Gesindes wieder aufgehoben werden, so kann die Herrschaft das Geschenk auf das Lohn anrechnen.

§. 44.

[II V § 43]

Bey männlichen Bedienten, ist die gewöhnliche Livree ein Theil des Lohns, und fällt denselben, nach abgelaufnem Dienstjahre, eigenthümlich zu.

M: *1=10 f. 49; 1=17 p. 176; 1=80 f. 207; 2=20 p. 174; 3=58 f. 29; 4=16 p. 294*

§. 45.

[II V § 43]

Wird, außer derselben, noch besondre Staatslivree gegeben, so hat auf diese der Bediente keinen Anspruch.

M: *1=81 p. 31 zu §. 46 sequ.*

Dauer der Dienstzeit.

§. 46.

[II V § 43]

Wo die Dauer der Dienstzeit nicht durch besondre Gesetze bestimmt ist, hängt solche von der Verabredung der Interessenten ab.

§. 47.

[II V § 43]

Ist nichts verabredet worden, so wird bey städtischem Gesinde die Miethe auf ein Vierteljahr, bey demjenigen aber, welches zur Landwirthschaft gebraucht werden soll, auf ein ganzes Jahr für geschlossen angenommen.

M: *1=12 f. 43; 1=68 p. 98; 2=11 f. 31; 2=32 p. 23; 2=72 p. 5; 2=93 p. 18; 2=102 p. 83; 3=38 p. 337; 3=71 p. 19; 4=40 p. 42; 5=49 p. 45; 6=53 p. 124; 6=55 p. 72; 6=102 p. 87*

Antritt des Dienstes.

§. 48.

[II V § 43]

Die Antrittszeit ist in Ansehung des städtischen Gesindes der 2 te Jan., 1te April, 1te Julius und 1te Octobr. jeden Jahres.

M: *1=2 f. 34; 2=53 p. 125; 3=55 p. 77; 3=101 p. 103*

§. 49.

[II V § 43]

Auf dem Lande bestimmen Provinzialgesetze die Antrittszeit.

§. 50.

[II V § 43]

Fehlt irgend wo dergleichen Bestimmung, so wird sie auf den zweyten Tag eines jeden Jahres festgesetzt.

M: *1=2 f. 34*

§. 51.

[-]

Fällt die Antrittszeit auf einen Sonn= oder Festtag, so tritt der nächstfolgende Tag an dessen Stelle.

M: 1=68 p. 99

§. 52.

[II V § 44]

Bis zum Antrittstage, darf das Gesinde den vorigen Dienst, wider den Willen seiner bisherigen Herrschaft, nicht verlassen.

§. 53.

[II V § 45]

Nach einmal gegebnem und genommenem Miethgelde, ist die Herrschaft das Gesinde anzunehmen, und letzteres den Dienst zur bestimmten Zeit anzutreten schuldig.

M: 1=102 p. 85

§. 54.

[II V § 46]

Weder die eine, noch das andre, kann sich davon durch Ueberlassung oder Zurückgabe des Miethgeldes, losmachen.

§. 55.

[II V § 47]

Weigert sich die Herrschaft das Gesinde anzunehmen, so muß sie, außer dem Verluste des Miethgeldes, dem Gesinde das Lohn auf ein Vierteljahr bezahlen, und die Kost auf eben so lange vergütigen.

M: 1=53 p. 126; 1=102 p. 85

§. 56.

[II V § 48]

Doch kann die Herrschaft, aus eben den Gründen, vor Antritt des Dienstes, von dem Miethcontrakt wieder abgehn, aus welchen sie berechtigt ist, das Gesinde vor Ablauf der Dienstzeit zu entlassen. (§. 115. 117.)

§. 57.

[II V § 49]

Auch ist sie dazu berechtigt, wenn das Gesinde zuerst, den Dienst anzutreten, sich geweigert hat.

§. 58.

[II V § 50]

In beyderley Fällen (§. 56. 57.) kann die Herrschaft das gegebne Miethgeld zurück fordern.

§. 59.

[II V § 51]

Weigert sich das Gesinde den Dienst anzutreten, so muß es dazu, von der Obrigkeit, durch Zwangsmittel angehalten werden.

§. 60.

[II V § 52]

Verursacht das Gesinde durch beharrliche Weigerung, daß die Herrschaft einen andern Dienstboten, an seiner Stelle, mit mehrern Kosten annehmen muß, so muß es diesen Schaden ersetzen, und das Miethgeld zurück geben.

***M:** 1=16 p. 296; 1=64 p. 101*

§. 61.

[II V § 53]

Wird das Gesinde durch Zufall, ohne seine Schuld, den Dienst anzutreten verhindert, so muß die Herrschaft mit der Zurückgabe des Miethgeldes sich begnügen.

***M:** 1=14 f. 112*

§. 62.

[II V § 54, 55]

Ein gleiches findet statt, wenn weibliches Gesinde, vor dem Antritt des Dienstes, Gelegenheit, sich zu verheyrathen, erhält.

***M:** 1=16 p. 296; 1=62 p. 89; 1=68 p. 99; 2=20 p. 174; 2=38 p. 338; 2=94 f. 217; 3=4 f. 57; 3=53 p. 126; 3=80 f. 207; 4=58 f. 29*

§. 63.

Pflichten des Gesindes

[II V § 56]

Nur zu erlaubten Geschäften können Dienstboten gemiethet werden.

***M:** 1=59 f. 53*

§. 64.

in seinem Dienste.

[II V § 57]

Gemeines Gesinde, welches nicht ausschliessend zu gewissen bestimmten Geschäften gemiethet worden, muß sich aller häuslichen Verrichtungen, nach dem Willen der Herrschaft unterziehn.

§. 65.

[II V § 58]

Allen zur herrschaftlichen Familie gehörigen oder darinn aufgenommenen Personen, ist es diese Dienste zu leisten schuldig.

§. 66.

[II V § 59]

Dem Haupt der Familie kömmt es zu, die Art und Ordnung zu bestimmen, in welcher ein jedes Mitglied der Familie die Dienste gebrauchen soll.

§. 67.

[II V § 60]
Auch Gesinde, welches zu gewissen Arten der Dienste angenommen worden, muß dennoch auf Verlangen der Herrschaft, andre häusliche Verrichtungen mit übernehmen, wenn das dazu bestimmte Mitgesinde, durch Krankheit oder sonst, auf eine Zeitlang daran verhindert wird.

***M:** 1=68 p. 99/100*

§. 68.

[II V § 61]
Wenn unter dem Gesinde Streit entsteht, welcher von ihnen diese oder jene Arbeit, nach seiner Bestimmung, zu verrichten schuldig sey, so entscheidet allein der Wille der Herrschaft.

§. 69.

[II V § 62, 63]
Ohne Erlaubnis der Herrschaft, ist das Gesinde nicht berechtigt, sich in den ihm aufgetragnen Geschäften von andern vertreten zu lassen.

***M:** 1=14 f. 113*

§. 70.

[II V § 64]
Das Gesinde ist schuldig, seine Dienste treu, fleißig, und aufmerksam zu verrichten.

§. 71.

[II V § 65]
Fügt es der Herrschaft aus Vorsatz, oder durch ein grobes oder mäßiges Versehen Schaden zu, so muß es denselben ersetzen.

***M:** 1=2 f. 34; 2=10 f. 49*

§. 72.

[II V § 66]
Wegen geringer Versehen, ist ein Dienstbote nur alsdenn zum Schadensersatz verpflichtet, wenn er wider den ausdrücklichen Befehl der Herrschaft gehandelt hat.

§. 73.

[II V § 67]
Auch findet der Ersatz des durch ein geringes Versehen verursachten Schadens alsdann statt, wenn der Dienstbote sich zu solchen Arten der Geschäfte hat annehmen lassen, die einen vorzüglichen Grad von Aufmerksamkeit oder Geschicklichkeit voraus setzen.

***M:** 1=80 f. 207*

§. 74.

[II V § 68]
Wegen der Entschädigung, zu welcher ein Dienstbote ver-

pflichtet ist, kann die Herrschaft sich an das Lohn, welches derselbe noch zu fordern hat, halten.

§. 75.

[II V § 69]

Kann der Schaden weder aus rückständigem Lohn, noch aus andern Haabseligkeiten des Dienstboten ersetzt werden, so muß er solchen durch unentgeltliche Dienstleistung, auf eine verhältnißmäßige Zeit, vergüten.

§. 76.

[II V § 70]

Auch außer seinem Dienste ist das Gesinde schuldig, der Herrschaft Bestes nach Möglichkeit zu befördern, und allen Schaden, so viel solches in seinen Kräften steht, von ihr abzuwenden.

M: *1=14 f. 113; 1=16 p. 298*

§. 77.

[II V § 71]

Bemerkte Untreue des Nebengesindes, ist es verbunden der Herrschaft anzuzeigen.

M: *1=2 f. 34; 1=102 p. 86; 2=16 p. 298; 3=57 p. 345*

§. 78.

[II V § 72]

Verschweigt es dieselbe, so macht es sich eines solchen Vergehens mitschuldig.

§. 79.

[II V § 73]

Allen häuslichen Anordnungen und Einrichtungen der Herrschaft muß das Gesinde sich unterwerfen.

M: *1=23 p. 15*

§. 80.

[II V § 74]

Ohne Vorwissen und Genehmigung der Herrschaft, darf das Gesinde, sich auch in eignen Angelegenheiten, von Hause nicht entfernen.

§. 81.

[II V § 75]

Die dazu von der Herrschaft gegebne Erlaubniß muß nicht überschritten werden.

§. 82.

[II V § 76]

Die Befehle der Herrschaft und ihre Verweise muß das Gesinde mit Ehrerbietung und Bescheidenheit annehmen.

§. 83.

[II V § 77, 78]

Reizt das Gesinde die Herrschaft durch ungebührliches Betragen zum Zorn, und wird in selbigem von ihr mit Scheltworten oder geringen Thätlichkeiten behandelt, so kann es dafür keine gerichtliche Genugthuung fordern.

***M:** 1=59 f. 51*

§. 84.

[II V § 79]

Außer dem Falle, wo das Leben oder die Gesundheit eines Dienstboten, durch Mißhandlungen der Herrschaft, in gegenwärtige und unvermeidliche Gefahr geräth, darf er sich der Herrschaft thätig nicht widersetzen.

***M:** 1=14 f. 113*

§. 85.

[II V § 80]

Vergehungen des Gesindes gegen die Herrschaft, müssen durch Gefängniß oder öffentliche Strafarbeit geahndet werden.

§. 86.

[II V § 81]

Auf die Zeit, durch welche das Gesinde, wegen Erleidung solcher Strafe, seine Dienste nicht verrichten kann, ist die Herrschaft befugt, solche durch andre auf dessen Kosten besorgen zu lassen.

***M:** 1=17 p. 116*

§. 87.

Pflichten der Herrschaft.

[II V § 82]

Die Herrschaft ist schuldig, dem Gesinde das bedungne Lohn und Kleidung, zu den bestimmten Zeiten, promt zu entrichten.

***M:** 1=63 p. 162; 2=94 f. 217; 3=101 p. 103*

§. 88.

[II V § 83]

Ist auch Kost versprochen worden, so muß solche, in den jeden Orts gewöhnlichen Speisen, bis zur Sättigung gegeben werden.

§. 89.

[II V § 84, 85]

Die Herrschaft muß dem Gesinde nicht mehrere, noch schwerere Dienste zumuthen, als dasselbe, nach seiner Leibesconstitution und Kräften, ohne Verlust seiner Gesundheit bestreiten kann.

§. 90.

[II V § 86]

Zieht ein Dienstbote sich durch den Dienst, oder bey Gelegenheit desselben, eine Krankheit zu, so ist die Herrschaft schuldig, für seine Cur und Verpflegung zu sorgen.

***M:** 1=16 p. 300; 2=33 p. 27; 3=38 p. 340; 3=101 p. 104*

§. 91.

[II V § 87]

Dafür darf dem Gesinde an seinem Lohn nichts abgezogen werden.

§. 92.

[II V § 88, 89]

Außerdem ist die Herrschaft zur Vorsorge für kranke Dienstboten nur alsdenn verpflichtet, wenn dieselben keine Verwandten in der Nähe haben, die sich ihrer anzunehmen vermögend, und nach den Gesetzen schuldig sind.

***M:** 1=10 f. 49*

§. 93.

[II V § 90]

Sind öffentliche Anstalten vorhanden, wo dergleichen Kranke aufgenommen werden, so muß das Gesinde es sich gefallen lassen, wenn die Herrschaft seine Unterbringung daselbst veranstaltet.

§. 94.

[II V § 91]

In dem §. 92. bestimmten Falle, kann die Herrschaft die Cur= und Verpflegungskosten von dem Lohne des kranken Dienstboten abziehn.

***M:** 1=Angabe fehlt; 2=16 p. 301*

§. 95.

[II V § 92]

Dauert eine solche Krankheit über die Dienstzeit hinaus, so hört mit dieser die äußere Verbindlichkeit der Herrschaft, für die Cur und Pflege des kranken Dienstboten zu sorgen, auf.

***M:** 1=14 f. 113*

§. 96.

[II V § 93-95]

Doch muß sie solches der Obrigkeit des Orts anzeigen; damit diese für das Unterkommen eines solchen verlaßnen Kranken sorgen könne.

***M:** 1=102 p. 87*

§. 97.

[II V § 96]

Dienstboten, welche durch Mißhandlungen der Herrschaft, an ihrer Gesundheit oder Gliedmaßen beschädigt werden, haben von ihr Schadensersatz, nach den allgemeinen Vorschriften der Gesetze, zu fordern.

M: *1=17 p. 117*

§. 98.

[II V § 97]

Auch für solche Beschimpfungen und üble Nachreden, wodurch dem Gesinde sein künftiges Fortkommen erschwert wird, gebührt demselben Genugthuung.

M: *1=17 p. 117*

§. 99.

[II V § 98]

In wiefern eine Herrschaft durch Handlungen des Gesindes, in oder außer seinem Dienste, verantwortlich werde, wird im Folgenden vorkommen.

M: *1=2 f. 34*

§. 100.

Endigung des Dienstes durch den Tod.

[II V § 99-100]

Stirbt ein Dienstbote, so können seine Erben Lohn und Kostgeld nur so weit fordern, als solches, nach Verhältniß der Zeit, bis zum Krankenlager rückständig ist.

M: *1=16 p. 302*

§. 101.

[II V § 101, 102]

Stirbt die Herrschaft, so haben die Erben die Wahl, das Gesinde auf gleiche Bedingungen bis zum Ende der Dienstzeit zu behalten, oder solches zu entlassen.

§. 102.

[-]

Wählen sie letzteres, so muß dem Gesinde, wenn es nur monathweise gemiethet worden, auf den laufenden und den nächst folgenden Monath, sonst aber auf das laufende, und das nächst folgende Vierteljahr, Lohn und Kostgeld gegeben werden.

M: *1=2 f. 34; 1=62 p. 89; 1=102 p. 87; 2=57 p. 340; 2=73 p. 23*

§. 103.

[II V § 103]

Den männlichen Bedienten ist solchenfalls die gewöhnliche Livree vollständig zu verabfolgen.

§. 104.

[II V § 104, 105]

Haben sie jedoch noch kein halbes Jahr gedient, so müssen sie Rock, Weste und Huth zurück lassen.

***M:** 1=67 p. 28*

§. 105.

[II V § 107]

Entsteht Concurs über das Vermögen der Herrschaft, so findet die Vorschrift §. 102. sqq. Anwendung.

§. 106.

[II V § 108]

Wegen des zur Zeit der Concurseröffnung rückständigen Gesindelohns, bleibt es bey der Vorschrift des Ersten Buchs Part. IV. Tit. XII. §. 42.

§. 107.

[II V § 109]

Außerdem kann, während der Dienstzeit, der Miethcontrakt nicht einseitig aufgehoben werden.

§. 108.

nach vorhergegangner Aufkündigung.

[II V § 109-110]

Welcher Theil denselben nach Ablauf der Dienstzeit aufheben will, muß innerhalb der gehörigen Frist aufkündigen.

***M:** 1=55 p. 72*

§. 109.

[II V § 113]

Ist keine Aufkündigung erfolgt, so wird der Contrakt für stillschweigend verlängert angesehn.

§. 110.

[II V § 114]

Bey städtischem Gesinde wird die Verlängerung auf ein Viertel= bey Gesinde, so zur Landwirthschaft gewiedmet ist, auf ein ganzes Jahr gerechnet.

***M:** 1=40 p. 52; 1=53 p. 73; 1=56 p. 12; 1=62 p. 90; 2=49 p. 46; 2=68 p. 100; 2=102 p. 87; 3=53 p. 126; 4=57 p. 346*

§. 111.

[II V § 115]

Bey Gesinde, welches nur monathweise gemiethet worden, versteht sich die Verlängerung auch nur auf einen Monath.

§. 112.

[-]

Die Frist zur Aufkündigung, ist durch Provinzial= und statutarische Gesetze bestimmt.

M: 1=2 f. 34; 1=14 f. 114

§. 113.

[II V § 111]

Mangelt dergleichen ausdrückliche Bestimmung, so muß bey städtischem Gesinde, die Aufkündigung sechs Wochen; bey Gesinde, so zur Landwirthschaft gebraucht wird, ein Vierteljahr vor Ablauf der Dienstzeit geschehen.

M: 1=53 p. 127; 1=62 p. 90

§. 114.

[II V § 112]

Bey monathweise gemietheten Dienstboten, findet die Aufkündigung noch am 15ten eines jeden Monaths statt.

§. 115.

[II V § 116-131]

Ohne Aufkündigung von Seiten der Herrschaft.

Ohne alle Aufkündigung kann die Herrschaft ein Gesinde sofort entlassen:

1) wenn sie von selbigem, bey der Annahme, durch Vorzeigung falscher Atteste hintergangen worden;
2) wenn das Gesinde die Herrschaft, oder deren Familie, durch Thätlichkeiten, Schimpf und Schmähworte, oder ehrenrührige Nachreden beleidigt hat;
3) wenn es die Herrschaft bestohlen hat;
4) wenn es auf der Herrschaft Nahmen, ohne deren Vorwissen, Geld oder Waaren auf Borg genommen hat;
5) wenn es die noch nicht verdiente Livree ganz oder zum Theil verkauft oder versetzt;
6) wenn es dem Laster des Trunks ergeben ist;
7) wenn es sich zur Gewohnheit macht, ohne Vorwissen und Erlaubniß der Herrschaft, über Nacht aus dem Hause zu bleiben;
8) wenn es mit Feuer und Licht, vorangegangner Warnung ohnerachtet, unvorsichtig umgeht;
9) wenn, auch ohne vorhergegangne Warnung, aus dergleichen unvorsichtigem Betragen würklich schon Feuersgefahr entstanden ist;
10) wenn es die Kinder der Herrschaft zum Bösen verleitet, oder verdächtigen Umgang mit ihnen pflegt;
11) wenn es sich durch liederliche Aufführung, anstekkende oder eckelhafte Krankheiten zugezogen hat;
12) wenn ein Dienstbote wegen begangner Verbrechen zur peinlichen Untersuchung gezogen wird;

13) wenn ein Dienstbote weiblichen Geschlechts schwanger wird; in welchem Falle jedoch der Obrigkeit, vor der würklichen Entlassung, zu Vorkehrung der gesetzmäßigen Anstalten, Anzeige geschehen muß.

M: *1=33 p. 27; 1=62 p. 90; 1=63 p. 163; 1=68 p. 100; 1=101 p. 104; 1=102 p. 88; 2=38 p. 342; 3=2 f. 34; 4=33 p. 27; 4=37 p. 106; 5=16 p. 304; 6=33 p. 5; 6=38 p. 344; 6=102 p. 88; 7=55 p. 73; 8=14 f. 114; 8=101 p. 104; 9=2 f. 34; 10=2 f. 34; 11=10 f. 50; 12=38 p. 345; 12=57 p. 347; 12=59 f. 51; 13=16 p. 305; 14=58 f. 29*

§. 116.

Von Seiten des Gesindes.

[II V § 132-139]

Das Gesinde kann den Dienst ohne vorhergängige Aufkündigung verlassen:

1) wenn es durch Mißhandlungen der Herrschaft in Gefahr des Lebens oder der Gesundheit gesetzt worden;
2) wenn die Herrschaft solches zu unerlaubten Handlungen hat verleiten wollen;
3) wenn die Herrschaft, durch ungebührliche Vorenthaltung des Kostgeldes, oder der Beköstigung, das Gesinde Noth leiden läßt;
4) wenn die Herrschaft, auf eine, das laufende Dienstjahr übersteigende Zeit, bloße Privatreisen in fremde Länder vornimmt;
5) wenn sie ihren Wohnsitz an einen andern Ort, innerhalb der Königlichen Lande, verlegt, und es nicht übernehmen will, den Dienstboten, nach abgelaufner Dienstzeit, auf ihre Kosten zurück zu schicken.
6) wenn der Dienstbote, durch schwere Krankheit, zur Fortsetzung des Dienstes unvermögend gemacht wird.

M: *1=2 f. 34; 1=62 p. 92; 1=67 p. 28; 1=68 p. 100; 2=10 f. 50*

§. 117.

Vor Ablauf der Dienstzeit, doch nach vorhergegangner Aufkündigung, von Seiten der Herrschaft.

[II V § 140-143]

Vor Ablauf der Dienstzeit, jedoch nach vorhergängiger Aufkündigung, kann die Herrschaft einen Dienstboten entlassen:

1) wenn sie in Erfahrung bringt, daß desselben schlechtes Betragen bey seiner vorigen Herrschaft, von dieser in dem ausgestellten Zeugnisse verschwiegen worden;
2) wenn, nach geschloßnem Miethvertrage, die Vermögensumstände der Herrschaft dergestalt in Abnahme gerathen, daß sie sich entweder ganz ohne Gesinde behelfen, oder doch dessen Zahl einschränken muß;

3) wenn dem Dienstboten die erforderliche Geschicklichkeit, zu den nach seiner Bestimmung ihm obliegenden Geschäften ermangelt;

4) wenn er, durch Zänkereyen oder Schlägereyen mit dem übrigen Gesinde, den Hausfrieden stöhrt, und sich von solchem unruhigen Betragen nicht abmahnen läßt.

5) wenn er dem Spiel ergeben ist, und davon nicht ablassen will.

M: *1=2 f. 35; 1=101 p. 105; 2=14 f. 114; 2=101 p. 106; ; 3=16 p. 306; 3=67 p. 28; 3=101 p. 107; 4=17 p. 117*

§. 118.

[II V § 144-147]

Von Seiten des Gesindes.

Dienstboten können, vor Ablauf der Dienstzeit, jedoch nach vorhergängiger Aufkündigung, den Dienst verlassen.

1) wenn die Herrschaft das bedungene Lohn zu den festgesetzten Terminen nicht richtig bezahlt;

2) wenn der Dienstbote durch Heyrath, oder auf andre Art, zu Anstellung einer eignen Wirthschaft vortheilhafte Gelegenheit erhält, die er durch Ausdaurung der Miethzeit versäumen müßte.

M: *1=63 p. 163/164; 2=68 p. 100-101; 3=67 p. 28; 3=101 p. 106; 4=101 p. 106; 5=78 p. 14; 6=60 f. 88*

§. 119.

[II V § 148]

Wenn die Eltern des Dienstboten, wegen einer erst nach der Vermiethung vorgefallnen Veränderung ihrer Umstände, ihn in ihrer Wirthschaft nicht entbehren können; oder der Dienstbote in eignen Angelegenheiten eine weite Reise zu unternehmen genöthigt wäre; so kann er zwar ebenfalls seine Entlassung fordern.

§. 120.

[II V § 149]

Er muß aber alsdenn einen andern tauglichen Dienstboten statt seiner stellen, und sich mit demselben, wegen Lohn, Kost und Livree, ohne Schaden der Herrschaft abfinden.

§. 121.

[II V § 150]

Was alsdenn wegen Lohns und Kostgeldes, ingleichen

In allen Fällen, wo die Herrschaft einen Dienstboten, während der Dienstzeit, mit oder ohne Aufkündigung zu entlassen berechtiget ist, (§. 115. 117.) kann der Dienstbote Lohn und Kost, oder Kostgeld, nur nach Verhältniß der Zeit fordern, wo er würklich gedient hat.

§. 122.

[II V § 151]

Ein gleiches gilt von denjenigen Fällen, wo der Dienstbote, zwar vor Ablauf der Dienstzeit, aber doch nach vorhergängiger Aufkündigung, den Dienst verlassen kann. (§. 117.)

§. 123.

[II V § 152, 153]

Wenn aber der Dienstbote sofort, und ohne Aufkündigung, aus dem Dienst zu treten berechtigt ist, (§. 116.) so muß ihm, wenn er monathweise gemiethet worden, auf den laufenden Monath, sonst aber auf das laufende Vierteljahr, das volle Lohn und Kostgeld vergütet werden.

wegen der Livrée statt finde.

§. 124.

[II V § 154, 155]

In der Regel behält der Dienstbote die Livree vollständig, wenn er aus den §. 116. bestimmten Ursachen aus dem Dienste tritt. Hat er aber noch kein halbes Jahr gedient, so muß er Rock, Weste und Huth zurück lassen.

***M:** 1=2 f. 35; 1=17 p. 118; 1=67 p. 28; 2=2 Seitenangabe fehlt*

§. 125.

[II V § 156]

In den Fällen, wo er nach §. 115. 117. von der Herrschaft entlassen wird, kann diese, der Regel nach, die ganze Livree zurück behalten.

§. 126.

[II V § 157-159]

Doch gebühren dem Bedienten die kleinen Mundirungsstücke, wenn er schon ein halbes Jahr gedient hat, und nur aus den §. 117. angegebnen Gründen entlassen wird.

***M:** 1=38 p. 350*

Was Rechtens sey, wenn die Fortsetzung des Contrakts von der Herrschaft, oder

§. 127.

[II V § 160]

Eine Herrschaft, die aus andern als gesetzmäßigen Ursachen, (§. 115. 117.) das Gesinde vor Ablauf der Dienstzeit entläßt, muß von der Obrigkeit, solches wieder anzunehmen, und den Contrakt fortzusetzen, angehalten werden.

§. 128.

[II V § 161-163]

Weigert sie sich dessen beharrlich, so muß sie dem Dienstboten Lohn und Livree, auf die noch rückständige Dienstzeit entrichten; auch die Kost, bis zu dessen anderweitigem Unterkommen vergüten.

M: 1=2 f. 35; 1=102 p. 88; 2=23 p. 15; 2=64 p. 101; 2=72 p. 5

§. 129.

[II V § 164-166] vom Gesinde verweigert wird.

Ist die Herrschaft das entlaßne Gesinde wieder anzunehmen bereit, letztres aber trägt, aus Furcht wiederholter übler Behandlungen, den Dienst wieder anzutreten, Bedenken; so kann es nur die §. 123. bestimmte Entschädigung fordern.

M: 1=2 f. 35; 2=14 f. 114

§. 130.

[II V § 167]

Gesinde, welches vor Ablauf der Dienstzeit, ohne gesetzmäßige Ursachen aus dem Dienst tritt, muß durch Zwangsmittel zu dessen Fortsetzung angehalten werden.

M: 1=59 f. 51

§. 131.

[II V § 168]

Will aber die Herrschaft ein solches Gesinde nicht wieder annehmen, so ist sie berechtigt, ein andres an seiner Stelle zu miethen, und der ausgetretne Dienstbote ist schuldig, die dadurch verursachten mehrern Kosten zu erstatten.

§. 132.

[II V § 169]

Das abziehende Gesinde muß alles, was ihm zum Gebrauch in seinen Geschäften, oder sonst zu seiner Aufbewahrung anvertraut worden, der Herrschaft richtig zurück liefern.

§. 133.

[II V § 170]

Allen daran durch seine Schuld verursachten Schaden, muß es der Herrschaft ersetzen. (§. 72. sq.)

§. 134.

[II V § 171] Abschied.

Bey dem Abzuge muß die Herrschaft dem Gesinde einen schriftlichen Abschied ertheilen.

M: 1=2 f. 35; 1=59 p. 19; 2=16 p. 310; 3=59 f. 59

§. 135.

[II V § 171]

Dieser Abschied muß ein der Wahrheit gemäßes Zeugniß, von der Treue, dem Fleiße, der Geschicklichkeit, und übrigen Aufführung des Gesindes enthalten.

§. 136.

[II V § 172]

Werden dem Gesinde in diesem Abschied Beschuldigungen zur Last gelegt, die sein weiteres Fortkommen hindern würden, so kann es auf richterliche Untersuchung antragen.

M:*1=59 f. 52; 1=67 p. 28; 2=101 p. 106*

§. 137.

[II V § 173]

Wird dabey die Beschuldigung ungegründet befunden, so muß die Obrigkeit dem Gesinde das Attest, auf Kosten der Herrschaft, ausfertigen lassen, und letztrer fernere üble Nachreden, bey nahmhafter Geldstrafe untersagen.

M: *1=4 f. 57; 1=16 p. 310*

§. 138.

[II V § 174]

Hat hingegen die Herrschaft einem Gesinde, welches sich grober Laster und Vergehungen schuldig gemacht, wider beßres Wissen ein vortheilhaftes Zeugniß gegeben, so muß sie für den daraus entstehenden Schaden haften.

M: *1=40 p. 46; 1=64 p. 103-105; 2=72 p. 6; 3=72 p. 6*

§. 139.

[II V § 175]

Sie muß also der folgenden Herrschaft für den Nachtheil gerecht werden, welcher derselben aus der Untreue oder andrem schlechten Betragen eines solchen Dienstboten entsteht.

M: *1=71 p. 18*

§. 140.

[II V § 176]

Auch muß eine solche Herrschaft mit einer nahmhaften Geldstrafe, zum Besten der Armencasse des Orts, belegt werden.

M: *1=59 f. 52; 1=83 f. 88*

Zweyter Abschnitt.
Von Hausofficianten[a] .

§. 141.

[II V § 177]

Hausofficianten müssen durch einen schriftlichen Contrakt angenommen werden.

***M:** 1=2 f. 35; 1=64 p. 103; 1=67 p. 29; 1=73 p. 23; 1=102 p. 89; 2=14 f. 115 (alle auch §. 142)*

§. 142.

[II V § 178]

Mündliche Verabredungen sind unverbindlich, wenn gleich Miethgeld gegeben und angenommen worden.

***M:** 1=2 f. 35; 1=64 p. 103; 1=67 p. 29; 1=73 p. 23; 1=102 p. 89; 2=14 f. 115 (alle auch §. 141)*

§. 143.

[II V § 179-181]

Doch muß, wenn einer oder der andre Theil von der mündlichen Verabredung wieder abgehen will, das Miethgeld zurück gegeben werden.

***M:** 1=17 p. 118*

§. 144.

[II V § 182]

Hausofficianten sind nur zu solchen Verrichtungen schuldig, welche mit dem Dienste, zu welchem sie angenommen worden, nach seiner Bestimmung verbunden sind.

§. 145.

[II V § 183]

Andern häuslichen Geschäften dürfen sie sich nur in dringendem Nothfalle unterziehen.

***M:** 1=10 f. 50*

§. 146.

[II V § 184]

In dem Geschäfte, zu welchem sie angenommen worden, müssen sie jedes auch geringes Versehen vertreten.

§. 147.

[II V § 185]

Wegen grober Schimpf= und Schmähworte, ingleichen wegen Thätlichkeiten, womit Hausofficianten von der Herrschaft unverschuldet behandelt worden, können sie, noch

---

[a] **E:** 07.73.0361^{v}-0362^{v} **Nachtr.E:** 07.74.0267^{v}
R: 07.80.0117^{v} zu §§ 141-155

vor Ablauf der Dienstzeit, ihre Entlassung fordern.

M: 1=14 f. 115

§. 148.

[II V § 186]

In allen übrigen Stücken, haben Hausofficianten mit dem gemeinen Gesinde gleiche Rechte und Pflichten.

§. 149.

[II V § 187]

Bey Personen beyderley Geschlechts, welche zur Erziehung der Kinder angenommen werden, bestimmt hauptsächlich der Innhalt des Contrakts, ihre Rechte und Pflichten.

M: 1=2 f. 36

§. 150.

[II V § 188]

Was darinn nicht bestimmt ist, muß nach der Natur, der Absicht, und den Erfordernissen des ihnen aufgetragenen Erziehungsgeschäftes, beurtheilt werden.

§. 151.

[II V § 189]

Zu häuslichen Diensten sind sie in keinem Falle verbunden.

M: 1=57 p. 347; 1=67 p. 29

§. 152.

[II V § 190]

Sie gehören unter diejenigen Mitglieder der Familie, denen das gemeine Gesinde, nach der Anordnung der Herrschaft, seine Dienste leisten muß. (§. 65.)

§. 153.

[II V § 191]

Nur wegen Mißhandlungen, nicht aber wegen bloßer Züchtigungen der Kinder, können sie vor der Zeit entlassen werden.

M: 1=102 p. 89

§. 154.

[II V § 192]

Sind auch bloße körperliche Züchtigungen bey Schließung des Contrakts untersagt worden, so hat es dabey sein Bewenden.

§. 155.

[II V § 193-195]

Sonst gilt, wegen der ihnen zukommenden Belohnungen, ingleichen wegen ihrer Entlassung, eben das, was in Ansehung der Hausofficianten verordnet ist.

M: 1=17 p. 118; 1=94 f. 218

Dritter Abschnitt.
Von Sklaven[a].

§. 156.

[II V § 196]

Sklaverey soll in den Königlichen Staaten nicht geduldet werden.

***M:** 1=4 f. 58*

§. 157.

[II V § 197]

Kein Königlicher Unterthan darf sich zur Sklaverey verpflichten.

§. 158.

[II V § 198]

Fremde, die sich nur eine Zeitlang in Königlichen Landen befinden, behalten ihre Rechte über die mitgebrachten Sklaven.

§. 159.

[II V § 199]

Doch muß ihnen die Obrigkeit Schranken setzen, wenn sie diese Rechte bis zu lebensgefährlichen Mißhandlungen der Sklaven ausdehnen wollen.

***M:** 1=57 p. 348*

§. 160.

[II V § 200]

Sobald Königliche Unterthanen auswärts gekaufte Sklaven in hiesige Lande bringen, hört die Sklaverey auf.

***M:** 1=16 p. 314*

§. 161.

[II V § 201]

Der Herr hat also kein persönliches Eigenthum über den gewesenen Sklaven.

§. 162.

[II V § 202, 203]

Doch muß letztrer dem Herrn so lange ohne Lohn dienen, bis er ihn, wegen der auf den Ankauf verwendeten Kosten, völlig entschädigen kann.

***M:** 1=55 p. 73; 1=101 p. 107*

---

[a] **E:** 07.73.0363[r]-0364[r] **Nachtr.E:**07.74.0267[v]
R: 07.80.0118 zu §§ 156-167

§. 163.

[II V § 204]

Es muß ihm aber alsdenn nothdürftige Kleidung und Kost, gleich dem gemeinen Gesinde, gereicht werden.

§. 164.

[II V § 205]

Auch in allen übrigen Stücken hat er gleiche Rechte und Pflichten, mit dem gemeinen und freyen Gesinde.

§. 165.

[II V § 206]

Hat die Herrschaft der von einem solchen gewesenen Sklaven erzeugten Kinder sich angenommen, so gebühren ihr auf die Dienste derselben gleiche Rechte, wie auf andre in Pflege und Erziehung genommene verlaßne Kinder. (Tit. II. §. 568. sqq.)

§. 166.

[II V § 207]

Einen gewesenen Sklaven kann der Herr auch einem Landgute als Unterthanen zuschlagen.

***M:** 1=2 f. 36; 2=10 f. 50*

§. 167.

[II V § 208]

Geschieht solches, so hat er mit andern Gutsunterthanen gleiche Rechte und Verbindlichkeiten.

***Nachtr.E:** Nachtrag 07.74.0268r-0269r*

*Notatum generale **M:** 1=57 p 349*

*Nachtrag: **M:** 1=61 p. 12; 2=61 p. 12; 3=61 p. 12; 4=72 p. 6; 5=73 p. 23; 6=73 p. 23; 8=73 p. 24; 9=73 p. 24; 10=73 p. 24*

Innhalt
der Ersten Abtheilung
Von dem Entwurf eines allgemeinen Gesetzbuchs für die Preußischen Staaten.

Erster Theil.

Von dem Rechte der Personen, nach ihren Verhältnissen im Staat.

Erste Abtheilung.

Von den Rechten und Pflichten des Hausstandes.

---

35 *Das Inhaltsverzeichnis (vgl 07.10.0301) wurde erst mit der 2. Abteilung ausgegeben.*

Zweyter Titel. Von den wechselseitigen Rechten und Pflichten der Eltern und Kinder. Pag. 160 = 251*. *[174-271]*

Dritter Titel. Von den Rechten und Pflichten der übrigen Mitglieder der Familien. Pag. 252 = 258. *[272-279]*

Vierter Titel. Von gemeinschaftlichen Familienrechten. Pag. 259 = 287. *[282-311]*

* Nota, Pag. 161. § 5 in der zweyten und dritten Zeile muß gelesen werden: daß er vom Zweyhundert zehnten bis zum Dreyhundert zweyten Tage &c

Liste der Monita

nach den *Nummern*, die sie zur Extractio (in jeder Abteilung des Entwurfs neubeginnend) erhalten haben (nicht extrahierte Monita mit der *durchlaufenden Nummer*: n#), jeweils mit *Fundstelle* und - soweit zu ermitteln - *Datum*.

Extrahierte Monita mit den Paragraphen (Stellen), an denen sie im Auszug der Monita zitiert sind.

1. Fenderlin, Lukas, Hofrat und Stiftskanzler in Grüssau, Schlesien, Pr.Schr. Über die Vergnügungen der Einbildungskraft
Accessit, große Silbermedaille
07.33.0044-0060

Einl. *§§ 1, 3, 8, 9, 10, 13, 50, 55, 68, 10, 130*
1. Titel *§§ 17, 46, 56, 60, 68, 84, 147, 190, 191, 202, 217, 228, 283, 7. Abschnitt (allgemein), §§ 302, 318, 354, 356, 464, 493, 504, 550, 9.Abschnitt (allgemein), §§ 697, 705, 708, 719, 731, 738, 751, 765, 766, 789*
2. Titel *(allgemein) §§ 6, 20, 32, 44, 95, 141, 147, 151, 153, 164, 193, 242, 243, 247, 250, 290, 293, 303, 328, 343, 6. Abschnitt (allgemein) §§ 397, 430, 481, 525, 553, 569*
3. Titel *§§ 21, 28, 40* ***4. Titel*** *§§ 9, 48, 121, 140*

2. Anonym Pr.Schr. Ardua res semper leges sancire cuivis Aequas
nicht zur Konkurrenz gegeben
23.05.1785 07.33.0061-0098

Zum System des Gesetzbuchs,
Einl. *§§ 4, 5, 15, 16, 21, 28, 29, 42, 43, 60, 79, 107*
1. Titel *§§ 8, 15, 19, 20, 22, 23, 27, 28, 30, 35, 47, 49, 76, 77, 89, 94, 96, 99, 102, 103, 104, 105, 114, 124, 132, 135, 143, 146, 149, 153, 168, 190, 194, 196, 206, 213, 215, 216, 219, 220, 251, 268, 288, 304, 307, 314, 317, 319, 325, 328, 356, 363, 365, 366, 367, 369, 375, 384, 390, 398, 399, 407, 417, 424, 433, 438, 440, 445, 450, 457, 458, 459, 460, 461, 471, 472, 473, 476, 477, 488, 504, 506, 511, 512, 528, 533, 539, 541, 546, 600, 611, 626, 627, 636, 638, 648, 649, 650, 656, 671, 677, 686, 695, 701, 712, 713, 727, 741, 750, 751, 762, 765, 766, 773, 778, 780, 785, 799, 800, 805*
2. Titel *§§ 3, 4, 6, 36, 70, 77, 81, 83, 96, 108, 123, 137, 153, 154, 164, 190, 193, 201, 220, 224, 230, 233, 235, 236, 237, 242, 250, 255, 263, 264, 294, 295, 302, 306, 316, 334, 352, 359, 361, 363, 370, 373, 377, 385, 388, 389, 397, 399, 411, 423, 431, 437, 441, 472, 481, 484, 489, 492, 493, 515, 525, 542, 548, 551, 559*
3. Titel *§§ 5, 6, 14, 17, 45*
4. Titel *§§ 5, 9, 19, 20, 21, 23, 32, 46, 62, 92, 94, 96, 98, 102, 105, 112, 122, 129, 140, 141, 147, 151, 159, 162, 165, 167*
5. Titel *§§ 14, 18, 22, 38, 48, 50, 71, 77, 99, 102, 112, 115, 116, 117, 124, 128, 129, 134, 141, 142, 149, 166*

3. v. Globig, Hans Ernst, Kursächsicher Oberappellationsrat, später Justizminister, Pr.Schr. Suum cuique

Accessit, kleine Silbermedaille

07.33.0099-0134

Einl. *§§ 20, 42, 64, 65, 66, 103, 114, 118, 119*

1. Titel *§§ 12, 23, 24, 28, 34, 36, 37, 44, 68, 74, 75, 76, 77, 78, 81, 82, 84, 86, 87, 90, 92, 113, 119, 151, 157, 168, 169, 174, 175, 183, 189, 194, 196, 211, 214, 216, 218, 223, 237, 238, 275, 287, 296, 299, 303, 307, 313, 314, 317, 332, 346, 348, 350, 356, 363, 370, 377, 380, 383, 387, 400, 407, 413, 423, 428, 434, 458, 459, 468, 472, 476, 479, 498, 505, 506, 510, 511, 512, 516, 521, 524, 526, 527, 528, 533, 535, 536, 539, 541, 550, 552, 553, 554, 557, 562, 570, 572, 577, 580, 597, 607, 610, 614, 633, 641, 646, 648, 650, 656, 667, 669, 670, 671, 672, 673, 674, 675, 676, 677, 678, 679, 680, 681, 687, 696, 705, 707, 723, 724, 727, 735, 738, 741, 744, 749, 751, 764, 767, 769, 773, 775, 783, 786, 788, 789, 790, 795, 796, 799, 811*

4. Röslin, Carl Ludwig Christoph, Regierungsadvokat in Darmstadt, später Oberamtsrat in Gochsheim, Würtemberg, Pr.Schr. Iuventus facile est addere

Erster Preis, Goldmedaille

07.33.0135-0205

Einl. *§§ 3, 8, 24, 31, 35, 36, 46, 50, 103, 113, 123*

1. Titel *§§ 2, 9, 17, 28, 58, 64, 83, 86, 90, 92, 118, 126, 127, 147, 150, 156, 157, 175, 186, 189, 194, 196, 201, 202, 205, 210, 211, 218, 219, 222, 233, 235, 238, 239, 248, 251, 264, 282, 287, 295, 296, 303, 307, 326, 328, 358, 360, 365, 367, 368, 469, 493, 511, 512, 519, 520, 523, 526, 529, 533, 569, 570, 595, 598, 604, 610, 611, 617, 631, 646, 663, 698, 736, 749, 757, 758, 798, 810*

2. Titel *§§ 11, 26, 44, 46, 58, 93, 100, 118, 138, 144, 229, 246, 247, 292, 306, 329, 334, 343, 368, 369, 407, 408, 439, 459, 520, 521, 522, 526, 537, 540, 543, 549, 559, 560*

3. Titel *§ 35* ***4. Titel*** *§§ 1, 19, 39, 61, 65, 136, 140*

5. Titel *§§ 12, 39, 41, 62, 137, 156*

5. Gundelach, Johann Christian, Regierungssekretär in Kassel, Pr.Schr. Est modus in rebus, sunt certi denique fines, quos ultra citraque nequit consistere rectum (vgl. a. Nr. 20)

Accessit, große Silbermedaille

07.33.0206-0231

Einl. *§ 10*

1. Titel *§§ 7, 34, 51, 54, 76, 250, 269, 315, 489, 502, 507, 551, 607, 719, 720, 801*

2. Titel *§§ 139, 158, 166, 180, 251, 356, 373, 397, 502*

4. Titel *§§ 23, 154*

6. Anonym Pr.Schr. Motto aus dem Euripides

07.33.0232-0266 *Zum System des Gesetzbuchs*

Einl. *§§ 31, 53, 60* ***1. Titel*** *§§ 3, 46, 47, 71, 88, 522, 800*

2. Titel *§§ 27, 241, 271, 311, 356*

7. Anonym Pr.Schr. Dum prosim, *nicht zur Konkurrenz gegeben*
07.33.0267-0293

1. Titel *§§ 16, 18, 34, 36, 37, 48, 62, 83, 102, 150, 183, 229, 290, 294, 610, 626*

2. Titel *§§ 100, 121, 161, 244, 273, 278, 331, 341* ***3. Titel*** *§§ 24, 27*

8. Schlettwein, Johann August, Professor in Gießen
24.05.1785 07.33.0294-0328

Einl. *§§ 2, 3, 4, 5, 8, 14, 16, 20, 24, 34, 37, 39, 43, 50, 51, 52, 54, 55, 56, 59, 60, 62, 72, 74, 80, 83, 102, 103, 104, 106, 113, 114, 124, 125, 126*

1. Titel *§§ 2, 9, 13, 15, 18, 21, 22, 26, 28, 29, 30, 33, 34, 45, 47, 48, 49, 57, 62, 75, 76, 77, 81, 82, 118, 126, 183, 213, 222, 294, 295, 296, 302, 323, 356, 365, 367, 369, 375, 380, 381, 383, 386, 398, 403, 404, 407, 408, 409, 411, 412, 413, 417, 424, 427, 438, 450, 453, 468, 491, 496, 500, 501, 505, 506, 509, 514, 515, 519, 520, 521, 523, 524, 533, 541*

9. Anonym Pr.Schr. Suum Cuique. *Im Avertissement lobend erwähnt*
07.33.0329-0378

Einl. *§§ 3, 4, 19, 20, 21, 23, 29, 46, 112, 123, 126*

1. Titel *§§ 2, 28, 38, 46, 48, 58, 65, 66, 78, 97, 102, 105, 106, 107, 125, 143, 151, 153, 171, 174, 182, 183, 198, 201, 206, 209, 218, 222, 242, 243, 287, 290, 307, 322, 328, 356, 377, 397, 399, 404, 407, 412, 423, 463, 473, 489, 504, 535, 536, 539, 541, 557, 579, 600, 604, 674, 675, 676, 738, 755, 756, 758*

2. Titel *§ 123*

10 v. Eggers, Christian Ulrich Detlev, Professor in Kopenhagen, Pr.Schr. Gloria ex amore Justi *Accessit*
07.33.0379-0431

Einl. *§§ 1, 3, 4, 9, 16, 20, 21, 22, 24, 36, 55, 61, 65, 67, 68, 69, 73, 74, 76*

1. Titel *§§ 2, 24, 26, 34, 79, 88, 89, 124, 175, 201, 211, 262, 290, 319, 325, 356, 368, 369, 407, 417, 438, 464, 497, 506, 519, 520, 525, 528, 535, 541, 544, 598, 610, 614, 617, 631, 632, 640, 654, 659, 662, 674, 675, 676, 679, 702, 735, 737, 738, 749, 761, 770, 773, 783, 785, 794*

2. Titel *§§ 14, 35, 107, 182, 203, 205, 290, 371, 373, 384, 405, 411, 424, 437, 441, 471, 479, 484, 525*

3. Titel *§ 27* ***4. Titel*** *§§ 31, 61, 124, 141, 147*

5. Titel *§§ 9, 44, 71, 92, 115, 116, 145, 166*

11. Anonym Pr.Schr. Absque justitia et probitate nulla salus - Svarez bezeichnetet den Verfasser mit den Anfangsbuchstaben v. B[eneke[36] ?] *Im Avertissement lobend erwähnt*
07.33.0432 ff.

Einl. *§§ 2, 8, 30*

1. Titel *§§ 2, 18, 22, 29, 45, 59, 101, 179, 204, 218, 233, 325, 438, 506, 519, 520, 580, 667*

2. Titel *§§ 5, 11, 141, 164, 174, 411, 413, 428, 455, 483, 572*

3. Titel *§§ 17, 45* ***4. Titel*** *§§ 19, 46, 49, 94*

---

[36] Beneke, später Regierungspräsident in Aurich, war Mitglied der Mittwochsgesellschaft.

5. Titel *§§ 27, 29, 38, 40, 47*

12. Anonym Pr.Schr. In re tam ardua, aliquid indulgendum est ingenio
07.34.0003-0048

Einl. *§§ 8, 12, 39, 44*
1. Titel *§§ 24, 34, 45, 192, 243, 267, 275, 287, 296, 315, 317, 407, 498, 519, 520, 609, 758, 773*
2. Titel *§§ 15, 54, 93, 156, 164, 243, 246, 266, 356, 529*
3. Titel *§ 16* *4. Titel § 43* *5. Titel §§ 10, 47*

13. Anonym Pr.Schr. In rebus novis constituendis evidens esse utilitas debet, ut recedatur ab eo jure, quod in aequum visum est
zu spät eingegangen
04.07.1785 07.34.0049-0060

1. Titel *§§ 3, 9, 28, 80, 96, 172, 179, 196, 211, 222, 225, 226, 420, 422, 433, 528, 572, 582, 646, 656, 797, 799*
2. Titel *§§ 5, 6, 100, 246, 306, 436, 439* *4. Titel §§ 107, 147*

14. Anonym Pr.Schr. Nec spe, nec metu
02.02./15.04 1785 07.34.0061-0176

1. Titel *§§ 7, 9, 29, 38, 42, 46, 74, 80, 92, 102, 106, 125, 147, 161, 211, 313, 336, 349, 351, 506, 522, 528, 609, 624, 636, 669, 670, 671, 672, 673, 674, 675, 676, 677, 678, 679, 680, 681, 713, 719, 726, 743, 744, 758, 764, 770, 775*
2. Titel *§§ 5, 46, 56, 70, 77, 81, 84, 95, 102, 115, 116, 145, 147, 150, 153, 164, 171, 193, 198, 201, 205, 264, 278, 311, 318, 358, 373, 383, 394, 406, 418, 439, 449, 489, 498, 537, 561, 574*
4. Titel *§§ 13, 32, 119, 141*
5. Titel *§§ 7, 9, 10, 13, 16, 22, 28, 38, 61, 69, 76, 84, 95, 112, 115, 117, 129, 141, 142, 147*

15. Schneider, Ernst Christian Gottlieb, Regierungsadvokat in Darmstadt, Pr. Schr. Salus publica suprema lext esto
Kleine goldene Preismedaille
07.34.0177-0269

Einl. *§ 16*
1. Titel *§§2, 3, 13, 17, 18, 26, 31, 40, 47, 58, 62, 65, 66, 77, 81, 82, 83, 85, 87, 88, 102, 105, 130, 137, 143, 148, 151, 154, 156, 157, 163, 168, 175, 176, 178, 180, 183, 189, 205, 209, 210, 211, 216, 218, 224, 241, 253, 258, 262, 279, 280, 291, 296, 302, 303, 309, 311, 313, 365, 370, 380, 383, 389, 394, 396, 400, 407, 412, 423, 426, 425, 432, 438, 441, 445, 447, 448, 457, 458, 460, 461, 468, 506, 510, 511, 523, 525, 526, 533, 536, 546, 551, 553, 564, 570, 572, 573, 583, 586, 592, 595, 607, 609, 658, 667, 674, 675, 676, 677, 687, 690, 695, 697, 698, 702, 705, 708, 714, 727, 749, 760, 765, 796*

16. Kammergericht
07.34.0270 / 07.65.0001

Einl. *§§ 3, 4, 7, 8, 9, 10, 14, 15, 18, 19, 20, 21, 23, 25, 26, 28, 32, 35, 36, 40, 43, 44, 45, 46, 49, 54, 55, 56, 60, 63, 69, 72, 78, 86, 87, 91, 96, 106, 113, 118, 124, 127*

1. Titel *(allgemein) §§ 2, 6, 10, 13, 14, 18, 19, 28, 29, 31, 32, 36, 37, 41, 456, 48, 57, 58, 60, 63, 76, 78, 79, 80, 83, 85, 87, 89, 96, 99, 100, 101, 102, 105, 109, 111, 117, 118, 125, 146, 148, 149, 150, 151, 154, 155, 159, 160, 163, 165, 168, 169, 170, 174, 176, 179, 180, 184, 185, 187, 189, 190, 185, 196, 198, 201, 204, 205, 217, 218, 223, 229, 233, 235, 237, 262, 286, 296, 302, 308, 310, 312, 313, 317, 320, 331, 333, 334, 338, 342, 350, 356, 363, 375, 377, 379, 381, 384, 385, 389, 403, 407, 409, 415, 416, 419, 428, 429, 441, 442, 445, 452, 453, 456, 458, 459, 476, 487, 488, 489, 497, 500, 504, 508, 511, 517, 519, 520, 521, 524, 525, 531, 532, 533, 535, 550, 559, 572, 573, 600, 604, 609, 611, 612, 617, 619, 621, 623, 625, 630, 632, 644, 646, 648, 656, 662, 667, 674, 675, 680, 687, 690, 693, 695, 697, 699, 701, 708, 710, 711, 712, 715, 716, 717, 719, 720, 726, 727, 729, 732, 734, 739, 740, 744, 747, 749, 751, 755, 756, 757, 758, 760, 765, 766, 769, 772, 773, 775, 780, 785, 794, 795, 800, 810*

2. Titel *(allgemein) §§ 2, 4, 5, 16, 18, 19, 25, 42, 43, 44, 46, 49, 73, 76, 81, 86, 90, 91, 94, 95, 102, 104, 106, 107, 109, 110, 119, 121, 125, 138, 139, 142, 147, 152, 155, 156, 158, 161, 163, 164, 165, 168, 171, 172, 177, 188, 189, 193, 195, 197, 198, 204, 206, 208, 217, 342, 246, 250, 256, 261, 170, 282, 288, 295, 296, 303, 306, 307, 311, 315, 322, 327, 332, 346, 355, 364, 373, 379, 388, 389, 390, 394, 397, 402, 403, 404, 418, 419, 421, 423, 427, 430, 432, 433, 434, 436, 444, 450, 457, 460, 466, 467, 469, 477, 478, 482, 483, 485, 490, 492, 497, 501, 510, 513, 514, 519, 521, 522, 523, 525, 527, 532, 543, 551, 553, 554, 557, 562, 563, 567, 568, 574, 575*

3. Titel *§§ 2, 6, 7, 8, 10, 13, 16, 18, 20, 21, 23, 24, 28, 44, 45*

4. Titel *§§ 7, 8, 11, 12, 18, 19, 23, 24, 25, 29, 30, 32, 33, 34, 35, 37, 42, 43, 44, 45, 46, 50, 51, 53, 54, 55, 59, 62, 63, 92, 93, 94, 98, 99, 100, 105, 107, 108, 115, 117, 119, 120, 121, 129, 132, 139, 141, 144, 151, 153, 157, 158, 159, 161, 164, 168*

5. Titel *§§ 12, 33, 41, 42, 44, 60, 62, 76, 77, 80, 90, 94, 100, 115, 117, 134, 160*

17. Altmärkisches Obergericht Ursinus, Obergerichtsrat
23.05.1787 07.34.0271 / 0333 / 0340 ff

Einl. *§§ 2, 3, 4, 13, 15, 23, 29, 36, 46, 86, 114*

1. Titel *§§ 3, 5, 6, 7, 10, 16, 18, 28, 31, 32, 41, 46, 48, 63, 67, 68, 71, 72, 76, 80, 81, 82, 87, 96, 104, 105, 138, 146, 151, 154, 170, 176, 179, 190, 205, 206, 209, 210, 213, 218, 229, 233, 234, 236, 302, 303, 310, 339, 340, 356, 362, 369, 376, 380, 381, 383, 387, 389, 392, 396, 398, 458, 459, 488, 493, 504, 507, 524, 525, 531, 532, 533, 583, 592, 598, 604, 607, 609, 612, 625, 652, 669, 670, 671, 672, 673, 674, 675, 676, 677, 678, 679, 680, 681, 687, 820, 731, 745, 761, 762, 774, 797, 799, 800, 809, 811*

2. Titel *§§ 5, 10, 11, 21, 26, 33, 87, 88, 91, 93, 95, 102, 117, 122, 123, 141, 148, 149, 153, 154, 155, 161, 201, 224, 242, 250, 251, 254, 266, 270, 277, 284, 286, 295, 308, 311, 313, 314, 316, 318, 321, 328, 331, 345, 355, 373, 383, 385, 389, 397, 413, 423, 429, 436, 444, 450, 482*

3. Titel *§§ 15, 21, 2, 36*

4. Titel *§§ 18, 24, 27, 341, 39, 40, 46, 103, 105, 108, 115, 126, 130*
5. Titel *§§ 44, 86, 97, 98, 117, 124, 143, 155*

18. Altmärkisches Obergericht Anderes Mitglied
23.05.1787 07.34.0271 / 0333 / 0340 ff
Einl. *§ 46* ***1. Titel*** *§§ 17, 101* **2. Titel** *§§ 263, 264, 414*

19. Altmärkisches Obergericht Conclusa Collegii
23.05.1787 07.34.0271 / 0333 / 0340 ff
Einl. *§§ 15, 47,*
1. Titel *§§ 3, 26, 59, 103, 104, 118, 220, 236, 243, 363, 397, 399, 404, 406, 410, 413, 416, 424, 425, 432, 437, 445, 473, 477, 493, 536, 541, 553, 554, 556, 572, 576, 584, 590, 597, 609, 624, 626, 667, 674, 675, 693, 710, 799*
2. Titel *§§ 147, 196, 214, 220, 221, 285, 375, 389, 478, 505*
3. Titel *§§ 5, 29, 33, 123, 126, 128*

20. Gundelach, Johann Christian, Regierungssekretär in Kassel, zwei Fortsetzungen zur Pr.Schr. Nr. 5
08.03./08.04.1785 07.35.0003-0101
Einl. *§§ 7, 20, 21, 26, 33, 37, 38, 39, 43, 45, 46, 46, 55, 71, 114, 120, 122, 127*
1. Titel *§§ 12, 14, 18, 19, 24, 28, 30, 32, 33, 35, 40, 43, 47, 48, 59, 63, 67, 72, 81, 82, 83, 86, 96, 131, 146, 147, 152, 153, 160, 179, 189, 194, 197, 198, 201, 216, 218, 236, 250, 265, 267, 274, 275, 276, 283, 287, 296, 303, 304, 307, 319, 326, 331, 332, 352, 354, 356, 363, 375, 383, 391, 417, 433, 440, 488, 511, 524, 533, 536, 554, 569, 609, 656, 710, 714, 754, 755, 767, 799, 801*
2. Titel *§§ 6, 25, 39, 57, 61, 77, 87, 88, 116, 136, 149, 164, 193, 201, 216, 233, 242, 250, 255, 263, 264, 266, 270, 285, 290, 293, 311, 338, 359, 373, 389, 398, 401, 404, 439, 441, 451, 483, 490, 492, 493, 509, 515, 522, 546, 551, 572*
3. Titel *§§ 5, 28* ***4. Titel*** *§§ 6, 18, 49, 95, 128, 136, 140*
5. Titel *§§ 27, 29, 38, 44, 62*

21. Thümann, Johann, Kaufmann in Gewersdorff
07.35.0102-0105
1. Titel *§ 609*

22. Pütter, Johann Stephan, Professor in Göttingen
Vorschläge zur äußeren Einrichtung des Entwurfs
05.06.1784 07.35.0106-0111
1. Titel *§ 237*

23. a Lindenau, Johann August, Kursächsischer Oberappellationsrat in Altenburg Über Adoption und Arrogation
06.06.1784 07.35.0112-0116

23. b Lindenau, Johann August
16.07.1784 07.35.0117-0128
Einl. *§§ 8, 9, 12, 34, 37, 60, 122*
1. Titel *§§ 10, 11, 19, 24, 34, 37, 54, 57, 66, 80, 88, 96, 114, 118, 126, 131, 132, 167, 168, 175, 189, 210, 213, 214, 219, 226, 233, 247, 268, 304,*

332, 495, 498, 501, 502, 525, 531, 532, 624, 649, 666

2. Titel *§§ 7, 34, 35, 36, 37, 38, 98, 102, 150, 164, 213, 220, 285, 327, 377, 397, 542*

3. Titel *§ 30* ***4. Titel*** *§§ 6, 9, 33, 48, 62, 139, 146, 154*

5. Titel *§§ 14, 42, 79, 128*

24. Regierung der Grafschaft Lippe

Projekt einer Verordnung über die eheliche Gütergemeinschaft

14.07.1784 07.35.0128-0183

1. Titel *§ 609*

25, Dehnel, Johann George, Justizkommissionsrat in Löwenberg in Schlesien

21.09.1784 07.35.0184-0197

Einl. *§ 35*

1. Titel *§§ 18, 64, 69, 76, 77, 97, 192, 550, 553, 624, 698*

2. Titel *§§ 359, 364, 385*

26. Lange, C. L., Notarius Publicus in Jena

16.10.1784 07.35.0198-0208

1. Titel *§138, 727, 736*

27. Overbeck, Assessor am Landgericht in der Grafschaft Mark zu Plettenberg

24.11.1784 07.35.0209-0248

1. Titel *§§ 3, 16, 18, 29, 33, 62, 67, 70, 80, 88, 89, 143, 162, 174, 240, 241, 261, 266, 303, 332, 377, 385, 410, 519, 520, 521, 523, 702, 726, 736, 738, 744, 749, 766, 773, 787, 793, 798*

2. Titel *§§ 3, 4, 5, 11, 16, 26, 32, 89, 90, 98, 114, 164, 182, 213, 220, 222, 235, 242, 247, 250, 254, 255, 263, 264, 272, 287, 297, 306, 311, 347, 355, 381, 384, 398, 401, 403, 429, 437, 477, 482, 490, 532, 534, 539, 553*

3. Titel *§ 6*

4. Titel *§§ 25, 31, 36, 43, 113, 144, 145, 146, 147, 148, 150, 151, 152, 154*

28. Monitum nicht bei den Akten

29. Neumärkische Regierung

14.01.1785 07.35.0249-0267

Einl. *§ 55*

1. Titel *§§ 5, 59, 71, 85, 157, 186, 227, 242, 387, 389, 406, 407, 408, 413, 414, 437, 514, 533, 541, 666, 741, 785, 788*

2. Titel *§§ 77, 86, 95, 156, 462, 467, 533*

30. Anonym Pr.Schr.

07.35.0268-0272

1. Titel *§§ 19, 49, 54, 156, 207, 497, 523, 526, 572, 662, 713*

2. Titel *§ 356, 532*

31. Robert, Juge de diocése d`Osés,

Über Staatsverwaltung und Gerichtsverfassung

07.35.0273-0284

1. Titel *§ 13*

32. Darjes, Joachim Georg, Professor in Frankfurt / Oder
13.12.1784 03.35.0285-0298
Einl. *§§ 103, 128*
1. Titel *§§ 3, 24, 33, 124, 211, 222, 407, 451, 576, 745*
2. Titel *§ 93, 98, 389*
5. Titel *§§ 16, 47*

33. Hofgericht Pommern
15.12.1784 07.35.0299-0314
Einl. *§§ 16, 29, 33, 49, 66, 69, 71, 86, 103, 110*
1. Titel *§§ 3, 32, 84, 96, 112, 114, 130, 148, 155, 194, 195, 221, 224, 244, 245, 438, 493, 511, 531, 532, 533, 751, 775, 782, 798*
2. Titel *§§ 5, 44, 141, 164, 169, 216, 277, 316, 321, 388, 399, 422, 455, 462, 467, 477, 525, 536*
3. Titel *§§ 33, 48* ***4. Titel*** *§§ 144, 146, 156, 166*
5. Titel *§§ 90, 115*

34. Heinitz, Friedrich Anton, Minister in Berlin
zum Bergrecht
13.01.1785 07.35.0315-0318
1. Titel (allgemein) *§§ 171, 458*

35. Lange, C. L., Notarius Publicus in Jena
Fortsetzung von Nr. 26
25.02.1785 07.35.0319-0331
1. Titel *§§ 18, 33*

36. Dr. Kulmann, Johann, Germersheim zum Kriminalrecht
04.11.1784 07.35.0332-0336
Einl. *§ 5*

37. Halberstaedtsche Regierung
08.02.1785 07.35.0337ff.
Einl. *§ 71*
1. Titel *§§ 3, 4, 7, 16, 19, 22, 25, 29, 37, 66, 67, 71, 74, 83, 96, 101, 134, 142, 171, 175, 180, 186, 195, 216, 228, 231, 234, 241, 246, 262, 276, 287, 314, 318, 322, 324, 328, 331, 356, 365, 373, 412, 413, 416, 437, 544, 551, 553, 609, 613, 644, 652, 727, 811*
2. Titel *§§ 5, 122, 222, 223, 246, 251, 263, 264, 311, 313, 329, 331, 354, 383, 398, 420, 441, 447, 459, 460, 466, 467, 532, 534*
3. Titel *§§ 33* ***4. Titel*** *§§ 13, 17, 33, 61, 91, 94, 100, 122, 140, 144*
5. Titel *§§ 14, 35, 38, 115*

38. Glogausche Oberamtsregierung, Referent und Verfasser OARG Stielow
11.04.1785 07.36.0003-0217
Einl. *§§ 2, 13, 15, 16, 21, 25, 30, 37, 83, 86, 115, 120*
1. Titel *§§ 3, 6, 7, 13, 18, 20, 21, 29, 31, 33, 36, 37, 48, 55, 61, 63, 70, 90, 92, 96, 98, 101, 102, 120, 121, 124, 127, 139, 146, 150, 151, 152, 154, 155, 156, 157, 159, 162, 164, 165, 168, 169, 171, 174, 175, 176, 180, 183, 184, 186, 187, 189, 196, 202, 205, 215, 216, 217, 218, 220, 223, 224, 226, 231, 233, 237, 238, 240, 241, 242, 250, 253, 258, 260, 261,*

262, 265, 266, 282, 283, 284, 285, 287, 289, 290, 291, 303, 307, 311, 315, 320, 332, 336, 338, 339, 340, 342, 345, 347, 348, 349, 352, 353, 354, 370, 371, 383, 387, 389, 393, 394, 400, 407, 410, 412, 413, 423, 429, 432, 434, 441, 444, 445, 446, 447, 454, 455, 458, 459, 464, 472, 474, 475, 483, 484, 485, 486, 487, 490, 493, 495, 504, 506, 512, 525, 526, 529, 531, 532, 535, 539, 541, 547, 552, 562, 564, 569, 573, 578, 579, 580, 582, 583, 585, 590, 591, 592, 606, 607, 609, 694, 696, 697, 706, 715, 722, 726, 730, 733, 735, 736, 738, 741, 744, 745, 746

2. Titel *§§ 25, 27, 29, 42, 43, 83, 114, 138, 182, 248, 261, 285, 291, 308, 315, 318, 321, 323, 345, 352, 371, 372, 422, 423, 449, 451, 474, 495, 548*

3. Titel *§§ 5, 6, 45*

4. Titel *§§ 16, 19, 31, 33, 47, 48, 105, 119, 125, 127, 128, 132, 134, 167*

5. Titel *§§ 9, 16, 47, 62, 90, 115, 126,*

39. Boell, Carl Friedrich Philipp, Hofkammerat in Ansbach

a) Vom Ausdruck der bürgerlichen Gesetze

b) Über den Standort des Gesetzgebersc) Versuch einer Bearbeitung einiger Abschnitte des ersten Titels nach einer anderen Ordnung,Korrespondenz mit Carmer

13.08./22.10.1784 07.36.0218 / 0224 / 0230

1. Titel *§ 101*

40. Cella, Johann Jakob, Ansbachischer Justizrat in Oberferrieden bei Nürnberg, später Weilburgischer Regierungs- und Kanzleidirektor

30.08.1784 07.36.0266-0269

Einl. *§§ 61, 111, 114*

1. Titel *§ 33, 47, 117, 118, 260, 287, 506, 749, 761, 809*

2. Titel *§§ 5, 164, 311, 322, 373*

5. Titel *§§ 15, 48, 110, 138*

41. Rose, Carl Friedrich, Hof- und Regierungsrat in Ansbach

10.11.1784 07.36.0270-0277

1. Titel *§§ 58, 155, 164, 168, 237, 772, 773*

42. Rose, Carl Friedrich, Gutachten, ob in den Hochfürstlich Brandenburg-Onolzbachschen Landen communio bonorum universalis oder particularis inter conjuges durch ein neues Landesgesetz festzuhalten sei

10.11.1784 07.36.0278-0304

1. Titel *§§237*

2. Titel *§§ 14, 22*

43. v. Korff, Staatsminister in Königsberg

17.11.1784 07.36.0305 ff.

Einl. *§§ 1, 9, 12, 15, 20, 21, 24, 25, 27, 35, 36, 39, 43, 46, 49, 55, 61, 79, 86, 98, 104, 105, 123*

1. Titel *§§ 5, 13, 17, 18, 22, 23, 29, 31, 32, 41, 42, 43, 45, 46, 49, 56, 66, 78, 91, 101, 107, 119, 123, 154, 175, 191, 217, 218, 229, 243, 245, 248, 251, 262, 269, 276, 287, 304, 310, 320, 332, 351, 358, 407, 410, 413,*

416, 425, 427, 438, 445, 458, 465, 466, 467, 468, 473, 502, 504, 506, 511, 519, 520, 521, 533, 542, 562, 565, 572, 591, 607, 658, 663, 682, 702, 710, 716, 719, 733, 741, 744, 799, 807

2. Titel *§§ 6, 11, 32, 47, 49, 77, 83, 91, 95, 106, 135, 139, 144, 149, 151, 158, 164, 217, 263, 264, 285, 289, 294, 307, 316, 318, 319, 359, 361, 364, 371, 373, 385, 388, 434, 442, 477, 563*

3. Titel *§§ 16, 34*

4. Titel *§§ 4, 16, 63, 128, 129, 144, 146, 147, 159, 160* ***5. Titel*** *§ 1*

44. Westpreußische Regierung

06.05.1785 07.37.0003-0059

Einl. *§§ 3, 12, 24, 49, 116, 123*

1. Titel *§§ 29, 30, 31, 58, 76, 87, 101, 104, 237, 251, 261, 287, 300, 339, 361, 365, 375, 407, 464, 535, 536, 562, 585, 595, 687, 694, 706, 738, 746, 775, 783*

2. Titel *§§ 26, 100, 102, 172, 216, 261, 275, 311, 313, 314, 322, 336, 364, 366, 373, 383, 405, 466, 467, 506, 520, 552*

3. Titel *§§ 30, 32, 33*

4. Titel *§§ 13, 120, 126, 157*

45. Dr. Overbeck, Georg Christian, Hofrat in Lübeck

Korrespondenz mit Carmer über die Sanktion der Gesetze durch die Religion

28.05.-12.11.1785 07.37.0060-0069

2. Titel *§ 98* ***3. Titel*** *§ 30*

46. Dr. Overbeck, Georg Christian, weitere Korrespondenz

27.06.1785-06.01.1786 07.37.0070-0087

an keiner Stelle genannt

47. v. Hohenthal, Carl Ludwig August, Kursächsischer Geheimer Rat und Oberkonsistorialpräsident in Teichnitz

16.07.1785 07.37.0088-0095

1. Titel *§§ 82, 85, 96, 107, 216, 498, 573, 606, 667*

2. Titel *§§ 5, 424*

4. Titel *§§ 16, 65, 94, 144*

48. Minden-Ravensbergsche Regierung

30.08.1786 07.37-0096-0109

Einl. *§ 46*

1. Titel *§§ 28, 31, 49, 105, 176, 186, 194, 219, 356, 373, 375, 407, 413, 749, 757*

2. Titel *§§ 155, 179, 242, 250, 264, 505*

4. Titel *§§ 31, 126*

49. Tecklenburg-Lingensche Regierung

02.09.1786 07.37.0110-0135

Einl. *§§ 1, 2, 3, 31, 66, 83*

1. Titel *§§ 13, 37, 41, 45, 105, 107, 213, 216, 242, 262, 284, 287, 288, 289, 290, 305, 310, 315, 332, 356, 358, 373, 400, 460, 521, 533, 551, 569, 583, 730, 744, 751, 758, 766, 790, 796*

2. Titel *§§ 4, 11, 22, 86, 222, 247, 293, 296, 311, 317, 327, 328, 331, 367, 379,*

390, 400, 413, 422, 445, 450, 459, 462, 534, 546
3. Titel *§§ 3, 21*
4. Titel *§§ 19, 33, 102, 145, 157*
5. Titel *§§ 37, 47, 110*

50. v. Weger, Carl, Rittmeister, Ständischer Deputierter des Wartenberg-schen Kreises
Verteidigung der Polygamie
06.11.1786-11.02.1787 07.37.0136-0206
Einl. *§§ 4, 5, 28, 29, 36, 41, 72, 87, 91, 114, 122, 123, 127 I 1, 2, 3, 9, 624, 693, 747, 749, 760, 761, 772* ***2. Titel*** *§ 4*

51. Westpreußisches Hofgericht: Wüstenberg, Hofgerichtsrat
20.01.1787 07.37.0207-0227
1. Titel *§ 55*
2. Titel *§§ 3, 8, 39, 66, 90, 98, 100, 101, 104, 106, 108, 129, 141, 147, 149, 150, 151, 153, 164, 172, 183, 189, 192, 198, 221, 247, 248, 308, 327, 373, 389, 449, 455*

Ostpreußische Regierung
29.06.1787 07.37.0228

52. Ostpreußische Regierung Conclusa Collegii
29.06.1787 07.37.0231
Einl. *§§ 16, 20, 38, 39, 46, 68 I 96, 365, 366, 367, 368, 738*
2. Titel *§§ 36, 247, 323, 329, 331, 379, 384*
3. Titel *§ 46*

53. Ostpreußische Regierung (ein Mitglied)
29.06.1787 07.37.0234
Einl. *§§ 3, 5, 12, 16, 20, 23, 24, 25, 28, 38, 39, 41, 45, 46, 51, 55, 68, 69, 70, 96, 97, 98, 100, 103, 108, 122, 126*
1. Titel *§§ (allgemein) §§ 2, 10. 18, 19, 32, 35, 37, 39, 46, 48, 49, 56, 58, 59, 65, 77, 96, 101, 106, 130, 146, 155, 216, 225, 249, 250, 252, 261, 267, 287, 290, 296, 302, 307, 311, 320, 356, 363, 398, 404, 464, 466, 469, 471, 479, 483, 491, 531, 532, 533, 551, 561, 562, 564, 587, 591, 609, 694, 696, 700, 708, 726, 727, 729, 730, 731, 733, 735, 738, 743, 747*
2. Titel *§§ 5, 36, 39, 40, 81, 86, 115, 116, 123, 148, 156, 164, 201, 208, 222, 229, 242, 256, 278, 285, 295, 311, 323, 327, 339, 370, 373, 379, 387, 389, 430, 461, 477, 485, 489, 525, 540, 546*
3. Titel *§§ 5, 7, 11, 15, 24, 28, 45*
4. Titel *§§ 1, 13, 48, 50, 62, 92, 98, 100, 120, 121, 126, 129, 140, 164*
5. Titel *§§ 1, 47, 48, 55, 62, 110, 113*

54. Ostpreußische Regierung (ein Mitglied)
29.06.1787 07.37.0298
Einl. *§§ 2, 3, 5, 7, 11, 14, 16, 20, 21, 22, 34, 36, 39, 41, 45, 46, 51, 52, 55, 68, 103*
1. Titel *§§ 5, 10, 29, 32, 33, 37, 62, 63, 71, 85, 96, 103, 106, 121, 146, 180, 193, 195, 196, 201, 204, 207, 213, 225, 229, 243, 245, 261, 266, 267, 287, 302, 356, 365, 417, 437, 445, 479, 510, 521, 526, 531, 532, 605, 609*
4. Titel *§ 13*

55. Ostpreußische Regierung (ein Mitglied)

29.06.1787 07.37.0310

Einl. *§§ 5, 16, 20, 23, 28, 41, 43, 46, 68, 91, 107, 111*

1. Titel *§§ 19, 28, 32, 39, 46, 48, 56, 58, 78, 85, 91, 92, 96, 97, 102, 104, 133, 146, 147, 173, 182, 227, 231, 237, 244, 258, 288, 307, 308, 311, 315, 356, 362, 364, 365, 367, 406, 464, 466, 469, 471, 601, 696, 706, 723, 736, 738, 766, 773, 775, 789, 795*

2. Titel *§§ 22, 36, 39, 81, 86, 99, 115, 116, 126-131, 133-144, 147, 168, 171, 185, 208, 222, 242, 256, 261, 285, 307, 311, 323, 327, 339, 373, 379, 386, 393, 406, 413, 425, 439, 444, 449, 450, 451, 457, 461, 462, 467, 478, 483, 563*

3. Titel *§§ 6, 28, 45*

4. Titel *§§ 2, 6, 9, 16, 23, 31, 34, 43, 46, 52, 53, 100, 109, 140, 147*

5. Titel *§§ 9, 25, 33, 47, 48, 108, 115, 162*

56. Ostpreußische Regierung (ein Mitglied)

29.06.1787 07.37. 0341ff

Einl. *§§ 5, 11, 18, 20, 21, 46, 47, 68, 98* ***1. Titel*** *§§ 13, 18, 31, 352*

57. Anonym Pr.Schr. Natura duce eundem

im Avertissement lobend erwähnt

07.38.0002-0173.

Einl. *§§ 1, 4, 6, 8, 10, 16, 20, 23, 24, 33, 34, 35, 39, 40, 43, 45, 46, 50, 55, 56, 59, 63, 69, 80, 113, 114, 118, 120, 122, 123, 124, 125, 130*

1. Titel *§§ 1, 2, 3, 4, 6, 7, 8, 10, 14, 15, 21, 23, 24, 25, 26, 28, 29, 31, 32, 33, 35, 36, 37, 39, 40, 43, 45, 46, 47, 48, 49, 50, 52, 54, 63, 67, 68, 70, 71, 72, 77, 78, 79, 80, 86, 87, 88, 89, 91, 92, 93, 94, 97, 99, 101, 103, 104, 105, 108, 109, 116, 117, 118, 119, 128, 134, 140, 142, 146, 148, 153, 155, 156, 157, 158, 159, 161, 169, 172, 173, 174, 178, 180, 181, 183, 186, 188, 190, 191, 194, 195, 196, 197, 198, 200, 206, 211, 213, 215, 216, 217, 227, 229, 234, 237, 238, 239, 245, 246, 248, 252, 255, 258, 264, 267, 277, 284, 290, 294, 295, 296, 298, 301, 302, 304, 305, 306, 307, 309, 311, 318, 319, 323, 325, 326, 329, 331, 332, 356, 362, 373, 375, 398, 400, 404, 405, 406, 408, 409, 410, 411, 412, 413, 417, 437, 438, 443, 453, 469, 470, 473, 474, 475, 478, 487, 489, 490, 494, 495, 496, 497, 499, 502, 505, 507, 508, 510, 511, 519, 520, 521, 522, 526, 527, 528, 533, 541, 560, 562, 572, 573, 579, 580, 582, 585, 586, 592, 593, 594, 595, 597, 598, 599, 600, 604, 607, 609, vor § 610, §§ 611, 614, 617, 623, 624, 626, 631, 636, 638, 639, 641, 642, 646, 648, 649, 650, 651, 654, 656, 657, 662, 664, 666, 667, 674, 675, 684, 685, 686, 693, 694, 695, 696, 699, 700, 702, 704, 707, 711, 714, 716, 718, 720, 722, 723, 724, 726, 731, 734, 735, 736, 738, 741, 744, 746, 747, 750, 751, 757, 762, 765, 772, 773, 795, 811*

2. Titel *§§ 3, 4, 6, 7, 8, 18, 29, 35, 36, 38, 39, 44, 45, 51, 77, 98, 99, 100, 102, 107, 108, 109, 111, 116, 123, 124, 133, 135, 136, 138, 140, 143, 144, 145, 148, 152, 153, 154, 156, 161, 163, 168, 169, 182, 183, 201, 202, 203, 208, 213, 214, 217, 221, 235, 242, 243, 247, 274, 276, 278, 280, 291, 294, 303, 305, 310, 311, 322, 329, 331, 333, 341, 343, 344, 346, 354, 355, 356, 364, 370, 387, 389, 390, 394, 398, 405, 418, 428, 430, 441, 442, 449, 457, 460, 481, 483, 485, 486, 490, 509, 536, 555, 562,*

565, 568, 574, 575

3. Titel *§§ 7, 10. 13, 15, 17, 18, 33*

4. Titel *§§ 6, 7, 12, 19, 56, 120, 122, 125, 129, 134, 140, 144, 145, 159, 168*

5. Titel *§§ 1, 5, 13, 30, 39, 77, 102, 110, 115, 151, 159, 167*

Notatum generale

58. Pommersche Regierung

02.11.1787 07.38.0174-0206

Einl. *§§ 8, 16, 18, 20, 24, 25, 28, 29, 34, 60, 115, 122*

1. Titel *§§ 16, 17, 18, 19, 22, 29, 38, 41, 48, 52, 58, 59, 64, 67, 71, 78, 85, 89, 101, 105, 107, 110, 111, 123, 124, 126, 142, 183, 205, 213, 234, 256, 288, 296, 330, 332, 350, 352, 353, 354, 356, 368, 369, 379, 496, 506, 511, 517, 523, 525, 528, 533, 609, vor § 610, §§ 694, 695, 696, 701, 708, 720, 721, 726, 727, 735, 736, 746, 750, 761, 773, 775, 786, 800*

2. Titel *§§ 77, 110, 112, 119, 123, 138, 164, 166, 170, 172, 216, 388, 403, 432, 450, 452, 456, 457, 459, 461, 468, 476, 477, 559*

3. Titel *§ 10* ***4. Titel*** *§§ 18, 121* ***5. Titel*** *§§ 9, 11, 44, 62, 115,*

59. a Landstände Cleve

08.02.1788 07.38.0207-0231

59. b Cleve-Märkische Regierung

21.12.1787 07.38.0232 ff.

Einl. *§§ 3, 55* ***1. Titel*** *§§ 18, 33, 58, 213, 738* ***2. Titel*** *§ 44*

60. Landstände Ostpreußen

a) mit Bezug zum jus commune b) mit Bezug zum Provinzialrecht

c) über das Verhältnis der untertänigen Dorfeinwohner gegen ihre Herrschaft vom **Kammerpräsidenten Osten**

d) über die Entlassung aus der Untertänigkeit

e) über Pfarr- und Kirchengüter

f) Konferenzprotokolle, 21.-29.11.1787

g) Promemoria der ständischen Deputierten, 12.12.1787

4.12.1787 07.39.0005-0064 / 0111-0128 / 0203 / 0208 / 0215 / 0216 / 0225-0230

1. Titel *§§ 18, 94, 107, 216, 218, 227, 244, 276, 310, 358, 412, 413, 438, 473, 506, 519, 542, 545, 546, 562, 572, 590, 607, 611, 702, 710, 716-719, 733, 738, 741, 742, 743, 744, 773, 780*

2. Titel *§§ 14, 25, 32, 46, 90, 91, 95, 100, 106, 116, 123, 135, 144, 158, 217, 263, 264, 287, 311, 316, 318, 319, 373, 377, 390*

3. Titel *§§ 29, 30, 31*

4. Titel *§§ 2, 13, 16, 18, 63, 129, 146, 160* ***5. Titel*** *§§ 10, 118,*

61. Ermländische Stände

Konferenzprotokolle vom 21. / 22.11.1787

24.12.1787 07.39.0231 / 0244 ff.

Einl. *§§ 1, 8, 11, 16, 20, 24, 55, 64, 71, 86*

1. Titel *§§ 34, 35, 39, 89, 146, 168, 186, 190, 191, 196, 216, 217, 232, 288, 290, 291, 304, 332, 342, 356, 361, 365, 413, 420, 421, 424, 425, 434, 487, 506, 508, 518, 521, 526, vor §610, §§ 741, 742, 743, 744, 751, 796, 797, 801, 806, 809, 810*

2. Titel *§§ 4, 5, 15, 25, 36, 43, 107, 116, 167, 185, 203, 223, 447, 448, 455, 457, 462, 473, 483*

3. Titel *§§ 28, 45. Nachtrag*

62. Altmärkische Stände

19.03.1788 07.40.0002-0100

Einl. *§§ 2, 6, 36, 55, 68, 69, 104, 112, 114, 122, 130*

1. Titel *§§ 3, 23, 58, 60, 67, 80, 85, 104, 105, 146, 186, 190, 216, 220, 225, 232, 244, 284, 300, 317, 338, 341, 356, 362, 374, 465, 496, 497, 508, 512, 522, 523, 525, 533, 535, 641, 679, 680, 727 Eilfter Abschnicht (allgemein)749, 751, 752, 753, 755, 765, 786, 787, 797, 811*

2. Titel *§§ 3, 4, 5, 6, 11, 25, 32, 44, 77, 78, 100, 102, 114, 123, 124, 139, 154, 155, 164, 168, 178, 182, 192, 193, 196, 201, 247, 254, 265, 270, 288, 292, 293, 303, 307, 308, 310, 311, 315, 321, 343, 348, 356, 359, 364, 371, 373, 386, 388, 389, 395, 419, 428, 439, 446, 455, 456, 462, 464, 465, 466, 467, 468, 469, 477, 483, 490, 502, 533, 546, 551*

3. Titel *§§ 24 ff., 26, 28, 29, 30, 31* **4. Titel** *§§ 16, 39, 134, 136*

5. Titel *§§ 37, 62, 102, 110, 113, 115, 116,*

63. Magdeburgische Regierung

14.04.1788 07.40.0101-0184

Einl. *§§ 6, 8, 9, 10, 11, 12, 34, 35, 56, 80, 87, 88, 91, 102/107, 104, 128*

1. Titel *(allgemein) §§ 18, 20, 27, 56, 59, 67, 72, 85, 102, 105, 151, 192, 198, 205, 206, 207, 208, 210, 211, 213, 224, 297, 303, 366, 367, 368, 369, 495, 523, 533, 600, 609, 610, 611, 747, 751-761, 772-774*

2. Titel *§§ 2, 4, 5, 6, 8, 10, 12, 13, 18, 20, 21, 25, 26, 28, 29, 35, 36, 41, 44, 47, 54, 55, 57, 58, 59, 61, 62, 66, 67, 77, 78, 80, 84, 88, 89, 90, 91, 92, 95, 96, 98, 99, 102, 107, 109, 110, 114, 117, 121, 122, 123, 125, 126, 127, 128, 129, 130, 135, 138, 141, 142, 144, 145, 153, 154, 155, 156, 157, 158, 159, 160, 161, 163, 166, 172, 175, 186, 187, 190, 192, 193, 196, 198, 201, 217, 221, 224, 228, 233, 234, 235, 236, 237, 238, 242, 243, 244, 245, 247, 249, 253, 256, 257, 263, 264, 266, 270, 271, 278, 282, 283, 287, 292, 293, 294, 295, 297, 301, 303, 304, 306, 308, 311, 313, 324, 327, 328, 329, 330, 332, 334, 335, 339, 342, 348, 353, 355, Sechster Abschnitt (allgemein) 359, 364, 367, 375, 376, 377, 378, 379, 380, 381, 382, 383, 385, 386, 387, 388, 389, 393, 397, 399, 486, 487, 492, 496, 499, 500, 502, 505, 509, 515, 521, 529, 532, 533, 536, 539, 545, 546, 547, 550, 552, 553, 558, 559, 560, 568*

2. Titel *§§ 14, 23*

4. Titel *§§ 8, 9, 13, 18, 19, 23, 25, 30, 39, 61, 128, 145*

5. Titel *§§ 10, 16, 18, 34, 35, 36, 37, 87, 115, 118,*

64. Westpreußische Stände

03.04.1788 07.40.0185-0240

Einl. *§§ 1, 13, 14, 15, 17, 19, 22, 23, 24, 25, 35, 36*

1. Titel *§§ 60, 104, 182, 196, 198, 226, 231, 249, 269, 282, 304, 307, 352, 356, 377, 383, 384, 407, 413, vor §494, §§ 511, 523, 564, 604, Neunter Abschnitt (allgemein) §§ 712, 730, 735, 737, 770, 773, 775, 784, 786-794*

2. Titel *§§ 14, 15, 16, 24, 36, 73, 74, 80, 103, 128, 133, 134, 159, 164, 171, 173, 174, 219, 223, 226, 235, 241, 247, 248, 256, 263, 264, 296, 299, 373, 391, 416, 422, 428, 451, 475, 483, 495, 503, 506, 511, 532*

3. Titel *§§ 17, 19* **4. Titel** *§§ 33, 100, 145, 164*

5. Titel *§§ 9, 37, 60, 128, 138, 141, 142,*

65. Anonym Pr.Schr. Quid leges sine moribus vanae proficiunt

nicht zur Konkurrenz gegeben

07.40.0241 ff.

Einl. *§ 46*

1. Titel *Neunter Abschnitt (allgemein) §§ 611, 626, 646, 649, 673, 674, 675, 679, 681* ***2. Titel*** *§§ 411, 413, 425*

66. Anonym Pr.Schr. Tempores mutant mores et leges

Verfasser ungenannt, deshalb nicht zur Konkurrenz gelangt

07.41.0004-0037

Einl. *§ 105*

1. Titel *§§ 18, 55, 71, 80-85, 105, 147, 171-180, 194, 211, 218, 229, 238, 239, 240, 241, 260, 261, 262, 265, 282, 283, 297, 303, 320, 361, 383, 407, 416, 504, 509, 510, 511, 522, 523, 569, Eilfter Abschnicht (allgemein), § 746*

2. Titel *§§ 73, 77, 95, vor § 108, §§ 112, 156, 153, 311, 323, 327, 328, 359, 360, 361, 367, 376, 379, 385, 389, 391* ***4. Titel*** *§ 8*

67. Ostfriesische Regierung

07.05.1788 07.41.0038-0059

Einl. *§§ 1, 3, 12, 16, 28, 31, 34, 35, 43, 46, 55, 69, 86, 98, 122*

1. Titel *§§ 2, 3, 7, 8, 14, 30, 31, 37, 41, 46, 48, 57, 59, 60, 63, 64, 67, 71, 79, 97, 98, 101, 105, 106, 107, 111, 118, 151, 165, 187, 198, 200, 206, 213, 216, 219, 226, 236, 241, 245, 280, 284, 365, 409, 414, 416, 418, 441, 446, 502, 533, 541, 551, 561, 572, 587, 590, 607, Neunter Abschnit (allgemein) §§ 640, 663, 665, 666, 688, 689, 691, 706, 710, 712, 715, 717, 719, 723, 724, 726, 728, 741, 743, 744, 751, 753, 765, 766, 780, 784, 796, 801*

2. Titel *§§ 2,4, 5, 35, 36, 53, 63, 66, 128, 153, 154, 155, 180, 247, 255, 264, 265, 324, 327, 355, 379, 403, 416, 423, 436, 466, 496, 503*

3. Titel *§§ 1, 6* ***4. Titel*** *§§ 9, 31, 67, 96, 105, 160*

5. Titel *§§ 105, 116, 117, 118, 124, 136, 141, 142, 151*

68. Vorpommersche Landstände

06.06.1788 07.41.0060-0114

Einl. *§§ 2, 8, 16, 20, 21, 28, 34, 36, 37, 38, 42, 50, 56, 63, 66, 69, 114, 117, 123, 124, 125, 126*

2. Titel *§§ 11, 17, 18, 19, 20, 33, 41, 45, 56, 58, 59, 70, 71, 72, 78, 85, 97, 98, 101, 106, 154, 155, 178, 179, 182, 213, 220, 296, 297, 300, 304, 373, 412, 452, 464-490, 497, 502, 509, 521, 526, 528, 529, 533, 610, 679-687, 731, 744, 745, 753, 801*

2. Titel *§§ 1, 4, 5, 11, 22, 135, 143, 164, 173, 174, 182, 201, 202, 203, 204, 213, 221, 222, 223, 429, 437, 455, 477*

3. Titel *§§ 18, 24 ff.* ***4. Titel*** *§§ 19, 31, 46, 152, 164*

5. Titel *§§ 5, 29, 47, 51, 62, 67, 110, 115, 116, 118,*

69. Hinterpommersche Landstände

06.06.1788 07.41.0115-0119

Einl. *§ 36* ***1. Titel*** *§§ 29, 155, 738, 795*

2. Titel *§§ 94, 283, 366, 546*

3. Titel *§§ 24 ff. , 28* ***4. Titel*** *§§ 33, 48, 125, 136*

70. Hinterpommersche Landstände, Nachtrag
06.06.1788 07.41.0120-0149
Einl. *§ 16* ***1. Titel*** *§§ 13, 16, 85, 107, 139, 310, 379*

71. Anonym Pr.Schr. Jeder Bürger des Staats ist schuldig, das Seinige zur Erreichung des Endzwecks der Gesetze beizutragen
nicht zur Konkurrenz gegeben
07.41.0150-0160
1. Titel *§§ 24, 296, 297, 332, 628* ***2. Titel*** *§§ 5, 356*
5. Titel *§§ 47, 139*

72. Lingensche Landstände
28.03.1788 07.41.0161-0165
Einl. *§§ 16, 69* ***1. Titel*** *§§ 356, 359, vor § 494, §§ 626*
2. Titel *§ 307, Achter Abschnitt (allgemein) §§ 511, 514, 515, 516*
4. Titel *§§ 34, 164*
5. Titel *§§ 47, 128, 138, Nachtrag (s. S. 315)*

73. Werdermann, Johann Carl Günther (oder Gottlieb), Professor an der Ritterakademie Liegnitz
Pschr. Membris inter positis delere licebit quod non edideris nescit vox missa reverti
nicht zur Konkurrenz gegeben
07.41.0166-0169
Einl. *§§ 1, 3, 21, 32, 33, 43, 61, 67, 71, 91, 92, 98, 108, 122, 126*
1. Titel *§§ 2, 3, 6, 13, 16, 18, 22, 33, 37, 56, 57, 67, 71, 88, 89, 92, 114, 131, 132, 136, 152, 156, 174, 189, 194, 199, 211, 216, 225, 237, 238, 241, 242, 268, 275, 279, 296, 320, 325, 339, 342, 345, 353, 364, 373, 375, 393, 407, 408, 409, 410, 424, 441, 450, 452, 470, 489, 503, 526, 535, 562, 590, 594, 595, 596, 597, 609, 611, 612, 613, 617, 625, 626, 646, 655, 656, 662, 695, 697, 715, 741, 742, 743, 744, Eilfter Abschnicht (allgemein) 749, 750, 764, 765, 770, 773, 811*
2. Titel *§§ 4, 5, 14, 26, 31, 44, 45, 57, 134, 140, 144, 153, 164, 198, 238, 247, 255, 269, 278, 280, 308, 310, 311, 316, 327, 340, 354, 359, 364, 379, 388, 394, 401, 405, 411, 428, 441, 451, 460, 469, 470, 483, 490, 491, 502, 509, 532, 536, 556, 561, 563, 573*
4. Titel *§§ 28, 37, 42, 43, 46, 47, 52, 102, 105, 106, 110*
5. Titel *§§ 41, 102, 141, 142, Nachtrag (s. S. 315)*

74. Anonym Pr.Schr. In magnis et voluisse sat est.
zu spät eingegangen
22.04.1785 07.41.0170-0178
Einl. *§§ 6, 8, 20, 21, 22, 23, 24, 25, 27, 32, 33, 34, 41, 43, 55, 60, 64, 72, 74, 105, 113, 116*
1. Titel *§§ 12, 24, 26, 32, 76, 211, 303, 609, 774, 803*
2. Titel *§§ 11, 217, 242, 251, 309, 352, 388, 390, 411*
4. Titel *§§ 146*

75. Anonym Pr.Schr. In magnis et voluisse, nicht mit Nr. 74 identisch
nicht zur Konkurrenz gegeben
07.41.0179-0199

Einl. *§§ 5, 6, 11, 13, 14, 15, 21, 27, 43, 44, 86, 113, 114*
1. Titel *§§ 6, 11, 26, 28, 34, 45, 59, 78, 93, 296, 297, 362, 366, 367, 368, 369, 385, 391, 398, 399, 400, 425, 463, 472, 488, 497, 505, 510, 513, 519, 533, 550, 558, 569, 576, 605, 624, 626, 667, 686, 697, 700, 711, 718, 737, 738, 739, 740, 795*
2. Titel *§§ 15, 21, 22, 81, 322, 457*

76. Anonym Pr.Schr. Patriae
nicht zur Konkurrenz gegeben
07.41.0200-0203

2. Titel *§ 164* ***3. Titel*** *§ 28*

77. Anonym Pr.Schr. Salus civitatis in legibus est
nicht zur Konkurrenz gegeben
07.41.0204-0213.

Einl. *§§ 4, 5, 6, 7, 8, 11, 12, 16, 17, 21, 23, 27, 28, 29, 30, 33, 34, 36, 37, 38, 40, 42, 43, 44, 45, 46, 47, 49, 63, 66, 67, 69, 78, 83, 91, 97, 112, 130*
1. Titel *(allgemein)*

78. Comite der Ostfriesischen Stände
07.05.1788 07.41.0214-0224

Einl. *§§ 3, 13, 14, 15, 20, 24, 41, 114*
1. Titel *§§ 48, 58, 239, 241, 242, 243, 280, 282, 287, 294, 365, 370, 386, 387, 398, 399, 400, 407, 438*
2. Titel *§§ 250, 251, 260, 263, 264, 311, 328, 385, 389, 409, 411, 427*
4. Titel *§§ 13, 19, 31, 32, 162* ***5. Titel*** *§ 118*

79. Anonym Pr.Schr. In rebus novis constituendis evidens esse utilitas debet, et recedatur ab eo jure, quod in aequum visum est (vgl. a. Nr. 13) *nicht zur Konkurrenz gegeben*
07.41.0225-0229

1. Titel *§§ 191, 218* ***4. Titel*** *§ 46*

80. Anonym, eingereicht von der Regierung Glogau
28.04.1788 07.41.0230-0236

1. Titel *§§ 59, 83, 751, 769, 786, 787, 788, 790, 791, 792, 793, 795*
2. Titel *§§ 9, 10, 45, 50, 123, 124, 130, 131, 164, 246, 247, 257, 258, 260, 450, 451, 455, 459, 462, 537, 557*
4. Titel *§§ 33, 54* ***5. Titel*** *§§ 13, 24, 26, 44, 62, 73*

81. Anonym Pr.Schr. Si de veritate scandalum, utilius permittatur nosci scandalum, quam veritas relinquatur, S. Augustinus; Verf ist ein oberschlesischer Edelmann ? *nicht zur Konkurrenz gegeben*
07.41.0237 ff.

1. Titel *§§ 3, 9, 23, 24, 33-44, 44, 57, 72, 88, 89, 152, 156, 160, 194, 219, 237, 318, 365, 366, 367, 368, 369, 494, 524, 610, 716-719, 738, 741, 742, 743, 744, 749*
2. Titel *§§ 4, 28, 29, 44, 205, 309, 364, 373, 385, 406 ff., 472, 483, 489, 556*
2. Titel *§§ 24 ff* ***4. Titel*** *§§ 9, 140* ***5. Titel*** *§§ 10, 38, 45*

Schlesische Stände am 28.04.1788 eingesandt

82. Kreis Steinau: v. Unruh, Landrat

07.42.0006-0009

1. Titel §§ 90, 452

83. Kreis Lüben: v. Uechtriz

07.42.0010-0016

5. Titel § 140

84. Kreis Lüben: v. Bock

07.42.0017-0020

1. Titel § 441

85. Monitum nicht bei den Akten[37]

07.42.0021

1. Titel § 58 2. Titel § 307

86. Kreis Sagan: v. Haugwitz, Hans Friedrich, Landschaftsdirektor

07.42.0022-0024

Einl. § 119 1. Titel §§ 117, 407, 408, 409, 410, 794

2. Titel §§ 364, 559, 560, 571 4. Titel § 65

87. Kreis Glogau: Lucanus

07.42.0025-0039

1. Titel §§ 335, 336

88. Kreis Wohlau: v. Borrwitz, Landschaftsdirektor

07.42.0040

1. Titel §§ 11, 217, 263, 441, 450, 453, 454, 456, 457 5. Titel § 40

89. Kreis Wohlau: . Lieres sen., Justizrat

07.42.0040-0051

Einl. §§ 3, 8, 29 1. Titel §§ 93, 237

90. Kreis Guhrau: v. Lieres sen., Justizrat

mit Ausnahme von einigen Zusätzen mit Nr. 89 identisch

07.42.0053-0060

1. Titel § 237 4. Titel vor § 140 5. Titel § 29

91. Kreis: Guhrau: v. Stosch, Wolf Alexander

07.42.0061-0062

1. Titel §§ 336, 337, 338, 342

92. Kreis Freystadt: Graf v. Kalckreuth, Landrat

07.42.0063-0075

Einl. §§ 11, 20

1. Titel §§ 10, 18, 59, 83, 332, 441, 504, 741, 745, 790, 793, 809

2. Titel §§ 39, 46, 172, 324 4. Titel §§ 94, 126

93. a Kreis Freystadt: v. Dyhern, Landrat

07.42.0076-0091

1. Titel §§ 5, 155, 370, 679, 680 2. Titel §§ 46, 306

---

[37] *Das Monitum war noch im ursprünglichen Monitaband eingebunden.*

93. b Hecker, Professor und **Brüggemann, Ludwig Wilhelm** Konsistorialrat und Hofprediger, beide in Stettin
Preisschrift. Ut enim quisque maxime virtute et sapientia sic munitus est, ut nullius egeat consilis, ita in aliorum monitis non negligendis maxime excellit
für die erste Abteilung zu spät eingegangen, für die zweite Abteilung Accessit mit Silberabdruck der Preismedaille
31.05.1786 07.42.0092-0112
Einl. *§§ 23, 28, 40, 50, 55, 61, 70, 71, 77, 117*
1. Titel *§§ 10, 14, 15, 16, 22, 23, 26, 27, 92, 94, 96, 102, 104, 105, 157, 211, 242, 243, 320, 332, 353, 370, 387, 497, 501, 506, 519, 529, 610, 611, 612, 614, 624, 629, 667, 733, 749, 791, 809*
2. Titel *§§ 18, 77, 156, 164, 170, 247, 273, 311, 314, 323, 489, 502*
3. Titel *§ 28* ***4. Titel*** *§§ 9, 31, 104* ***5. Titel*** *§ 47*

94. Kreis Sagan: v. Knobelsdorff, C.L.
07.42.0113-0135
Einl. *§§ 60, 122*
1. Titel *§§ 76, 123, 164, 196, 217, 229, 230, 241, 317, 318, 335, 336, 355, 416, 418, 451, 532*
2. Titel *§§ 18, 138, 231, 292, 293, 331, 366, 371, 422, 569*
5. Titel *§§ 62, 87, 155,*

95. Kreis Grünberg: Keßlitz, Carl, Schweinitz
07.42.0136-0138
2. Titel *§ 23* ***4. Titel*** *§§ 13, 19*

96. Kreis Grünberg: v. Kottwitz, F. G.
07.42.0139-0143
Einl. *§ 126* ***1. Titel*** *§§ 183, 186, 237, 298*
2. Titel *§ 164* ***4. Titel*** *§§ 9-13*

97. Kreis Liegnitz: v. Tschammer und **v. Bibra**
09.05.1788 07.42.0144-0158
1. Titel *§§ 76, 77* ***2. Titel*** *§ 324*

98. Kreis Liegnitz. v. Tschammer und **v. Bibra** z. Provinzialgesetzbuch
09.05.1788 07.42.0159-0163
1. Titel *§§ 342, 441, 451, 457*

99. Märkische Landstände
08.02.1788 07.42.0164-0191
Einl. *§§ 20, 24*
1. Titel *§§ 7, 17, 18, 19, 34, 45, 48, 76, 162, 211, 243, 251, 252, 253, 254, 287, 313, 416, 529, 597, 609, 611, 706, 710, 735, 751, 800*
2. Titel *§§ 98, 156, 164, 311, 323, 355, 356, 394, 455, 569*
4. Titel *§§ 16, 39, 162*

100. Dr. med Metzger, Johann Daniel, Professor in Königsberg,
Zur Arzneykunde und medizinischen Polizei
18.02.1788 07.42.0192-0203
1. Titel *§§ 276, 505, 506, 672* ***2. Titel*** *§§ 35, 36*

101. Breslausche Oberamtsregierung

15.01.1788 07.42.0204-0259

Einl. *§§ 3, 13, 14, 15, 20, 43, 56, 61, 86, 88, 120, 130*

1. Titel *§§ 13, 37, 48, 105, 111, 112, 114, 117, 146, 151, 165, 167, 189, 208, 217, 249, 259, 261, 262, 267, 276, 287, 290, 296, 297, 302, 303, 304, 338, 340, 345, 346, 353, 359, 368, 369, 404, 407, 408, 409, 410, 416, 434, 445, 448, 458, 460, 482, 488, 489, 492, 504, 530, 532, 537, 539, 544, 545, 546, 551, 598, Neunter Abschnitt (allgemein) 638, 656, 674, 676, 729, 736, 766, 768, 773, 800*

2. Titel *§§ 26, 35, 36, 39, 46, 47, 50, 51, 52, 54, 62, 64, 65, 71, 73, 90, 91, 105, 114, 117, 123, 127, 136, 138, 139, 141, 142, 143, 145, 153, 164, 175, 269, 278, 287, 310, 311, 319, 354, 356, 371, 373, 377, 393, 394, 405, 418, 433, 446, 458, 479, 510, 527, 531, 532, 543, 563, 568*

3. Titel *§§ 15, 17*

4. Titel *§§ 1, 6, 19, 24, 27, 31, 32, 33, 35, 41, 42, 43, 48, 54, 58, 59, 60, 61, 101, 102, 105, 109, 112, 126, 127, 129, 133, 134, 140, 141, 142*

5. Titel *§§ 42, 48, 87, 90, 115, 117, 118, 136, 162,*

102. Landstände Magdeburg und Mansfeld

08.02.1788 07.42.0260-0306

Einl. *§§ 6, 10, 11, 16, 20, 41, 46, 55, 79, 104, 112, 122*

1. Titel *§§ 3, 6, 7, 8, 17, 18, 19, 20, 23, 26, 29, 34, 37, 40, 48, 50, 58, 71, 87, 91, 99, 104, 106, 117, 118, 119, 126, 134, 146, 176, 195, 198, 213, 216, 218, 220, 227, 233, 234, 248, 276, 284, 307, 309, 325, 326, 342, 363, 373, 454, 457, 464-490, 488, 498, 508, 514, 515, 524, 525, 533, 546, 549, 550, 553, 558, 572, 598, 599, 601, 602, 609, 610, 611, 623, 626, 646, 650, 662, 679-687, 688, 723, 731, 737, 744, 752, 771, 773, 775, 778, 793, 795, 801, 805, 809, 811*

2. Titel *§§ 6, 13, 44, 58, 59, 63, 69, 74, 77, 86, 139, 151, 152, 159, 164, 173, 174, 179, 193, 251, 269, 278, 283, 295, 303, 315, 359, 377, 393, 401, 403, 405, 423, 436, 437, 443, 447, 468, 469, 470, 477, 491, 506, 507, 511, 539, 546, 548, 556*

3. Titel *§§ 5, 23*

4. Titel *§§ 4, 5, 13, 18, 19, 23, 39, 42, 45, 46, 48, 94, 95, 96, 100, 102, 105, 120, 121, 127, 134, 137, 139, vor § 140, § 141*

5. Titel *§§ 10, 14, 18, 29, 34, 35, 36, 37, 47, 53, 55, 77, 98, 102, 110, 115, 128, 141, 142, 153*

103. Westpreußische Stände

03.04.1788 07.42.0307-0377

an keiner Stelle genannt

104. Fülleborn, Oberamtsregierungsrat

Gutachten über den Befund der Monita der Ständischen Deputierten des Glogauschen Departements, siehe Nr. 82-93a, 94-96

28.04.1788 07.42.0378

1. Titel *§ 604*

Nicht extrahierte Monita

n1 **Anonym** 07.69.0010-0024

n2 **Steiner,** Professor in Warschau, Von der Ehe 07.69.0025-0035

n3 **Westpreußisches Hofgericht,** v. Kleist und Wüstenberg, Hofgerichtsräte in Bromberg 07.69.0036-0046 / 0047

n4[38] **Anonym** 07.69.0062-0090

n5 **Oberschl. Stände, v. Ziemitzky**, Justizrat in Wiersby 07.69.0091

n6 **Anonym,** Schreiben eines ungenannten Frauenzimmers 23.01.1786 07.69.0092-0094

n7 **Anonym** (nennt sich Sanspretension[39]) 07.69.0095-0104

n8 **Friederlieber, Theophile** (Pseudonym) 21.01.1785 07.69.0105-0107

n35 **v. Schlippenbach** auf Schoenermark / Uckermark 07.70.0215

---

38 *Im Generalverzeichnis des Bd. 33 ist das Monitum Clermont zugeordnet. Das ist ein Irrtum. Zu den Mitteilungen von Clermont vgl. 07.18.0001 ff.*

39 *Nach dem Generalverzeichnis in Bd. 33.*